Kai-Uwe Hellmann · Rüdiger Pichler (Hrsg.)

Ausweitung der Markenzone

Konsumsoziologie und Massenkultur

Herausgegeben von
Kai-Uwe Hellmann
Dominik Schrage

In der Reihe „Konsumsoziologie und Massenkultur" erscheinen Sammelbände und Monografien, die sich dem in der deutschen Soziologie bislang vernachlässigten Forschungsgebiet der Konsumsoziologie widmen. Der Akzent liegt auf Beiträgen, die den Bereich der Konsumsoziologie mit Blick auf gesellschafts- und kulturtheoretische Fragestellungen erschließen und den modernen Konsum als Herausforderung für die soziologische Theoriebildung begreifen.
Das Konzept der Massenkultur verweist vor allem auf die gesellschaftsdiagnostische Komponente konsumsoziologischer Forschung. „Massenkultur" kann als die übergreifende Kultur der gegenwärtigen Gesellschaft verstanden werden, die kulturelle Gehalte und Bedeutungen auf vielfältige Art und Weise für die Gesamtheit der Bevölkerung verfügbar macht. Massenkultur leistet die wichtigste Orientierung in der modernen, durch Technisierung, Ökonomisierung, Ästhetisierung und Demokratisierung geprägten Wirklichkeit, indem sie all jene Wahrnehmungs- und Handlungsmuster bereitstellt, die in ihrer Gesamtheit für jeden Einzelnen ein Universum von Selbstverständlichkeiten ausmachen. Deren Geltung ist dabei keine primär normative, sondern abhängig von der am Markt, in den Medien und durch den Konsum manifestierten Akzeptanz eines Massenpublikums.
Durch die Verbindung von Konsumsoziologie und Massenkultur können die in den einzelnen Beiträgen erforschten Konsumphänomene auf die Frage nach der gesellschaftlichen Funktion des Konsums in modernen Gesellschaften bezogen werden.

Kai-Uwe Hellmann
Rüdiger Pichler (Hrsg.)

Ausweitung der Markenzone

Interdisziplinäre Zugänge zur Erforschung des Markenwesens

VS VERLAG FÜR SOZIALWISSENSCHAFTEN

Bibliografische Information Der Deutschen Bibliothek
Die Deutsche Bibliothek verzeichnet diese Publikation in der Deutschen Nationalbibliografie; detaillierte bibliografische Daten sind im Internet über <http://dnb.ddb.de> abrufbar.

1. Auflage Oktober 2005

Lektorat: Frank Engelhardt

Der VS Verlag für Sozialwissenschaften ist ein Unternehmen von Springer Science+Business Media.
www.vs-verlag.de

Umschlaggestaltung: KünkelLopka Medienentwicklung, Heidelberg

Gedruckt auf säurefreiem und chlorfrei gebleichtem Papier

ISBN-13:978-3-531-14746-8 e-ISBN-13:978-3-322-80783-0
DOI: 10.1007/978-3-322-80783-0

Inhalt

Ausweitung der Markenzone: Zur Einführung

Kai-Uwe Hellmann

1969 veröffentlichten Philip Kotler und Sidney J. Levy im *Journal of Marketing* einen Text, der den schlichten Titel „Broadening the Concept of Marketing“ trug.[1] Darin beschäftigten sich beide Autoren mit der Überlegung, daß die Funktion des Marketing keineswegs auf Wirtschaftsunternehmen beschränkt sei. Vielmehr eigne sich Marketing für alle Organisationen, die im Wettbewerb um knappe Ressourcen mit ihresgleichen stehen, ob profitorientiert oder nicht. Diese Überlegung der Anwendungserweiterung kann inzwischen auch für das Thema „Marke“ übernommen werden, und in diesem Sinne beschäftigt sich der vorliegende Band mit dem „Broadening the Concept of Branding“.[2] Es geht nämlich um die Ausweitung der Anwendbarkeit der Markentechnik auf alle nur erdenklichen Bereiche des gesellschaftlichen Lebens, unabhängig davon, ob diese Expansion der Markenapplikation im einzelnen angemessen ist oder nicht. In gewisser Hinsicht könnte man fast sagen, „Branding“ komme momentan selbst in den Genuß des „Viral Marketing“, indem der Virus „Marke“ durch Massenmedien, Mund-zu-Mund-Propaganda und andere Maßnahmen in rasender Geschwindigkeit eine Infizierungsrate erfährt, die geradezu pandemische Ausmaße annimmt. Alle Welt spricht von Marke, Marke erscheint gleichsam als Zauberwort, das kundzutun in den Besitz heißbegehrter Schätze bringt, gewissermaßen ein postmodernes „Sesam öffne dich!“. Diesem Phänomen etwas genauer auf den Grund zu gehen hat sich der vorliegende Band zur Aufgabe gemacht.

Zur Rahmung dieses Vorhabens wird im folgenden der Versuch unternommen, die These von der Ausweitung der Markenzone durch drei Hypothesenkomplexe handhabbarer zu machen. Zunächst wird eine Phaseneinteilung vorgeschlagen, um die Ausweitungsdynamik in eine zeitliche Ordnung zu bringen. Diese hat ausschließlich heuristische Funktion. Sodann geht es um mögliche Gründe für diese Ausweitungsdynamik, die zum Teil an die Überlegung von Kotler/Levy anschließen, zum Teil darüber hinaus gehen. Schließlich wird nach funktionalen Äquivalenten für das Markenschema gefragt, um eine erste gesellschaftstheoretische Einbettung dieses Themas auszuprobieren. Danach werden mehrere Autoren

---

[1] Vgl. den entsprechenden Beitrag im Levy-Reader von Rook 1999.

[2] Vgl. auch die Wiederaufnahme dieser Semantik bei Meffert/Burmann 2002.

verschiedene Ausweitungseffekte in den Bereichen Handel und Medien, Sport und Politik, Länder und Städte sowie Kulturinstitutionen analysieren, auch wenn damit lediglich die Spitze eines Eisbergs angekratzt wird.[3]

1 Zur Evolution der Markenextension

Die Geschichte des modernen Markenwesens, wie der Gegenstandsbereich „Marke" bisweilen auch genannt wird, läßt sich bis in das 18. Jahrhundert zurückverfolgen. Angefangen hatte es mit der Vermarktung von Luxusgütern, die mit bestimmten Zeichen versehen wurden, die Auskunft gaben über die Herkunft und die verbürgte Qualität der Produkte. Im Laufe des 19. Jahrhunderts fand die Markenidee dann auch in den Massenmärkten, die durch ein rasant größer werdendes Angebot alltäglicher Verbrauchs- und Gebrauchsgüter gekennzeichnet waren, alsbald Anwendung und Verbreitung. Denn die Zahl, Art und Weise der Güter wuchs ins schier Unübersichtliche, und genau hier halfen Marken durch Komplexitätsreduktion und Vertrauensbildung (vgl. Hellmann 2003a: 35ff.)

Verfolgt man die Entwicklung des Markenwesens bis in die Gegenwart hinein, wird man feststellen können, daß es bei der Vermarktung alltäglicher Konsumgüter als Marken nicht geblieben ist. Vielmehr kam es zu einer unaufhaltsamen Ausdehnung der Anwendbarkeit der Markenidee über das System der Wirtschaft im engeren Sinne hinaus.[4] Versucht man, diesen Prozeß der Ausweitung der Markenzone via Etappen in eine zeitliche Ordnung zu bringen, lassen sich idealtypisch drei Phasen unterscheiden: Die Einführung der Markenidee nahm im Konsumgütermarkt ihren Anfang, sprang dann auf verschiedene Dienstleistungs- und Investitionsgütermärkte über und eroberte schließlich auch außerwirtschaftliche Bereiche.[5]

(1) Die ersten Markenartikel sind im Bereich klassischer Konsumgüter entstanden. Hierzu zählen *Liebig's* Fleischextrakt von 1854, *Birkel's* Nudeln von 1874, *Maggi's* Suppenwürze von 1886, *Dr. Oetkers* Backpulver von 1892, Lingners Mundwasser *Odol* von 1893, das Waschmittel *Persil* von 1907 oder *Nivea* Cre-

---

[3] Zur Frage nach Marken in der ehemaligen DDR vgl. Hensel 2004. Ganz ausgespart bleiben übrigens solche Ausweitungseffekte, wie Naomi Klein (2001) und Alissa Quart (2003) sie an den Pranger gestellt haben (in Schulen, Universitäten etc.).

[4] Vgl. Suhr 1961: 24f.; Herrmann 1999: 44f.; Boltz 1999: „War es Ende der 50er Jahre noch eine Sensation, aus dem landwirtschaftlichen Produkt ‚Banane' den Markenartikel ‚Chiquita' zu machen, hat man sich längst daran gewöhnt, auch Kultur (Wiener Philharmoniker), Sport (Olympiade, Kieler Woche), Städte und Regionen (Las Vegas, Spanien), Politiker (Helmut Kohl, Gregor Gysi) und gesellschaftliche Institutionen (Greenpeace, Graue Panther) als Marken zu begreifen ..." (45)

[5] Vgl. das ungleich differenziertere 5-Phasen-Schema von Bruhn 1994: 10ff.

me von 1912. Es waren Sachleistungen des täglichen Bedarfs, die durch die Prinzipien Massenfertigung und Standardisierung der Beschaffenheit, Verpakkung und Vermarktung einer Markenware gekennzeichnet waren.
(2) Nach dem zweiten Weltkrieg begannen verstärkt Dienstleistungsunternehmen, ihre Leistungsangebote wie Markenprodukte zu vermarkten. Vor allem wurden jedoch neue Dienstleistungsmarken konzipiert, in Deutschland etwa ALDI, *Quelle*, *Sixt* oder TUI. 1979 wurde das bundesdeutsche Markengesetz dann offiziell um die Anmeldung und Zulassung von Dienstleistungsmarken ergänzt, und seitdem weisen die Anmeldezahlen von Dienstleistungsmarken die höchsten Zuwachsraten auf. Überdies wurde die Anwendbarkeit der Markenidee auch auf den Bereich der Investitionsgüter ausgedehnt, also auf Vorprodukte von Endprodukten (Ingredient Branding à la „Intel inside"), sowie ganze Unternehmen, wenngleich verstreut und nur zögerlich.
(3) Im Laufe der 1990er Jahre tauchte die Bezeichnung „Marke" als Vermarktungsstrategie schließlich auch außerhalb des klassischen Profit-Sektors auf. Dies umfaßt nicht nur sehr generische Dienstleistungen wie Strom oder Wasser,[6] sondern auch Sportclubs wie die „Weltmarke Eintracht" Frankfurt, Borussia Dortmund, Manchester United oder Real Madrid[7] und Sportevents wie Hockey, Olympia, die Formel 1 oder „WM 2006".[8] Darüber hinaus werden Personen wie Markenartikel vermarktet, man denke nur an Michael „Air" Jordan, Claudia Schiffer („Vom Model zur Marke"), Rudi Dutschke, Immanuel Kant, Ludwig II., Richard Branson, die Klitschkos oder Harald Schmidt, der sich sogar selbst als Markenartikel kommentiert hat, bis hin zu Gerhard Schröder, der im Wahlkampf 1998 von sich behauptete: „Ich bin eine Marke!"[9] Selbst Tote werden als Marke bezeichnet (vgl. Fischermann 2004). Schließlich werden politische Parteien wie die SPD oder Labour,[10] soziale Institutionen wie die Katholische Kirche, das Rote Kreuz oder einzelne Universitäten in Deutschland, England und der Schweiz,[11] die eigene

[6] Vgl. Osterchrist-Gleissner 1999; Winkelhage 1999; Frankfurter Allgemeine Zeitung 2000d; Frank 1995.
[7] Vgl. Frankfurter Allgemeine Zeitung 2001a, 2000b, 1999; Leipold 2005; Itzel 2001; Ingendaay 2004.
[8] Vgl. Frankfurter Allgemeine Zeitung 2000a; Hecker 2000; Frankfurter Allgemeine Zeitung 2003, 2005.
[9] Vgl. Horeni 1999; Kaminsky 2000 (diesen Artikel verdanke ich C. C. Cobarg); Geyer 2004; Hilberth 2005 (diesen Artikel verdanke ich K. Senge); Lang 2005; Jungclaussen 2003; Witt 2003; Häusler 2000; Diekhof 1999; Fuhr 2000; Turner 2001. Im übrigen gilt dies auch für Künstler (Quelle: http://www.WhyBrandU.com) und andere Professionen, vgl. Obst 2000; Brückerhoff 2004a.
[10] Vgl. Frankfurter Allgemeine Sonntagszeitung 2003; White/Chernatony 2001; Reeves/Chernatony 2003; Hellmann 2003b; Schneider 2004. Siehe ferner die am 3. Januar 2002 angeregte „branddebate" mit der Fragestellung „What role should branding play in politics?", Quelle: http://www.brandchannel.com.
[11] Vgl. Coyler 2005; Hellmann 2004; Frankfurter Allgemeine Zeitung 1998; Mrusek 2004. Siehe für die RWTH Aachen als Marke die Quelle: http://www.rwth-aachen.de/zentral/dez3_ibd_marke.htm.

Aktie, die Nasdaq oder die „Soziale Marktwirtschaft"[12] als Ordnungsprinzip, Massenveranstaltungen wie die „Love Parade",[13] vielbesuchte Touristenorte wie Laax und St. Moritz[14] oder ganze Regionen und sogar Nationen[15] als Marken angepriesen. Selbst ein Ereignis wie der 11. September oder das Terrornetzwerk „Al-Qaida" werden als Marken thematisiert.[16] Offensichtlich besitzen Marken eine derart große Anziehungs- und Anpassungsfähigkeit, daß fast nichts mehr davon ausgenommen ist, als markentauglich eingestuft und zur Marke ausgebaut zu werden.[17] Die Techniken des Markenaufbaus und der Markenführung werden dabei übertragen und auf das jeweilige Leistungsangebot entsprechend angepaßt.

Die dritte Phase ist also dadurch gekennzeichnet, daß die Ausweitung der Markenzone die Grenze zum Non-Profit-Sektor endgültig überschritten hat. Freilich ist schon vorher festzustellen, daß einzelne Prominente, Verbände oder Institutionen und deren Leistungsangebote wie Marken kommuniziert wurden – nur eben nicht in systematischer Weise, als erklärtes Ziel.

2 Zur Motivlage der Markenextension: Faszination, Konkurrenz und Legitimation

Bei der Frage nach den Gründen für diese erhöhte Markennachfrage könnte man zunächst an die Faszination denken, die von großen Marken wie *Coca-Cola Microsoft* oder *Nike* ausgeht, und von Nachahmungseffekten sprechen. Denn of-

---

[12] Vgl. Fischer-Zernin 1999; Dries 2000; Frankfurter Allgemeine Zeitung 2000c, 2001b. Auch „Demokratie" und „Davos" als Treffpunkt für das jährlich stattfindende Weltwirtschaftsforum werden als Marken betrachtet, vgl. Krüger 2003; Dunsch 2005.

[13] Vgl. Ehlert 2001. Unter anderem ist auch der „Oscar" als Marke geschützt – und inzwischen gibt es wohl nichts Ungeschütztes mehr.

[14] Vgl. Danuser 1997; Pottharst 2001; Hankinson 2001; Burgstahler 2003; Thielemann 2004; Stüwe 2004; Kerevan 2005; Pressedienst der Stadt Gütersloh 2005. Für die Kollektivmarke „Prignitz" wurde sogar eine Markensatzung erstellt (Quelle: http://www.elbtalaue.com/Markensatzung.htm). Beispiele für Städte, die sich am Branding versuchen, sind u.a. *Bonn, Leipzig, Mannheim, Salzburg* und *Zürich*.

[15] Vgl. Vinogradoff 1999; van Ham 2001; Olins 2002. Gerade das Branding von Regionen und Nationen hat enorm zugenommen. Ohne dies hier weiter ausbreiten zu können, gibt es zu folgenden Regionen Material (ohne Anspruch auf Vollständigkeit): *Graubünden, Hawai, Hessen, Mecklenburg-Vorpommern, Sachsen-Anhalt, Steiermark, Südhessen, Tirol, Greater Vancouver* und *Wisconsin*, und beim „Nation Branding" sind es *Australien, Costa Rica, Deutschland, Frankreich, Ghana, Großbritannien, Hong Kong, Indien, Kanada, Kenja, Kolumbien, Kuba, Lettland, Liechtenstein, Namibia, Neuseeland, Nigeria, Pakistan, Polen, Rumänien, Schottland, Schweden, Spanien, Sri Lanka, Südafrika, Thailand* und die USA.

[16] Vgl. Tristam 2002; Brückerhoff 2004b.

[17] Vgl. Kotler/Bliemel 1999: „Die Bedeutung des Markenartikels ist so groß geworden, daß es heute kaum noch Produktbereiche ohne sie gibt." (696)

fenbar verdankt sich der wirtschaftliche Erfolg vieler Unternehmen zu einem nicht geringen Teil der Marken, mit denen sie auf dem Markt in Erscheinung treten.

Bei genauerer Betrachtung zeigt sich jedoch, daß der Beweggrund für das verstärkte Interesse an Markenbildung vor allem darin liegen dürfte, daß die Konkurrenz in jenen Sektoren, die sich mit dem Gedanken tragen, erstmals Branding zu betreiben, beträchtlich angewachsen ist. Höchstwahrscheinlich kämpfen alle diese betroffenen Organisationen mit einem akuten Knappheitsproblem, das je nach Marktlage ein anderes ist: Knappheit zahlungsbereiter Käufer, Förderer, Zuschauer etc. Selbst im Non-Profit-Bereich ist diese Tendenz spürbar: „The same principle is important in the nonprofit sector, where there is ever-increasing competition for attention, for concern for a particular cause, for board members, volunteers and donations." (Penning 2003) Denn in dem Moment, da es zur Konkurrenz um knappe Ressourcen kommt, hängt alles von einer möglichst überzeugenden Selbstvermarktung ab, und dieses Unterfangen läuft auf die immer wichtiger werdende Frage hinaus: Wie setzt man sich im Wettbewerb mit anderen am besten in Szene? Markenbildung erscheint hierfür als eine ausgesprochen erfolgversprechende Vermarktungsstrategie, wobei der unabwendbare Druck für diesen Sinneswandel in erster Linie vom Markt ausgeht.

In diesem Zusammenhang darf ein weiterer Aspekt nicht ignoriert werden, dem ebenfalls große Bedeutung zukommt: der verstärkte Bedarf an Selbstlegitimation. Ausgangspunkt ist eine deutliche Zunahme an Kontingenz im Umgang mit der Realität, ein Phänomen, das Niklas Luhmann (1992) als „Eigenwert" der modernen Gesellschaft bezeichnet hat. Denn vieles von dem, was heute gilt, könnte auch anders sein. Was ehedem als unhinterfragtes, selbstevidentes Faktum jeder Kritik enthoben war, sieht sich inzwischen seiner quasi-natürlichen Legitimität beraubt und muß sich kommunikativ für das, was es darstellt und darbietet, öffentlich rechtfertigen. Dies gilt für Personen wie Institutionen, ob Behörde, Partei, Wohlfahrtsorganisation, Kirche und so fort (vgl. Taylor/Warburton 2003). Denn alles, was geschieht, kann als Entscheidung bewertet und könnte demnach auch anders entschieden werden. Von daher erhöht solcherart Kontingenz den Begründungsbedarf, dem sich auch die nicht-ökonomischen, dem Gemeinwohl verpflichteten Institutionen immer weniger entziehen können, beträchtlich. Es geht um die Konkurrenz um öffentliche Aufmerksamkeit und Anerkennung, und diese kann nur kommunikativ errungen werden. Denn der Erfolg der Selbstlegitimation liegt heutzutage allein in der Art und Weise der Kommunikation: Diese muß glaubwürdig erscheinen, damit sie geglaubt wird (vgl. Drosdek 1996). Bindung aus Gewohnheit stirbt aus. Statt dessen muß Bindung ständig neu hergestellt werden, und zwar im direkten Dialog mit dem Publikum.

Die Ausweitung der Markenzone erweist sich somit auch als die Folge einer Legitimationskrise, und die verstärkte Nachfrage nach Markenbildung in den letzten Jahren ist nicht zuletzt ein Symptom dieser Krise. Früher waren viele Institutionen dem Druck der öffentlichen Meinung weitgehend entzogen. Inzwischen sind sie allesamt ihrer Beobachtung ausgesetzt, und das einzige Mittel, sich diesem Druck gegenüber zu behaupten, ist eine glaubwürdige Selbstdarstellung – im Marketingjargon spricht man hier von integrierter Kommunikation (vgl. Hellmann 2003a: 102f.). Dabei ist eine vollständig integrierte Kommunikation kaum erreichbar, weil sich Kommunikation per se nicht kontrollieren läßt.

Wesentlich ist in diesem Zusammenhang ferner, daß mit diesem Perspektivenwechsel ein Mentalitätswechsel verbunden ist. Denn man wird sich auf die Seite der Kundinnen und Kunden begeben müssen, um verstehen zu können, wovon die Zurechnung integrierter Kommunikation abhängt und woran sie in den Augen der Kundschaft jeweils scheitern könnte. Mit diesem Mentalitätswechsel tun sich gerade marktferne Institutionen sehr schwer, weil sie von der Marktlogik bislang verschont geblieben sind, mithin davon freigestellt waren, sich und ihre gesellschaftspolitische Mission öffentlich erklären und rechtfertigen zu müssen. Und doch gibt es für viele öffentliche Institutionen keine Alternative mehr, als die Folgen ihres Handelns unter dem Gesichtspunkt der möglichst vollständigen Integration sämtlicher Kommunikationsmaßnahmen zu bewerten – mit einschneidenden Konsequenzen für ihre bisherige Form der Selbstdarstellung.

3 Struktur und Semantik der Markenkommunikation

Sollte die Überlegung zutreffen, daß die Ausweitung der Markenzone nicht zuletzt mit einem gestiegenden Bedarf an Selbstlegitimation zu tun hat, der auf eine Veränderung der Erwartungshaltung des Publikums, mithin auf gesellschaftliche Veränderungen zurückgeht, erscheint es wenig sinnvoll, die Erklärung dieser Entwicklung auf das Phänomen „Marke“ zu begrenzen. Vielmehr sind Umbrüche in der Gesellschaft insgesamt zu vermuten, die plötzlich einen solchen Bedarf nach Erklärung und Rechtfertigung dessen hervorrufen, was bis dahin weitgehend unbehelligt seiner Bestimmung nachging, gerade den ums Gemeinwohl bedachten Non-Profit-Sektor betreffend. Aber warum gerade Marken? Weil Marken Vertrauenswürdigkeit ausstrahlen. Marken erwecken den Eindruck, daß man sich ihnen blindlings anvertrauen kann, darin wird ihre wichtigste Aufgabe gesehen. Wer somit Markenstatus zu erwerben vermag, hat das Problem der Selbstlegitimation optimal gelöst, so könnte man sagen. Und da sich gesellschaftsweit Unbehagen und Mißtrauen gegenüber allen nur möglichen Institutionen verbreiten, verbreitet sich auch die Marke als vertrauensbildende Maßnahme par excellence. Sie folgt der Krise wie das Rote Kreuz dem Krieg. Doch halt: Was für das Rote Kreuz unbestritten gilt, Not zu lindern, wo immer nötig, gilt dies auch für die Marke? Überdehnt die Marke ihren Einflußbereich nicht, wenn sie überall zur Anwendung kommt? Drohen hier nicht inflationäre Effekte aufgrund der Verkennung dessen, was die Spezifik der Marke tatsächlich ausmacht?

Von ihrer Herkunft und Entstehung her gehört die Marke originär der Marktwirtschaft an. Sie erfüllt dort eine besondere Aufgabe: Weil das Geld in Form der Preise außerstande ist, die gesamte Informationslast zu tragen, die ihnen aufgehalst wird, wie es die ökonomische Theorie lange Zeit sah, übernehmen Marken einen Teil dieser Last (vgl. Hellmann 2003a: 223ff.).

> „While price is of considerable importance to the marketing practitioner and to most people who purchase the products, it probably is not as important as brand name, which communicates a great deal of information from the marketer to the consumer through the 'bundle' of information with which it has become associated through advertising, word of mouth communication, and previous usage of the brand." (Stokes 1986: 233)

So gesehen, kommt Marken eine komplementäre Funktion zu, sie unterstützen die Preisfunktion, ohne sie zu ersetzen, und können daher als symbolisch generalisiertes Komplementärmedium gegenüber Geld bezeichnet werden (vgl. Hellmann 2003a: 228). So weit, so gut. Nur bedienen sich andere Funktionssysteme neben Wirtschaft ebenfalls gewisser Primärmedien wie Geld, die wenigstens teilweise über eigene Komplementärmedien verfügen. Allen voran gilt dies für Wissenschaft, deren Primärmedium Wahrheit durch den Reputationscode eine vergleichbare Entlastung und Unterstützung erfährt (vg. Luhmann 1990: 244ff.). Ganz ähnlich liegt der Fall beim Kunstsystem, wo ebenfalls die jeweilige Reputation der Künstler den Ausschlag gibt für den Erwerb ihrer Bilder (vgl. Bekkert/Rössel 2004). Auch für das politische System steht zu vermuten, daß das Primärmedium Macht durch das Amt und vor allem die Person, die es ausfüllt, eine zusätzliche Beglaubigung und Bestärkung, technisch ausgedrückt: Unsicherheitsabsorption erfährt, die zur Durchsetzung politischer Entscheidungen unentbehrlich ist (vgl. Luhmann 2000: 238). Im Bereich der sozialen Ungleichheit leistet der Begriff Prestige Vergleichbares, er schafft Orientierung und Ordnung, während es in der Sphäre der Prominenten der „Star als Marke" (Ah-Yue Lou 1991) ist, auf den sich alle Blicke richten. Und beim Medium Liebe, greift man nicht gleich durch bis auf den symbiotischen Mechanismus Sexualität, würden sich bestimmte Rituale der Liebesbezeugung anbieten, deren regelmäßige Beachtung, unterstützt durch gewisse Aufmerksamkeiten, Geschenke etc., dazu führt, daß dem Medium vertraut, also geliebt wird, obgleich es sich im Kern ja um eine rein kommunikative Operation handelt.

Ohne diese Inventur der Funktionssysteme hinsichtlich solcher Komplementärmedien hier fortzuführen, zeigt sich doch, darin lag der Zweck dieser Übung, daß offensichtlich auch andere Funktionssysteme neben Wirtschaft über entsprechende Einrichtungen, sogenannte funktionale Äquivalente verfügen, wie Marke eine ist. Wenn dies aber zutrifft, mit welchem Recht erfährt die Marke dann eine solche Nachfrage außerhalb ihres eigentlichen Zuständigkeitsbereichs? Wie kann es sein, daß die Ausweitung der Markenzone auf den zunehmenden Importbedarf eines spezifischen Wirtschaftsgutes in anderen Regionen der Gesellschaft schließen läßt, das außerhalb seiner angestammten Sphäre eigentlich keinerlei Legitimität beanspruchen kann, ja in einen unmittelbaren Verdrängungswettbewerb mit autochthonen Formen der Unsicherheitsabsorption gerät, die sich einer Ersetzung durch die Marke vehement widersetzen dürften?

Die Auflösung dieses Rätsels könnte darin liegen, zwischen der Struktur und Semantik der Markenkommunikation zu unterscheiden. Während die Struktur den Kommunikationsprozeß als solchen bestimmt, liefert die Semantik lediglich eine Beschreibung desselben, ohne für dessen Zustandekommen eine maßgebliche Rolle zu spielen. Struktur und Semantik operieren relativ unabhängig voneinander, wobei die Semantik einen Hang zur Nachträglichkeit aufweist (vgl. Stäheli 1998; Hellmann 2002) – ganz in dem Sinne, wie Pierre Bourdieu vom Hysteresiseffekt beim Habitus spricht. Dafür verfügt die Semantik über höhere Freiheitsgrade, sie kann eher wandern, umherschweifen, auch fremdes Terrain betreten, ohne dort auf gleiche Weise für Irritationen zu sorgen, wie dies für den Import einer systemfremden Struktur zu erwarten wäre. Und bei der Ausweitung der Markenzone geschieht nun genau dies: eine Diffusion der Markensemantik und keine Extension von Markenstrukturen. Mit anderen Worten handelt es bei diesem Phänomen eher um ein Spiel mit Worten als um eine ernsthafte Ausdehnung, Einmischung und Verdrängung durch das, was Marken in der Wirtschaft bedeuten. Allenfalls dort, wo keinerlei Ansätze für Komplementärmedien festzustellen sind, mögen Marken in die entsprechenden Leerstellen vorstoßen und sich mangels Widerstand ausbreiten. Aber auch dies ist nur eine weitere Hypothese, die im Rahmen dieses Buches keine endgültige Klärung erfahren kann und deshalb noch weiterer Forschung bedarf.

Der vorliegende Band geht auf eine gleichnamige Tagung zurück, die am 8./9. Oktober 2004 im Fachbereich Gestaltung der Fachhochschule Wiesbaden stattfand.[18] Die Tagung wurde großzügig gefördert durch die Werner Reimers Stiftung mit Sitz in Bad Homburg v.d.H. (die ihre Förderung derartiger Tagungen seit diesem Jahr leider eingestellt hat). Für technische Unterstützung danke ich Alfred Hellmann und Dominik Schrage.

[18] Leider konnten nicht alle Referenten in diesen Band mit aufgenommen werden, dies ließ die Konzeption nicht zu. Es besteht jedoch die Hoffnung, dies in einem geplanten Folgeband mit dem Titel „Reflexion der Marke“ nachzuholen.

Literatur

Ah-Yue Lou, Michael (1991), Stars als Marke. Risiko und Chance, in: Markenartikel, Heft 9, S. 404-405.

Beckert, Jens/Jörg Rössel (2004), Kunst und Preise. Reputation als Mechanismus der Reduktion von Ungewißheit am Kunstmarkt, in: Kölner Zeitschrift für Soziologie und Sozialpsychologie 56, Heft 1, 32-50.

Boltz, Dirk-Mario (1999), Marketing by Worldmaking. Folgenreiche Kommunikation zwischen Mensch und Marke. Ideen, Strategien, Erfolge, Frankfurt/M.

Brückerhoff, Björn (2004a), Die Marke Mensch. Interview mit Dieter Herbst, Quelle: http://www.diegegenwart.de/ausgabe32/herbst.htm.

Brückerhoff, Björn (2004b), Al-Qaida als globale Marke. Markenkommunikation des Terrorismus, Quelle: http://www.diegegenwart.de/ausgabe38/terror.htm.

Bruhn, Manfred (1994), Begriffsabgrenzungen und Erscheinungsformen von Marken, in: Manfred Bruhn (Hg.), Handbuch Markenartikel. Anforderungen an die Markenpolitik aus Sicht von Wissenschaft und Praxis, Stuttgart, S. 3-41.

Burgstahler, Helga (2003), Die Stadt als Marke? Wie Kommunen sich besser darstellen können, Stuttgart.

Coyler, Edwin (2005), Churches Put Their Faith in Branding, Quelle: http://www.brand channel.com.

Danuser, Hanspeter (1997), Die Führung der Marke St. Moritz – Wert und Gefährdung, in: Werbeforschung & Praxis, S. 33-35.

Diekhof, Rolf (1999), Kultur als Motor des Business. Werbung und Kultur vermischen sich zu einem Gesamtkunstwerk und werden zu Entertainment ohne Grenzen, in: Supplement zum Deutschen Marketingtag 1999. München, S. 56.

Dries, Folker (2000), Die Weltmarke Nasdaq, in: Frankfurter Allgemeine Zeitung vom 6.5.00, S. 13.

Drosdek, Andreas (1996), Credibility Management. Durch Glaubwürdigkeit zum Wettbewerbsvorteil, Frankfurt/New York.

Dunsch, Jürgen (2005), Das Markenprodukt Davos. Zum Weltwirtschaftsforum in dieser Woche, in: Frankfurter Allgemeine Zeitung vom 24.1.05, S. 11.

Ehlert, Matthias (2001), Das Kartell. Die Finanzen der Love Parade, in: Frankfurter Allgemeine Zeitung vom 20.7.01, S. BS 1.

Fischermann, Thomas (2004), Der Tote als Marke. Wer Einstein verkaufen will, muß sich erst die Rechte einer Hollywood-Agentur besorgen, Quelle: http://zeus.zeit.de/text/2004/52/E-Trademark.

Fischer-Zernin, Justus (1999), Die eigene Aktie muß zur Marke werden, in: Welt am Sonntag vom 31.10.99, S. 66.

Frank, Hezel (1995), Wasser als Marke, in: Matthias Kersten (Hg.), Jahrbuch der Ernährungswirtschaft, Neuwied, S. 61.

Frankfurter Allgemeine Sonntagszeitung (2003), Streit um Gerechtigkeit. Sozialdemokraten sehen Markennamen gefährdet, in: FAS vom 21.9.03, S. 38.

Frankfurter Allgemeine Zeitung (1998), Britische Universitäten werden als Markenartikel präsentiert. Der Kampf um die Gunst der Schulabgänger. Starke Marketingabteilungen in den Hochschulen, in: FAZ vom 26.10.98, S. 36.

Frankfurter Allgemeine Zeitung (1999), Markenartikel von Meisterhand, in: FAZ vom 23.4.99, S. 38.

Frankfurter Allgemeine Zeitung (2000a), Eine starke Marke mit Profil? Hockey will mehr als nur ein Spiel sein. Der DHB wirbt für sich und die Rückkehr zum öffentlich-rechtlichen Fernsehen, in: FAZ vom 3.2.00, S. 35.

Frankfurter Allgemeine Zeitung (2000b), Kinowelt-Träume vom Weltmarkenartikel. Eintracht Frankfurt bestätigt Gespräche mit Kölmels Unternehmen, in: FAZ vom 5.4.00, S. 47.

Frankfurter Allgemeine Zeitung (2000c), Soziale Marktwirtschaft, in: FAZ vom 31.5.00, S. 17.

Frankfurter Allgemeine Zeitung (2000d), „Eon" ist die zweitbekannteste Energiemarke in Deutschland. Noch Anfang Juli kein Begriff. Nur Bekanntheit von „Yello" ist höher. In Zukunft mehr Produktinformationen, in: FAZ vom 9.9.00 S. 20.

Frankfurter Allgemeine Zeitung (2001a), Die zehn wertvollsten Sportmarken, in: FAZ vom 12.3.01, S. 30.

Frankfurter Allgemeine Zeitung (2001b), „Der Markenname Soziale Marktwirtschaft hat sich bewährt." Gerhard Fels und Nikolaus Piper erhalten Ludwig-Erhard-Preis. Plädoyer für internationale Ordnungspolitik, in: FAZ vom 7.9.01, S. 18.

Frankfurter Allgemeine Zeitung (2003), Für Trittbrettfahrer nicht verantwortlich. Ringe-Streit keine Gefahr für Leipzig?, in: FAZ vom 1.10.03, S. 35.

Frankfurter Allgemeine Zeitung (2005), Fifa darf „WM 2006" tilweise schützen lassen. Bundespatentgericht verwirft Löschung der Marke, in: FAZ vom 4.8.05, S. 11.

Fuhr, Eckhard (2000), Die Marke Schröder, in: Frankfurter Allgemeine Zeitung vom 12.4.00, S. 1.

Geyer, Christian (2004), Im Kant-Salon, in: Frankfurter Allgemeine Zeitung vom 16.1.04, S. 31.

Häusler, Martin (2000), Harald Schmidt über seine Rolle als Markenartikel, seine ultimativen Ziele am Burgtheater und seine Angst vor dem Publikum, Quelle: http://www.prisma-online.de/tv/thema.html?wid=_schmidt.

Hankinson, Graham (2001), Location branding: A study of the branding practices of 12 English cities, in: Journal of Brand Management 9, No. 2, S. 127-142.

Hecker, Anno (2000), Hightech der Formel 1 verhindert das Duell der modernen Ritter. Warum ein Streit unter Brüdern zur besten Unterhaltung wird, in: Frankfurter Allgemeine Zeitung vom 9.5.00, S. 48.

Hellmann, Kai-Uwe (2002), Struktur und Semantik sozialer Probleme. Problemsoziologie als Wissenssoziologie, in: Soziale Probleme 12, Heft 1/2, S. 56-72.

Hellmann, Kai-Uwe (2003a), Soziologie der Marke, Frankfurt/M.

Hellmann, Kai-Uwe (2003b), Alles Marke, oder was? Markenpolitik in der politischen Kommunikation, in: Forschungsjournal Neue Soziale Bewegungen 16, Heft 3, 17-23.

Hellmann, Kai-Uwe (2004), Rot auf Weiss. Das Rote Kreuz als globale Marke, in: Elio Pellin/Elisabeth Ryter (Hg.), Weiss auf Rot. Das Schweizer Kreuz zwischen nationaler Identität und Corporate Identity. Hochschule der Künste Bern HKB, Zürich, S. 189-201.

Hensel, Kerstin (2004), Die Marken richten sich nach mir. Der Unternehmensberater Bernd Kreutz über Markenterror, Geschichtslosigkeit und Globalisierung, in: Freitag vom 2.12.04.

Herrmann, Christoph (1999), Die Zukunft der Marke. Mit effizienten Führungsentscheidungen zum Markterfolg, Frankfurt/M.

Hilberth, Iris (2005), Märchenkönig sorgt für Streit. Nachkomme von Ludwig II. will die Verwendung seiner Marke beim neuen Mini-Musical einen Riegel vorschieben, in: Frankfurter Rundschau vom 7.1.05, S. 10.

Horeni, Michael (1999), Die Marke ‚Air Jordan', in: Frankfurter Allgemeine Zeitung vom 16.1.99, S. 38.

Ingendaay, Paul (2004), Eine Weltmarke verliert die Balance. Warum es im Starsystem von Real Madrid an sportlicher Qualität fehlt, in: Frankfurter Allgemeine Zeitung vom 16.10.04, S. 30.
Itzel, Ralf (2001), Real Madrid ist eine Marke wie Walt Disney. Präsident Perez macht bei dem spanischen Klub alles zu Geld, in: Financial Times Deutschland vom 12.7.01, S. 32.
Jungclaussen, John F. (2003), Der Mann als Marke. Geschäft soll Spaß machen, fand Richard Branson. Also schuf er Virgin, einen Mischkonzern für Rockmusik, Brautmode, Ferienflüge, Mobilfunk und Motorräder, Quelle: http://zeus.zeit.de/text/2003/40/Branson_2fVirgin.
Kaminsky, Petra (2000), Vom Model zur Marke, in: Frankfurter Neue Presse vom 25.8.00, S. 32.
Kerevan, George (2005), Edinburgh needs more than a brand slogan, Quelle: http://news.scotman.com.
Klein, Naomi (2001), No Logo! Der Kampf der Global Players um Marktmacht. Ein Spiel mit vielen Verlierern und wenigen Gewinnern, Frankfurt/M.
Kotler, Philip/Friedhelm Bliemel (1999), Marketing-Management. Analyse, Planung, Umsetzung und Steuerung. Stuttgart.
Kotler, Philip/Sidney J. Levy (1999), Broadening the Concept of Marketing, in: Dennis W. Rook (Hg.), Brands, Consumers, Symbols & Research. Sidney J. Levy on Marketing, Thousand Oaks et al., S. 37-46.
Krüger, Thomas (2003), Demokratie als Marke? Rede von Thomas Krüger vom 26.6.03, Bonn (Bundeszentrale für politische Bildung).
Lang, Susanne (2005), Rückkehr einer Marke. Rudi-Marek Dutschke, Sohn der linken Ikone, will für die Grünen in den Bundestag. Nun muß er die Delegierten davon überzeugen, daß hinter dem berühmten Namen auch ein Programm steckt, in: die tageszeitung vom 10.6.05, S. 14.
Leipold, Richard (2005), Der BVB verpfändet seine Tradition. Gerling kauft die Markenrechte auf. Keine Anleihe von Schechter. Brodeln in der Fanszene, in: Frankfurter Allgemeine Zeitung vom 4.2.05, S. 31.
Luhmann, Niklas (1990), Die Wissenschaft der Gesellschaft, Frankfurt/M.
Luhmann, Niklas (1992), Kontingenz als Eigenwert der modernen Gesellschaft, in: Niklas Luhmann, Beobachtungen der Moderne, Opladen, S. 93-128.
Luhmann, Niklas (2000), Die Politik der Gesellschaft, Frankfurt/M.
Meffert, Heribert/Christoph Burmann (2002), Wandel in der Markenführung – vom instrumentellen zum identitätsorientierten Markenverständnis, in: Heribert Meffert/Christoph Burmann/Martin Koers (Hg.), Markenmanagement. Grundfragen der identitätsorientierten Markenführung, Wiesbaden, S. 17-33.
Mrusek, Konrad (2004), Die Marke St. Gallen. Die Schweizer Universität ist zur Kaderschmiede von Managern aus der ganzen Welt geworden, in: Frankfurter Allgemeine Zeitung vom 8.5.04, S. 13.
Obst, Andreas (2000), Spaß ist ein guter Freund der Musik. Alte Erkenntnis über schöne neue Umwege: Der englische Geiger Nigel Kennedy auf Tournee, in: Frankfurter Allgemeine Zeitung vom 10.2.00, S. 44.
Olins, Wally (2002), Branding the nation – the historical context, in: Journal of Brand Management 9, No. 4-5, S. 241-248.
Osterchrist-Gleissner, Brigitte (1999), Energieversorger machen mobil. Von der Anonymität zur Marke, in: Frankfurter Allgemeine Zeitung vom 2.6.99, S. B 7.

Penning, Tim (2003), Nonprofits Need to Consider Branding, in: Nonprofit Leader. The Nation's # 1 Nonprofit Sector Newsletter 1, No. 8, Quelle: http://www.nonprofitleader.org/03_10/article6.html.

Pottharst, Jens (2001), Niemand hat eine Idee, was Berlin eigentlich ist. „Unzusammenhängend, verschwommen, chaotisch": Wie Berlin von außen wahrgenommen wird, in: Frankfurter Allgemeine Zeitung vom 10.5.01, S. BS 1.

Pressedienst der Stadt Gütersloh (2005), Gesucht wird die Marke Gütersloh, Quelle: http://www.presse-service.de.

Quart, Alisa (2003), Branded. The Buying and Selling of Teenagers, New York.

Reeves, Peter/Leslie de Chernatony (2003), Political Brand Choice in Britain, Quelle: http://www.business.bham.ac.uk/bbs/static/images/cme_resources/Users/de%20chernatony/political.pdf.

Schneider, Helmut (2004), Marken in der Politik. Erscheinungsformen, Relevanz, identitätsorientierte Führung und demokratietheoretische Reflektion, Wiesbaden.

Stäheli, Urs (1998), Die Nachträglichkeit der Semantik. Zum Verhältnis von Sozialstruktur und Semantik, in: Soziale Systeme 4, S. 315-340.

Stokes, Raymond C. (1986), The Effects of Price, Package Design, and Brand Familiarity on Perceived Quality, in: Jacob Jacoby/Jerry C. Olson (Hg.), Perceived Quality. How Consumers View Stores and Merchandise. Lexington, S. 233-246.

Stüwe, Heinz (2004), Gut investiert in die Marke Bonn. Fünf Jahre nach dem Regierungsumzug, in: Frankfurter Allgemeine Zeitung vom 1.8.04, S. 3.

Suhr, Werner (1961), Markenartikel – Trumpf auf allen Märkten. Hinter den Kulissen bedeutender Markenartikel, München.

Taylor, Marilyn/Diane Warburton (2003), Legitimacy and the Role of UK Third Sector Organizations in the Policy Process, in: Voluntas: International Journal of Voluntary and Nonprofit Organizations 14, No. 3, S. 321-338.

Thielemann, Lutz (2004), Marke Leipzig. Wie das Image der Stadt weiter verbessert werden soll, in: Frankfurter Allgemeine Zeitung vom 17.5.04, S. B 1.

Tristam, Pierre (2002), September 11, the Brand, Quelle: http://www.counterpunch.org/tristam0730.html.

Turner, Sebastian (2001), Politiker als Müsliriegel, in: Frankfurter Allgemeine Zeitung vom 29.1.01, S. 12.

van Ham, Peter (2001), Die neue S-Klasse. Image ist alles: Der Aufstieg des Markenstaates, in: Süddeutsche Zeitung vom 30.8.01, S. 13.

Vinogradoff, Paul (1999), Die Deutschland AG. Nationen als Marken, in: Frankfurter Allgemeine Zeitung vom 24.8.99, S. B 9.

White, Jon/Leslie de Chernatony (2001), New Labour: A Study of the Creation, Development and Demise of a Political Brand, Quelle: http://www.brandchannel.com/images/papers/politicalbrand.pdf.

Winkelhage, Johannes (1999), Auch Strom aus der Steckdose kann ein Markenprodukt werden. Die Werbung braucht strategische Planer. Abschied von Klischees. Akademikeranteil steigt. Zusatzwissen gefragt, in: Frankfurter Allgemeine Zeitung vom 31.12.99, S. 61.

Witt, Christian (2003), Eilige Lieferung. Die Marke Klitschko ist positioniert – der prallen PR-Packung fehlen jedoch (noch) die Inhalte, in: Focus 37, S. 158.

Retail-Branding auf dem Vormarsch

Die ursprüngliche Heimat der Marken lag in der Sphäre alltäglicher Gebrauchsgüter. Nachdem Massenproduktion und Massenkonsum eine Vernunftehe eingegangen waren, ergab sich akuter Bedarf, die Unmenge von Erzeugnissen, die aus dieser Verbindung hervorgingen, mit Namen zu versehen, um sie noch unterscheiden zu können. Der Grundstein für die Geburt der Marken war damit gelegt. Fortan nahm die Verbreitung markierter Produkte rasant zu. Diese Entwicklung ergriff schließlich sogar den Handel, der für den Vertrieb der Waren zuständig war. Auch dort kam es zur Markierung der Läden, zur Profilierung der Sortimente, zur einprägsamen Gestaltung der Innenausstattung, so daß die Einkaufsstätten mit der Zeit selbst zu Marken wurden, an denen sich das Einkaufsverhalten der Verbraucher ausrichtete. Inzwischen ist Retail-Branding, also die gezielte Aufwertung des Handels zur Marke, in aller Munde, wenngleich mit wechselndem Erfolg. Die großen Handelskonzerne tun sich hierbei besonders hervor.

Kai-Uwe Hellmann und Konstanze Senge wenden sich im ersten Beitrag zwei dieser Handelsgiganten zu, die in Sachen Retail-Branding besonders erfolgreich sind, obgleich sie relativ wenig dafür tun: ALDI und *Wal-Mart*. Beide Handelskonzerne stellen Sonderfälle dar: ALDI in Deutschland, der Pionier im Discountbereich, kleine Ladenfläche, beschränktes Sortiment, überwiegend Eigenmarken aus dem Nahrungsmittelbereich, billigste Ausstattung und Dauerniedrigstpreise, *Wal-Mart* in den Vereinigten Staaten, große Märkte, auf kleinere Städte spezialisiert, großer Non-Food-Anteil, Marken, Eigenmarken und No Names gleichermaßen, besondere Kundenbetreuungsmaßnahmen und ebenfalls Dauerniedrigstpreise. ALDI wie *Wal Mart* sind jeweils auf ihre Weise Trendsetter im Handel geworden, sie bestimmen in hohem Maße die Diskussionslage und gelten vielerorts als Vorbilder dafür, wie Handel heutzutage auszusehen hat. Von daher wird verständlich, daß man oftmals von ALDI oder *Wal-Mart* spricht, wenn es um Retail-Branding geht.

Stefan Dahlem und Jens Lönneker beschäftigen sich in ihrem Beitrag mit den Auswirkungen, die der Erfolg von ALDI in Deutschland hatte oder auf ALDI zugerechnet werden. Hierzu diskutieren sie zunächst das Phänomen der

„ALDIisierung", also der Durchsetzung und Verbreitung des ALDI-Prinzips, wie es vom ehemaligen ALDI-Manager Dieter Brandes mehrfach beschrieben wurde. Auf eine Kurzformel gebracht, lautet dieses: Konsequent einfach sein! Im Anschluß daran interessieren sich Dahlem/Lönneker für das Phänomen der „Hybridisierung", also der Ausbildung eines neuen Einkaufsverhaltens, das sich sehr gezielt der Angebots- und Preisvielfalt in der deutschen Handelslandschaft bedient: Auf der einen Seite werden preiswerte Grundnahrungsmittel bei ALDI und anderen Discountern eingekauft, obgleich man es nicht wirklich nötig hat, auf der anderen Seite wird das dort eingesparte Geld für Luxus auszugeben, eine hochrationale Verhaltensweise, die sich dem gewohnten Verständnis von Industrie und Handel gleichwohl lange Zeit entzogen hat. Im weiteren Verlauf analysieren Dahlem/Lönneker die psychologische Konstitution dieses Kaufverhaltens, das durch das ALDI-Prinzip, mithin das, was ALDI als Marke ausmacht, einen entscheidenden Anstoß erfahren hat.

Das Prinzip ALDI und die Wal-Martization der Welt

Handelsmacht und Händlermarken

Kai-Uwe Hellmann/Konstanze Senge

Historisch betrachtet, entspringen die ersten großen Marken dem Konsumgüterbereich. Beschränkt man sich der Einfachheit halber auf den deutschsprachigen Wirtschaftsraum, so gehört hierzu eine ganze Palette von Produkten, die man getrost als klassische Markenartikel bezeichnen kann, wie *Aspirin*, *Erdal*, *Nivea*, *Persil* oder *4711* (vgl. Tab. 1).[1]

Tabelle 1: Firmengründungen und Markenanmeldungen

1748 Villeroy & Boch	1881 4711	1899 Aspirin
1761 Faber Castell	1882 Hansaplast	1901 Milka
1827 Kessler Sekt	1887 Maggi	1903 Erdal
1829 Klosterfrau Melissengeist	1892 Dr. Oetker	1904 Ovomaltine
1839 Stollwerck	1893 Odol	1906 Kaffee Hag
1846 Krups	1895 Jacobs	1907 Persil
1852 Kupferberg Gold	1896 AEG	1908 Melitta
1874 Birkel	1897 Siemens	1912 Nivea
1879 Apollinaris	1898 Aral	1913 Ritter

In all diesen Fällen handelt es sich um Marken bestimmter Hersteller, die teilweise sogar namensgebend waren, wie bei *Birkel*, *Dr. Oetker*, *Jacobs*, *Ritter* oder *Siemens*, weshalb auch von Herstellermarken die Rede ist. Wendet man sich vor diesem Hintergrund der Frage zu, inwiefern von einer Ausweitung der Markenzone gesprochen werden kann, wird sich der Blick zunächst auf eine Entwicklung richten müssen, die zwar keinesfalls neu ist, der Markenartikelindustrie in den letzten Jahren aber große Probleme bereitet: die enorme Verbreitung von Handelsmarken.[2]

Handelsmarken sind Produkte, die im Auftrage des Handels hergestellt und von ihm selbst vertrieben werden und dabei in direkte Konkurrenz mit den Herstellermarken treten, freilich zu einem deutlich niedrigeren Preis bei durchaus

---

[1] Die obige Liste weist Daten von Firmengründungen und Warenzeichenanmeldungen zugleich auf.

[2] Vgl. Batzer/Greipl 1992; Wolters 1995; Lebensmittelzeitung 2002a, 2002b; GfK Panel Services Consumer Research GmbH 2003; Schöner 2004.

vergleichbarer Aufmachung und Qualität. Denn bei Handelsmarken fungiert der Handel selbst als Hersteller, weshalb er die Gewinnspanne (beinahe) ganz für sich einstreichen kann; ferner besteht kaum Bedarf für teure Werbemaßnahmen, weil die eigenen Marken im Rahmen der wöchentlichen Anzeigenwerbung qua Huckepackverfahren mitbeworben werden, unterstützt durch entsprechende Maßnahmen am Point of Sale; und schließlich unterhält der Handel kaum eigene Abteilungen für Forschung und Entwicklung, die oftmals sehr kostenintensiv sind, sondern beschränkt sich entweder darauf, Konsumgüter des Grundbedarfs anzubieten, oder *me-too*-Produkte auf den Markt zu bringen, also bestimmte Herstellermarken in ihrem Erscheinungsbild möglichst vollständig zu kopieren, um dann von deren Renommee zu profitieren.

Die Ernsthaftigkeit des Problems, das Hersteller- mit Handelsmarken haben, liegt nun genau darin begründet, was die These einer Ausweitung der Markenzone behauptet: Die Anwendbarkeit der Markenidee ist kein Privileg der Herstellermarken, sondern kann ebensogut auf Produkte des Handels und vieles mehr übertragen werden. Freilich hängt der Erfolg dieser Maßnahme davon ab, daß die Verbraucher bereit sind, Handels- wie Herstellermarken als *Marken* wahrzunehmen, anzuerkennen und entsprechend nachzufragen – und eben dies ist offenbar geschehen. Denn für die Verbraucher scheint es zunehmend unerheblicher zu werden, wer ein bestimmtes Produkt hergestellt hat: Wenn es in ihren Augen als Marke erscheint, ist es eine Marke.[3] „From the customer's perspective it matters little who owns the brand." (Davies 1998: 141) Sicher mögen die Hersteller gute Gründe für eine weiterhin bestehende qualitative Differenz zwischen Hersteller- und Handelsmarken anführen, die teilweise sogar soweit gehen mag, daß es kaum mehr Sinn macht, manche Produkte des Handels überhaupt als Marke zu bezeichnen.[4] Doch ist dieser Standpunkt nicht (mehr) maßgebend, weil die Verbraucher in den meisten Vergleichsfällen nur noch eine graduelle und keinerlei qualitative Differenz zwischen Hersteller- und Handelsmarken (mehr) wahrnehmen (können), und dann spielt der Preis bei Produktauswahl und Kaufentscheidung eine immer größer werdende Rolle.[5] In diesem Sinne können somit schon

---

[3] Einer Untersuchung der GfK-Marktforschung (2004) zufolge sind 77 Prozent der Befragten davon überzeugt, daß die Aussage „Aldi bietet Produkte von namhaften Markenherstellern – gleiche Inhaltsstoffe und Rezeptur, aber andere Verpackung" zutrifft; vgl. hierzu auch Schneider 2005.

[4] Und jeder kann sein Produkt als Marke bezeichnen, weil die Verwendung des Begriffs selbst nicht schutzfähig ist.

[5] Vgl. Witt 2003; Brandes 1998: „Bei einer Untersuchung zum Image von Eigenmarken waren 85 Prozent der Befragten der Meinung, die Eigenmarke sei billiger; 90 Prozent schätzen die Qualität von Eigenmarken und Markenartikeln gleich ein; auch das Vertrauen in das Produkt war bei 84 Prozent gleich." (189) Kausal bedeutsam sind für diese Entwicklung sicher mehrere Veränderungen, etwa qualitative Verbesserungen auf der Handelsseite, verlorener Qualitäts- und Innovationsvorsprung auf

Handelsmarken als erste Bewährungsprobe für die These einer Ausweitung der Markenzone betrachtet werden, und es ist unschwer festzustellen, in welchem Ausmaß diese These hier zutrifft.[6]

Etwas anders verhält es sich, wenn es nicht um Handels-, sondern um Händlermarken geht, wenn also der Handel selbst zur Marke wird, dazu gemacht werden soll oder schon länger als solche gesehen wird.[7] Denn für diesen Fall ist das konkrete Produkt kein Konsumgut, sondern eine spezielle Form von Dienstleistung, nämlich die Distribution von Konsumgütern, so daß man es bei Händlermarken in gewisser Hinsicht mit einer speziellen Form von Dach- oder Unternehmensmarke zu tun bekommt (vgl. Becker 1999; Andresen/Nickel 1999). Dieser Umstand ist keineswegs überraschend, dürfte doch auch auf Handelsunternehmen Anwendung finden können, was bei Unternehmen der Konsumgüter-, Dienstleistungs- und Investitionsgüterindustrie seit langem funktioniert, und zweifellos ist dies praktisch längst geschehen. Gleichwohl ist die Debatte um den Handel als Marke eher neueren Datums. Zu tun hat das Aufkommen dieser Debatte über Retail Branding vor allem mit einem grundlegenderen Strukturwandel des Handels, mit einer Krise der Warenhäuser und Supermärkte, mit Abwanderungsbewegungen vom Vollsortimenter zum Discounter, mit der Zunahme hybrider Konsumenten und Smart Shoppers, mit Konjunkturproblemen und dem (T)Euro-Effekt, allesamt Ereignisse, die erst im Laufe der letzten fünf bis zehn Jahre an Bedeutung und Wirkung gewonnen haben (vgl. Lebensmittelzeitung 2002b). Dabei geht es meistens um die Herstellung und Verbesserung der Kundenbindung an die eigenen Einkaufsstätten. „The object of branding stores is to build customer loyalty." (Johnston 2000: 50) Hinzu kommt, daß Handelsunternehmen mehr noch als viele Herstellerunternehmen aufgrund ihrer Sortimente, die mehrere Hunderte bis zu mehrere Hunderttausende völlig unterschiedlicher Produkte aufweisen, mit einer extrem hohen Komplexität umgehen können müssen, was es sehr schwer macht, das gesamte Erscheinungsbild eines Handelsunternehmens für sämtliche seiner Einkaufsstätten, Warengruppen und Mitarbeiter möglichst einheitlich und vor allem distinktionsfähig zu gestalten, wie es für die

der Herstellerseite, zunehmend mehr Vergleichsbewertungen von Hersteller- und Handelsmarken durch die Stiftung Warentest mit durchschnittlich „gut", die schlechte Konjunktur etc.

[6] Streng genommen müßte man bei der Frage nach der Ausweitung der Markenzone zunächst Markentransfers bzw. Line Extensions berücksichtigen, aufgrund der ausufernden Literaturlage erscheint dies aber entbehrlich.

[7] Vgl. Davies 1998; Bell 1999; Jary/Schneider/Wileman 1999; Lebensmittelzeitung 1999b; Konrad 2000; Johnson 2000; Henderson/Mihas 2000; Lebensmittelzeitung 2000b; Biehl 2001; Holler 2001; 2003a, 2003b, 2004a, 2004b; Elfers 2002; Drug Store News 2002; Brückenbauer 2003; Schultz 2003; Kalthoff 2003; Biehl/Holler 2004; Konrad 2004; Lebensmittelzeitung 2004a, 2004b; Swoboda/Morschett/Foscht 2004; Ailawadi/Keller 2004; w&v 2004.

Markenbildung unerläßlich ist. Zumal Handelsunternehmen ja per se nur Durchgangsstation für Konsumgüter sind, so daß es nicht unbedingt auf der Hand gelegen haben mag, nicht bloß die gehandelten Waren, sondern auch sich selbst unter dem Gesichtspunkt „Marke" zu betrachten.

In jedem Fall stellen Handelsunternehmen eine besondere Herausforderung für die These einer Ausweitung der Markenzone dar, wie es seit einigen Jahren auch in der Markenforschung so gesehen wird. Aus diesem Grund beschäftigt sich der folgende Beitrag mit den Chancen und Risiken von Händlermarken. Dabei wird der Artikel sich auf zwei Handelsunternehmen konkreter einlassen, die in diesem Zusammenhang eine herausgehobene Stellung einnehmen: auf ALDI für den deutschen und auf *Wal-Mart* für den nordamerikanischen Wirtschaftsraum. Bevor es jedoch daran gehen kann, sich diesen beiden Unternehmen im Sinne kurzer Fallstudien zuzuwenden, bedarf es zuvor noch einiger grundsätzlicher Überlegungen dazu, was unter einer Marke im Unterschied zum Produkt soziologisch verstanden werden kann.

1 Produkt und Metaprodukt

Grundsätzlich ist zwischen Produkt und Marke zu unterscheiden. Während das Produkt eine Leistung betrifft, die gemeinhin zur Lösung eines alltäglichen Problems beizutragen verspricht, sei es privater oder professioneller Natur, bietet die Marke eine Leistung, die in erster Linie mit dem Erwerb genau dieses Produktes zu tun hat. Anders formuliert, bezieht sich die Leistung eines Produkts in der Regel auf ein Problem, das mit der Situation des Produkterwerbs selbst nichts zu tun hat; zumeist geht es darum, irgendein Problem des Alltags für die Verbraucher zu lösen, also um die Befriedigung bestimmter Bedürfnisse. Demgegenüber bezieht sich die Leistung der Marke in der Regel auf ein Problem, das gerade auf diese Situation des Produkterwerbs bezogen ist; zumeist geht es darum, ein zentrales Problem in der Beziehung zwischen Herstellern, Händlern und Verbrauchern zu lösen, nämlich Risikobewältigung durch Vertrauensaufbau. Das Bezugsproblem beim Produkt befindet sich also außerhalb der Situation des Produkterwerbs, während das Bezugsproblem der Marke gerade innerhalb der Situation des Produktserwerbs zu finden ist; beim Produkt geht es dabei um eine bestimmte Technik zur Lösung eines Problems in der Umwelt dieser Situation, bei der Marke um eine bestimmte Technik zur Lösung eines Problems dieser Situation selbst. Systemtheoretisch gesprochen, symbolisieren Produkte damit die *Fremdreferenz* der Situation des Produkterwerbs, weil sie sich auf Probleme in der Umwelt des Systems beziehen, während Marken die *Selbstreferenz* dieser Situation anzeigen, weil sie sich auf Probleme im System richten (vgl. Tab. 2).

Tabelle 2: Zur Unterscheidung von Produkt und Marke

	Problem	**Funktion**	**Lösung**
Fremdreferenz	Bedürfnis	Produkt	Befriedigung
Selbstreferenz	Risiko	Marke	Vertrauen

In diesem Sinne stellen Produkt wie Marke gleichermaßen eine Leistung dar, nur mit dem Unterschied, daß sich die Leistung der Marke auf die Situation des Erwerbs dieses Produktes als Leistung bezieht. Mit Bezug auf die Produktleistung bietet die Marke damit eine Metaleistung an und kann deshalb als Metaprodukt bezeichnet werden (vgl. Linn 1992).

Soziologisch betrachtet, hat man es in diesem Zusammenhang mit einer besonderen Form wirtschaftlicher Kommunikation zu tun. Angebot und Nachfrage werden über den Markt vermittelt, Massenmedien sorgen währenddessen für die kommunikative Erreichbarkeit der Marktteilnehmer. Angesichts der Anonymität und Interaktionslosigkeit des Geschehens, wie sie auf vielen Märkten vorherrschen, erweist sich der Kommunikationserfolg jedoch als hochgradig ungewiß. Mißtrauen gegenüber dem Mitteilungsverhalten der Marktpartner stellt deswegen ein ernstzunehmendes Problem der Situation des Produkterwerbs dar: Wer nicht vertraut, kauft auch nicht. Aus diesem Grund braucht es ein systeminternes „Gegengift", das diesen virulenten Vertrauensverlust durch gezielte Vertrauensförderung wieder wettmacht. Marken, als eine bestimmte Form der Herstellung von glaubwürdiger Kommunikation (über bestimmte Produkte), haben sich dafür als sehr erfolgreich erwiesen. Der besseren Verständlichkeit wegen soll diese Unterscheidung von Produkt und Marke als zwei distinkte Formen wirtschaftlicher Kommunikation getrennt erläutert werden.

1.1 Form und Funktion der Produktkommunikation

Jedes Produkt, ob Sach- oder Dienstleistung, kann zunächst als die Lösung eines strukturellen Problems in der Produktion, Distribution oder Konsumtion definiert werden. Von daher kann jedem Produkt eine primäre Funktion zugewiesen werden. Bei genauerem Hinsehen stellt sich jedoch heraus, daß das gleiche Produkt oftmals auf ganz unterschiedliche Bezugsprobleme bezogen wird, je nach Standpunkt und Interessenlage, sei es innerhalb des Unternehmens, sei es im Markt, sei es in der Gesellschaft im allgemeinen. Überdies kann mit Willhelm Vershofen (1959) zwischen Grund- und Zusatznutzen eines Produktes unterschieden werden. Demnach besitzen viele Produkte nicht nur einen oder auch mehrere Grundnutzen, für die sie eigens hergestellt, vertrieben und erworben werden, sondern darüber hinaus einen oder mehrere Zusatznutzen, die nach Vershofen mindestens zwei Bezugspunkte haben können: die Aufwertung der eigenen Persönlichkeit für sich selbst und/oder gegenüber anderen. Insofern kann jedes Produkt grundsätzlich mehrere Funktionen mit unterschiedlicher Relevanz erfüllen, je nachdem wer (Hersteller, Händler, Verbraucher etc.) sich welche Art von Problemlösung von ihm erwartet (vgl. Drosdek 1996). Mit anderen Worten ist die Bewertung der Funktion eines bestimmten Produktes hochgradig kontingent, weil abhängig vom Standpunkt dessen, der diese Bewertung jeweils vornimmt. In diesem Sinne gibt es keine objektive Produktfunktion. Vielmehr ist die Funktion eines Produktes wiederum das Produkt einer subjektiven, d.h. beobachterspezifischen Zurechnung.

Betrachtet man daraufhin die Form der Produktkommunikation, so umfaßt diese drei Dimensionen: die sachliche, die soziale und die zeitliche Perspektive (vgl. Hellmann 2003: 277). In sachlicher Hinsicht geht es um den Hinweis auf ein bestimmtes Problem, welches das Produkt zu lösen verspricht, und die Erklärung der jeweiligen Technologie, mittels der dieses Problem gelöst werden soll. In sozialer Hinsicht wird eine ausgewählte Bezugsgruppe adressiert, die als Intensiv-Verwender dieses Produktes ausgemacht wurde. Auch hierbei dreht sich alles um den Nachweis, um welche Gruppe es sich handelt, weshalb gerade diese und inwiefern das beworbene Produkt von besonderem Nutzen für sie ist. In zeitlicher Hinsicht werden die aktuellen wie historischen Umstände, die für das Produkt wie die Zielgruppe charakteristisch sind, in die Produktkommunikation je nach Bedarf mit einbezogen. Zumeist jedoch herrscht ein expliziter Gegenwartsbezug vor, Reflexionen auf Vergangenheit und Zukunft bleiben Ausnahmen.

Insbesondere die strukturelle Kopplung von Produkt und Zielgruppe ist Gegenstand jeder Produktkommunikation. Dabei wird medientechnisch zur Mitteilung entsprechender Informationen auf die Verpackung, die Werbung, gesonderte Verkaufsförderungsaktionen am Point of Sale, unterschiedliche Shop-in-Shop-Varianten, das Kundenmagazin, das Sponsoring, das Eventmarketing und dergleichen mehr zurückgegriffen. In der Summe ergibt sich aus dieser Kombination von Wort und Tat, Materialität und Immaterialität, Selbst- wie Fremdbeobachtung ein narrativer Rahmen mit gewissen Eckpunkten, an denen sich der Sinn der Geschichte, die um dieses Produkt herum erzählt wird, festmachen läßt und die die Einheit des Produkts und der Kommunikation über es begründen.

1.2 Form und Funktion der Markenkommunikation

Wie das Produkt stellt auch die Marke, ob auf eine oder mehrere Sach- oder Dienstleistungen bezogen, eine Problemlösung dar, und zwar die Lösung eines bestimmten Problems der Situation des Erwerbs eben dieses Produktes. In diesem

Sinne hat auch die Marke eine primäre Funktion. Dabei bezieht sich das Problem, um das es hierbei in erster Linie geht, auf bestimmte Risiken in der Kommunikation zwischen Herstellern, Händlern und Verbrauchern (klassisch Akerlof 1970). Diese Risiken haben durchweg mit Ungewißheit zu tun: Man begegnet und kennt sich kaum mehr, bleibt weitgehend anonym und weiß daher oftmals nicht, ob und inwieweit man dem anderen trauen kann (vgl. Beckert 1996, 2002). Anhaltendes Mißtrauen führt aber zu Handlungsunfähigkeit (vgl. Luhmann 1968: 79).

Eine relativ stabile Lösung dieses Problems ergibt sich nun dadurch, daß die gesamte Kommunikation über ein bestimmtes Produkt, mithin sämtliche Informationen, die die Verbraucher einem bestimmten Produkt zurechnen, aus Sicht der Verbraucher in sich stimmig, also frei von Widersprüchen erscheinen. Denn nur, wenn es gelingt, auf eine möglichst konsequente Art und Weise über ein bestimmtes Produkt zu kommunizieren, fassen die Verbraucher Vertrauen in dieses Produkt, und erst dann hat man es soziologisch betrachtet mit einer Marke zu tun (vgl. Hellmann 2003: 272ff.).

Hintergrund für diesen besonderen Vertrauensbedarf beim Produkterwerb ist, daß die Verbindung zwischen Herstellern, Händlern und Verbrauchern, die in früheren Zeiten üblicherweise noch interpersonaler Natur war, im Zuge der Durchsetzung moderner Märkte weitgehend entkoppelt wurde und allein durch die Werbung via Massenmedien nur unzureichend ersetzt werden kann. Daraus erwächst aber ein besonderes Problem. Denn was sich bei massenmedialer Kommunikation nicht einstellen kann, ist persönliches Vertrauen, wie es für die vormoderne Beziehung zwischen Herstellern, Händlern und Verbrauchern konstitutiv war. Denn wenn Hersteller, Händler und Verbraucher sich persönlich kennen und vertrauen, läßt sich das Risiko, das beim Kauf jedes Produktes hinsichtlich seiner Qualität unabwendbar impliziert ist, relativ einfach handhaben. Tritt ein Schadensfall auf, ist die Qualität eines Produktes unzureichend, kann der Verbraucher den Hersteller oder Händler persönlich haftbar machen, und in derart kleinräumigen Marktverhältnissen wie den mittelalterlichen Städten, wo jeder bald jeden kannte, konnte sich ein Hersteller oder Händler rufschädigendes Gerede jedweder Art partout nicht erlauben. Allein deshalb schon war er bemüht, seine Kunden nicht zu (ent)täuschen, indem er ihnen Produkte verkaufte, deren Qualität sich als unzureichend erwies. Das ökonomische (und moralische) Risiko war für die Hersteller und Händler viel zu hoch, um hier nachlässig vorzugehen.

Betrachtet man vor diesem Hintergrund moderne Märkte, stellt sich die Frage, wodurch dieses persönliche Vertrauen zwischen Herstellern, Händlern und Verbrauchern, das typisch ist für vormoderne Märkte, substituiert werden kann, welches funktionale Äquivalent sich dafür also anbietet – und eben hier kommen Marken ins Spiel.[8] Denn Marken, dies hat sich über die Jahrzehnte der Markenerforschung inzwischen herauskristallisiert, leisten für die Verbraucher exakt dies: „Vertrauen setzen können in die gleichbleibend gute oder verbesserte, in der Aufmachung oder Verpackung wiedererkennbare Warenqualität." (Rieger 1990: 244) Freilich hängt das Gelingen dieser Art von Vertrauensbildung davon ab, möglichst konsequent und ohne Ausnahme darauf zu achten, daß die gesamte Kommunikationspolitik, die für ein bestimmtes Produkt in Gang gesetzt wird, keinerlei Anlaß bietet, ihr auch nur ansatzweise zu mißtrauen. In diesem Sinne bedarf es idealiter einer 360 Grad-Kontrolle der Produktkommunikation, um sicher zu stellen, daß sich innerhalb der Produktkommunikation keinerlei Diskrepanzen ergeben (vgl. Hellmann 2005b).

Insbesondere das Qualitätsversprechen und die Qualitätserfahrung sollten sich dabei unbedingt die Waage halten. Vertrauen entsteht nämlich durch Kontinuität, durch eine in sich stimmige und dadurch glaubwürdige Selbstdarstellung in sachlicher, sozialer und zeitlicher Hinsicht. Auf die Produktkommunikation bezogen, bedeutet sachlich dann, daß die Qualität eines Produktes, ob Grund- oder Zusatznutzen, tatsächlich einlöst, was durch die Kommunikation über dieses Produkt in Aussicht gestellt wurde; sozial bedeutet, daß die Beziehung zur angepeilten Zielgruppe behutsam und mit Respekt behandelt und gepflegt wird; und zeitlich bedeutet, daß möglichst keine harten Brüche in der Biographie dieses Produktes auftreten dürfen.

Man kann diesen Effekt plausibilisieren, indem man die Produktkommunikation, wie schon angedeutet, als Narration begreift. Denn obgleich sich praktisch jede Produktkommunikation als multimedialer Prozeß (Informationen, Texte, Symbole, Farben, Formen, Melodien etc.) darstellt, ist es methodisch reizvoll, sie lediglich als die Produktion und Rezeption von Narrationen, d.h. als eine besondere Textgattung zu behandeln.[9] Dabei setzt sich eine solche Produktkommunikation immer aus mehreren Erzählsträngen zusammen, je nach Produkt und Zielgruppe. Über die Zeit verselbständigen sich diese Erzählstränge nun, dies ist aufgrund ihrer Serialität unvermeidlich. Die einzelnen Geschichten gewinnen sozusagen an Autonomie, denn je länger eine Geschichte erzählt wird, desto mehr löst sie sich vom Zufall ihrer Entstehung ab und entwickelt ein Eigenleben, eine Geschichte der Geschichten, gewissermaßen ein geschichteninternes Gedächtnis, auf das mit der Zeit immer stärker rekurriert wird, und zwar von allen Seiten, um die Geschichten bei jeder weiteren Episode möglichst anschlußfähig zu halten – und durch diesen Prozeß der sukzessiven, episodischen Entstehung einer Geschichte der Geschichten, die über ein bestimmtes Produkt

[8] Vgl. Noelle-Neumann 1975; Meyer 1999; Weizsäcker 2001.
[9] Vgl. Escalas/Bettman 2000; Zaltman 2003: 211ff.; Gries 2003.

erzählt werden, entsteht bei jenen Verbrauchern, die daran mehr oder weniger bewußt teilnehmen, eine höchst vertrauensvolle Beziehung, ja Bindung zu diesem Produkt und seinen Geschichten – nicht viel anders, als wenn wir zu bestimmten Personen soziale Beziehungen aufbauen (vgl. Fournier 1998). Insofern kann man sagen: Die Leistung des Produkts besteht darin, den Verbrauchern die Lösung für ein bestimmtes Alltagsproblem an die Hand zu geben, die Leistung der Marke darin, zwischen Produkt und Verbraucher eine möglichst vertrauensvolle, mehr oder weniger stabile Beziehung aufzubauen.

Freilich ist ein solches Unterfangen außerordentlich aufwendig, insbesondere unter massenmedialen Bedingungen, da sich eine vollständige Informationskontrolle aufgrund der Komplexität und Differenziertheit des medialen Geschehens kaum erreichen läßt, und um so weniger, je komplexer und differenzierter das Produkt geartet ist. Besonders anschaulich wird dies, wenn man an Marken wie TUI denkt, deren Leistungsangebot sich nicht darin erschöpft, Reisen zu verkaufen, weil die Leistungserbringung von einer Vielzahl von Subunternehmen abhängig ist, wie Fluglinien, Taxiunternehmen, Hotelkonzernen, Restaurants, Amüsierbetrieben, die teilweise nicht einmal zum TUI-Konzern gehören, in ihrer Performanz aber unmittelbar Einfluß üben auf die wahrgenommene Leistungsqualität und damit auf die Glaubwürdigkeit der Marke TUI – ein fast unlösbares Problem, für eine solche Unternehmen eine integrierte Kommunikation über alle Glieder der Wertschöpfungskette hinweg herzustellen und aufrechtzuerhalten (vgl. Thunig 2002; Madrid 2003).[10] Von daher scheint Mißerfolg fast schon vorprogrammiert. Und dennoch gelingt es selbst so komplexen Unternehmen wie TUI immer wieder, die Kommunikation über ihre Produkte in den Augen der Verbraucher so glaubwürdig zu gestalten, daß sich ein nachhaltiges Vertrauen der Verbraucher in diese Produkte einstellt und man diese deswegen Marken nennt. Deswegen sollte von einer Marke, sofern man nicht juristische oder ökonomische, sondern soziologische Kriterien zugrundelegt, auch erst dann gesprochen werden, wenn die Verbraucher in ein bestimmtes Produkt ein stabiles, ja blindes Vertrauen fassen, weil der gesamte Erfahrungsraum dieses Produktes für die Verbraucher weitgehend dem entspricht, was ihnen der Erwartungshorizont, der ihnen durch die Produktkommunikation eröffnet wird, an Möglichkeiten aufzeigt.

[10] Zur Komplexität der täglichen Kundenkontakte im Einzelhandel vgl. Biehl/Holler 2004: „In einem SB-Warenhaus haben täglich rund 10.000 Kunden Kontakte zu den 200 bis 300 Mitarbeitern. Von der Information über die Bedienungsabteilungen bis hin zur Kasse: nachfragen, kaufen und bezahlen. So entstehen etwa 50.000 Kundenkontakte pro Tag und Haus. Für die gesamte Globus-Flotte ist die Zahl noch imposanter: 1,5 Millionen Kontakte täglich. Geht davon nur ein Promille schief, wird die Weisheit des irischen Einzelhändlers Feargal Quinn bittere Realität: ‚Ein gutes Erlebnis wird zweimal weitererzählt ein schlechtes zehnmal.'"

1.3 Marken, Medien und George Spencer Brown

Kommt man nochmals auf den Unterschied zwischen Produkt und Marke zu sprechen, der sich systemtheoretisch auf die Unterscheidung zwischen Fremd- und Selbstreferenz der Situation des Produkterwerbs zurückführen läßt, hat man es mit einer binären Unterscheidung zu tun. Übersetzt man diesen Unterschied zwischen Produkt und Marke in die Sprache George Spencer Browns, so ergibt sich eine geringfügig andere Form der Darstellung. Auf der Innenseite der Situation des Produkterwerbs hätten wir dann die *Marke*, auf der Außenseite die *Nicht-Marke*, und als Einheit der Unterscheidung das *Produkt*, während die Gesamtsituation nochmals von der Unterscheidung *Produkt/Nicht-Produkt* umfaßt wird, deren Einheit mit *Problem* bezeichnet werden kann (vgl. Abb. 1).[11]

Abbildung 1: Marken und die Gesetze der Form

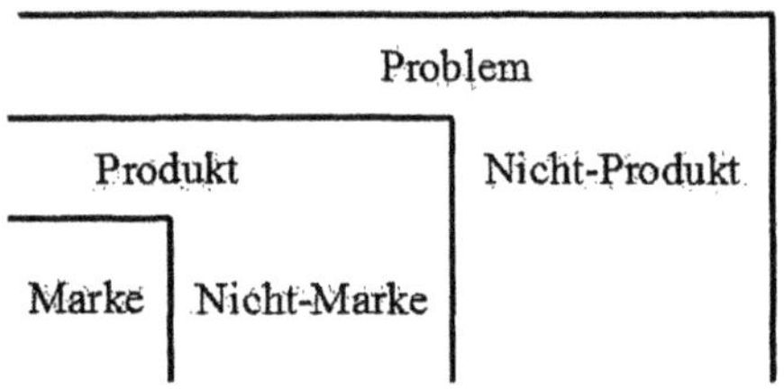

Zu fragen bleibt freilich, welche empirische Geltung die binäre Codierung Marke/Nicht-Marke für sich beanspruchen kann. Vom Erfordernis der Grenzbildung aus gesehen leuchtet dies wohl ein. Doch praktisch besehen macht es eher den Eindruck, als ob Marke und Nicht-Marke nicht bloß die zwei Seiten einer Unterscheidung bezeichnen, sondern mehr noch die Pole eines Kontinuums darstellen, innerhalb dessen sich eine geradezu unüberschaubare Vielfalt an Produktvariationen auftut, die sich einer analogen Logik fügen: Sie alle entsprechen mehr oder weniger dem, was eine Marke im soziologischen Sinne auszeichnet (vgl. Hellmann 2005b). Hier wäre also differenzierter zu argumentieren, als es die Semantik der Marke suggeriert.

Schließlich ist noch zu ergänzen, daß jede Marke (mehr oder weniger) die Qualität eines symbolisch generalisierten Kommunikationsmediums aufweist (vgl. Hellmann 2003: 223ff.). Ähnlich wie für Geld, dem die Funktion zugewiesen wird,

[11] Die mittlere Differenz *Produkt/Nicht-Produkt* entscheidet darüber, was als wirtschaftliches Gut betrachtet wird, vgl. Elwert 1987. Unklar bleibt hingegen, wie die Außenseite des äußeren Rahmens, um mit Goffman zu sprechen, und wie die beide Seiten übergreifende Einheit zu bezeichnen sind.

den Erfolg der Kommunikation in wirtschaftlichen Belangen trotz Unwahrscheinlichkeit sicherzustellen, kann auch für den Einsatz von Marken gezeigt werden, daß sie den Erfolg einer Transaktion maßgeblich mit beeinflussen.

> „Ihre wahre Bedeutung entfaltet [die Marke] *im Hinblick auf den Abnehmer:* Er soll veranlaßt werden, ein bestimmtes Produkt zu identifizieren, es (wieder) zu finden, es (wieder) zu kaufen, und damit die Voraussetzungen für das Erzielen eines dauerhaften *Absatzerfolges* zu schaffen." (Henning-Bodewig/Kur 1988: 6)

Mithin zielt auch die Marke auf eine Konditionierung von Selektion und Motivation und avanciert damit gewissermaßen zu einem Nebenmedium von Geld, das es in seiner Funktion zwar nicht ersetzt, aber unterstützt (vgl. Hellmann 2003: 228).

Als Zwischenfazit ist festzuhalten: Beim Produkt geht es um die Lösung eines Umweltproblems, bei der Marke um die Lösung eines Systemproblems. Schaut man sich daraufhin den Lösungsweg genauer an, der mit dem Vertrauensaufbau via Markenbildung eingeschlagen wird, stößt man alsbald auf das Bestehen sozialer Beziehungen, die sich zwischen Herstellern, Händlern und Verbrauchern ausgebildet und ein bestimmtes Produkt zum Kristallisationspunkt haben, so unwahrscheinlich dies heutzutage auch erscheinen mag. Im Prinzip handelt es sich nämlich um einen Anachronismus, verglichen mit der Situation des Produkterwerbs in vormodernen Zeiten. Und doch, so sehr dieser Effekt im Bereich des Imaginativ-Suggestiven bleiben mag, wird die Stärke einer Marke letztlich auf die Stärke solcher Beziehungen zurückgeführt, die sich mit Bezug auf ein bestimmtes Produkt über Zeit zwischen einem bestimmten Hersteller oder Händler und den Verbrauchern ausgebildet hat. Eine Marke sein heißt demnach eine Beziehung führen (vgl. Hellmann 2005a). Eben dieser Zusammenhang ist nun auch für die Frage bedeutsam, weshalb einige Händler als Marke wahrgenommen und anerkannt werden.

2 Bekanntsein ist nicht schon Markesein

Der Discounter ALDI, eine Akronym für ALbrecht DIscounter, erblickte in der Form, wie man ihn heute kennt, erstmals 1962 das Licht der Welt (vgl. Brandes 2003: 18). Gegründet 1946 von Karl und Theo Paul Albrecht auf der Basis des elterlichen, 35 qm großen Lebensmittelgeschäfts in Essen, begann damit eine außerordentlich erfolgreiche Unternehmensgeschichte, die bis heute anhält (vgl. Tab. 3).

Tabelle 3: Entwicklung des ALDI-Umsatzes in Deutschland und der Ladenzahl von 1955 bis 2005 (Auslandsumsatz: 10 Mrd. € in 2.700 Läden)[12]

Jahr	Umsatz in Mio. €	Ladenzahl	Mtl. Ø-Umsatz in €
1955	15	100	12.782
1960	90	300[13]	–
1975	3.100	1.000	258.000
1985	8.700	2.000	363.000
1995	14.200	3.000	394.000
1998	17.900	3.250	459.000
2002	22.500	3.700	507.000
2003	34.400[14]	–	–
2004	31.000[15]	–	–
2005	–[16]	–	–

ALDI ist der noch immer mit Abstand führende Harddiscounter in Deutschland, mit Auslandsaktivitäten u.a. in Australien, Belgien, Dänemark, England, Frankreich, Holland, Irland, Luxemburg, Österreich, Portugal, Schweiz, Spanien und den USA (vgl. Brandes 1998: 254ff.). Das Unternehmen wurde 1961 zwischen den Brüdern aufgeteilt, angeblich wegen einer Meinungsverschiedenheit, was die Aufnahme von Zigaretten in das Sortiment betraf. Seitdem gibt es ALDI Nord (mit Zigaretten), das von Theo Albrecht geführt wird, und ALDI Süd (bis vor kurzem ohne Zigaretten), das Karl Albrecht gehört und seit 2003 auch mit diesem Zusatz „Süd" in Erscheinung tritt (vgl. Roeb 2002). Nichtsdestotrotz werden bis auf die Gewinne sämtliche Geschäftszahlen zwischen den beiden Konzernhälften ausgetauscht (vgl. Brandes 1998, 2003).

[12] Vgl. Brandes 2003: 18.
[13] Für das Jahr 1960 vgl. wikipedia.de, Quelle: http://de.wikipedia.org/wiki/ALDI-Gruppe vom 27.4.05.
[14] Für das Jahr 2003 vgl. Handelsblatt.com, Quelle: http://www.handelsblatt.com/pshb/fn/relhbi/sfn/e500_start_gs/logo/hbi/ vom 3.7.05.
[15] Für das Jahr 2004 vgl. Handelsblatt.com, Quelle: http://www.handelsblatt.com/pshb/fn/relhbi/sfn/e500_ start_gs/logo/hbi/ vom 3.7.05.
[16] Laut Frankfurter Allgemeine Zeitung vom 1.8.05 fiel der Umsatz von ALDI im ersten Halbjahr 2005 um 3,2 Prozent geringer aus als im Vorjahr, während Lidl seinen Halbjahresumsatz um 10,7 Prozent steigern konnte. Wichtigster Grund bei ALDI ist die erreichte Flächendichte seiner Märkte.

Die Besonderheit von ALDI ist vor allem in der Begrenztheit des Sortiments bei niedrigsten Preisen zu sehen, das anfangs nur aus 250 bis 280 Artikeln bestand, später dann auf 600 ausgeweitet wurde und bei ALDI Nord in den neunziger Jahren nochmals eine Erweiterung um mehr als 150 Artikel erfuhr, die überwiegend dem Non Food-Bereich entstammen, wie Textilien, Fahrräder, Fernseher und Computer. Dabei wird die Warenpräsentation auf die reine Funktionalität reduziert: Verkauft wird überwiegend aus den Kartons und auf den Paletten, auf denen sie angeliefert wurden. Die Ladengröße bewegt sich bei durchschnittlich 800 qm, und an Personal, das sich die beiden Aufgabenbereiche Kasse und Warenanlieferung bzw. -aufstellung je nach Kundenandrang untereinander aufteilt, wird nur das absolute Minimum vorgehalten.

Obgleich ALDI seit vielen Jahrzehnten eine dominante Rolle in der deutschen Handelslandschaft spielt, soweit es die von ALDI geführten Sortimente betrifft,[17] hat sich die öffentliche Aufmerksamkeit erst in den letzten Jahren verstärkt auf ALDI eingestellt, dafür aber um so vehementer. Denn inzwischen überschlagen sich die Superlative geradezu. So wird ALDI als der „Stern am Discount-Himmel“ bezeichnet, zu den „Super Brands“ gezählt, zur „Mega-Brand“ erhoben oder gar als „Kultmarke“ gehandelt.[18] Nicht genug damit, ist es ALDI überdies gelungen, bei einer ganzen Reihe von Studien und Umfragen zur Bekanntheit und Beliebtheit von Marken hervorragende Plätze einzunehmen.

- 1993 war ALDI die bekannteste Marke Deutschlands (vgl. Brandes 2003: 25);
- 1999 erreichte ALDI bei der Ermittlung der Top-Ten der deutschen Marken, die von der Werbeagentur *J. Walter Thompson* durchgeführt worden war, mit 93 Prozent der Nennungen den sechsten Platz;[19]
- 2000 gewann ALDI den ersten Platz beim Contest „Die attraktivsten Marken in Deutschland“ der Werbeagentur *Young & Rubicam*;[20]
- 2001 erhielt ALDI bei der Umfrage „Die faszinierendsten Marken in Deutschland“ des Marktforschungsinstituts *Ires* mit der Note 4,8 den siebten Platz;[21]

---

[17] Dieter Brandes (1998: 40) geht davon aus, daß der Marktanteil von ALDI bei bestimmten Warengruppen bei bis zu 33 Prozent liegt.

[18] Vgl. Brandmeyer/Deichsel 1991; Rosbach 1999; Grünewald 2002; Lebensmittelzeitung 2002a, 2002c; Holler 2002; Seiwert 2003; Roeb 2003.

[19] Vgl. Lebensmittelzeitung vom 5.2.99, S. 54. Die anderen Marken waren *Deutsche Telekom* (99%), *Adidas* (97%), *Lufthansa* (97%), *Coca-Cola* (94%), *Kellogg's Corn Flakes* (94%), *Nivea* (92%), *Gillette* (91%), ARD (91%) und *Alete* (91%).

[20] Vgl. Frankfurter Allgemeine Zeitung vom 31.1.01, S. 20. Die anderen Marken waren *Coca-Cola, Nivea*, VW, *Milka, Mercedes, Lego, Ikea, Adidas, Tempo, Dr. Oetker, Aspirin, Ritter Sport, Levi's*, BMW, *Porsche, Hohes C, Lindt, Langnese* und *Deutsche Telekom.*

[21] Vgl. Lebensmittelzeitung vom 2.3.01, S. 64. Die Bewertung sah maximal 10 Punkte vor. Die anderen Marken waren *SOS-Kinderdorf* (6,2), *Unicef* (5,7), *Mercedes-Benz* (5,2), *Porsche* (5,2), *Ferrari* (4,9), VW (4,9), *Microsoft* (4,7) und *DaimlerChrysler* (4,5).

- 2001 verfügte ALDI über eine Bekanntheit von 96 Prozent (vgl. Biehl 2001);
- 2002 nahm ALDI in der Imageuntersuchung des *manager magazin* den dreizehnten Platz ein (vgl. Brandes 2003: 24);[22]
- 2003 erreichte ALDI in der *Sempora*-Studie „Beliebtheit deutscher Handelsunternehmen" den ersten Platz (vgl. Prudent 2003: 26);
- 2003 erreichte ALDI beim „Y & R Brand Asset Valuator" der Werbeagentur *Young & Rubicam* den zweiten Platz hinter *eBay*;[23]
- 2003 erreichte ALDI beim „Excellence Barometer 2003" den ersten Platz (vgl. die Lebensmittelzeitung 2003b);
- 2004 erreichte ALDI beim „Excellence Barometer 2004" erneut den ersten Platz (vgl. Selbach/Wittrock 2004: 48);
- 2004 erreichte ALDI in der Sonderkategorie „Handelsunternehmen" bei der Studie „Reader's Digest European Trusted Brands 2004" den ersten Platz;[24]
- 2004 wurde ALDI bei der Bewertung der „Best Brands 2004", Kategorie „Unternehmensmarken", hinter *Siemens* und BMW auf Platz 3 gewählt;[25]
- 2004 kam ALDI in der Studie „Imageprofile" auf Platz 9;[26]
- 2005 gewann ALDI bei einer Umfrage des US-Marktforschers *Harris Interactive* den zweiten Platz hinter *Porsche*;[27]
- 2005 erhielt ALDI beim Magazin Bestseller den dritten Platz hinter TUI und *Mercedes*;[28]
- 2005 steht u.a. ALDI mit auf der Shortlist der Studie „Best Brands 2005".[29]

Was diese Rangplätze und Prozentzahlen klar belegen, ist ein erstaunlich hoher Bekanntheits- und Beliebtheitsgrad von ALDI – ein deutliches Indiz dafür, daß wir es hier tatsächlich mit einer Marke zu tun haben könnten. Denn hohe Bekanntheits- und Beliebtheitsgrade sind charakteristisch für erfolgreiche Marken. Bestätigung erfährt dieser Eindruck dadurch, daß ALDI in der Presse fortlaufend als „Marke" bezeichnet und bewertet wird, oftmals jedoch ohne weitere Erläuterungen, was hier mit „Marke" exakt gemeint ist, also ohne Nennung der Merkmale, die dieser Zurechnung zugrunde gelegt werden. Aus diesem Grund soll im folgenden etwas grundsätzlicher nach der Markentauglichkeit von ALDI gefragt werden, weil bloßes Bekanntsein nicht gleich Markesein bedeutet. Hierzu wird die Unterscheidung zwischen Produkt und Marke wieder aufgenommen und auf ALDI angewandt.

---

[22] Vgl. auch w&v.de vom 20.6.05, Quelle: http://www.wuv.de/news/artikel/2004/01/21677/index.html.
[23] Vgl. Y&R, Quelle: http://www.loyaltypartner.com/de/download/YR_Brand_Asset_Valuator.pdf vom 3.7.05.
[24] Vgl. w&v.de, Quelle: http://www.wuv.de/daten/unternehmen/rankings/022004/838/index.html vom 20.6.05.
[25] Vgl. Reader-Digest.de, Quelle: http://www.readers-digest.de/service_fuer_journalisten/index.php vom 11.4.05.
[26] Vgl. w&v.de, Quelle: http://www.wuv.de/news/artikel/2004/01/21677/index.html vom 20.6.05.
[27] Vgl. profirma.de, Quelle: http://www.profirma.de/SID115.E6az8EGiNm4/newsPrint vom 22.11.04.
[28] Vgl. AHGZ.de vom 15.3.05, Quelle: http://ahgz.de/vermischtes/2005,10,503179460.html vom 11.4.05.
[29] Vgl. w&v.de, Quelle: http://www.wuv.de/news/artikel/2005/01/38924/index.html vom 20.6.05.

3 ALDI als Marke

Befaßt man sich mit dem Handel, trifft man auf eine kuriose, ja hybride Konstruktion. Einerseits stellt der Handel eine Dienstleistung dar, besteht seine Funktion doch in der Distribution aller Arten von Sach- und Dienstleistungen. Andererseits erfordert die Erbringung dieser Dienstleistung eine Fülle von Sachleistungen, ohne welche die Funktion der Distribution gewiß nicht erfüllt werden kann, angefangen bei der Einkaufsstätte, den Einkaufswagen, den Regalen, den Kassen, den Uniformen, den Lagern, dem Fuhrpark und dergleichen mehr. Insofern gehen beim Handel und allen anderen Dienstleistungsbranchen Sach- und Dienstleistungen Hand in Hand, wie überhaupt davon auszugehen ist, daß jede Sachleistung auch eine Dienstleistung mit einschließt und umgekehrt, also jede Leistung gleichermaßen materielle wie immaterielle Komponenten aufweist.[30] Dieser Umstand ist wichtig, wenn es gilt, ALDI als Produkt und Marke zu beschreiben, weil die spezifische Dienstleistung des Handels sich in einer Vielzahl konkreter Sachleistungen ausdrückt, wie die Lage, die Art, die Größe, die Einrichtung, die Erreichbarkeit einer Einkaufsstätte, freilich ohne darin ganz aufzugehen.

Betrachtet man das Produkt ALDI funktional, geht es um eine besondere Form von Distributionspolitik (vgl. Brandes 1998, 2003, 2004; Hein et al. 2002). Aufgeteilt in die sachliche, die soziale und die zeitliche Dimension, ergibt sich folgendes Bild, ohne hier sehr ins Detail gehen zu können.

(1) In sachlicher Hinsicht bietet ALDI ein kompaktes Sortiment einfacher Produkte aus dem Food- und Non Food-Bereich an, das erst in den letzten Jahren eine Ergänzung durch ausgesuchte Luxusgüter wie Champagner oder Lachs erfahren hat. Die Produktpalette ist höchst überschaubar, pro Warengruppe gibt es nur eine begrenzte Auswahl an Alternativen. In der Regel werden Eigenmarken von guter Qualität angeboten, nicht selten sind es sogar Herstellermarken, freilich ohne dies zu markieren, während echte Herstellermarken echte Ausnahmen bleiben (z.B. *Haribo*).

> „Rund 95 Prozent der bei ALDI geführten Artikel sind Eigenmarken, die allerdings oftmals von bekannten Markenartiklern produziert werden wie Bahlsen, De Beukelaer, Blendax, Trumpf, Nestlé oder Unilever. Niemand sonst ist diese Entwicklung so konsequent gegangen." (Brandes 1998: 186)

---

[30] Dabei zeichnen sich Dienstleistungen dadurch aus, daß zumeist intangible Leistungen erbracht werden, die Qualität der Leistungserbringung in hohem Maße von der Qualifikation der Mitarbeiter abhängt, und nicht zuletzt der externe Faktor, nämlich der Kunde, entscheidenden Einfluß hat auf den Erfolg der Leistung. Denn der Erfolg von Dienstleistungen ist mehr oder weniger abhängig davon, daß der Kunde kompetent genug ist zu verstehen, worin die Dienstleistung konkret besteht, sei es Haareschneiden, Versicherungen oder Software, um qualifiziert entscheiden zu können, welche Dienstleistung das ihn beschäftigende Problem am Besten zu lösen vermag, vgl. Hellmann 2000.

ALDI beansprucht in fast allen Warengruppen, der unangefochtene Preisführer zu sein. „Kunden sollen nicht glauben, ALDI sei billig. ALDI ist billig."[31] Dabei werden durchweg Dauerniedrigstpreise angepriesen. Aus dieser Kombination von guter Qualität und niedrigem Preis ergibt sich die hohe Preiswürdigkeit von ALDI-Waren, wie sie von den Verbrauchern seit jeher geschätzt wird.[32]

Einmal pro Woche, bei ALDI Nord Mittwochs, bei ALDI Süd Donnerstags, macht ALDI eine Reihe von Waren gesondert bekannt, und zwar in Form von Anzeigen, die seit Anbeginn mit „Aldi informiert" überschrieben sind, um die Sachlichkeit reiner Kundeninformation herauszustreichen.[33] Denn „Wahrheit und Fairneß waren immer Grundsätze der ALDI-Werbung." (Brandes 1998: 223) Dabei gibt ALDI im Durchschnitt nur 0,1 Prozent des Jahresumsatzes für Werbung aus, und auch sonst halten sich die Overhead-Kosten sehr in Grenzen (vgl. Hein et al. 2002).

Jeder ALDI-Laden sieht im Prinzip gleich aus, weltweit (vgl. Brandes 1998: 237ff.). Deswegen finden sich ALDI-Käufer auch in jedem Laden dieser Kette sogleich zurecht. Als Stammkunden wissen sie im Prinzip um die Zusammensetzung des Gesamtsortiments von vornherein Bescheid, und weil ALDI seit Anbeginn eine Politik der Dauerniedrigstpreise verfolgt hat, gehen Stamm- und inzwischen auch vermehrt Gelegenheitskunden von ALDI grundsätzlich davon aus, daß sie bei ALDI in allen Warengruppen gute Qualität möglichst günstig einkaufen können. Von daher heißt es: Beim ALDI wird nicht mehr verglichen, sondern vertraut.

> „ALDI verfolgt das Prinzip, gute oder beste Ware zum niedrigsten Preis anzubieten. Der Kunde soll und kann Vertrauen in das Angebot haben. Er kann am Ende – oft im Gegensatz zu den Angeboten der Mitbewerber – auf fortwährende Prüfung der Preiswürdigkeit von ALDI verzichten. Der Kunde weiß, daß er gute Qualität kauft und diese nirgends billiger erhält. Früher hat er sicherlich Preisvergleiche angestellt. Inzwischen weiß er, daß er vertrauen kann." (Brandes 1998: 72)

(2) In sozialer Hinsicht war ALDI angesichts des Sortimentes und der Preisstruktur sicherlich prädestiniert dafür, von den unteren Einkommensschichten regelmäßig

---

[31] Brandes 1998: 233. Vgl. auch den Artikel „Aldi mit eindeutiger Botschaft" (Lebensmittelzeitung vom 23.6.00), in dem es unzweideutig heißt: „Die Preisführerschaft in Deutschland gehört ALDI."

[32] Vgl. Lebensmittelzeitung 1999a, 2003a; Witt 2003; Seiwert 2003. ACNielsen wiederum hat 2002 in einer Studie, in der u.a. die Frage gestellt wurde, weshalb jemand hauptsächlich bei ALDI einkaufe, bei einem Index von 100 u.a. die Antworten „Preis" mit einem Index von 155 erhalten, was nicht verwundert, aber auch „Produktqualität" mit einem Index von 138, vgl. Konrad 2002. Vgl. hierzu schon Lebensmittelzeitung 1996. In einer Studie von Bauer Medien (2002: 20f.) wurde das ALDI-Produkt aus den beiden Warengruppen „Haarshampoo" und „Tiefkühlkost" in den Punkten „preiswert" und „hat gutes Preis-Leistungsverhältnis" sogar besser bewertet als entsprechende Herstellermarke.

[33] Vgl. den Vergleich der Handzettel-Kommunikation der führenden deutschen Einzelhandelsunternehmen bei Rosbach 1999: 27.

frequentiert zu werden. Nicht zuletzt dieser Umstand hat dazu beigetragen, daß ALDI über Jahrzehnte ein relativ schlechtes Image bei den Besserverdienenden hatte. Inzwischen hat sich dies grundlegend geändert, man kann geradezu von einer Imagerevolution sprechen. „Man sagt, bei ALDI kauften zwei Gruppen ein: *diejenigen, die rechnen müssen und diejenigen, die rechnen können.*“ (Brandes 1998: 181) Tatsache ist, daß ALDI längst für alle Einkommensschichten ohne nennenswerte Unterschiede attraktiv geworden ist, wenngleich aus unterschiedlichen Motiven. Für viele Einkommensschwache stellt ALDI weiterhin das Nonplusultra bei der Grundversorgung dar, für die Besserverdienenden ist es hingegen opportun geworden, sich in Sachen Grundversorgung bei ALDI anzustellen, um das dort gesparte Geld anderswo für Luxus auszugeben. Der bekannteste Typus ist in diesem Zusammenhang der *Smart Shopper*, der bei ALDI mit dem Porsche vorfährt, hier spart und später praßt (vgl. Gillies 2003; Werle 2005).

(3) In zeitlicher Hinsicht zeigt sich am deutlichsten, weshalb ALDI eine solche Ausnahmeerscheinung darstellt. Denn ALDI ist es über Jahrzehnte gelungen, diese Form der Distribution nahezu völlig unverändert durchzuhalten.[34] Sowohl auf der Waren- als auch auf der Kundenseite hat ALDI, traut man der Darstellung von Dieter Brandes (2003: 72), grundsätzlich keine Kompromisse gemacht, ist niemals abgewichen von seiner Art und Weise des Handels, und genau darin, in dieser Konsequenz und Kontinuität der Distributionspolitik von ALDI, die das Produkt ALDI als solches ausmacht, liegt das „Geheimnis“ der Marke ALDI verborgen.

Betrachtet man das Produkt ALDI soziologisch, geht es um eine besondere Form von Kommunikationspolitik. Denn alles, was ALDI tut und unterläßt, fließt in die Kommunikation zwischen ALDI und seinen Kunden ein. Dabei ist es die immer gleiche Botschaft, die ALDI aussendet: „niedrigster Preis, beste Qualität, geringste Kosten“ (Brandes 2003: 38), und alles, was ALDI tut und unterläßt, bestätigt nur diese eine Botschaft immer wieder, seit mehr als fünf Jahrzehnten. Aus diesem Grund verfügt ALDI aufgrund der besonderen Konsequenz und Kontinuität seiner Distributionspolitik auch über eine ungewöhnliche Konsequenz und Kontinuität in der Kommunikationspolitik: Nichts ändert sich

[34] Wie so oft, wird dies auch bei ALDI zum Teil auf die Gründer dieses Unternehmens zurückgeführt: „Eine Unternehmenskultur lebt von Beispielen und Vorbildern, von den besonderen ‚Typen‘ des Unternehmens, wozu insbesondere die Gründer und Inhaber gehören. Theo und Karl Albrecht sind solche ‚Typen‘, die vorbildlich für die von ihnen gewünschte Unternehmenskultur stehen. ALDI ist entscheidend von seinen Gründern geprägt, und hier liegt wohl auch die Ursache dafür, daß es tatsächlich kaum gelingen konnte, dieses Unternehmen zu kopieren.“ (Brandes 2003: 29) Dies führt sogar dazu, daß selbst Erfolgsunterschiede zwischen ALDI Nord und ALDI Süd auf das ungleiche Brüderpaar zurückgeführt werden, bis hin zu der These, daß es allein ALDI Süd aufgrund seiner konstanteren, konservativeren Geschäftspolitik gelungen sei, eine echte Kundenbindung und damit eine echte Marke aufzubauen, vgl. Roeb 2002.

ohne Grund, und was sich ändert, nur aus dem einen Grund: niedrigster Preis, beste Qualität, geringste Kosten.

Eine solche Kommunikationspolitik, wird sie derart konsequent und kontinuierlich über viele Jahrzehnte verfolgt, generiert nun das, was Marken auszeichnet: *Vertrauen*. Denn das Risiko, das grundsätzlich gegeben ist, wenn irgendeine Einkaufsstätte betreten wird, um eine bestimmte Leistung zu erwerben, ist bei ALDI aufgrund dieser Kommunikationspolitik auf ein Minimum reduziert. Sicher hat man auch dafür einen Preis zu zahlen: das begrenzte Sortiment, die karge Ladengestaltung, keinerlei Beratung. Unter dem Gesichtspunkt des Risikos wiegt das Vertrauenskapital, das sich ALDI durch diese Kommunikationspolitik erworben hat, aber ungleich schwerer, und eben dies ist der Grund dafür, daß ALDI als Marke gesehen wird.

Der besondere Zulauf, der ALDI in den letzten Jahren zuteil wurde, vor allem seitens Besserverdienender, kann dabei durch eine beträchtliche Zunahme aufgeklärter Verbraucher erklärt werden, die sich durch die Herstellermarken nicht mehr fasziniert zeigen, ihnen auch nicht mehr in dem Maße vertrauen, wie dies über Jahrzehnte der Fall war (vgl. Seiwert 2003; Werle 2005). Aber dieser Umstand schlägt nicht allein zu Buche. Vielmehr scheinen Verbraucher mit der schieren Anzahl der Produkte in einem herkömmlichen Supermarkt inzwischen restlos überfordert zu sein. Sie klagen über zuviel Komplexität beim Warenangebot, und sie wünschen sich die Reduktion dieser Komplexität. Genau hierfür bietet ALDI Abhilfe, wie Stefan Grünewald von *rheingold* herausgefunden hat. Demnach wird ALDI auch deshalb aufgesucht, weil man das Preis-, Produkt- und Markenflimmern leid ist, das sich bei fast allen Warengruppen mit einer Vielzahl ständig sich ändernder Produktvariationen einstellt (vgl. Grünewald 2003; Biehl 2003). „Die Verbraucher beklagen vermehrt Unüberschaubarkeit der Ladengestaltung, wenig Sortiments-Konstanz, häufiges Umräumen, wenig stringentes und konstantes POS-Design und mangelnde Fürsorglichkeit des Personals.“ (Grünewald 2002: 3) Demgegenüber begegnet man bei ALDI so gut wie gar keinen Herstellermarken mehr, einer spartanischen Ladenordnung, und das Sortiment ist ohnedies auf das Wesentlichste reduziert (vgl. Diekhof/Wieking 2003; Michael 2004). „So wesentlich Kundenorientierung, Askese, Konsequenz und Disziplin das Unternehmen ALDI prägen, das eigentliche ALDI-Geheimnis ist: Einfachheit.“ (Brandes 1998: 89)

Insgesamt erfüllt das Produkt ALDI damit zentrale Bedingungen, die zum Aufbau einer Marke erfüllt werden müssen. Am Beginn der Entwicklung stand der „Zufall“[35] Pate, im weiteren Verlauf die konsequente Verfolgung einer be-

[35] Vgl. Brandes 2003: 13.

stimmten Geschäftsidee, und dies ohne riskante Experimente, über Jahrzehnte hinweg. „Die ALDI-Strategie war das Ergebnis eines dynamischen Prozesses, geleitet von Intuition, unbewußtem wie bewußtem Handeln und einer wachsenden Reflexion darüber." (Brandes 2003: 14) Ausschlaggebend dürfte der kommunikative Effekt gewesen sein, der weitgehend skandalfreie Ausweis von Glaubwürdigkeit der Geschäftspolitik und der damit verbundene Aufbau von Vertrauen und Kundenbindung (vgl. Langer 2004).[36] In diesem Sinne kann man sicher von einer Beziehung sprechen, die Stammkunden zu ALDI als Produkt unterhalten, und damit von der Marke ALDI.[37]

4 *Wal-Mart* als Marke

Für Deutschland stellt ALDI sicher einen Sonderfall dar, da keinem anderen Handelsunternehmen in gleicher Weise zugebilligt wird, eine Marke (geworden) zu sein.[38] Wendet man seinen Blick hingegen auf andere Länder, entdeckt man durchaus vergleichbare Fälle. Hierzu zählt allemal *Wal-Mart* aus den USA (vgl. Abb. 2).

Abbildung 2: *Wal-Mart*: der weltgrößte Einzelhändler

Auch bei *Wal-Mart* kann zwischen Produkt und Marke unterschieden werden. Die Bestimmung des Produktes *Wal Mart* läßt sich unter Berücksichtigung der Geschichte dieses gigantischen Unternehmens beantworten. *Wal-Mart* ist das umsatzstärkste Unternehmen der Welt. Weltweit machte *Wal-Mart* 2004 einen Gesamtumsatz von 288 Mrd. US-Dollar und einen Gewinn von über 10 Mrd. US-Dollar. Das Unternehmen trägt damit rund drei Prozent zum US-amerikanischen Bruttoin-

[36] Anders als vergleichbare Discounter wie Schlecker oder Lidl, zu dem es inzwischen sogar schon ein „Schwarzbuch Lidl" (Hamann/Giese 2004) gibt, blieb ALDI die ganze Zeit über weitgehend verschont von derartigen „bad news", wofür sicher auch die publicity-scheue Unternehmenspolitik ALDIs verantwortlich zeichnet, mehr noch aber das Bemühen, bestimmte selbstgesetzte Regeln im Umgang mit Lieferanten, Mitarbeitern und Kunden strikt einzuhalten. Nur so wird verständlich, wenn Brandes (1998: 14) schreibt, bei „Konsequent einfach. Die ALDI-Erfolgsstory" handele es sich durchaus um ein moralisches Buch.

[37] Seit längerem gibt es übrigens schon eine ALDI-Fangemeinde, mit „ALDI-Partys" (Brandes 2003: 163, siehe auch Brandes 1998: 247ff.) sowie die beiden Homepages von Alexander Behrend (http://ourworld.compuserve.com/homepages/Alexander_Behrend/aldi.htm vom 11.4.05) und des Aldi-Fan-Page-Tagebuch, Quelle: http://www.pcent.de/aldifan/tagebuch.htm vom 11.4.05.

[38] Gemeint ist hier der Lebensmitteleinzelhandel, ansonsten gibt es Vergleichsfälle, vgl. Jary et al. 1999.

landsprodukt bei und achtmal soviel wie Microsoft.[39] Damit ist der Umsatz von *Wal-Mart* dreimal so groß wie der Umsatz der Nummer 2 auf dem Weltmarkt, *Carrefour*, und etwa so groß wie der Umsatz, den die fünf nächstgrößten Einzelhändler (*Carrefour*, *Royal Ahold*, *The Kroger Co.*, *Metro*, *Albertson's Inc*) weltweit zusammen erwirtschaften. Allein in den USA kaufen jede Woche 100 Mill. Amerikaner bei *Wal-Mart* ein (vgl. brand eins 2002). *Wal-Mart* ist der größte Lebensmittel-, Spielzeugwaren- und Möbelhändler in den USA. So wird jede dritte Windel, jede vierte Zahnpasta und jede fünfte Packung Tiernahrung bei *Wal-Mart* gekauft.[40] *Wal-Mart* ist außerdem der größte private Arbeitgeber in den USA mit ca. 1 Mill. Beschäftigten und 1,4 Mill. Beschäftigten weltweit. Damit ist *Wal-Mart* als Arbeitgeber größer als *General Motors*, *Ford*, *General Electric* und IBM zusammen. Doch ermißt sich *Wal-Marts* Bedeutung für die amerikanische Wirtschaft nicht nur an seiner Größe. Laut einer Analyse der amerikanischen Produktivkraft – gemessen am „output per worker" – durch das McKinsey Global Institute in den Jahren von 1995 bis 2000, also während der sogenannten „new economy" und der „high-tech bubble", können 50 Prozent des Wachstums der amerikanischen Wirtschaft zwei Bereichen gutgeschrieben werden: dem Einzelhandel und dem Großhandel (vgl. The New York Review 2004). Dabei ist es nach McKinsey vornehmlich *Wal-Mart* „[who] caused the bulk of the productivity acceleration through ongoing managerial innovation that increased competition intensity and drove the diffusion of best practice."[41]

Fragt man nach den Gründen für die Erfolgsgeschichte dieses Konzerns, lassen sich drei zentrale Ursachen identifizieren, deren Bedeutung sich aus der historischen Situation des US-amerikanischen Einzelhandels gegen Anfang der 60er Jahre des letzen Jahrhunderts erschließt. Zu dieser Zeit (1962) nämlich wurde *Wal-Mart* mit einem Supermarkt in dem kleinen Städtchen Rogers, Arkansas, durch Sam Walton gegründet. Es war die Zeit nach dem Zweiten Weltkrieg, als die enormen Wirtschaftsüberschüsse in die Konsumgüterwirtschaft flossen und die Nachfrage der Verbraucher kaum gestillt werden konnte (vgl. Ortega 1999: 57ff.). Der damals eher mittellose Krämer Sam Walton traf die aus heutiger Sicht weise Entscheidung, einen Einkaufsladen mit Selbstbedienung in einer US-amerikanischen Kleinstadt zu verwirklichen. Vor allem die Ansiedlung in den bislang vom Konsumgütermarkt vernachlässigten US-amerikanischen Kleinstädten erwies sich für die weitere Entwicklung als der entscheidende Wettbewerbsvorteil. Das Konzept ging auf, Sam Walton eröffnete eine Reihe weiterer Geschäfte in der Umgebung von Rogers, was von der Konkurrenz, der

---

[39] Vgl. Frankfurter Allgemeine Zeitung 2005a; The New York Review 2004.
[40] Vgl. New York Times 2003b; Frankfurter Allgemeine Zeitung 2005b.
[41] Vgl. McKinsey, zitiert nach The New York Review 2004.

damals schon große Ketten wie *K-Mart*, A&P, *Sears* und *Woolworth* angehörten, lange Zeit unbeobachtet blieb. Die US-amerikanischen Kleinstädte mit einer Population unter 5.000 Einwohnern wurden von den bekannten Warenhäusern damals nämlich fast völlig ignoriert, weil sie für die erfolgsverwöhnten Händler nur geringe Gewinnaussichten versprachen. In der Konsequenz konnte sich *Wal-Mart* über Jahre hinweg im „rural America“ ungestört ausbreiten und nahezu ein Monopol aufbauen, wodurch das Unternehmen die Rezessionen der 1970er und 80er Jahre weitgehend unbeschadet überstand.

Das Geschäftskonzept des entstehenden Einzelhandelskonzerns *Wal-Mart* basierte auf der noch relativ jungen Idee des sogenannten „supermarket“ mit Discount-Preisen, d.h. der Kombination von Lebensmitteln mit allgemeinen Gebrauchsgütern (Schulbedarf, Kosmetika, rezeptfreie Medikamente, Schreibwaren, Saisonartikel u.ä.), die annähernd zum Selbstkostenpreis wesentlich günstiger als in den üblichen kleineren und größeren Kaufhäusern ohne den kostspieligen Umweg per Zwischenhändler in Verkaufsräumen mit durchschnittlich 1.480 qm Verkaufsfläche angeboten wurden (zum Vergleich: ein *Wal-Mart* Supercenter hat heute im Durchschnitt eine Verkaufsfläche von 10.000 qm). In den Anzeigen, die damals die Eröffnung des ersten *Wal-Mart*-Geschäftes ankündigten, wurde mit dem Slogan „Every Day Low Prices“ (EDLP) geworben, ein Slogan, der quasi posthum die Erfolgsgeschichte des Unternehmens besiegeln sollte.[42] Und in der Tat lockten die angebotenen Preise die Kunden in die Geschäfte und ermöglichten es, daß auch Entfernungen bis zu 60 km in Kauf genommen wurden, um bei *Wal-Mart* einzukaufen. Beispielsweise wurde ein Bügeleisen der Firma *Sunbeam* für 11,88 US-Dollar verkauft und nicht für 17,95 US-Dollar, wie vom Hersteller empfohlen, und eine Polaroid-Kamera kostete 74,37 US-Dollar anstelle der empfohlenen 100 US-Dollar (vgl. Ortega 1999: 87). Produkte wurden den Kunden somit 20 bis 30 Prozent unter den Preisempfehlungen der Hersteller angeboten. Diese EDLP-Strategie ging auf und hat sich bis heute – für den amerikanischen Markt – als erfolgreich erwiesen. *Wal-Marts* Stärke auf dem nordamerikanischen Kontinent bestand und besteht zweifellos darin, daß das Unternehmen Millionen von US-Amerikanern die Möglichkeit offerierte, an der wachsenden Prosperität der USA und am Massenkonsum teil-

---

[42] Dabei sind Parallelen zwischen dem ALDI-Prinzip und dem *Wal-Mart*-Konzept erstaunlich. So gilt die folgende Bewertung über *Wal-Mart* sicher auch für ALDI: „The Wal-Mart brand positioning is all about low price rather than shopping experience and affiliation." Und zu letzterem meint James Cramer von TheStreet.com: „The stores are dowdy. The aisles are ugly. There's nothing exciting or different or even colorful at Wal-Mart. It feels almost Soviet in its selection and presentation." (Quelle für beide Zitate http://www.whisperbrand.com/blog/2004/12/wal-mart-brand-positioning/) Über ALDI läßt sich dies ebensogut sagen.

zuhaben. So sieht Sharon Zukin (2004: 84f.) den Erfolg von *Wal-Mart* darin begründet, daß *Wal-Mart* für das Versprechen stand,

> „by shopping for brand names at bargain prices, all shoppers can be 'middle class.' (...) Wal-Mart enables more people to shop their way into the good life then their incomes would warrant. If we shop at Wal-Mart we can feel we live as well as the rich do. (...) Wal-Mart upgrades our standard of living to match our dreams and lifestyle."

In diesem Sinne ist die Demokratisierung des Konsum in den USA im wesentlichen *Wal-Mart* zu verdanken. „Wal-Mart has been tremendously helpful to the American consumer. (...) Its lowered prices for lots and lots of people." (New York Times 2004a) Beispielsweise werden auch heute noch unter der Eigenmarke „George" sehr günstige Business-Kostüme angeboten, wie ein Rock für 8,89 US-Dollar oder ein Blazer für 28,96 US-Dollar. DVD's werden im Durchschnitt für 5,88 US-Dollar verkauft, *Levi-Strauss Jeans* für 30 US-Dollar, Jeanshosen ohne Markenname für 10,77 US-Dollar, Goldohrringe für 9,97 US-Dollar, ein dreiteiliges Reisegepäck für 29,64 US-Dollar usw. (vgl. Fortune 2003a).

Diese konstante Ausrichtung auf „every day low prices" prägt seit der Unternehmensgründung das Produkt *Wal-Mart*. Das EDLP-Konzept ist für *Wal-Mart* Ausdruck und Säule der überaus erfolgreichen Philosophie einer absoluten Kundenorientierung. Vor allem die niedrigen Preise für Markenprodukte erhöhen die Attraktivität des Unternehmens enorm und werden aus Verbrauchersicht als äußert kundenfreundlich wahrgenommen. Darüber hinaus gibt es eine Reihe von Unternehmenspraktiken, welche diese absolute Kundenorientierung von *Wal-Mart* glaubhaft kommunizieren. Am bekanntesten sind die sogenannte „Ten-Foot-Rule", der „Greeter", die „Sundown Rule" und der legendäre „Morning-Cheer". So soll nach der „Ten-Foot-Rule" jeder Kunde, nähert er sich einem *Wal-Mart*-Mitarbeiter weniger als drei Meter, lächelnd und Hilfe anbietend angesprochen werden. Der „Greeter" ist jemand (häufig ältere Menschen in Rente aus der Nachbarschaft), der die Kunden bereits am Eingang oder schon auf dem Parkplatz begrüßt und einen freundlichen „Guten Tag" wünscht, mit ihnen durchaus auch ein paar Worte wechselt und ihnen den Einkaufswagen zuschiebt. Die „Sundown-Rule" schreibt vor, daß alle Kundenwünsche oder Geschäftsanfragen noch am selben Tag erledigt bzw. bearbeitet werden müssen (vgl. Köhnen 2000b: 18ff.; Zukin 2004: 82). Schließlich schwört der sogenannte „Wal-Mart-Cheer" die Mitarbeiter täglich aufs Neue auf das Unternehmen und den Dienst am Kunden ein. Bei dem „Wal-Mart-Cheer" handelt es sich um einen rituellen Akt, für dessen Ausführung sich ein Teil der Mitarbeiter sowie der Marktleiter während der Geschäftszeit an einem Ort im Markt versammeln und in einem Halbkreis aufstellen. Der Marktleiter berichtet dann über die Ergebnisse des letzten Tages und formuliert die Ziele für den laufenden. Anschließend fordert er die Beschäftigten auf, den Firmennamen „Wal-Mart" jubelnd zu buchstabieren. Dazu hebt er den rechten Arm, ruft den ersten Buchstaben auf und wartet auf den antwortenden Chor: „Gebt mir ein W!" – „W" lautet dann die erwartete Antwort. Als nächstes kommt „Gebt mir ein A!" und so fort. Auf diese Weise wird der ganze Firmennamen gemeinsam durchdekliniert. Am Schluß kommt die Frage: „Wer ist für uns die Nummer Eins?" – Antwort: „Der Kunde immerzu."

Aber *Wal-Mart* ist nicht nur für die 700 Millionen wöchentlichen Verbraucher ein geldwerter Glücksfall, sondern auch für eine Vielzahl von Herstellern und Lieferanten – zumindest für jene, mit denen das Unternehmen kooperiert. Denn von der enormen Expansionsdynamik *Wal-Marts* im heimischen Markt, ausgehend vom ersten bescheidenen Laden in Rogers bis zum heutigen Imperium mit weltweit 4.300 Geschäften, davon 3.200 in den USA, profitierte nämlich nicht nur *Wal-Mart*, sondern auch eine Vielzahl anderer Unternehmen. Unter den Gewinnern finden sich große Marken wie *Nestlé*, *Unilever*, *Johnson & Johnson*, aber auch kleine und mittelständische Unternehmen, die teilweise Nischenprodukte herstellen, die nur in bestimmten Gegenden nachgefragt werden, wie die „handmade green chile sauce" von Roy Solomon, für den die Kooperation mit *Wal-Mart* die Rettung vor der ansonsten sicheren Insolvenz bedeutete.[43]

Als weltgrößtes Einzelhandelsunternehmen ist *Wal-Mart* ein bedeutender Motor für die ökonomische Entwicklung des Landes. Ein Achtel des US-amerikanischen Wirtschaftswachstums in den Jahren 1995 bis 1999 wird auf die Entwicklung von *Wal-Mart* zurückgeführt. Im Jahre 2003 ernannte die Zeitschrift Fortune (2003b) *Wal-Mart* auch deshalb zu „America's Most Admired Company". Die Ernennung basierte auf einem Kriterienkatalog, der neben der wirtschaftlichen Solidität auch „innovation, social responsibility, quality of products and management, long-term investment value, employee talent and use of corporate assets" berücksichtigte.

Bedeutet „Marke sein" den Aufbau einer Beziehung zwischen dem Unternehmen Wal-Mart und der relevanten Bezugsgruppe des Unternehmens, den Kunden, und zwar einer Beziehung, die sich durch Kohärenz der Kommunikation mit

[43] Vgl. New Mexico Business Weekly 2004.

den Kunden in zeitlicher und sachlicher Dimension auszeichnet, so läßt sich *Wal-Mart* mit Abstand als die erfolgreichste Händlermarke der USA bezeichnen. In sachlicher Hinsicht bietet *Wal-Mart* seit seiner Gründung Markenartikel zu Niedrigstpreisen an, verkörpert in der Philosophie des „Every Day Low Prices". In sozialer Hinsicht bietet *Wal-Mart* seiner wichtigsten Bezugsgruppe der „low-income-families" die Teilhabe am US-amerikanischen Kunsumgütermarkt.[44] Von daher läßt sich sagen, daß die Leistung der Marke *Wal-Mart* darin besteht, zwischen dem Produkt „*Wal-Mart*" und den Kunden eine vertrauensvolle und stabile Beziehung aufzubauen: *Wal-Mart* ist also sowohl Produkt als auch Marke.

Allerdings ist im Falle von *Wal-Mart* die Kommunikation über und die Wahrnehmung des Unternehmens nicht konsequent positiv, wie es bei ALDI momentan den Anschein hat. So weiß jeder, der die Fachpresse verfolgt, daß das Phänomen *Wal-Mart* mit der bisherigen Schilderung nicht vollständig erfaßt ist. Alles hat seinen Preis, so auch die ungeheure Größe des Konzerns, die vergemeinschaftende Personalpolitik und die totale Kundenorientierung. Vor allem für die Philosophie des EDLP bezahlt das Unternehmen inzwischen mit seinem wertvollsten Gut: seinem bislang exzellenten Ruf.[45] *Wal-Mart*, einerseits „America's Most Admired Company", ist andererseits nämlich Auslöser einer in den bedeutendsten Zeitschriften der USA und auch hierzulande geführten Diskussion, die unter der Überschrift „Is Wal-Mart Good für America?" die Konsequenzen der „Wal-Martization of America" kritisch beleuchtet.[46] Als Indikator einer zunehmend

[44] Dieses dominierende Markenzeichen der Unternehmensphilosophie des EDLP wird für *Wal-Mart* immer dann problematisch, wenn die Kommunikation über *Wal-Mart* als Produkt nicht mehr mit den Gegebenheiten vor Ort übereinstimmt, es also eine Disharmonie zwischen der Kommunikation über das Produkt und den Erfahrungen der Konsumenten gibt: So gründete *Wal-Mart* 1996 ein Joint-Venture mit PT Multipolar Perkasa in Indonesien. Obwohl die Discountmärkte in Asien nach der Asienkrise an Boden gewannen, bevorzugten doch viele Indonesier den einheimischen Anbieter Matahari, der ein größeres Angebot mit frischen Früchten und Gemüse und das Erscheinungsbild eines traditionellen Marktes hatte. Vor allem aber ist der Rückzug *Wal-Marts* nach zwei Jahren der Tatsache geschuldet, daß *Wal-Mart* in Indonesien Produkte zu den US-amerikanischen „Niedrigpreisen" verkaufte und damit für die indonesischen Verbraucher in die „Luxuspreisklasse" gehörte. Dieses Image eines Luxuswarenherstellers wurde *Wal-Mart* in Indonesien nie wieder los. - Ein ähnliches Phänomen zeigt sich in Deutschland: Die hiesigen geringen Gewinnmargen und der relativ geringe Marktanteil erlauben es *Wal-Mart* nicht, über die Preissetzung einen ähnlichen Vorteil gegenüber der Konkurrenz zu erlangen wie im Heimatland. Die hiesigen Discounter (wohl mit einem anderen Warensortiment ausgestattet und mit einer kleineren Produktpalette) unterbieten zum Teil das Preisniveau *Wal-Marts* in Deutschland, vgl. Senge 2004.

[45] Vgl. hierzu den Artikel „Wal-Mart is the best! No, wait, it's the worst!" von Bradley Johnson 2005. Darin wird die aktuelle „American Demographics Perception Study" zitiert, die ergab, daß *Wal-Mart* bei der Frage „What ist the most trustworthy company in America?" auf Platz 3 landete – und bei der Frage „What ist the least trustworthy company in America?" auf Platz 2!

[46] Vgl. New York Times 2003a, 2003b, 2003c, 2004c; The New York Review 2004, sowie hier in Deutschland Frankfurter Allgemeine Zeitung 2004b, 2004c

skeptischer werdenden Öffentlichkeit in den USA muß auch die im April 2003 in Santa Barbara, USA, ausgetragene Konferenz gewertet werden, bei der über 200 internationale Wissenschaftler über das System *Wal-Mart* und seine Konsequenzen mehrere Tage heftig debattierten (vgl. Lichtenstein 2005).

Die zentrale Kritik in dieser Debatte richtet sich gegen eine Lohnpolitik, der zufolge „middle class jobs" in die „low income tap" fallen, so daß auch Vollzeitbeschäftigte bei *Wal-Mart* nicht in der Lage sind, ihre Familien zu ernähren. Denn der von *Wal-Mart* gezahlte Stundenlohn von durchschnittlich 9,68 US-Dollar in der Stunde liegt ca. 30 Prozent unter dem im US-amerikanischen Einzelhandel sonst gezahlten Durchschnittslohn von 12,28 US-Dollar.[47] Diese Lohnpolitik führte mittlerweile dazu, daß die Expansionsstrategie des Unternehmens innerhalb der Vereinigten Staaten in einigen Gebieten zum Stillstand kam. Denn in den letzten Jahren versuchte *Wal-Mart* zunehmend, auch innerstädtische Gegenden zu besetzen. In New York und Los Angeles, aber auch in kleineren Städten mit 100.000 Einwohnern wie Inglewood in Kalifornien, sollten neue Geschäfte eröffnet werden. Der von der ansässigen Bevölkerung jeweils initiierte Widerstand führte teilweise jedoch dazu, daß es aufgrund von Abstimmungen nicht zur Eröffnung weiterer Supercenter kam, und dies, obwohl *Wal-Mart* mittels Werbekampagnen, die bis zu 1 Mill. US-Dollar kosteten, in den Gebieten für die Eröffnung neuer Märkte warb.[48] Die lokale Bevölkerung befürchtete durch den Einzug *Wal-Marts* vor allem eine gefährliche Senkung des Lohnniveaus, was mittelfristig für die gesamte Region negative ökonomische und soziale Auswirkungen haben würde. Zusätzlich sorgte man sich um eine weitere Entkernung der ohnehin schon – im Vergleich zum europäischen Städtemodell – leeren US-amerikanischen Innenstädte. Kleinere Einzelhändler, so die Befürchtung, könnten bei dem von *Wal-Mart* angebotenem Preisniveau nicht mithalten und müßten über kurz oder lang aufgeben. Im Bundesstaat Vermont verschaffte sich noch eine andere Stimme Gehör. Hier setzte die „Historic Preservation Group" den Staat Vermont als solchen auf die Liste der gefährdeten Spezies. Die Gefahr für Vermont bestehe nämlich darin, daß die großen Discountketten, allen voran *Wal-Mart*, die intakten Gemeinden, die pittoresken Dörfer sowie einmalige Landstriche bedrohen würden (vgl. New York Times 2004).

Zu solchen Anti-*Wal-Mart*-Aktionen gesellt sich eine Reihe weiterer Skandale, in denen ebenfalls *Wal-Mart* eine bedeutende Rolle spielt. Insbesondere die Berichterstattung über illegal beschäftigte Einwanderer in den *Wal-Mart*-Filialen festigte das Negativ-Image des Unternehmens während der letzten Monate. In einer großangelegten Razzia untersuchten Bundesbehörden in 21 US-

[47] Vgl. New York Times 2005. Bei *Cosco* werden im Durchschnitt sogar 16 US-$ pro Stunde bezahlt.
[48] Vgl. Frankfurter Allgemeine Zeitung 2004a; New York Times 2004b.

amerikanischen Bundesstaaten die Verkaufsräume von *Wal-Mart*. Dabei wurden 245 illegal Beschäftigte festgenommen, deren Arbeitsbedingungen katastrophal waren: allerniedrigste Löhne, keine Sozialleistungen, unbezahlte Überstunden, diskriminierende Behandlungen usw.[49] Der Fall ist juristisch bis heute noch nicht entschieden. *Wal-Mart* konstatierte zunächst, die Immigranten seien nicht bei *Wal-Mart* direkt angestellt, sondern bei Subunternehmern. Die Subunternehmer wiederum wiesen daraufhin, daß führende Persönlichkeiten in der Unternehmenshierarchie bei *Wal-Mart* von dieser Praxis gewußt hätten und diese auch duldeten. Dies wiederum führte zu dem geschickten Schachzug *Wal-Marts*, zwar die Mitwissenschaft nicht länger zu bestreiten, diese aber nur schweigend erduldet zu haben, da man bereits seit einer Weile mit staatlichen Behörden zusammenarbeitete, mit dem Ziel, die illegale Praxis der Subunternehmer aufzudecken.[50] Juristisch wird *Wal-Mart* wohl wenig zu befürchten haben, da zwar nachgewiesen werden konnte, daß Manager von den beschäftigten illegalen Einwanderern wußten, das „senior management" aber nachweislich nicht involviert war, und daß das Unternehmen keine Kultur pflegt, welche diese Praxis der illegal Beschäftigten unterstützt. Die einst so positive Reputation von *Wal-Mart* innerhalb der US-amerikanischen Gesellschaft wurde durch derartige Verletzungen der Leitlinien verantwortungsbewußten unternehmerischen Handelns indes maßgeblich beschädigt. Die öffentliche Anschuldigung des Unternehmens findet in jüngster Zeit Widerhall in einer Reihe von Publikationen, die sich offensiv gegen eine „Walmartization of America" wenden. Stellvertretend hierfür stehen Titel wie „How Wal-Mart is Destroying America (and the World)", „Slam-Dunking Wal-Mart! How You Can Stop Superstore Sprawl in Your Hometown" oder „How to Beat Wal-Mart".[51]

Als Resultat dieser Entwicklung und aufgrund des zunehmenden öffentlichen Druckes durch derartige Negativ-Image-Kampagnen, die in ihrem Tenor häufig sehr einseitig die Rolle und Funktion des Unternehmens für die Gesellschaft darstellten, sah sich die *Wal-Mart*-Führung erstmalig in der Geschichte des Unternehmens gezwungen, zu diesen Kritiken öffentlich Stellung zu nehmen. Seit Anfang des Jahres werden im US-amerikanischen Fernsehen imagefördernde TV-Spots ausgestrahlt. Im März lud das ansonsten eher öffentlich-

---

[49] So werden bei *Wal-Mart* regelmäßig in manchen Geschäften, die der sogenannten „high crime area" zugerechnet werden, Angestellte über Nacht eingesperrt, ohne daß diese Zugang zu einem Notausgang haben. Diese Praxis dient der Diebstahlreduzierung, die bei *Wal-Mart* jährlich einen Verlust von 2 Mrd. US-Dollar mit sich bringt, wovon den Angestellten ein nicht unerheblicher Anteil zugeschrieben wird, vgl. New York Times 2004d; Fortune 2003a.

[50] Vgl. Frankfurter Allgemeine Zeitung 2004b; Wall Street Journal 2003.

[51] Vgl. Quinn 2005; Norman 1999; Business 2.0 2005. Diesen sehr einseitigen Veröffentlichungen steht die Darstellung des *The Economist* (2004a; 2004b) unter der Überschrift „Learning to Love Wal-Mart" ein wenig ausgleichend gegenüber.

keitsscheue Unternehmen entgegen aller bisherigen Grundsätze 100 ausgewählte Journalisten in die Zentrale nach Arkansas, um zu den aufgeworfenen Fragen und Vorwürfen Stellung zu beziehen. Im April 2005 überraschte Lee Scott, Präsident und CEO von *Wal-Mart*, die Öffentlichkeit mit einem zweiseitigen „open letter to the readers" des *New York Review of Books*, in dem er zu einer Debatte über „the proper role of business and government in ensuring that capitalism creates a decent society" aufrief und betonte: „Wal-Mart is very good for America."[52] Im Kern bestätigte Scott die durchschnittlich niedrigeren Löhne bei *Wal-Mart* im Vergleich zum sonstigen Einzelhandel und rechtfertigte diese mit dem Argument, daß nur auf diese Weise die Durchschnittsfamilie in Amerika im Jahr 600 US-Dollar spare und daß die von *Wal-Mart* gezahlten 10 US-Dollar Stundenlohn immer noch doppelt so hoch seien wie der staatlich geforderte Mindestlohn von 5 US-Dollar. Vor allem aber, so Scott weiter, profitierten 270 Mill. Amerikaner davon, weil erst diese niedrigen Löhne zu den niedrigen Preisen von *Wal-Mart* führten, während erhöhte Löhne nur den 1 Mill. Angestellten (in den USA) zugute kämen. So zynisch diese Argumentation auf den ersten Blick erscheinen mag, so trifft sie im Kern doch zu. Denn *Wal-Mart* erwirtschaftete zwar einen Gewinn von fast 10 Mrd. US-Dollar, was gemessen am Umsatz von 288 Milliarden US-Dollar eine Gewinnmarge von 3,5 Prozent ausmacht. Eine Erhöhung der Löhne würde den Gewinn für *Wal-Mart* jedoch merklich schmälern, der dann nur über höhere Preise gehalten werden könnte (was aus Sicht des deutschen Einzelhandels, der mit einer Gewinnmarge von durchschnittlich 1,5 Prozent wesentlich niedriger liegt, immer noch zu rechtfertigen wäre). Kritiker wiederum antworten darauf, daß eine Erhöhung der Löhne die im Jahr 2005 – möglicherweise etwas sehr hoch – geschätzte Turnover-Rate von ca. 400.000 Arbeiter deutlich senken würde und damit wiederum zu erheblichen Kosteneinsparungen führen könnte (vgl. New York Times 2005). Auf den Vorwurf, *Wal-Mart* verursache mit seinen vergleichsweise schlechten Krankenversicherungsleistungen dem Staat hohe Kosten,[53] konterte Scott, daß *Wal-Mart* einer der wichtigsten Steuerzahler des Landes sei (vgl. Die Zeit 2005).

Offenbar läßt sich die Frage „Is Wal-Mart Good for America" nicht eindeutig beantworten. Amerika braucht *Wal-Mart*, und viele „low class"-Familien verdanken dem Unternehmen, daß ihnen der Zugang zu „middle class goods" ermöglicht wurde. Aber mit Bezug auf die Frage der Markenqualität des Unternehmens bedeuten die geschilderten Negativ-Vorgänge, dass es sich um Probleme handelt, die nicht mehr länger im Rahmen von Routineprozeduren bearbeitet werden können. Es

---

[52] Vgl. New York Review of Books 2005 vom 7.4.05: 6f.

[53] So haben bei *Wal-Mart* 48 Prozent der Angestellten eine Krankenversicherung, während es bei *Cosco* immerhin 82 Prozent sind, vgl. New York Times 2005.

handelt sich um Erwartungsenttäuschungen, die einen Grad der Verunsicherung des Vertrauten bewirken, der dazu nötigt, innezuhalten und zu fragen, wie es weitergehen soll. Derartige Erwartungsenttäuschungen, die nicht mehr durch Latenz oder Indifferenz aus dem Wege geschafft werden können, implizieren eine Krisensituation. Jedoch gilt, dass das Stadium der Krise nicht unweigerlich den Untergang einer Marke mit sich bringen muß. Denn Krisen bergen immer auch die Chance eines evolutionären positiven Sprungs (vgl. Hellmann 2003: 339ff.). In der Konsequenz könnte dies bedeuten, daß die Marke *Wal-Mart* sich lediglich in einer Übergangsphase befindet, *Wal Mart* als Marke zwar in einer Krise ist, nicht jedoch das Unternehmen (das Produkt). Immerhin ist *Wal-Mart* trotz der Krise der Marke nach wie vor das erfolgreichste Einzelhandelsunternehmen der Welt, und die Tendenz ist hinsichtlich Umsatz und Gewinn steigend.

Stellt man sich nun die Frage, ob die Markenqualität eines Unternehmens keinerlei Auswirkung auf die ökonomische Entwicklung des Unternehmens hat, so muß diese Frage eindeutig mit „nein" beantwortet werden. Denn obwohl die Marke in der Krise steckt und obwohl *Wal-Mart* immer noch das erfolgreichste Einzelhandelsunternehmen der Welt ist, läßt sich dieser vielleicht auf den ersten Blick konträre Befund dahingehend erklären, dass die Evolution einer Marke und die Umsatzentwicklung auf verschiedenen Zeitachsen angesiedelt sind. Marken entstehen langfristig durch eine in sich stimmige Kommunikationsgeschichte, dies macht ihren (Vertrauens-)Wert aus. Dabei spiegeln Umsatzzahlen die Markenqualität nicht in Echtzeit wider, sondern reagieren zeitlich versetzt auf die Entwicklung der Marke. Zudem gilt, daß der enorme jährliche Umsatzzuwachs des Unternehmens zu einem großen Anteil auf die fortlaufende Expansion zurückgeführt werden kann. Eine flächenbereinigte Wachstumsanalyse von *Wal-Mart* würde möglicherweise wie bei ALDI eine Umsatzstagnation in den bereits bestehenden Märkten aufzeigen (allerdings läßt sich diese Spekulation zahlenmäßig bislang weder be- noch widerlegen).

Im Ergebnis zeigt sich: Die Marke *Wal-Mart* ist eine der stärksten Handelsmarken weltweit. Das Unternehmen steht vor einer Reihe von Herausforderungen, deren verantwortungsbewußter Umgang in der nahen und mittelfristigen Zukunft erweisen wird, ob die Krise der Marke erfolgreich abgewendet werden kann oder ob von einem grundsätzlichen Wandel in der einst überwiegend positiven Kommunikation über *Wal-Mart* ausgegangen werden muß, der nicht nur zu einer Krise der Marke, sondern auch zu einer Krise des Unternehmens führt.[54]

---

[54] So hat *Coca Cola* seine durch die Einführung der *New Coke* ausgelöste Krise erfolgreich gemeistert, indem das Unternehmen nur wenige Monate später die *Classic Coke* wieder einführte, vgl. Hellmann 2003: 341.

5 Resümee

Nimmt man zum Schluß die Frage wieder auf, wie die These einer Ausweitung der Markenzone im Falle des Handels einzuschätzen ist, so sprechen mehrere Indizien dafür. Sicher könnte man den starken Zulauf, den Discounter wie ALDI und *Wal-Mart* seit längerem erfahren, schlichtweg auf die lahmende Konjunktur und das schlechte Konsumklima zurückführen. Dagegen spricht jedoch, daß auch viele Besserverdienende, die es wahrlich nicht nötig haben, den Weg zu ALDI und den anderen Discountern finden. Darüber hinaus sind die öffentliche Meinung, aber auch die Fachpresse längst dazu übergegangen, von ALDI und *Wal-Mart* als Marken zu sprechen. Erste Befunde seitens der Marktforschung, soweit es die Kunden betrifft, bestätigen diesen Eindruck ohne Einschränkung.

Was zukünftig zu erwarten steht, ist noch nicht ausgemacht. Erste Anzeichen deuten darauf hin, daß das Sanduhr-Prinzip, wie Bernd Michael (2003) es beschrieben hat, sich allmählich durchsetzt: oben die Luxus-, unten die Discountmarken, dazwischen dünnt es unaufhaltsam aus – wobei es sich wertmäßig um sehr ungleichgewichtige Entwicklungen handelt. Bedenkt man zudem den Globalisierungsdrang der Discounter, allen voran *Wal-Mart*,[55] dann wird man in Zukunft wohl nicht mehr nur von einer „Wal-Martization of America“ sprechen können, also mit einem klaren regionalen Bezug, sondern alsbald auch mit einer „Wal-Martization der Welt“ rechnen müssen – mit entsprechenden Auswirkungen auf das Einkaufsverhalten und die Lebensführung weitentfernter Konsumentenkreise, die der ALDI-, *Lidl-* und *Wal-Mart*-Kultur wenig entgegenzusetzen haben.

Literatur

Ailawadi, Kusum L./Kevin Lane Keller (2004), Understanding retail branding: conceptual insights and research priorities, in: Journal of Retailing 80, S. 331-342.

Akerlof, George (1970), The Market for ‘Lemons’: Quality Uncertainty and the Market Mechanism, in: Quarterly Journal of Economics 84, S. 488-500.

Andresen, Thomas/Oliver Nickel (1999), Führung von Dachmarken, in: Franz-Rudolf Esch (Hg.), Moderne Markenführung. Grundlagen. Innovative Ansätze. Praktische Umsetzungen, Wiesbaden, S. 575-604.

Batzer, Erich/Erich Greipl (1992), Die Bedeutung von Hersteller- und Handelsmarke für den Handel, in: Erwin Dichtl/Walter Eggers (Hg.), Marke und Markenartikel als Instrumente des Wettbewerbs, München, S. 185-204.

[55] Vgl. Troy 2004; Elliott/Powell 2005.

Bauer Medien (2002), Perspektiven für den Markenartikel. Eine Studie über das veränderte Kaufverhalten für Markenartikel in Kooperation mit dem Markenverband und der GFMO.OMD, Hamburg.

Becker, Jochen (1999), Einzel-, Familien- und Dachmarken als grundlegende Handlungsoptionen, in: Franz-Rudolf Esch (Hg.), Moderne Markenführung. Grundlagen. Innovative Ansätze. Praktische Umsetzungen, Wiesbaden, S. 269-288.

Beckert, Jens (1996), Was ist soziologisch an der Wirtschaftssoziologie? Ungewißheit und die Einbettung wirtschaftlichen Handelns, in: Zeitschrift für Soziologie 25, S. 125-146.

Beckert, Jens (2002), Vertrauen und die performative Konstruktion von Märkten, in: Zeitschrift für Soziologie 31, S. 27-43.

Bell, Dick (1999), Creating a Global Retail Brand: Interview with Sir Geoffrey Mulcahy, Group Chief Executive, Kingfisher plc, in: European Regional Review, Issue 21, S. 14-18.

Biehl, Bernd (2001), Hier kauf' ich gerne ein. Outlet-Branding ist ein Modethema, das auch in Deutschland mehr Interesse findet. Immer wieder wird Aldi als Paradebeispiel zitiert, als einziger Händler, der mit starken Industriemarken mithalten kann. Aber auch andere Handelsunternehmen und ihr Image sind in den Köpfen ihrer Kunden fest verankert, wie eine europäische Vergleichsstudie von McKinsey & Co. zeigt. Sie zeigt auch auf, daß die Handelsoutlets den realen Bedürfnissen ihrer Kunden weitgehend entsprechen, in: Lebensmittelzeitung 26 vom 29.6.01, S. 33-46.

Biehl, Bernd (2003), Reiz oder Geiz. Die Erosion der Marke und des Vollsortimenters waren 2002 Thema. Jetzt steht der Aufbau von Vertrauen für Handel und Marke im Mittelpunkt, in: Lebensmittelzeitung 1 vom 3.1.03, S. 20.

Biehl, Bernd/Dietrich Holler (2004), Und ewig lockt die Marke. Die Industrie baut seit Jahrzehnten Marken auf. Für den Einzelhandel ist das ein relativ neues Thema. Am Retail Branding versuchen sich viele, nur wenige haben durchgehende Konzepte – und die Treue des Kunden, in: Lebensmittelzeitung 13 vom 26.3.04, S. 37.

brand eins (2002), Wallfahrt zu Wal-Mart, in: be vom August, S. 20-27

Brandes, Dieter (1998), Konsequent einfach. Die ALDI-Erfolgsstory, Frankfurt/M.

Brandes, Dieter (2003), Die 11 Geheimnisse des ALDI-Erfolgs, Frankfurt/M.

Brandes, Dieter (2004), Das Geheimnis des Aldi-Erfolgs, in: manager-magazin.de vom 23.3.04, Quelle: http://www.manager-magazin.de/koepfe/artikel/0,2828,291316,00.html.

Brandmeyer, Klaus/Alexander Deichsel (1991), Um sich als Marke zu profilieren. Wie ALDI das öffentliche Vertrauen gewinnt, in: Klaus Brandmeyer/Alexander Deichsel, Die magische Gestalt. Die Marke im Zeitalter der Massenware, Hamburg, S. 49-54.

Brückenbauer (2003), MIGROS. Die Migros ist angesehen, bietet ein gutes Preis-Leistungs-Verhältnis, gilt als sozial engagiert und gehört zu den Marken, die man als starke Kraft mit Führungsqualitäten wahrnimmt. Kurz: Die Migros ist eine Power-Marke, in: Brückenbauer 27 vom 1.7.03, S. 4-5.

Davies, Gary (1998), Retail brands and the theft of identity, in: International Journal of Retail & Distribution Management 26, No. 4, S. 140-146.

Diekhof, Rolf/Klaus Wieking (2003), Einmal billig – immer billig, in: w&v Nr. 5, S. 24-28.

Die Zeit (2005), Kampf der Kulturen, in: DZ vom 23.6.05, Quelle: http://zeus.zeit.de/text/2005/26/Wal-Mart.

Drosdek, Andreas (1996), Credibility Management. Durch Glaubwürdigkeit zum Wettbewerbsvorteil, Frankfurt/New York.

Drug Store News (2002), Strong retail brands, social awareness sway today's shoppers, in: DSN vom 17.6.02, S. 127.

Elfers, Jürgen (2002), Keine Entwarnung in Sicht. Die Discounter wachsen und wachsen, in: Lebensmittelzeitung 39 vom 27.9.02, S. 53-54.

Elliott, Belinda/Bill Powell (2005), Wal-Mart Nation, in: Time vom 27.6.05, S. 36-40.

Elwert, Georg (1987), Ausdehnung der Käuflichkeit und Einbettung der Wirtschaft, in: Klaus Heinemann (Hg.), Soziologie wirtschaftlichen Handelns. Sonderheft 28 der Kölner Zeitschrift für Soziologie und Sozialpsychologie, Opladen, S. 300-321.

Escalas, Jennifer Edson/James R. Bettman (2000), Using narratives to discern self-identity related consumer goals and motivations, in: S. Ratneshwar/David Glen Mick/Cynthia Huffman (Hg.), The Why of Consumption. Contemporary perspectives on consumer motives, goals and desires, London/New York, S. 237-258.

Fortune (2003a), One Nation Under Wal-Mart, in: Fortune vom 3.3.03, S. 64-78.

Fortune (2003b), America's Most Admired Companies, in: Fortune vom 3.3.03, S. 81-96.

Fournier, Susan (1998), Consumers and Their Brands: Developing Relationship Theory in Consumer Research, in: Journal of Consumer Research 24, S. 343-373.

Frankfurter Allgemeine Zeitung (2004a): Kalifornier erteilen Wal-Mart Abfuhr, in: FAZ vom 8.4.04, S. 23.

Frankfurter Allgemeine Zeitung (2004b), Wal-Mart kämpft gegen einen schlechten Ruf, in: FAZ vom 30.10.04, S. 19.

Frankfurter Allgemeine Zeitung (2004c), Der Einzelhändler wirbt um Sympathie, in: FAZ vom 27.9.04, S. 18.

Frankfurter Allgemeine Zeitung (2005a), Wal-Mart zeigt sich unzufrieden, in: FAZ vom 18.2.05, S. 17.

Frankfurter Allgemeine Zeitung (2005b), Absturz eines Einzelhandelsgiganten, in: FAZ vom 18.3.05, S. 26.

GfK Marktforschung (2004), Marke und Preis 2004. GfK Classic Bus, Nürnberg.

GfK Panel Services Consumer Research GmbH (2003), Handelsmarken – Wachstum ohne Grenzen? Markenführung gegen ALDIsierung, Nürnberg.

Gillies, Judith-Maria (2003), Aldi und Armani, Quelle: http://www.faz.net/s/RubF3582DACC2554F13A6FF6377ED950267/Doc~E0F1437968908462A892A8AF05816B4BA~ATpl~Ecommon~Scontent.html#top vom 3.7.05.

Gries, Rainer (2003), Produkte als Medien. Kulturgeschichte der Produktkommunikation in der Bundesrepublik und der DDR, Leipzig.

Grünewald, Stephan (2002), Der Aldi-Boom. Institut für qualitative Markt- und Medienanalysen, Köln.

Grünewald, Stephan (2003), Das zerstörte Preisvertrauen. Die Preis-Aktionen des Handels torpedieren das Preisverständnis der Verbraucher und zerstören langfristig ihr Preis-Vertrauen, in: Lebensmittelzeitung 1 vom 3.1.03, S. 22.

Hamann, Andreas/Gudrun Giese (2004), Schwarzbuch Lidl. Billig auf Kosten der Beschäftigten, Berlin.

Hein, Helga/Ingrid Lorbach/Sven Rohde/Nikola Sellmair/Michael Streck (2002), Aldi: Hinter den Kulissen des Discounters, in: stern.de vom 27.1.02, Quelle: http://www.stern.de/ wirtschaft/spezial/015/artikel/?id=350771.

Hellmann, Kai-Uwe (2000), Die Sozialität der Marke – Verdeckte (V)ermittlungen, in: Planung & Analyse, Heft 2, S. 14-17.
Hellmann, Kai-Uwe (2003), Soziologie der Marke, Frankfurt/M.
Hellmann, Kai-Uwe (2005a), Marken und ihre Anhänger, in: Planung & Analyse, Sonderheft „Marken". Sonderbeilage „Neue Ansätze in Markenforschung und Markenführung", p & a Wissen, brandsboard mit planung & analyse, Juni 2005, S. 38-44.
Hellmann, Kai-Uwe (2005b), Zur Differenz von Produkt- und Markenqualität, in: Alexander Deichsel/Henning Meyer (Hg.), Jahrbuch Markentechnik 2006/2007, Frankfurt/M. (i.E.).
Henderson, Terilyn A./Elizabeth A. Mihas (2000), Building retail brands. Establishing and communicating a brand may be harder for multibrand retailers than for their single-brand counterparts, but brand building is essential for both, in: The McKinsey Quarterly, No. 3, S. 110-117.
Henning-Bodewig, Frauke/Annette Kur (1988), Marke und Verbraucher. Funktionen der Marke in der Marktwirtschaft. Band I: Grundlagen, Weinheim.
Holler, Dietrich (2001), Edeka testet sich als Marke, in: Lebensmittelzeitung 24 vom 15.6.01, S. 34.
Holler, Dietrich (2002), „Vertrauen ist nicht total." (Interview mit Reinhard Sprenger), in: Lebensmittelzeitung 38 vom 20.9.02, S. 50.
Holler, Dietrich (2003a), Dohle sucht den Super-Hit. Die Dohle-Gruppe will ihre Hit-Märkte peppiger gestalten. Der Probelauf findet im jüngsten Laden nahe der Unternehmenszentrale statt. Das Management hat sich dabei ehrgeizige Ziele gesteckt, in: Lebensmittelzeitung 15 vom 11.4.03, S. 42-43.
Holler, Dietrich (2003b), Edeka feilt am Auftritt. Der Aufbau einer Dachmarke Edeka hat für die Genossen höchste Priorität. Die Edeka-Gruppe will ihre Marktmacht in Markenmacht umsetzen. Kein einfaches Vorhaben, doch die Mühe könnte sich lohnen, in: Lebensmittelzeitung 34 vom 22.8.03, S. 38-40.
Holler, Dietrich (2004a), Branding an der Fulda. Tegut hat harte Zeiten hinter sich. Grund genug, die eigene Position zu bestimmen. Der Regional-Filialist geht die Sache von Grund auf an, in: Lebensmittelzeitung 7 vom 13.2.04, S. 44.
Holler, Dietrich (2004b), Jungmanager schmieden gemeinsam an der Marke. LZ-Seminarreihe: YBF diskutiert Retail Branding. Sortiment als Schlüsselfaktor. Intelligente Preisstrategien. Abteilungshürden überwinden, in: Lebensmittelzeitung 13 vom 26.3.04, S. 52.
Jary, Michael/Dirk Schneider/Andrew Wileman (1999), Marken Power. Warum Aldi, Ikea, H&M und Co. so erfolgreich sind, Wiesbaden.
Johnson, Bradley (2005), Wal-Mart is the best! No, wait, it's the worst. American Demographics: Opinions diverge on Bentonville behemoth's trustworthiness, in: Advertising Age 76, No. 24, S. 14.
Johnson, Walter E. (2000), Store Branding. Using Your Image to Round Up Customers, in: Do-It-Yourself Retailing, January, S. 49-57.
Kalthoff, Marliese (2003), „Kärrnerarbeit für die Marke." Alfons Frenk will das Profil der Edeka schärfen. Damit meint der neue Vorstandsvorsitzende der Edeka Zentrale AG einen einheitlicheren Auftritt der Marke Edeka im Vertrieb. Aber auch im Sortiment

geht es um eine klare Profilierung gegen den Discount. Dafür fordert er die Unterstützung der Markenartikler ein, in: Lebensmittelzeitung 27 vom 4.7.03, S. 33-34.

Köhnen, Heiner (2000), Das System Wal-Mart. Arbeitspapier 20 der Hans Böckler Stiftung, Düsseldorf.

Konrad, Jörg (2000), „Für uns ist der Preis kein Profilierungsinstrument." Young Business Factory zu Gast bei Ihr Platz. Nachwuchs informiert sich über Handelsmarketing, CM-Strategien und neue Medien, in: Lebensmittelzeitung 42 vom 20.10.00, S. 66-67.

Konrad, Jörg (2002), Markenschwächen identifizieren. ACNielsen hat ein Abwehrinstrument gegen Angriffe des Angstgegners Aldi entwickelt, in: Lebensmittelzeitung 45 vom 8.11.02, S. 66.

Konrad, Jörg (2004), Obi richtet sich als Marke neu aus. Absage an Rabattschlacht. Leistungsprofil klarer herausstellen. Auftritt modernisiert, in: Lebensmittelzeitung 11 vom 12.3.04, S. 54.

Langer, Karsten (2004), Das Prinzip Aldi (Interview mit Dieter Brandes), in: manager magazin.de vom 8.3.04, Quelle: http://www.manager-magazin.de/koepfe/artikel/0,2828,88791,00.html.

Lebensmittelzeitung (1996), Was Discounter so interessant macht. Nielsen erfragt beim Verbraucher ein Idealprofil und gleicht Stärken und Schwächen ab, in. LZ 28 vom 12.7.96, S. 53.

Lebensmittelzeitung (1999a), Aldi räumt mit Billig-Image auf. GfK-Verbraucherbefragung: Preis-Leistungsverhältnis als dominierender Einkaufsgrund, in: LZ 3 vom 22.1.99, S. 72.

Lebensmittelzeitung (1999b), Metro will Töchter zu Marken machen. „Fitneß der Sparten verbessern." Neupositionierung von Praktiker und Extra. Zufriedenheit mit Europa-Einkauf, in: LZ 21 vom 28.5.99, S. 4.

Lebensmittelzeitung (2000a), Aldi-Day, in: LZ 13 vom 13.3.00, S. 2.

Lebensmittelzeitung (2000b), Lifestyle online. Douglas auf dem Weg zur Multichannel-Marke, in: LZ 1 vom 17.3.00, S. 38.

Lebensmittelzeitung (2002a); Handelsmarken sind rasant gewachsen. Markenartikler versuchten mit Innovationen und Markenkraft gegen die Entwicklung zu steuern, in: LZ 52 vom 2.1.02, S. 19.

Lebensmittelzeitung (2002b), Immer mehr Kunden zieht es zu Aldi und Lidl. Käuferströme verlagern sich. Supermärkte verlieren Kunden. „Jein" zur Marke. Herausforderung für Markenartikler, in: LZ 38 vom 20.9.02, S. 6.

Lebensmittelzeitung (2002c), Discount triumphiert. Aldi ist der absolute Star. Penny und Plus holen auf. Lidl reizt, in: LZ 52 vom 27.12.02, S. 5.

Lebensmittelzeitung (2003a), Was die Verbraucher in den Discounter treibt. Käuferwelle 2003: Monatliche Dialego-Online-Erhebung will Einblick in die Kaufentscheidungen der Kunden geben, in: LZ 10 vom 7.3.03, S. 68

Lebensmittelzeitung (2003b), Aldi verdrängt BMW und Daimler. Discounter und Media-Markt überholen Traditionsmarken, in: LZ 47 vom 21.11.03, S. 9.

Lebensmittelzeitung (2004a), Handel will zur Marke werden, in: LZ 1 vom 2.1.04, S. 4.

Lebensmittelzeitung (2004b), Obi richtet sich als Marke neu aus. Absage an Rabattschlacht. Leistungsprofil klarer herausstellen. Auftritt modernisiert, in: LZ 11 vom 12.3.04, S. 54.

Lichtenstein, Nelson (Hg.) (2005), Wal-Mart: Template for the 21st Century Capitalism?, New York (i.E.).

Linn, Carl Eric (1992), Das Metaprodukt. Produktentwicklung und Marketing von Markenartikeln, Landsberg/Lech.
Luhmann, Niklas (1989), Vertrauen. Ein Mechanismus der Reduktion sozialer Komplexität, Stuttgart.
Madrid, Joey Jr. (2003), Philanthropy, Meet Technology. BrandWizard Technologies, New York, Quelle: http://www.brandchannel.com.
Meyer, Henning (1999), Das Management des öffentlichen Vertrauens. Grundlage der Markenführung, in: Klaus Brandmeyer/Alexander Deichsel (Hg.), Jahrbuch Markentechnik 2000/2001, Frankfurt/M., S. 343-357.
Michael, Bernd M. (2003), Der Markt als Sanduhr – oben Top, unten Discount, und in der Mitte wird's dünn, Quelle: http://www.welt.de/data/2003/06/26/123309.html.
Michael, Bernd M. (2004), Die neue Einfachheit, in: absatzwirtschaft online vom 1.4.04.
New Mexico Business Weekly (2004), Hot Commodity, in: NMBW vom 7.6.04, Quelle: http://albuquerque.bizjournals.com/albuquerque/stories/2004/06/07/smallb1.html.
New York Times (2003a), The Wal-Martization of America, in: NYT vom 15.11.03, S. A 26.
New York Times (2003b), Is Wal-Mart Good for America?, in: NYT vom 7.12.03, S. 1-3.
New York Times (2003c), Questioning the Age of Wal-Mart, in: NYT vom 28.12.03, S. 20.
New York Times (2004a), With Size on its Side, Wal-Mart is Altering Standards, in: NYT vom 3.5.04, S. 8.
New York Times (2004b), Voters in Los Angeles Suburb Say No to a Big Wal-Mart, in: NYT vom 8.4.04, S. 27.
New York Times (2004c), Preservationists Call Vermont Endangered, by Wal-Mart, in: NYT vom 25.5.04, S. A 22.
New York Times (2004d), Workers Assail Night Lock-Ins by Wal-Mart, in: NYT vom 18.1.04, S. 1, 23.
New York Times (2005), Can't Retail Behemoth Pay More?, in: NYT vom 4.5.2005, S. 1, 6.
Noelle-Neumann, Elizabeth (1975), Markenartikel leben aus Vertrauen, in: Markenartikel, Heft 8, S. 305-312.
Norman, Al (1999), Slam-Dunking Wal-Mart!, Atlantic City.
Ortega, Bob (1999), Wal-Mart. Der Gigant der Supermärkte, Wien.
Prudent, Carsten (2003), Was Firmen an die Spitze bringt. Eine Exklusivstudie weist erstmals nach: Wie sich Unternehmen am besten aufstellen, um profitabel zu wachsen, und wie die Kunden über Deutschlands Vorzeigeformen denken, in: Impulse, Dezember, S. 18-32.
Quinn, Bill (2005), How Wal-Mart is Destroying America (and the World), Berkeley.
Rieger, Bodo (1990), Erfolgsfaktoren der Markenimagebildung – im allgemeinen und am Beispiel der Marke Zeiss im besonderen, in: Markenartikel, Nr. 5, S. 244-248.
Roeb, Thomas (2002), Die ungleichen Brüder. Seit einigen Jahren entwickelt sich Aldi Süd offensichtlich besser als der Bruder im Norden, in: Lebensmittelzeitung 39 vom 27.9.02, S. 48-49.
Roeb, Thomas (2003), Aldis Image zieht nicht mit. Aldi ist die führende Marke des Handels. Aldi dominiert als Systemführer. In Deutschland. Doch im Ausland kann er kaum eine der beiden Karten ausspielen. Denn die Kunden und die Wettbewerber spielen nicht mit. Ein Schwachpunkt im System, in: Lebensmittelzeitung 43 vom 24.10.03, S. 36-38.
Rosbach, Britta (1999), Billige Eintracht, in: Lebensmittelzeitung Spezial Nr. 4, S. 24-28.

Schneider, Martina (2005), Welche Marke steckt dahinter? No-Name-Produkte und ihre namhaften Hersteller, München.
Schöner, Marco (2004), Handelsmarken als Wettbewerbsvorteil im Handel, in: Dirk-Mario Boltz/Wilfried Leven (Hg.), Effizienz in der Markenführung, Hamburg, S. 434-451.
Schultz, Detlef von (2003), Kann den Handeln Marke sein?, in: Der Handel, Nr. 7-8, S. 76-77.
Senge, Konstanze (2004), Der Fall Wal-Mart: Institutionelle Grenzen ökonomischer Globalisierung, in: Hartmut Hirsch-Kreinsen/Johannes Weyer (Hg.), Soziologische Arbeitspapiere. Universität Dortmund Nr. 4 (Juli).
Seiwert, Martin (2003), Key Account ALDI, in: Absatzwirtschaft, Nr. 10, S. 14-18.
Selbach, David/Olaf Wittrock (2004), Was Kunden wirklich wollen. Marktanalysen und Beschwerdemanagement zahlen sich aus. Denn zufriedene Kunden kommen wieder – und bringen neue mit, in: Impulse, November, S. 46-50.
Swoboda, Bernhard/Dirk Morschett/Thomas Foscht (2004), Retail Branding. Das Handelsunternehmen als Marke, in: Dirk-Mario Boltz/Wilfried Leven (Hg.), Effizienz in der Markenführung. Hamburg, S. 298-321.
The Economist (2004a), Learning to Love Wal-Mart, in: TE vom 17.4.04, S. 9.
The Economist (2004b), How Big Can it Grow?, in: TE vom 17.4.04, S. 76-69.
The New York Review (2004), Inside the Leviathan, in: TNYR vom 16.12.04, S. 80-89.
The New York Review of Books (2005), Wal-Marts Impact on Society. An Open Letter to Readers *The New York Review of Books* from Lee Scott, President and CEO, Wal-Mart Stores, Inc., in: TNYRB vom 7.4.2005, S. 6f.
Thunig, Christian (2002), Wie World of TUI ein Dach über alle Marken spannt, in: Absatzwirtschaft, S. 56-68.
Troy, Mike (2004), Wal-Mart International, in: DSN Retailing Today vom 13.12.04, S. 20-22.
Vershofen, Wilhelm (1959), Die Marktentnahme als Kernstück der Wirtschaftsforschung. Neuausgabe des ersten Bandes des Handbuchs der Verbrauchsforschung, Berlin/Köln.
Wall Street Journal (2003), After Huge Raid on Illegals, Wal-Mart Fires Back at U.S. 19.12.2003, S. 1, A 10.
Weizsäcker, Carl Christian von (2001), Vertrauen als Koordinationsmechanismus, in: Klaus Brandmeyer u.a. (Hg.), Jahrbuch Markentechnik 2002/2003, Frankfurt/M., S. 249-261.
Werle, Klaus (2005), Aldi trifft Gucci, in: manager-magazin.de 1/2005, S. 96, Quelle: http://www.manager-magazin.de/magazin/artikel/0,2828,332818,00.html.
Witt, Frank-J. (2003), An der Discount-Qualität haben Kunden nichts zu bemängeln. Verbraucher bescheinigen Billiganbietern hohe Preisattraktivität. Food genießt schlechteres Image als Nonfood. Kunden lehnen Mindestpreise und -qualitäten ab, in: Lebensmittelzeitung 26 vom 27.6.03, S. 54.
Wolters, Ulrich (1995), Handelsmarken und Handelsmarkenpolitik – Erfahrungsberichte aus der Perspektive eines Handelsunternehmens, Quelle: http://www.absatzwirtschaft.de/pdf/Wolters3.pdf.
w&v (2004), Marke im Wandel – Die Lust auf Brands muß wieder geweckt werden, in: w&v.de vom 11.4.05.
Zaltman, Gerald (2003), How Customers Think. Essential Insights into the Mind of the Market, Boston.
Zukin, Sahron (2004), Point of Purchase. How Shopping changed American Culture, New York.

Das Markenprinzip in der Welt von Al(l)disierung und Hybridisierung

Marketing und Kommunikation im Alltagserleben stagnierender Märkte

Stefan Dahlem/Jens Lönneker

1 Marke

Marken sind aus der Alltagswelt der Verbraucher nicht mehr wegzudenken. Sie werden zunehmend zu einem allumfassenden Phänomen: Produktmarken, Unternehmensmarken und auch Personen werden als Brands vermarktet und kommuniziert. So ist es nicht weiter erstaunlich, daß die Definition des Begriffes „Marke" von Wolfgang J. Koschnick im „Standard-Lexikon für Marketing, Marktkommunikation, Markt- und Mediaforschung" auch eher alles umfaßt als etwas ausschließt:

> „Ein in Form einer Bildmarke, einer Wortmarke oder Wort-Bild-Marke als Warenzeichen oder auch ohne rechtlichen Warenzeichenschutz wie ein Warenzeichen bzw. ein Firmenzeichen verwendetes Kennzeichen, das ein Hersteller, Händler, ein Dienstleistungsunternehmen, eine Agentur oder anderes Wirtschaftsunternehmen regelmäßig zur Kennzeichnung seines Unternehmens bzw. seines Angebots in Form von Produkten oder Dienstleistungen in gleich bleibender Weise verwendet, um sich und sein Angebot deutlich von Mitbewerbern abzuheben. Eine Marke setzt sich so aus zwei Komponenten, nämlich dem Markennamen und dem Markenzeichen zusammen. Sie ist die mit einem Hersteller oder Händler eng verknüpfte werbliche Konstante." (Koschnick 1987: 520)

Koschnick konzentriert sich damit auf die Identifizierungs- und Unterscheidungsfunktion der Marke, weist aber über den Begriff der werblichen Konstante auch auf die Kommunikationsfunktion der Marke hin.[1] Tatsächlich reicht diese Definition nicht aus, um erfolgreiche von weniger erfolgreichen Marken zu unterscheiden und so den eigentlichen Kern des Markenphänomens zu treffen. Daß dies deutlich komplexer ist, hat unlängst die Werbeagentur Grey eindrucksvoll unterstrichen, die sich selbst als Markenagentur branded und nicht zuletzt zu

---

[1] Vgl. zum ersteren Bugdahl 1998, zum zweiteren Hellmann 2003: 88ff.

diesem Zweck ein zwölfbändiges „Werkbuch“ herausgegeben hat, das unter der kürzest möglichen Identifizierung „M“ wie Marke den Anspruch erhebt, das Wesentliche zur Thematik beizusteuern.

Versammelt man wie Hellmann (2003: 126ff.) die gängigen wirtschaftswissenschaftlichen Definitions- und Beschreibungsversuche, kommt man im Wesentlichen auf fünf Markenfunktionen, mit denen das Feld beschrieben und funktionale Analysen durchgeführt werden können, um dem Markenerfolg auf die Spur zu kommen.

1. Die *Unterscheidungs- und Identifizierungsfunktion* der Marke, die in der Regel unmittelbar mit der Markierung des Objekts verbunden ist. Hier geht es also um Name, Schriftzug, Logo, Slogan, Farbe, Verpackung, Erkennungsmelodie usw.
2. Die *Entlastungs- und Orientierungsfunktion* der Marke, die dazu beiträgt, daß sich Käufer ohne größeren Aufwand auf Märkten jeder Art zurechtfinden und so beinahe risikolos Entscheidungen treffen können.
3. Die *Garantie- und Vertrauensfunktion* der Marke, die dem Konsumenten das Gefühl gibt, mit seiner Entscheidung nichts falsch zu machen, da die Marke glaubwürdig das gegebene Markenversprechen bspw. hinsichtlich Qualität bzw. Wertigkeit einhält.
4. Die *Prestige- und Identitätsfunktion* einer Marke, die erst mit der wachsenden Bedeutung des Zusatznutzens ins Spiel kam. Denn hier geht es darum, über den Besitz einer Marke Sozialprestige, Selbstaufwertung oder Gruppenzugehörigkeit zu realisieren.
5. Die *Kommunikations- und Inklusionsfunktion* einer Marke. Sie läßt die Marke als Botschaft begreifen, die den Verbraucher informiert und über den Besitzer kommuniziert – also Wesentliches für oder über ihn aussagt.

Die meisten dieser Funktionen sind interdependent und auch nur schwer abzugrenzen. Darüber hinaus läßt sich fragen, ob eine Marke alle diese Funktionen besitzen muß, um dauerhaften Erfolg zu haben, oder ob bereits eine Positionierung hinsichtlich einzelner Funktionen ausreicht, die dafür aber umso stärker erfüllt werden. Zentral für jede Marke scheint jedoch zu sein, daß sie identifiziert und kommuniziert (vgl. Fezer 1995). Ob eine Marke dagegen immer ein entsprechendes Sozialprestige oder eine Aufwertung des mit der Marke verbundenen Individuums bringt, läßt sich angesichts des anhaltenden Erfolgs der Marke „Aldi“ hinterfragen, die in den letzten Jahren bei den Fragen nach der beliebtesten oder „most trusted brand“ regelmäßig einen der vorderen bzw. sogar den ersten Rang belegt.[2]

---

[2] Vgl. dazu die Zusammenstellung von Umfragedaten in Hellmann (2003: 12ff.) sowie die aktuellen Erhebungen im Rahmen des „Excellence Barometer“, Quelle: http://www.exba.de.

Damit sind wir beim Thema: Wir möchten untersuchen, inwiefern das „Markenprinzip Aldi" bzw. der damit verbundene Erfolgszug der Discounter nachhaltige Auswirkungen auf die Markenorientierungen und das Konsumentenverhalten in der Bundesrepublik besitzt. Anders gefragt: Läßt sich die Markenzone so weit ausdehnen, daß bereits ein „Prinzip" – nämlich nachweislich gute Qualität zu bestem Preis zu liefern – dauerhaft Markenstatus erwerben kann, und dies über die Identifikation mit der Dachmarke sowie eine Marketingstrategie der Information und Vertrauensbildung mit der entsprechenden Marketingkommunikation? Wir arbeiten die Frage systematisch über die Punkte Al(l)disierung, Hybridisierung, emotionale Polarisierung, Verfassungsmarketing sowie Marketing- und Medien-Kommunikation ab.

2 Methode

Zur Beantwortung dieser Frage stützen wir uns auf mehrere empirische Studien, die das *rheingold*-Institut (Köln) und die ZMG Zeitungs Marketing Gesellschaft (Frankfurt/M.) durchgeführt haben. Diese Studien folgen völlig unterschiedlichen Untersuchungsanlagen und benutzen zum Teil geradezu entgegengesetzte Forschungsmethoden, die jedoch interessanterweise zu recht ähnlichen Befunden kommen. Wir beleuchten die Forschungsfrage also aus gegensätzlichen Perspektiven, betrachten sie gewissermaßen durch unterschiedliche „Brenngläser", um am Ende ein ein- und ganzheitliches Bild zu erhalten.

Auf der einen Seite stützen wir uns mit dem „Zeitungsmonitor" auf eine kontinuierliche quantitative Trackingstudie der ZMG, mit der wöchentlich das Konsumentenverhalten sowie die Wirkungen der Werbekampagnen wichtiger Werbung Treibender in Deutschland untersucht werden, darunter auch die Leistungswerte von Aldi und anderen Discountern. Mit dieser national repräsentativen Studie wurden seit Herbst 2001 über 60.000 Bundesbürger nach ihrer Werberezeption und ihren grundlegenden Konsumeinstellungen befragt (vgl. Dahlem/Kretschmer 2004).

Auf der anderen Seite stützen wir uns auf zwei qualitative morphologische Grundlagenstudien des *rheingold*-Instituts. Hierbei handelt es sich um eine umfangreiche Studie zu Handelsmarken und „Discount-Boom", die im Auftrag der größten Markenartikelhersteller im Jahr 2002 durchgeführt wurde.[3] Zudem geht es um eine für einen qualitativen Ansatz sehr breit angelegte Untersuchung von

---

[3] Hierzu zählten u.a. die Kellog Deutschland GmbH, die Kraft Foods GmbH, die Masterfoods GmbH, die Unilever Bestfoods Deutschland GmbH sowie die Nestlé AG.

Massenmedien als Werbeumfelder, die *rheingold* im Auftrag der ZMG im Jahr 2003 durchführte.[4]

Die Ergebnisse der Studien zeigen, wie die Konsumenten Unternehmen und Marken in der Bundesrepublik Deutschland und deren Kommunikation wahrnehmen und welche Effekte dies auf ihre Einstellungen und Verhaltensweisen besitzt. Darüber hinaus gibt die Entscheiderbefragung Einblicke in die tiefer gehenden Sicht- und Denkweisen von Marketingprofis mit entsprechenden Rückschlüssen auf aktuelle Strategien der Markenpositionierung und Marketingkommunikation.

3 Al(l)disierung

Unter dem Schlagwort der „Aldisierung" beschreibt die Unternehmensberatungs- und Marktforschungspraxis bereits seit einigen Jahren ein Phänomen des Konsumentenverhaltens, das besonders in der Bundesrepublik Deutschland eine sehr tiefgehende Ausprägung gefunden hat: die Suche nach dem günstigsten Angebot/besten Preis (vgl. Fritz 2003).[5] Diese Auffassung von Aldisierung findet ihren Ausdruck in Werbekampagnen wie „Die Mutter aller Schnäppchen" von Media-Markt oder „Geiz ist geil" von Saturn, den beiden Werbeavantgardisten der Metro-Gruppe. Einen Schritt weiter ging die Markenagentur Grey bei ihrer Entdeckung und Beschreibung des „Smart-Shopper" Mitte der 90er Jahre. Dieser Verbrauchertypus ist permanent auf der Suche nach der besten Qualität zum niedrigsten Preis, frei nach dem Motto „Wer zu früh kommt, den bestraft das Sonderangebot" (vgl. Michael 2004; Dahlem/Tullius 2000). Die Aldisierung hat darüber hinaus gravierende Folgen für das Konsumentenverhalten sowie die damit verbundenen Marketing- und Kommunikationsstrategien. Da sich mit dem Siegeszug von Aldi und der übrigen Discounter der Preis als zentrales Differenzierungskriterium in Deutschland durchgesetzt hat, werden die verschiedenen

[4] Vgl. Lönneker u.a. 2004. Als wissenschaftliche Basis der *rheingold*-Forschung dient das Konzept der morphologischen Psychologie. Es wurde von Prof. Dr. Wilhelm Salber am Psychologischen Institut der Universität Köln entwickelt. Ziel dieses Konzeptes ist es, die Bilder unbewußter Sichtweisen, Motivationen und Entscheidungsprozesse zu analysieren, die für den Umgang der Verbraucher mit Marken und Medien in ihrer Alltagskultur spezifisch sind. Befragt wurden insgesamt 100 Mediennutzer, die nach Alter, Geschlecht, Berufstätigkeit und Lebensphase quotiert waren. Als Begleitstudie wurden Tiefeninterviews mit 30 Planern und Entscheidern in Marketing, Mediaplanung und Kommunikation durchgeführt.

[5] Der Begriff wird in diesem Beitrag in zwei Schreibweisen verwendet. *Aldisierung* meint den vor allem in der Handelspraxis eingeführten Begriff, das hier neu entwickelte *Al(l)disierung* dagegen die Ausdehnung und Anwendung auf ein Prinzip, das (all)umfassende Gültigkeit erlangt.

Vertriebsschienen des Handels vor allem nach diesem Kriterium bewertet, und diese richten ihr Marketing und ihre Kommunikation zunehmend daran aus. Es entsteht ein wachsender strategischer Druck auf den Preis, wogegen andere Differenzierungskriterien wie Service und Vielfalt kaum eine Chance besitzen. Dies führt zu einem verstärkten Verdrängungswettbewerb, in dem sich zunehmend die preisaggressiven Discountschienen durchsetzen.[6]

Das „Prinzip Aldi“ bedeutet jedoch mehr als nur günstigste Preise, es enthält zentrale Elemente des einleitend skizzierten Markenversprechens. Über den Unternehmensnamen sichert es die Unterscheidungs- und Identifizierungsfunktion, die angesichts des breiten „Roll Out“ von Aldi in den letzten Jahren in hoher Frequenz und Verdichtung gewährleistet wird. Aldi ist heute zum festen Bestandteil der unmittelbaren Lebensumwelten der Bundesbürger geworden. Fast jeder kommt täglich an einem oder mehreren Läden vorbei oder geht ganz einfach „zum Aldi“.[7] Darüber hinaus ist es dem Unternehmen gelungen, durch eine konsequente und möglichst knappe Sortimentspolitik mit etwa 800 Artikeln eine größtmögliche Entlastungs- und Orientierungsfunktion zu gewährleisten. So zeigt die *rheingold*-Studie zum Discountkauf, daß der Verbraucher eine ungeheure Überfrachtung im traditionellen Lebensmitteleinzelhandel erlebt: Am zehn Meter langen Joghurt- oder Reiniger-Regal verliert er die Orientierung und fühlt sich von der Überfülle erschlagen – die Marken „flimmern vor seinen Augen“ (Grünewald 2002). Dagegen kennt sich der Verbraucher in den Aldi-Läden bestens aus, da alle gleich gestaltet sind, und das Unternehmen übernimmt für ihn durch die Konzentration auf wenige Entscheidungsalternativen eine größtmögliche Reduktion von Komplexität. Dementsprechend erfüllt Aldi auch in hohem Maße eine Garantie- und Vertrauensfunktion: Die Kunden haben über Jahre hinweg durch Produkterfahrungen, interpersonale Kommunikation in ihren Netzwerken, Testberichte der Stiftung Warentest etc. ein grundlegendes Vertrauen in die Qualität der Aldi-Produkte und die damit verbundene beste Preis-Leistungs-Relation aufgebaut.

Dagegen ist die Prestige- und Identitätsfunktion der Marke Aldi strittig. Sicher wird niemand behaupten, die dort angebotenen Produkte böten ein Höchstmaß an Exklusivität. Was jedoch geklappt hat, ist – über die Integration von Luxusartikeln in das Warenangebot wie zunächst Lachs und später Champagner – auch Käuferschichten aus den höheren Einkommensgruppen in die Läden zu locken und ihnen damit den Nimbus von „Palettenläden“ bzw. „Unterschichtenversorgern“ zu nehmen. Wer heute bei Aldi einkauft, gleichgültig aus welcher

---

[6] Dies war einhelliger Tenor auf dem Deutschen Handelskongreß 2004, dem wichtigsten Branchenereignis, vgl. dazu die entsprechenden Beiträge, Quelle: http://www.handelskongress.de/downloads.
[7] Dies gilt in ähnlicher Form auch für den Verfolger Lidl, der wegen dieser „Nachfolgefunktion“ jedoch wenig analytischen Zugewinn verspricht und daher als Fallstudie außen vor bleibt.

Käuferschicht, gilt als cleverer Kunde. Schließlich ist die Kommunikations- und Inklusionsfunktion der Marke Aldi unmittelbar in ihrer Markenkommunikation greifbar. In der Werbung proklamiert das Unternehmen seine Angebote unter dem zurückgenommenen und seriösen Claim „Aldi informiert", was in krassem Widerspruch zu den Effekten dieser Angebote auf das Käuferverhalten steht, die ein Marktbeobachter mit den Worten „Zivilisiert plündern" (Kohfink 2002) auf den Punkt brachte und die sich die lauten Kampagnen der Wettbewerber aus dem Unterhaltungselektronikbereich offenbar verstärkt wünschen.

Denn die „Marke Aldi" informiert den Verbraucher lediglich und kommuniziert aus sich selbst heraus, daß er bestimmte Produkte oder Kategorien des Basis-, aber zunehmend auch des Exklusivbedarfes nirgends günstiger bekommt und sich bei Sonderaktionen auch beeilen muß, wenn er zum „Smart-Shopping-Zug" kommen möchte. Das „Prinzip Aldi" ist damit nichts anderes als im Luhmannschen Sinne die Reduktion von Komplexität bei der Beschaffung von Gütern des Alltagsbedarfes durch das Prinzip Vertrauen (vgl. Luhmann 1968): nämlich das langfristig aufgebaute Vertrauen, daß der Verbraucher die Angebote nirgends günstiger und einfacher („convenienter") bekommt als dort und damit letztlich – hier ist wiederum ein aktueller Werbeslogan mehr als erhellend – keine Nachkaufentscheidungsinkonsistenz erleidet, ganz im Sinne der Aussage „Ich bin doch nicht blöd" (vgl. Lönneker 2004).

Zur Verbreitung des „Prinzips Aldi" (Brandes 1998, 2003) und der umfassenden „Al(l)disierung" tragen eine wachsende Verunsicherung der Deutschen durch die Einführung des Euro bei, die mit dem Verlust der D-Mark auch einen Verlust an Identität und Selbstvertrauen brachte, der internationale Terrorismus seit dem 11. September 2001 und die Reformen des Sozialstaates in der Bundesrepublik – alles Ereignisse, die die gewohnten Sicherheiten nachhaltig erschütterten. Den damit gestiegenen Wünschen nach Verläßlichkeit, Vertrauenswürdigkeit, Überschaubarkeit und Geborgenheit müssen Angebote im Handels-, Dienstleistungs- und Markensektor entgegenkommen, um den Konsumenten in der Welt der Globalisierung den nötigen Gegenpol – nämlich „Heimat" – zu garantieren. Die Al(l)disierung vollzieht damit einen fulminaten Bedeutungswandel: „Aldi avanciert zur ‚neuen Heimat des aufgeklärten Verbrauchers'. Aldi bietet den Verbrauchern nicht nur eine Preisentlastung, sondern eine mehrfache Psychologische Entlastung." (Grünewald 2002: 3)

Al(l)diserung wird damit zum durchgängigen, zentralen Prinzip, an dem sich der Verbraucher zunehmend orientiert. Letztlich müssen sich die Anbieter von Dingen des täglichen Bedarfs daran messen lassen und die Frage beantworten, ob sie zu dieser bestimmten Markenkategorie mit diesem durchgängigen Mechanismus gehören. Im Mittelpunkt steht dabei nicht nur der Preis, sondern auch das Verbrauchervertrauen in das Angebot, das den eigentlichen Hebel in der Welt der Al(l)disierung darstellt.[8]

4 Hybridisierung

Der hybride Käufer ist ein Konsumententypus, der gleichzeitig sehr preis- und sehr qualitätsorientiert, d.h. zugleich billige Discountprodukte und teure Markenware kauft, frei nach dem Motto „Morgens Aldi, abends Pommery" oder „Aldi et Audi".[9] Hier erfolgt also eine Kombination von „Billigkauf" (Kauf von No-Name-Produkten) und „Teuerkauf" (Kauf von Markenartikeln zu „Normalpreisen"), die im „Preiswertkauf", d.h. dem Kauf von Markenartikeln zu „Schnäppchenpreisen" ihre Krönung und im „Smart Shopper" den entsprechenden Konsumententypus findet (vgl. Michael 2004; Pusch 1997). Die empirische Operationalisierung und Einschätzung der Bedeutsamkeit dieser Typen ist strittig (vgl. Hellmann 2003: 119f.). Zwar war das tatsächliche hybride Kaufverhalten Ende der neunziger Jahre geringer als angenommen (nämlich bei durchschnittlich 13,5 Prozent auf Basis von 12.000 untersuchten Konsumenten, vgl. Brambach 2001). Allerdings galten für bestimmte Produktgruppen[10] und vor allem für die Einstellungen und Verhaltenstendenzen der Verbraucher in dieser Richtung deutlich höhere Werte: Mit 30 Prozent ist der hybride Käufer, der Qualität und Preis beim Einkaufen verbindet, nach der KONTUREN-Studie der ZMG im Jahre 1999 der meist verbreitete Käufertypus (vgl. ZMG 2000, S. 37ff.). Zwar treten hybride Käufer in den unteren Einkommensgruppen verstärkt auf, sie sind jedoch auch in höheren Einkommensgruppen breit vertreten (vgl. ZMG 2000; Brambach 2001). Ihr aktuelles und künftiges Potenzial wird sogar noch deutlich höher eingeschätzt (vgl. Michael 2004; Schidlack 2004). Dafür sprechen verschiedene langfristige Entwicklungen.

1. Seit 1990 sind die Ausgaben der Haushalte für Nahrungs- und Genußmittel von durchschnittlich 24 auf unter 20 Prozent der Gesamtausgaben gesunken, während die Ausgaben für Wohnung und Haushaltsführung um 6 Prozent-

[8] Nicht zuletzt daraus ist die Kommunikationsoffensive des Discounters Lidl zu erklären, um den Aufklärungsbemühungen der Gewerkschaft ver.di entgegenzuwirken, die geeignet erscheinen, das zentrale Gut des Verbrauchervertrauens in diesen Anbieter nachhaltig zu beschädigen. Daß damit ein zumindest genauso wichtiger Punkt getroffen wird, wie die Wahrnehmung der Preiswürdigkeit, zeigt die Vehemenz der Reaktion durch eine eigene Anzeigenkampagne, verbunden mit dem Engagement einer Kommunikationsagentur und den Stellungnahmen des Holding-Chefs, also der in der Firmenphilosophie höchst möglichen Ebene.

[9] Vgl. Dahlem 2000; Fritz 2003; grundlegend Schmalen 1994.

[10] Joghurt, Marmelade, Geschirrspülmittel: 20 Prozent, vgl. Brambach 2001.

punkte auf 40 Prozent stiegen. Hier zeigt sich ein langfristiger, von konjunkturellen Entwicklungen unabhängiger Trend zur Umschichtung der Ausgabenstruktur privater Haushalte zu Lasten der Nahrungs- und Genußmittel. Dies führt bei stagnierenden oder sinkenden Realeinkommen dazu, daß immer mehr Konsumenten dauerhaft Geschäfte aufsuchen, die Produkte zu Niedrigpreisen anbieten (vgl. Schidlak 2004; Fritz 2003).[11]

2. Das Image und die Angebotsqualität der meisten Discounter haben sich in den letzten 15 Jahren erheblich verbessert. Ein wesentlicher Grund hierfür dürfte darin liegen, daß beispielsweise die Handelsmarken von Aldi in vergleichenden Warentests seit Jahren regelmäßig gute oder sehr gute Beurteilungen erzielen (z.B. Waschmittel, Olivenöl, Sonnencreme oder Champagner) oder in Fachzeitschriften eine positive Resonanz finden (z.B. Computer, Fahrräder), wozu häufig auch Marketing-Kooperationen beitragen.[12]
3. Hybrides Kaufverhalten ist in einer immer komplexeren Umwelt nicht irrational oder „paranoid“, da der Konsument je nach Situation billig oder teuer kauft. Bei weniger wichtigen, kaum risikobehafteten und eher austauschbaren Produkten des täglichen Bedarfs kauft der hybride Käufer preisorientiert. Discountmarken sind hier Leuchttürme des Markenprinzips, die dem Verbraucher eine gute Qualität zum besten Preis garantieren. Der wachsende Trend zum Discountkauf und Sonderangebot führt jedoch zur Uniformierung der Gesellschaft, da immer mehr Menschen in den gleichen Läden die gleichen Produkte kaufen. Der jedoch auch im Menschen wohnende Drang zur Differenzierung und Individualisierung[13] ist mit der Entscheidung für Produkte und Marken verbunden, die diese Unterscheidung durch traditionelle und kommunizierte Werte glaubwürdig ermöglichen.

---

[11] Der Trend treibt die Al(l)disierung, die dem hybriden Verbraucher auch in der sich verschärfenden Haushaltslage Spielräume für den Luxuskonsum freihält und zwar sowohl monetäre als auch zeitliche Freiheitsgrade. Denn das Sparen beim Discountkauf bringt das Geld für den Luxuskauf und die gekonnte Reduktion der Vielfalt auf das Wesentliche nach dem Motto „Weniger ist mehr“ bringt dem Konsumenten sowohl Zeitersparnisse, die er ins Smart-Shopping investieren kann, als auch das Gefühl, sich wieder der ganzen, übersichtlichen und geordneten Produktwelt zuwenden zu können: „Man kann wieder beherzt in die Vollen greifen, ohne ständig das Gefühl zu haben, sich überall entscheiden zu müssen oder ständig was verpassen zu können“ (Grünewald 2002: 5).

[12] Darüber hinaus hat der Verbraucher gelernt, daß in den Handelsmarken der Discounter häufig Markenartikel „stecken“, da sie aus der gleichen Fabrik bzw. gar von der gleichen Produktionsstraße kommen. Für die Information darüber gibt es eigene Internetseiten oder Fanclubs, vgl. Fritz 2003.Viele Verbraucher gehen dabei davon aus, daß sie Markenartikel kaufen, obwohl keine Herstellermarkennamen draufstehen, da sie gelernt haben, daß sich Markenartikel in die No-Name-Form bringen lassen und sie bei Aldi den „teuren Markenaufschlag“ nicht bezahlen müssen.

[13] Hierauf wird noch detaillierter in Punkt 6 eingegangen.

Der hybride Käufer folgt damit unmittelbar dem von Herbert A. Simon (1979, 1982) formulierten Prinzip der „Bounded Rationality". Demnach besitzt der Konsument je nach Definition der Situation ein spezifisches individuelles Anspruchsniveau und schätzt ab, ob eine Entscheidungsalternative dieses Niveau erreicht oder darüber liegt, um sich in diesem Falle dafür zu entscheiden. Dieser Vereinfachungsmechanismus ermöglicht ihm sowohl schnelle und effiziente als auch differenzierte und anspruchsvolle Entscheidungen. Im Gegensatz zur normativen Entscheidungstheorie, in der der Verbraucher stets die Produkte mit ihren verschiedenen Nutzenerwartungen vergleicht und sich dann für das beste entscheidet, sucht und realisiert er im Rahmen dieser empirisch deskriptiven Entscheidungstheorie das Angebot, das sein Anspruchsniveau befriedigt.[14] Und dieses Niveau kann im Falle der Beschaffung von Gütern des Basisbedarfs (z.B. Lebens-, Reinigungsmittel) völlig anders definiert werden als bei Luxusgütern oder Gütern des langfristigen Bedarfs, die auch zur Imagebildung und Differenzierung dienen (z.B. Auto- oder Bekleidungsmarken).

Die an Situation und Anspruchsniveau gebundene („bounded") Entscheidung und Rationalität garantieren dem hybriden Käufer ein permanentes „Satisfying" (Simon 1982), d.h. eine Zufriedenheit mit der ökonomischen Gestaltung und Realisierung seines Verbraucheralltags. Dabei helfen ihm zwei Arten des Markenprinzips: die Orientierungskraft der Discountmarke oder Al(l)disierung, mit der er vertrauensvoll „good value for less money" realisiert, und gleichzeitig die Strahlkraft der Hersteller- und Luxusmarke, mit der er vertrauensvoll „best value for money" erhält. Der hybride Konsument ist damit der rationale Verbraucher und smarte, sprich clevere Kunde, der sich bestens in immer differenzierteren Umwelten zurecht findet und entscheidet.

5 Emotionale Polarisierung

Zur weiteren Abschätzung der Entwicklung des Markenprinzips in der Welt der Al(l)disierung und Hybridisierung werden im folgenden zwei Konzepte herangezogen, die es erlauben, die Umwelt und den Alltag des Verbrauchers ebenso zu beschreiben wie die Spannungsfelder, in denen er lebt und Entscheidungen trifft. Eine zentrale Variable ist die gesamtgesellschaftliche Stimmungslage, in der sich der Konsument bewegt und die auch auf seine persönliche Stimmung abfärbt. Diese Variable läßt sich am besten mit dem Konzept des „Public Mood" auf den Begriff bringen (vgl. Hagen u.a. 2003; Rahn u.a. 1996). Demnach haben Gesell-

[14] Zu Entscheidungstheorien vgl. Dahlem 2001: 62ff.

schaften spezifische Stimmungslagen, die aus technischen, gesellschaftlichen, internationalen und ökonomischen Entwicklungen und Rahmenbedingungen resultieren. Im ökonomischen Bereich wird sie zumeist als „Verbraucherstimmung" bezeichnet. Sie ist eine wesentliche Rahmenbedingung dafür, ob und welche Verhaltens- und Markenprinzipien sich durchsetzen: „Angstsparen und Billigkauf" bei trüber Stimmung oder „Konsumrausch und Teuerkauf" bei euphorischer Stimmung, um hier nur zwei Extreme zu nennen. Um dem Kern der Verbraucherstimmung und ihrer Entwicklung näher zu kommen, ist die Anwendung von Ansätzen der Emotionspsychologie sinnvoll, da es sich bei Stimmungen – auch wenn sie kollektiver Art sind – im Prinzip um Emotionen handelt. Wir wollen im Folgenden dem emotionspsychologischen Ansatz von Gray und Tellegen folgen, der auch soziobiologische Komponenten beinhaltet.

In Anlehnung an „circumplex models" der Emotion lassen sich zwei emotionale Basisdimensionen unterscheiden, positive und negative Gefühle, die jeweils in starken oder schwachen Ausprägungen auftreten und in unterschiedlichen Kombinationen einen emotionalen Raum aufspannen, in dem sich die Stimmungen in Spannungsfeldern entwickeln. Die beiden grundlegenden Stimmungslagen sind mit zwei Basiszuständen verbunden, die die externe Umwelt des Individuums prägen, in denen es sie wahrnimmt.[15] Hierbei handelt es sich um die Pole Beherrschung („Mastery") und Bedrohung („Threat"). Das heißt: Es gibt schon in der gesamten menschlichen Entwicklungsgeschichte Zeiten und Situationen, die der Mensch eher als bedrohlich/gefährlich oder beherrschbar/sicher empfindet. Je nach Ausprägung der Signale in seiner Umwelt empfindet er dann eher mehr oder weniger starke positive oder negative Gefühle. Wird die gesamtgesellschaftliche Lage als eher bedrohlich empfunden, so empfindet der Verbraucher eher Angst und praktiziert Konsumzurückhaltung bis zur Konsumverweigerung und Depression. Demzufolge kauft er nicht oder nur das Nötigste. Hat der Verbraucher umgekehrt den Eindruck, daß die gesamtgesellschaftliche Lage und Entwicklung positiv verlaufen und sicher beherrscht werden, empfindet er Zuversicht, Vertrauen in die Zukunft, Genußbereitschaft, möchte sich etwas gönnen und konsumiert.

Im Rahmen des Zeitungsmonitors hat die ZMG in den letzten Jahren verschiedene Indikatoren der Verbraucherstimmung getestet und gemessen.[16] Als bester, d.h. reagibelster Indikator erwies sich die Entwicklung der künftigen allgemeinen Wirtschaftslage, d.h. die Frage danach, ob es mit der Wirtschaft

---

[15] Vgl. dazu Marcus (1988), der die Anwendung auf den Bereich politischer Kommunikation und Entscheidung anschaulich erläutert.

[16] Dabei handelt es sich um die Einschätzungen der vergangenen und künftigen Entwicklung der persönlichen und allgemeinen Wirtschaftslage sowie der Kaufneigung für längerfristige Anschaffungen.

insgesamt im nächsten Jahr bergauf geht bzw. besser wird oder das Gegenteil. Die Ergebnisse dazu zeigen für die letzten beiden Jahre fast durchgängig ein negatives Verbrauchervertrauen, d.h. eine eher negative emotionale Polarisierung, die mit einer klaren Kaufzurückhaltung verbunden ist.[17]

Das Verbraucherverhalten und die Markenwahrnehmung in Deutschland werden in den letzten Jahren stark durch diese ängstliche Verbraucherstimmung geprägt, die den Trend zur Al(l)disierung und Hybridisierung weiter vorantreibt. In dieser Situation der Bedrohung orientiert sich der Verbraucher stärker an vertrauten Persönlichkeiten, Konzepten und Marken, die ihm Sicherheit geben: Er sucht „Leadership" (Marcus 1988), das ihm von starken und glaubwürdigen Markenpersönlichkeiten entgegengebracht wird, die ihm bei der Bewältigung und Beherrschung der schwierigen Umwelt helfen. Diese Entwicklung fördert in den beiden Bereichen der Hybridisierung – Beschaffung des Grundbedarfes orientiert am Prinzip der Al(l)disierung und individuelle Abgrenzung durch produktspezifische Differenzierung – eine Forcierung auf die relevanten Marken, die „Leader". Dagegen verlieren die Marken in der „Mitte" an Kraft: Das sind die Marken, die nur eine mittlere Stärke im Bereich der Al(l)disierung (d.h. die schwächeren Discountmarken) und der Differenzierung (d.h. die schwächeren Herstellermarken) besitzen.

6 Verfassungsmarketing

Das zweite Spannungsfeld, dem der Verbraucher ausgesetzt ist, betrifft seine tagtägliche Alltagsbewältigung. Auch hier befindet sich der Konsument in verschiedenen Tagesabschnitten und Situationen in zum Teil gegensätzlichen Stimmungslagen. Zur Analyse dieser Polarität stützen wir uns auf den Ansatz des Verfassungsmarketings, der den Analysen des *rheingold*-Instituts zugrunde liegt (vgl. Lönneker 2003).

Der Ansatz des Verfassungsmarketings geht davon aus, daß die „Freiheitsgrade" im Konsumentenverhalten in den letzten Jahren deutlich zugenommen haben. Diese Freiheitsgrade werden gewonnen, indem sich bei Kauf und Verwendung von Produkten und Dienstleistungen immer weniger an Normen und Muster gehalten wird, die Gruppen oder Individuen generell festlegen. In den Erfahrungen der Marktforschung der letzten Jahre zeigt sich dies darin, daß die Definition von Zielgruppen durch soziodemographische Merkmale für wirkungsvolle Marketingstrategien oft kaum weiterhilft: Wohlhabende kaufen heute

[17] Zu ähnlichen Folgerungen auf Basis von Umfrageergebnissen des IfD Allensbach kommt Köcher 2004.

genauso bei Aldi ein wie weniger Wohlhabende, ältere Menschen sind häufig genauso erpicht auf Trendprodukte wie Jüngere, und Frauen kaufen häufig und gerne auch Männerprodukte.

Warum ist es aber so schwierig, Zielgruppenprofile zu ermitteln, die Käufer- und Nutzerkreise gut beschreiben und charakterisieren? Aktuelle *rheingold*-Studien zeigen den Hintergrund für diese Schwierigkeiten: Es gibt immer weniger konstante Verhaltensmuster, die Gruppen oder Personen komplett prägen. Konsumenten sind heute scheinbar schizophrene, multiple Persönlichkeiten, die je nach Kontext unterschiedliche Verhaltensmuster entwickeln. Männer übernehmen dabei Frauenaufgaben, und Frauen verhalten sich manchmal wie Männer, Familien werden gesucht und zugleich wieder in Frage gestellt und aufgelöst, alte Menschen wollen unbedingt jung sein und junge etabliert und berühmt wie früher fast nur ältere Herrschaften.

Konsumenten wollen heute alles zugleich sein: jung und alt, familiär und ungebunden, reich bzw. berühmt und einfach bzw. normal. Sie wollen zumindest optional nichts auslassen und sich jederzeit verändern und verwandeln können. Es ist daher auch zunehmend vergeblich, nach gruppen- und personengebundenen Verhaltensmustern zu suchen.[18] Diese apersonalen Grundmuster zeigen jedoch nicht nur Jugendliche in ihrem Alltag: Wir alle verhalten uns anders, wenn wir am Schreibtisch sitzen, beim Metzger sind oder vor dem Traualtar stehen. Diese Kontexte geben unsere psychologischen Verfassungen und Gestimmtheiten vor. Sie bestimmen unser Verhalten und Tun. Produkte und Medien sind in derartige „Verfassungen" eingebunden und helfen dabei, sie auszugestalten.

Verfassungsmarketing setzt an der Stimmung, dem Zustand oder den Bedingungen an, in welche sich Konsumenten und Geschäftskunden begeben, die mit bestimmten Produkten oder Dienstleistungen in Kontakt kommen. Diese Stimmungen, Bedingungen, Zustände werden mit dem Begriff „Verfassung" bezeichnet. Indem sich Verbraucher heute zunehmend an derartigen Verfassungen orientieren und sich in ihrem Verhalten immer mehr von festen Zielgruppenmustern lösen, schaffen sie wiederum besonders gute Voraussetzungen für discountaffines und „hybrides" Käuferverhalten. Denn je nach Stimmung und Verfassung kaufe ich meine Produkte im Discount oder im Fachhandel. Je nach

[18] Diese Tatsache wird vor allem vor dem Hintergrund der aktuellen Jugendforschung bei *rheingold* deutlich: Jugendliche passen sich den jeweiligen Umfeldern so konsequent an, daß konstante individuelle Profile kaum mehr auszumachen sind. Dieser Anpassungs- und Entindividualisierungsprozeß prägt heute die Alltagskultur der Jugendlichen: Wenn Konstanten im Verhalten von Jugendlichen auszumachen sind, sind sie nicht personal und individuell, sondern apersonal und kontextgebunden. Entscheidend für ihr Verhalten und die dabei verwendeten Produkte und Medien ist der Rahmen, in dem sie sich aufhalten: Schule, „Abhängen", „Seventies-Parties", Abschlußbälle, Samstagseinkauf, Sportverein.

Stimmung und Verfassung kaufe ich lieber preisbewußt und dann wieder prestige- und wertorientiert ein.[19]

7 Marketing-Kommunikation

Die vorangehenden Darstellungen haben gezeigt, daß die Entwicklungen in der Bundesrepublik Deutschland in den letzten Jahren die Al(l)disierung und Hybridisierung vorangetrieben haben und angesichts des aktuellen „Public Mood" sowie der grundlegenden Verbraucherverfassungen auch weiter begünstigen. Damit stellt sich die Frage, welche Auswirkungen dies auf das Markenprinzip und die Marketing-Kommunikation hat, die wir anhand der Ergebnisse der *rheingold*-Entscheiderbefragung analysieren (vgl. Lönneker u.a. 2005).

Prägend für das Arbeitsfeld Marketing und Kommunikation ist das Spannungsverhältnis zwischen der unmittelbaren Handlungs-Realität des Verbraucheralltags und der Einflußnahme durch eine übergreifende (Marken-)Wert-Schöpfung und -Differenzierung.[20] Zielkorridor aller Marketing-Aktivitäten ist die unmittelbare Handlungsebene des Verbraucheralltags, die geprägt ist durch ein unmittelbares Tun oder Lassen, einen direkten Umsatz mit begrenzten Ressourcen, unvermittelte und kurzfristige Begehrlichkeiten und Präferenzen („Lokken und Schrecken") sowie das Nebeneinander aller Möglichkeiten in chaotischen und unberechenbaren Kombinationen – letztlich vergängliche Realitäten im Hier und Jetzt. Das Agieren auf der unmittelbaren Handlungsebene gilt als Domäne von Handel und Vertrieb.[21]

---

[19] Zu einem verwandten Befund kommt Bernd Michael (2004) in seinem Vortrag „Branding und Pricing" anläßlich des deutschen Handelskongresses. Hier stellte er die „Grey-Sanduhr" zur Verdeutlichung des Prinzips der Hybridisierung vor, vgl. Michael 2005. Der hybride Käufer fragt gleichzeitig Luxus- und Discountmarken nach, um seine immer komplexeren Bedürfnisse zu befriedigen. Dementsprechend erhalten diese beiden Pole des Verbraucherverhaltens und der Verbraucherseele Nahrung, während die Mitte austrocknet.

[20] Diese Spannung wird schon am (zum Teil despektierlichen) Gerangel zwischen der „Marketing-Welt" und der „Handels-Welt" deutlich, wie die folgende Antwort eines Handelsentscheiders verdeutlicht: „Wissen Sie, wir sind richtige Marktschreier. Wir bieten unsere Ware an, machen einen guten Preis, und dann wird gekauft oder nicht. Die großen Agenturen kommen hier für ein halbes Jahr rein, dann sind die wieder weg. Die verstehen da nichts von."

[21] Hier dominieren kurzfristige und „vergängliche" Angebots-Werbung in großer Fülle und unendlicher Vielfalt, unmittelbare und effiziente Einflußnahmen durch geldwerte Leistungen ohne viel Glamour (Verkaufsförderung), direkte Ursache-Wirkung und knallhartes Controlling des Return on Investment. Die Aussage eines Handelsmanagers belegt diese kurzfristige Orientierung auf Effizienz: „Für uns ist es enorm wichtig, tagesaktuell werben zu können. Eine Woche später ist die Ware schon nicht mehr vorrätig."

Marketing gilt aber vor allem auch als Versuch, den unmittelbaren (Waren-) Austausch im Verbraucheralltag dauerhaft zu gestalten und zu beeinflussen: durch den Aufbau kontinuierlicher, übergreifender und beständiger Marken-Werte, durch Aufwertung und Aufladung von faktischen Banalitäten – einfachen Waren, praktischem Nutzwert – und durch die Schaffung und Schöpfung von Welten, idealen Bildern und Werten.[22] Marketing versteht sich demnach als umfassende „Psychologisierung" des alltäglichen Handelns durch den Auf- und Ausbau seelischer Eigenwelten in der Schöpfung eines psychologischen Mehrwerts durch Bild-Angebote (Image/Markenversprechen), die über die faktischen Eigenschaften von Produkten und Dienstleistungen hinausgehen und vielmehr menschliche bzw. seelische Sehnsüchte, Bedürfnisse, Befürchtungen, Wünsche aufgreifen und behandeln.[23]

Es wird derzeit (auch in den Explorationen) auf breiter Front diskutiert, daß die Marken-Wert-Schöpfung und ihre Umsetzung im Mediaplan an schmerzhafte Grenzen stößt. Beklagt werden Grundsatz-Probleme, die auf eine „Krise des Marketings" hindeuten, da sie weit über die Folgen einer schwierigen Wirtschaftslage hinausgehen. Auch bei steigenden Investitionen in der Kommunikation stellt sich häufig keine (Marken-)Wert-Steigerung mehr ein, der Return on Investment (RoI) sinkt. Weiteres Krisensymptom ist, daß langfristig sinnvolle Strategien zunehmend unter die Räder geraten durch ein hartes Diktat und die wachsende Macht der Controller, Vorgaben (neuer) Vorstände, Shareholder-Value, Fokussierung auf Berechenbarkeit und kurzfristigen RoI (vgl. Lönneker/Behmer 2004). Der damit verbundene Wildwuchs, Rabattierungen, grassierendes Beziehungswesen, Hau-Ruck-Aktionen im Marketing, Inflation von Bauchentscheidungen gemäß Tradition und Klischee verschärfen die Lage.[24]

---

[22] „Die Produkte sind doch alle identisch, man kann nur über Werbung differenzieren. Der Verbraucher muß nach dem Image-Faktor entscheiden, welches Produkt er wählt", so ein Marketingleiter (Food), oder eine Agentur: „Letztlich verkaufen wir Bilder, den schönen Schein. Faktisch ist das Meiste doch völlig austauschbar."

[23] Die (werbende) Wert-Schöpfung des Marketings zielt daher in der Regel auf wertige (und werbliche) Alleinstellung der Angebote, die sich auch selbst in einer Eigenwelt entfalten sollen: attraktiver Hochglanz, Glamour und traumhafte Entwürfe, Kontinuität und Depot-Wirkung der Maßnahmen.

[24] Krisenhafte Entwicklungen werden auch an sich zuspitzenden Konfliktfeldern festgemacht: Aus Sicht des Marketings (auch Planning): Kreative, die nur noch um sich selbst kreisen, Awards gewinnen wollen. Aus Sicht der Kreation: Marken-Verantwortliche, die nur „die eigene Haut retten" und Karriereplanung betreiben. Aus Sicht der Mediaplanung: Entscheidungsträger, die ausgefeilte Mediapläne willkürlich umwerfen. Aus Sicht des Handels: Überfülle an Markenwelten, die nicht mehr gelistet und platziert werden können. Aussagen von Marketingentscheidern dazu: „Oft geht's nur noch darum, die Strategie wasserdicht zu begründen, Zahlen zu wälzen, oder bei der Konkurrenz abzukupfern." (Agentur); „Die Kreativen wollen ihre Anzeigen halt in den Blättern sehen, die auch deren Freunde lesen." (Planner); oder gar „Am Ende kommt die Frau vom Vorstand" (MP).

Hintergrund und gemeinsamer Nenner dieser Symptome ist die besorgniserregende Entwicklung, daß Marketing-Anstrengungen zunehmend in sich kreisen, der Aufbau von Markenwelten eine narzißtische Selbstbe(s)tätigung zu werden droht und die Markenbotschaften die unmittelbare Handlungs-Realität der Verbraucher nicht mehr ausreichend erreichen. Kern-Problem und Befürchtung der Marketeers ist: Die Marken-Wert-Schöpfung kann „virtuell" zwar unendlich ausgedehnt werden (Line-Extensions etc.) – diese Bild-Angebote bleiben aber latent. Die vielfältigen Marken-Versprechen finden keinen Einzug mehr in die manifeste Alltagsbewältigung – denn dort bleiben nur 24 Stunden und begrenzte Budgets für den Verbrauch. Dementsprechend heißt es: „Das kann sich ja heute auch keiner mehr merken, was alles auf dem Markt ist."

Die aktuellen Überlegungen zur Krisenbewältigung kreisen um zwei gegenläufige strategische Optionen: Einerseits „Zurück zu den Wurzeln", andererseits „Auf zu neuen Ufern". Die Option „Zurück zu den Wurzeln" meint: Klassische Markenwerte noch forcierter und konzentrierter aufbauen und kommunizieren, um im Information-Overflow Gehör zu finden. Der Fokus liegt dann auf Beeindruckung durch große Kampagnen, Emotionalisierung und hohe Frequenz. Im Zuge dessen erfolgt eine Konzentration auf die klassischen Medien der Markenwerbung (Fernsehen, Publikumszeitschriften) und die Streichung von Rest-Etats. Die Gegenbewegung „Auf zu neuen Ufern" impliziert den Versuch, Markenbotschaften und Werte auf neuen Wegen, alltagsnäher, integrierter und überraschender zu dramatisieren und zu kommunizieren. Der Schwerpunkt liegt hier auf effektiver Kreativität, die Konsumenten unterhalten und nicht penetrieren soll (Klasse statt Masse). Im Zuge dessen entsteht Interesse an neuen Formen und Medien der Markenwerbung und Crossmedia.

Entscheidend ist, daß sich beide Optionen derzeit in einer unentschiedenen Pattsituation gegenüberstehen: Die Optionen schließen sich aus, wirken aber allein nicht tragfähig. Sobald die eine Richtung eingeschlagen wird, melden sich die Ansprüche der anderen. Es wird händeringend nach neuen Vermarktungs-Strategien gesucht, die beide Seiten vermitteln können.[25] Die Untersuchung macht insgesamt deutlich, daß ein Umdenken im Marketing erforderlich scheint: Das Marketing hat jahrelang in Psychologie investiert, um Markenversprechen aufzubauen und in seelischen Eigenwelten dauerhaft zu verankern. Diese Eigen-

[25] Beide Optionen werden in allen Bereichen gleichermaßen vertreten – allenfalls mit leichten Schwerpunktverschiebungen. Das Marketing verhält sich tendenziell eher konservativ (zurück zu den Wurzeln), aber mit zunehmenden Zweifeln und Entwicklungsdruck. Die Mediaplanung ist tendenziell lieber auf der sicheren Seite (klassische Medien), will sich aber durch neue Formate und kreativere Pläne auch profilieren. Kreation und Planning schließlich sehen ihre Chance eher im innovativen Bereich, scheuen aber (oft) das Risiko, die Kunden massiv davon zu überzeugen.

welten verlieren aber an programmatischer Handlungs-Relevanz und drohen sich als latenter Bilder-Kosmos vom Alltag abzukoppeln. Damit einher gehen zunehmende Zweifel an der Wirksamkeit der klassischen Medien für Markenwerbung (vor allem TV betreffend).

Gleichzeitig gewinnt der Gedanke Gestalt, daß die Marken über die Kommunikationsgeschichten hinaus auch zunehmend Produktgeschichten erzählen müssen, um gehört zu werden und glaubwürdig zu sein. Die psychologische Aufladung muß wieder in einer Produktdifferenzierung durch „Hard Facts" aufgefangen werden, die die Marken in ihren Kernleistungen unterscheiden und vererden. Hier haben die Discounter den Verbrauchern in den letzten Jahren vorexerziert, daß es tatsächliche, mit den Händen zu greifende Nutzwerte und Vorteile gibt. Dies ist auch ein Grund für ihren Erfolg sowie den ihrer Handelsmarken. Sie kommunizieren ihre Geschichten auch anders als die Herstellermarken, die vor allem auf das Fernsehen setzen. Die Al(l)disierung kommuniziert vielmehr konkrete Nutzwerte und Angebote mehrmals pro Woche in vierfarbigen Anzeigen in den Zeitungen. Und daß dies zu Sympathiegewinnen beiträgt, zeigen Auswertungen des Zeitungsmonitors. Danach sind Marken, die Imagekommunikation primär über das Fernsehen betreiben, nicht etwa sympathischer, sondern sie erreichen nicht (mehr) die Sympathie der Anbieter, die für den Verbraucher klar erkennbare Vorteile und Nutzwerte auch klar in ihrer Zeitungswerbung ausloben, à la „Aldi informiert". Und dabei sind die beiden Branchenprimusse Aldi und Lidl sogar aus dieser Betrachtung ausgeklammert, da sie in den Sympathiewerten in einer eigenen Liga spielen, was wiederum einen Hinweis darauf gibt, wie weit der Prozeß der Al(l)disierung bereits fortgeschritten ist.

8 Medienkommunikation

Bevor wir zur Zusammenfassung kommen, bleibt hier die Frage, wie sich die genannten Entwicklungen Al(l)disierung, Hybridisierung, Marketingkrise und Markenvererdung durch Nutzwerte auf die Bewertung der Medien der Markenkommunikation niederschlagen. Hierzu stützen wir uns wiederum auf die *rheingold*-Studie „Erfolgsfaktor Zeitungswerbung"[26], die im wesentlichen vier Abschnitte im Tagesablauf unterscheidet, die mit unterschiedlichen Erwartungen, Wünschen und Nutzungsverfassungen der Befragten verbunden sind (vgl. Abb. 1):

[26] Jetzt allerdings auf die Ergebnisse der Rezipientenbefragung.

Abbildung 1: Funktionen der Medien im Tageslauf

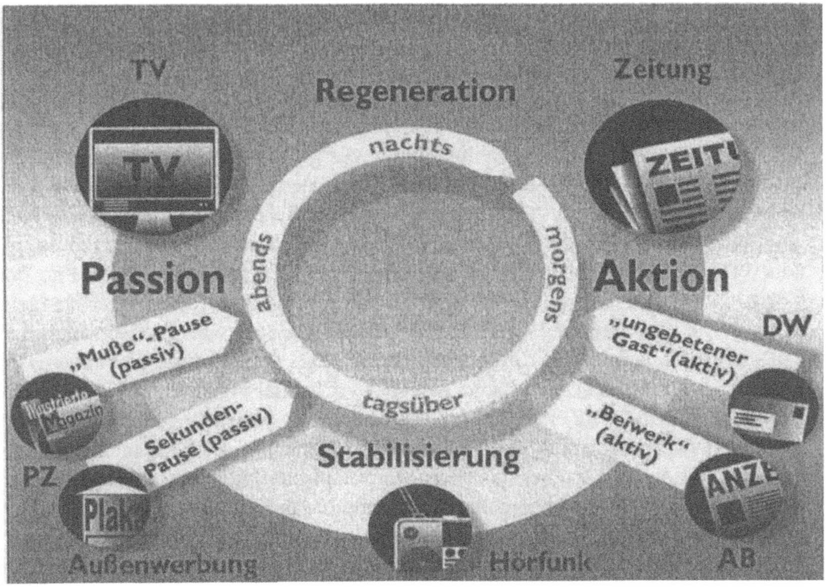

Am Morgen geht es für den Konsumenten darum, von der Schlafverfassung, den Träumen der Nacht und dem Ausleben der Eigenwelten, in die Tagesverfassung zu kommen, die es ihm ermöglicht, den Kulturanforderungen gerecht zu werden („Aktion", Schwerpunkt morgens, vormittags). Er verrichtet also all die Dinge, die ihn ausrüsten, den Tag zu bewältigen. Bei der Vorbereitung auf den kommenden Tag stehen mediale Angebote im Vordergrund der Erwartungen, die den Tag planen und strukturieren helfen. Die Befragten wollen im Umgang mit Medien und Werbung mehr agieren als animiert werden. Sie suchen Informationen und Emotionen, die bei der realen, konkreten Bewältigung des Tages weiterhelfen und in Aktionen münden. Hier liegen die besonderen Stärken der Zeitungen, weil sie das Medium darstellen, das zur Vorbereitung und Gestaltung des Tages herangezogen wird. – Im weiteren Verlauf des Tages geht es darum, die persönlichen Planungen und Vorhaben umzusetzen. Von Medien wird hier erwartet, daß sie aufkommende Eintönigkeit auflockern und aufhellen, ohne zu sehr abzulenken („Stabilisierung", Schwerpunkt tagsüber). Sie sollen „bei der Stange halten", seelisch stabilisieren und die Durchführung des Tagwerks erleichtern. Hier liegt die Stärke des Hörfunks, der auch die morgendlichen Routinen des Aufstehens beleben helfen kann. – Nach abgeschlossenem Tagwerk wechseln

Stimmung und Verfassung der meisten Befragten in einen eher passiven Modus („Passion“, Schwerpunkt abends). Sie wollen nun weniger selbst agieren, sondern statt dessen mehr animiert werden. Bevorzugt werden nun Werbemedien, die einen hohen Unterhaltungswert haben und Passionen wecken. Im Vordergrund steht hier das Fernsehen. Aber auch Publikumszeitschriften spielen eine Rolle, sie haben ihre Stärken in Mußestunden. – Im Schutz der Schlaf- und Regenerationsphase werden die Bilder des Tages von Traumbildern abgelöst und „weiterbearbeitet“ („Regeneration“, Schwerpunkt nachts). Am nächsten Morgen werden dann meist mit Hilfe der Zeitung die Aktionen des neuen Tages geplant.

Tageslauf, Mediennutzung und Werbemedien sind eingebettet in einen Kreislauf, der von Aktion zu Passion und wieder zur Aktion schreitet. Jedes Werbemedium hat dabei seine spezifischen Stärken und Schwächen. Allerdings sind nur drei Medien fest mit bestimmten Tagesverfassungen verbunden und damit besonders wirkungsrelevant: Zeitung, Fernsehen und Hörfunk. Bei allen anderen Werbeträgern – Zeitschrift, Plakat, Anzeigenblatt oder Direktverteilung – ist es nicht möglich, eine planbare Nutzungsverfassung anzusteuern.

In der Welt der Al(l)disierung und Hybridisierung kommt vor allem zwei Medien eine Rolle im Kauf- und Entscheidungsprozeß der Verbraucher zu. Denn Werbung beeinflußt einen psychologischen Prozeß, der sich in zwei Phasen differenzieren läßt. Jede Phase braucht eine andere Form von Werbung, und Werbemedien differenzieren sich hinsichtlich der Eignung für diese Phasen. In Phase 1 sollen Werbung und Werbemedium Passionen wecken, d.h. Interesse und Leidenschaft beleben. Je austauschbarer die Marke, je gesättigter und verdrängender der Markt, desto wichtiger wird die „emotionale“ Aufladung. Vor allem TV, aber auch Hörfunk, Plakate und zum Teil die Zeitschriften nehmen Einfluß auf diese Phase. In der darauf folgenden Phase 2, der Entscheidungsphase, sollen Werbung und Werbemedium ganz konkret bei Einordnung, Entscheidung und Handlung behilflich sein. Sie haben hier die Aufgabe, Aktion und Umsatz zu unterstützen und die dabei erforderlichen Informationen (Zeit, Ort, Preis etc.) beizusteuern. Vor allem die Tageszeitung wirkt in dieser Phase. Anzeigenblätter, Direktwerbung sowie zum Teil auch die Zeitschriften können hier unterstützen. Regional bzw. lokal ausgerichtete Werbemedien haben dabei eindeutige Vorteile. Werbung in der Zeitung operiert damit in einem „psychischen Rezeptions-Umfeld“, in dem aus der Vielfalt der Handlungsoptionen Entschiedenheiten werden, der Tag und die Welt geordnet, strukturiert und faßbar gemacht werden, der Tag vorbereitet und vorbearbeitet wird und sich der Leser für den Tag rüstet. Diese Form der Markenkommunikation sichert dem Werbung Treibenden Relevanz, Aktualität, Glaubwürdigkeit, da die Zeitungen diese Kontaktqualitäten in hohem Maße bieten (vgl. Dahlem 2005). Und sie berücksichtigt, daß der Kauf- und Entscheidungsvorgang nicht bereits mit der Ausstrahlung der

Markenbotschaft im Fernsehen abgeschlossen ist. Pointiert läßt sich sagen: Das Fernsehen berührt, die Zeitung bewegt.

Damit stellen sich neue Herausforderungen an Herstellermarken. Insbesondere die alte Aufteilung zwischen Markenartikel-Industrie (= emotional aufladen) und Handel (= Verkauf vor Ort) ist in jüngster Zeit in Frage gestellt worden. Denn der Handel kopiert Marken, entwickelt eigene Marken und lädt sie zum Teil sogar emotional im Fernsehen auf. Der Handel und insbesondere die Discounter dehnen in der Welt der Al(l)disierung ihre Kompetenzen somit in den Bereich der „Passion" aus und konkurrieren mit Markenartiklern. Herstellermarken sind daher gut beraten, im Gegenzug mehr werblichen Einfluß auf Aktion und Umsatz zu nehmen. Vor diesem Hintergrund ist es nicht nur für Handelsanzeigen sinnvoll, das Werbemedium Tageszeitung für die Auslobung konkreter Produktvorteile zu nutzen, sondern auch für die Marke. Die Befragung der Media-Entscheider hat jedoch gezeigt, daß dafür Aufklärung bzw. ein Ändern „eingefahrener" Denkmuster erforderlich ist.

Ein Weg in diese Richtung ist, die Medien als Werbeumfelder in zwei große Funktions-Gruppen zu differenzieren: Eine Gruppe von Medien eignet sich, um Marken bzw. Produkte bekannt zu machen, Interesse zu wecken und Markenbotschaften zu inszenieren (Marken aufbauen und Werbewirkung im Sinne von Kauf vorbereiten), eine andere Gruppe von Medien knüpft an die Aufbauarbeit und Vorbereitung an und fordert den Konsumenten zur Handlung auf (Abschluß der Werbewirkung im Sinne von Kauf).

Auch hier geht es also darum, den Konsumenten in seinen Polaritäten anzusprechen, auf der einen Seite mit der Kommunikationsstory, die ihm verdeutlicht, wie das Produkt psychologisch differenziert und mit seiner Eigenwelt korrespondiert, und auf der anderen mit der Produktstory, die ihm den Nutzwert und die Preis-Leistungs-Relation verdeutlicht, damit der Verbraucher auch als „Smart Shopper" zum Zuge kommen kann.

9 Die Ausweitung der Markenzone

Der Beitrag hat gezeigt, daß die Marken heute verschiedene Herausforderungen zu bestehen haben und sich problematischen Entwicklungen stellen müssen. Als zentral wurden zwei Trends identifiziert: Erstens die Al(l)disierung, worunter ein umfassender Prozeß zu verstehen ist, der ein neues Markenprinzip fördert. Der Verbraucher deckt seinen Basisbedarf bei Anbietern, die ihm gute, d.h. ihn persönlich zufrieden stellende Qualität zum besten Preis bieten („Satisfycing"). Das ist ein echter Nutzwert, der es ihm erleichtert, die Kulturanforderungen zu erfüllen. Darüber hinaus bietet ihm dieses Prinzip über den eigentlichen Preisvorteil hinaus noch weitere Vorteile, was seine Kraft verstärkt, darunter vor allem die Reduktion von Komplexität durch Vertrauen und damit Zeitgewinne für die Etablierung von Eigenwelten. Auf der anderen Seite hat sich ein Verbrauchertypus entwickelt, dem die Al(l)disierung besonders entgegenkommt: der hybride Käufer. Sowohl in den externen Umwelten mit ihren psychologischen Polarisierungen als auch im Verbraucheralltag fördern die aktuellen Stimmungslagen den Trend in Richtung Al(l)disierung und Hybridisierung.

Diese Entwicklungen haben gravierende Auswirkungen auf den Erfolg der Herstellermarken. Die Discounter sind mit ihren Handelsmarken auf dem Vormarsch und graben den Herstellern das Wasser ab bzw. bringen sie dazu, ihre Produkte in die Verpackung der Handelsmarke zu füllen. Die damit verbundene harte Abverkaufswerbung und Zuspitzung auf „Hard Facts" in der Werbung haben deutliche Folgen für die Kommunikations- und Marketingstrategien. Diese nehmen wiederum Einfluß auf die Auswahl der Werbeträger, den Media-Mix (vgl. Dahlem 2004). Hier gewinnen Eigenschaften und Kontaktqualitäten wie Relevanz, Aktualität und Glaubwürdigkeit an Bedeutung, da der hybride Käufer nutzwerte Informationen für seine Kaufentscheidungen benötigt (vgl. Dahlem/Donnerstag 2000). Der vielleicht wichtigste Satz der 2. Wiesbadener Gespräche, zu denen dieser Sammelband erscheint, fiel am zweiten Tag von Kai-Uwe Hellmann: „Die Marke ist letztlich die Geschichte, die sie erzählt." Hier setzt derzeit ein Umdenken in der Markenkommunikation ein: Jetzt reichen nicht mehr nur gute Ideen und fiktive Storys, jetzt braucht man auch gute Erklärungen und reale Fakten. Der Trend zur Al(l)disierung und Hybridisierung führt zu einer deutlichen Ausweitung der Markenzone in drei Bereichen:

- *Markenstrategie*: Hier werden die „Leader-Marken" in den beiden Bereichen der „Grey-Sanduhr" gewinnen, d.h. im Bereich der Luxusmarken auf der einen und der Hard- und Lustdiscountmarken auf der anderen Seite.
- *Kommunikationsstrategie*: Hier geht es darum, die Markengeschichten durch Produktgeschichten weiterzuspinnen und zu vererden und über einen ausgewogeneren Media-Mix zu verbreiten.
- *Medienstrategie*: Nach dem Auslaufen der „Spaßgesellschaft" und der wachsenden Globalisierung mit ihren ernsten Folgen für Arbeitsmarkt und Sozialsysteme fragen die Rezipienten verstärkt Medienqualitäten wie Relevanz, Glaubwürdigkeit und Aktualität nach, wie sie z.B. die Zeitungen bieten, und zwar nicht nur um ihre Passionen durch die Etablierung von Eigenwelten auszuleben, sondern auch um in stagnierenden und reifen Märkten ihre Vorteile für die Alltagsbewältigung durch nutzwerte Informationen zu realisieren.

Literatur

Brambach, Gabriele (o.J.), Die meisten Käufer bleiben beständig, Quelle: http://www.innovations-report.de/html/berichte/wirtschaft_finanzen/bericht-1327.html.

Brandes, Dieter (1998), Konsequent einfach. Die Aldi Erfolgsstory, Frankfurt/M.

Brandes, Dieter (2003), Die 11 Geheimnisse des Aldi-Erfolgs, Frankfurt/M.

Bugdahl, Volker (1998), Marken machen Märkte, München.

Dahlem, Stefan (2000), Kunden kalkulieren Preise und Leistungen, in: Horizont, Nr. 20, S. 28.

Dahlem, Stefan (2001), Wahlentscheidung in der Mediengesellschaft, Freiburg.

Dahlem, Stefan (2004), Werbeeffizienz durch Kreativität, in: Absatzwirtschaft, Heft 4, S. 72-73.

Dahlem, Stefan (2005), Werbeträger, in: Thomas Breyer-Mayländer (Hg.), Handbuch des Anzeigengeschäfts (i. E.).

Dahlem, Stefan/Joachim Donnerstag (2000), Saving Value durch Medienqualität, in: Absatzwirtschaft, Nr. 10, S. 208-214.

Dahlem, Stefan/Mathias Kretschmer (2004), Der Zeitungsmonitor. Das Werbetracking der deutschen Zeitungen, in: Planung und Analyse, Heft 1, S. 56-60.

Dahlem, Stefan/Christiane Tullius (2000), Lesen macht smart. Smart-Shopper sind dynamisch und anspruchsvoll, in: Horizont, Nr. 41, S. 145.

Fezer, Karl-Heinz (1995), Markenrecht, München.

Fritz, Wolfgang (2003), Die Aldisierung der Gesellschaft, o.O. (24.4.2003).

Grünewald, Stephan (2002), Der Aldi-Boom, Köln (*rheingold*-Institut).

Hagen, Lutz/Reimar Zeh/Maike Müller-Klier (2003), Fußball in den Medien, Public Mood und wie Acker dann doch noch gewann, in: Christina Holtz-Bacha (Hg.), Die Massenmedien im Wahlkampf, Wiesbaden, S. 264-281.

Hellmann, Kai-Uwe (2003), Die Soziologie der Marke, Frankfurt/M.

Jary, Michael/Dirk Schneider/Andrew Wileman (1999), Marken-Power. Warum Aldi, Ikea, H&M und Co. so erfolgreich sind, Wiesbaden.

Köcher, Renate (2004), Der neue Kunde. Veränderungen von Kundenmentalität und Konsumverhalten. Vortrag anläßlich des 46. Forums der TextilWirtschaft am 7. Mai 2004.

Kohfink, Marc-Wilhelm (2002), Zivilisiert plündern, in: Handelsjournal, Nr. 1, S. 10-13.

Koschnick, Wolfgang J. (1987), Standard-Lexikon für Marketing, Marktkommunikation, Markt- und Mediaforschung, München u.a.

Lönneker, Jens (2003), Verwendungserleben als Basis der Markenkommunikation, in: Absatzwirtschaft, Nr. 12, S. 24-26.

Lönneker, Jens (2004), Reduce 2 the max, increase satisfaction, Köln.

Lönneker, Jens/Behmer, Judith (2004), Marketingentscheider versus Agenturen: Die Sehnsucht nach Verbrüderung, in: Absatzwirtschaft, Nr. 9, S. 150-152.

Lönneker, Jens/Michael Schütz/Stefan Dahlem/Hans-Jürgen Hippler (2004), Erfolgsfaktor Zeitungswerbung, Frankfurt/M.

Luhmann, Niklas (1968), Vertrauen. Ein Mechanismus der Reduktion sozialer Komplexität, Stuttgart.

Marcus, Gregory E. (1988), The structure of emotional response: 1984 presidential candidates, in: American Political Science Review 82, S. 737-761.

Michael, Bernd M. (2004), Branding und Pricing. Vortrag vor dem Deutschen Handelskongreß, Berlin.

Michael, Bernd M. (2005), Der Markt mutiert zur Sanduhr, in: Absatzwirtschaft online, Quelle: http://www.absatzwirtschaft.de/psasw/fn/asw/sfn/buildpage/cn/cc_vt/SH/0/aktelem/DOCUMENT_1003459/home/2/id/31641/.

Pusch, M. (1997), Der „Smart Shopper", Diplomarbeit Universität Siegen.

Rahn, Wendy M./Brian Kroeger/Cindy Kite (1996), A framework for the study of public mood, in: Political Psychology 17, S. 29-58.

Schidlack, Michael (2004), Nonfood Märkte von Morgen – ein Trendszenario. BBE Unternehmensberatung. Vortrag vor dem Deutschen Handelskongreß, Berlin.

Schmalen, Helmut (1994), Das hybride Kaufverhalten und seine Konsequenzen für den Handel. Theoretische und empirische Betrachtungen, in: Zeitschrift für Betriebswirtschaft 64, S. 1221-1240.

Simon, Herbert A. (1979), Models of thought, New Haven.

Simon, Herbert A. (1982), Models of bounded rationality, Cambridge.

Vasata, Vilem (2000), Radical Brand, München.

ZMG Zeitungs Marketing Gesellschaft (Hg.) (2000), Konturen-Märkte, Frankfurt/M.

Das Branding von Medien der Verständigung

Marken lassen sich als eine spezifische Form von Kommunikation beschreiben. Insofern spielen die Medien der Verständigung, die dabei herangezogen werden, eine wichtige Rolle für den Markenerfolg. Ihre Art und das Ausmaß ihrer Glaubwürdigkeit tragen wesentlich dazu bei, daß sich Markenvertrauen ausbildet. Traut man der Quelle der Nachricht, traut man auch der Nachricht. In diesem Sinne ist strategische Markenkommunikation ein Gesamtkunstwerk, genauer: ein künstlich inszeniertes Zusammenwirken mehrerer Dimensionen, mit dem Ziel, die Vertrauenswürdigkeit eines bestimmten Produktes ins Werk zu setzen.

Gabriele Siegert wendet in ihrem Beitrag die Markentheorie nun auf Massenmedien an und betrachtet Medien der Verständigung damit selbst als Marken. Ausgehend von etablierten Standards der Markenbetrachtung, etwa der Unterscheidung bestimmter Markenfunktionen wie *Orientierungs-* und *Ordnungsfunktion*, *Vertrauens-* und *Garantiefunktion* oder *Identifikations-* und *Integrationsfunktion*, überträgt sie diese auf sämtliche Massenmedien, die zwar von ihrer Erscheinungs-, nicht aber von ihrer Gebrauchsweise her eine besondere Form von Produkt darstellen. Denn auch Medien kämpfen mit dem Qualitätsrisiko, auch Medien müssen Vertrauen generieren, um ihre Markt- und Absatzfähigkeit unter Beweis zu stellen, und hierfür ist die Überformung der Medienprodukte durch die Markenlogik einschlägig.

Dieter Herbst richtet sein Augenmerk ebenfalls auf ein Medium der Verständigung, das in der Werbung oftmals als „Testimonial“, also als Beglaubigendes zum Einsatz kommt, indes auch selbst als Marke thematisiert werden kann: der *Mensch*. In einer Zeit, in der das Imagemanagement nicht nur in beruflichen Dingen mindestens ebenso wichtig geworden ist wie das kulturelle Kapital, das man sich über Jahre angeeignet hat und in Form von Titeln als erworbene Qualifikation vorweisen kann, wird die Profilierung der eigenen Persönlichkeit zum ausschlaggebenden Faktor gesellschaftlichen Erfolgs. Und was liegt hier näher, als sich ein Beispiel zu nehmen an der wohl erfolgreichsten Profilierungstechnik, die es momentan gibt: der *Marke*. Herbst bedient sich dabei der identitätsorientierten Markentheorie von Heribert Meffert und Christoph Burmann, um deutlich zu machen, in welchem Maße sich der Mensch als Marke beschreiben läßt.

Medienmarken als Link zwischen Qualität und Profit

Gabriele Siegert

Im Herbst 2003 wurde mit BILD erstmals ein Medium für sein Marketing und insbesondere seine Markenführung mit dem begehrten „Deutschen Marketing-Preis“ ausgezeichnet. Der Deutsche Marketing-Verband vergibt diesen Preis jährlich, und BILD aus dem Hause Springer schließt damit an die Reihe bekannter Marken wie OBI, *Red Bull* und VW an. Die Jury begründete die Verleihung u.a. damit, daß BILD zeige, wie man sich mit einer klaren, von innen gelebten Botschaft und einem konsequent starken Auftritt durchsetzt und dabei die Marke kontinuierlich und erfolgreich weiterentwickle.[1]

Die Marke ist also sichtbar bei den Medien angekommen. Dabei haben Medienunternehmen das Markenmanagement in seiner betriebswirtschaftlichen Perspektive erst mit etwas Verzögerung angenommen und umgesetzt. Daß Medien aber seit jeher den Marken nahe sind (und umgekehrt), auch wenn die Unternehmen dies nicht aktiv umgesetzt haben, ergibt sich aus diversen Eigenschaften und Funktionen, die sowohl den Medien als auch den Marken zugeschrieben werden und die sich auffällig überlappen. Der vorliegende Beitrag skizziert mit diesen Gemeinsamkeiten beginnend die Besonderheiten von Medienmarken.

1 Gemeinsamkeiten von Medien und Marken

1.1 Marke: Begriffsbestimmung und Funktionen

Folgt man der Begriffsbestimmung von Marken, ausgehend von den etymologischen Bedeutungen „Grenze zur Unterscheidung“, „Zeichen zur Erkennung“, „vortäuschen, so tun als ob“ und auch „das Kenntlichgemachte beachten“,[2] führt dies unweigerlich zur langen Tradition, mit Marken Informationen zu vermitteln, die sich nicht aus den unmarkierten Gegenständen erschließen lassen (vgl. Berekoven 1992: 26). Marken sind also in einem eingeschränkten Sinn als Vermittler, als Medien, zu sehen. Dabei war und ist der Einsatz von Personen und Persön-

[1] Zur Marke BILD vgl. ausführlich Lobe 2004.

[2] Vgl. Bruhn 1994: 5ff.; Kelz 1989: 22ff.; Latour 1996: 24.

lichkeiten und die Vermarktung ihrer Kompetenz und Prominenz für das Markenmanagement so bedeutsam wie bestimmte Qualitätssiegel.

Obwohl die klassische Literatur zur Marke auf den Markenartikel fokussiert und tendenziell produktbezogen ist, muß der Anspruch des Konzepts nicht nur aufgrund der Markierung von Dienstleistungen erweitert werden. Denn es besteht ein wesentlicher Unterschied zwischen einem Produkt bzw. einer Dienstleistung und einer Marke. Letztere kann mit der Zeit immer unabhängiger werden, sich von ihrem ursprünglichen Sinnzusammenhang lösen und Eigenständigkeit gewinnen, z.B. durch die Verwendung in Alltagszusammenhängen (vgl. Kapferer 1992: 17ff., 85ff.). Dies korrespondiert auch mit einem spezifischen Gesellschaftstypus – einer Gesellschaft, deren Mitglieder auf Distinktionsgewinne abzielen und die entsprechend ein System aus Zeichen und Codes ausdifferenziert, die diese Distinktionsgewinne ermöglicht.

Zur Bestimmung der Funktionen bzw. Aufgaben von Marken kann einerseits auf die klassischen betriebswirtschaftlichen Analysen zurückgegriffen werden, die Funktionen für Hersteller, für Händler und für KonsumentInnen differenzieren (vgl. Meffert/Bruhn 1984: 15). Dazu gehören z.B. die Planungsfunktion, die Absatzstabilisierungs- und -förderungsfunktion und die Profilierungsfunktion für die Hersteller sowie die Orientierungs- und Ordnungsfunktion für die KonsumentInnen. Andererseits lassen sich Funktionen in unterschiedlichen gesellschaftlichen Teilbereichen (z.B. wirtschaftliche und rechtliche, originäre und derivative sowie einzel- und gesamtwirtschaftliche Funktionen) unterscheiden.[3] Die betriebswirtschaftliche Perspektive der KonsumentInnen muß dann aber ergänzt werden durch soziologisch und sozialpsychologisch orientierte Untersuchungen zur Marke. Buß (1998), Sommer (1998), Bismarck/Baumann (1996) oder Karmasin (1998) beschreiben die Funktionen und Eigenschaften von Marken weitgehend losgelöst vom ökonomischen Verwendungszusammenhang und rekurrieren auf die Verwendung in der alltäglichen Lebenswelt, womit u.a. die biografische Funktion, die Identifikationsfunktion, die Integrationsfunktion und die Statusfunktion von Marken eingeführt werden.

1.2 Medium: Begriffsbestimmung und Funktionen

Der Begriff „Medium“ kann zu Recht als sinnüberschüssig bezeichnet werden (vgl. Rühl 1999: 69).

---

[3] Vgl. Irmscher 1997: 28ff.; Bugdahl 1998: 6; Murphy 1990: 21f.

> „Dabei drängt sich die Konzeptualisierung von Medien als Institutionen geradezu auf, also als relativ dauernde gesellschaftliche Regelungsmuster, die auf Sinndeutungen basierend und vielfach mit materiellem Substrat ausgestattet, durch Begründung korrespondierender Erwartungen und Verhaltensweisen die Befriedigung menschlicher Bedürfnisse sicherstellen." (Saxer 1980: 532)

Die vier Aspekte dieser Definition lassen sich folgendermaßen erläutern: Das institutionalisierte System bezeichnet eine ausdifferenzierte, auf verschiedenen Ebenen wirkende Vermittlungseinrichtung; der organisierte Kommunikationskanal verweist auf die Regulierung und Funktionalisierung der Kommunikation; das spezifische Leistungsvermögen berücksichtigt die Spezifika der einzelnen Medien und ihre daraus resultierende Unterschiedlichkeit; und die gesellschaftliche Dominanz meint schließlich die Geschichtlichkeit und den sozialen Wandel, dem Medien unterliegen (vgl. Faulstich 1998: 27). Auch die Medienentwicklung kann mit spezifischen Gesellschaftsbeschreibungen verknüpft werden. Obwohl die aktuelle Bezeichnung gegenwärtiger Gesellschaften als Medien- und Informationsgesellschaften am augenfälligsten ist, beziehen sich auch Beschreibungen wie Erlebnis- oder Inszenierungsgesellschaft genuin auf die Medien.

Zur Bestimmung der Funktionen bzw. Aufgaben von Medien kann einerseits auf die klassische kommunikationswissenschaftliche Einführungsliteratur zurückgegriffen werden, die Funktionen in unterschiedlichen gesellschaftlichen Teilbereichen (z.B. politische, wirtschaftliche und soziale Funktionen) differenziert (vgl. Burkart 1998: 368; Bonfadelli 2001: 39). Damit werden Medien u.a. eine Monitoringfunktion, eine Artikulationsfunktion, eine Kontroll-/Kritikfunktion, aber auch eine Kapitalverwertungsfunktion und soziale Funktionen wie Orientierung, Lebenshilfe und Sozialisation zugewiesen. Etwas abstrakter, aber auch weniger normativ formuliert, ermöglichen die Medien die Selbstbeobachtung und Selbstbeschreibung der Gesellschaft. Die gesellschaftlichen Leistungen der Medien können dabei – folgt man McQuail (1994: 70) – sowohl integrierend als auch differenzierend wirken. Ergänzt werden müssen diese klassischen Funktionen bzw. Aufgaben um die individuellen Wirkungen bzw. Motive der Mediennutzung. Medien werden dann u.a. zur Unterhaltung und Information, zur Bildung, aber auch zur Anschlußkommunikation genutzt.

1.3 Gemeinsamkeiten in Funktionen bzw. Aufgaben

Werden die Funktionen bzw. Aufgaben von Marken und Medien verglichen, ergeben sich erstaunliche Übereinstimmungen, vor allem bei den Funktionen für KonsumentInnen und RezipientInnen. Grundlegend für Medien und Marken ist, daß sie je eine Informations- und Kommunikationsfunktion haben: Es ist

> „von der ‚*Kommunikationsfunktion'* der Marke auszugehen. Im Anschluß an kommunikationstheoretisch fundierte, informationsökonomische Erwägungen ist damit die Fähigkeit der Marke gemeint, einen Kommunikationskanal vom Anbieter zum Abnehmer zu eröffnen" (Henning-Bodewig/Kur 1988: 7).

Diese Kommunikationsfunktion ist Basis für weitere übereinstimmende Funktionen bzw. Eigenschaften, die im Folgenden in Anlehnung an Buß (1998) aufgelistet werden:

- *Orientierungs- und Ordnungsfunktion*: Medien und Marken helfen, Entscheidungsprozesse zu beschleunigen und zu vereinfachen, Ordnung in die Komplexität der Welt zu bringen sowie Sinn zu erzeugen.
- *Vertrauens- und Garantiefunktion*: Durch Medien und Marken werden die Risiken der Information bzw. der Kaufentscheidung gemindert. Beide reduzieren Komplexität und entlasten.
- *Biografische Funktion*: Persönliche Erfahrungen lassen sich mit der Symbolik einer Marke ebenso verknüpfen wie mit spezifischen Medienerfahrungen.
- *Identifikationsfunktion*: Während Marken die (tatsächliche oder gewünschte) Anschauung und den Lebensstil sichtbar machen (und deshalb auch Statusfunktion haben), sind Medien zwar integraler, aber selten nach außen sichtbarer Bestandteil der Identitätsfindung. In Zeiten mobiler Kommunikation verändert sich dies jedoch, und mobile Endgeräte wie Handys werden Teil des Selbstinszenierungsrituals.
- *Integrationsfunktion*: Medien integrieren über gemeinsame Themen, die medial vermittelten Informationen sind wichtig für die Anschlußkommunikation. Marken fungieren als soziales Erkennungszeichen und als Chiffre der Zugehörigkeit.
- *Interkulturelle Verständigungsfunktion*: Internationale, durch Medien vermittelte Ereignisse wie z.B. Fußballweltmeisterschaften oder internationale Medienereignisse wie z.B. Fernsehfilmpremieren können ebenso wie globale Marken einen Beitrag zur interkulturellen Verständigung leisten.
- *Relevanz der Öffentlichkeit*: Sowohl Medien als auch Marken sind untrennbar mit der Öffentlichkeit verbunden. Während Medien Öffentlichkeit herstellen und sich ihrer bedienen, bedienen sich Marken in erster Linie der Öffentlichkeit.
- *Relevanz von Personen und Prominenz*: Beide, Medien wie Marken, bedienen sich geeigneter Personen, um sich zu profilieren. Prominenz ist dabei ein Nachrichtenfaktor, der dafür sorgt, daß Medien und Marken Aufmerksamkeit geschenkt wird.
- *Relevanz der Nachfrager*: Medien wie Marken sind grundlegend auf die „Mitarbeit" der RezipientInnen und KonsumentInnen angewiesen. Erst der

wechselseitige Verständigungsprozeß verhilft Medieninhalten dazu, Unterhaltung oder Information zu sein und entschlüsselt die kontextabhängigen Bedeutungen von Symbolen.

Dieser Vergleich belegt, daß Medien auf eine Tradition der Markenbildung durch die RezipientInnen zurückblicken können. Auf Grund ihrer Strukturierungs-, Orientierungs- und Identifikationsfunktion wurden viele Medieninhalte aus den alltagskulturellen Nutzungszusammenhängen heraus als Marke institutionalisiert, ohne daß dies seinen Niederschlag im Medienmanagement gefunden hätte. Beispiele wie die „Tagesschau", „GEO", „Die Zeit", „Der Spiegel" oder „Wetten, daß..." untermauern diese Einschätzung zusätzlich. Gerade die „Tagesschau" ist dafür ein gutes Beispiel: Sie hat sich als maßgebliche Zeit-Marke zu einer Richtlinie im Alltag entwickelt, was u.a. dazu geführt hat, daß sich alltägliche Verhaltensregeln an sie angepaßt haben. Lange Zeit wurde es als ungehörig empfunden, die Zwanzig-Uhr-Nachrichten durch Telefonanrufe zu unterbrechen (vgl. Hömberg 1990: 13). Aber auch GEO ist nach eigenen Aussagen nicht als Ergebnis eines Marketing-Konzeptes zu sehen, sondern kann zurückführt werden auf „die Königsidee eines einzelnen Herrn namens Rolf Gillhausen, der, als er diese Idee hatte, das sogenannte ‚Oberauge' des *Stern* war." (Schreiber 1994: 34) Die Persönlichkeit z.B. des Chefredakteurs und die journalistisch geprägte Unternehmensphilosophie mutierten bei Medien sehr häufig zu Marken (vgl. Stemples 2004: 113ff.).

2 Marken im klassischen Medienmanagement

Erst als ein wachsendes Überangebot von Titeln, Sendungen und Programmen den intra- und intermedialen Wettbewerb massiv verschärft hat, wurden Medienmarken auch für das Management und besonders für das Marketing interessant, denn sie stellten eine Möglichkeit in Aussicht, sich gegenüber der Konkurrenz profilieren und differenzieren zu können. Aktiv gemanagte Medienmarken sind dann entsprechend auch spezifische Meta-Medien, weil sie den vorhandenen Funktionen und Eigenschaften der Medien gleichgerichtete Funktionen und Eigenschaften der Marke hinzufügen. Damit handelt es sich um einen hochgradig selbstreferentiellen Prozeß, was besonders bei der Werbung von Medienmarken deutlich wird (vgl. Siegert 2001a: 178ff.).

2.1 Ziele und Aufgaben von Medienmarken

Baut das klassische Medienmanagement auf einer Markenkonzeption auf bzw. greift es einen vorhandenen Markenstatus bei den RezipientInnen aktiv auf, steht es vor dem Problem jeder Medienmarketingaktivität:

> „Das operative Marketing ist ungewöhnlich komplex, weil Rundfunk [und dies gilt in abgeschwächter Form auch für die Printmedien, Anm. GS] in der Regel auf zwei Märkten angeboten wird, weil sich asymmetrische Wettbewerbsbeziehungen zwischen dem historisch gewachsenen und regulierten öffentlich-rechtlichen Rundfunk und dem wenig regulierten jungen privaten Rundfunk entwickeln und weil auch die Finanzierungssysteme im Wettbewerb stehen. Kurz: Komplexität und Unsicherheit ist auch für das Marketing die zentrale Herausforderung im Rundfunksystem." (Heinrich 1999: 325)

Im Fall von Medienmarken müssen alle Elemente insofern „zweigleisig" angelegt sein, als sie sowohl den Publikumsmarkt als auch den Werbemarkt zu berücksichtigen haben und zugleich die beiden Teile im Sinne einer einheitlichen Markenidentität bzw. -integrität kombinieren müssen. Dabei werden prinzipiell dieselben Ziele verfolgt wie für die Produkte und Leistungen anderer Branchen: Marktpsychologische und -ökonomische Ziele sollen in ihrem Zusammenspiel eine möglichst definitive Alleinstellung der Medienorganisation und ihres Angebots bewirken. Durch Medienmarken-Differenzierung und -wirkung sollen beide Absatzmärkte positiv beeinflußt werden.

Medienmarken stützen zudem durch ihre Signaling-Competence das mediale Angebot als Erfahrungs- und Vertrauensgut ab. Das heißt: Sie bieten sowohl den RezipientInnen bezüglich des Kaufs und der Nutzung als auch den Zulieferern und der Werbewirtschaft bezüglich der Verläßlichkeit und Position der Medienorganisation Orientierung. Sie sind also Marktbearbeitungssysteme, die RezipientInnen und Werbewirtschaft an die Medienorganisation binden und deren Nachfrage langfristig stabilisieren und steigern sollen. Dabei spielt die Identifizierungs- bzw. Herkunftsfunktion von Marken eine wichtige Rolle. Um die Wirksamkeit als Werbeträger nachweisen zu können, muß die Wirkung der Werbebotschaft auf die Nutzung des Werbeträgers zurückgeführt werden können, und dies kann eine eingängige Medienmarke ideal unterstützen.

Medienmarken haben jedoch auch eine wichtige Funktion für die internen Prozesse der Medienproduktion, für die sie als grundlegende Orientierung und als zentrales Strukturierungsprinzip dienen. Damit bieten sie eine gewisse Sicherheit für Produktionsprozesse und Planungen. Zudem gelingt es mit Medienmarken, die immaterielle, eigentlich unsichtbare Medienleistung wahrnehmbar zu machen. Sie sind darüber hinaus einige der wenigen Möglichkeiten, mit denen

Medienorganisationen das geistige Eigentum an ihren Angeboten wenigstens minimal schützen können (vgl. Siegert 2001a: 121ff.).

2.2 *Grundlagen von Medienmarken*

Ausgangspunkt jeder Medienmarken-Strategie ist die Identität bzw. Persönlichkeit der Medienmarke. Unabhängig davon, ob sich die Markenstrategie auf die Medienorganisation, auf einzelne Titel oder Programmteile bezieht, muß zu Beginn das zentrale Kompetenzgebiet festgelegt werden, das mit der Unternehmens-, Programm- oder Titelphilosophie übereinstimmen sollte, im Sinne der Aussage: „a brand is who you are and what you stand for." (Schrage, zit. n. Mei-Pochtler 1998: 667) Wird die Markenidentität als Markenpersönlichkeit verstanden, hilft eine einfache Frage, das Kompetenzgebiet um personalisierte Attribute zu erweitern: Welche Eigenschaften hätte die Marke, wenn sie ein Mensch wäre? Beispielhaft erläutert dies Upshaw (1995: 223), auch wenn 10 Jahre nach dieser Aussage die Marke *Disney* nicht mehr so deutlich identifiziert werden kann:

> „The Disney brand is clearly positioned as the symbol of happiness and well-being in whatever venue it appears. The brand's personality is most often revealed in the eclectic group of characters that inhabit the Disney landscape: (...) The brand specializes in likable, lovable, everbody-has-a-good-time characters".

Um eine klare Medienmarken-Identität zu bilden, müssen die Elemente einer Marke, der funktionale Nutzen, der Zusatznutzen, die Eigenschaften und die Audiovisualisierung entsprechend verknüpft werden (vgl. Siegert 2001a: 122ff.). Lobe (2004: 107ff.) gibt für die Marke BILD Erfolgs-Bausteine an (z.B. „Bild vertritt deutliche Positionen").

Aus der Basis einer klaren Identität kann mit Blick auf Nischen oder Zusatznutzen die Medienmarke positioniert werden. Die Positionierung ist ein aktiver Vorgang, bei dem unter Berücksichtigung des Wettbewerbs und der Zielgruppe der zu kommunizierende Teil der Markenidentität bestimmt wird. Die Formatierung von TV-Sendungen ist ein gutes Beispiel für den Positionierungsvorgang. Während Markenidentität ein Aussagekonzept ist, das die Perspektive der Medienorganisation betont, stellt das Markenimage ein Akzeptanzkonzept dar, das die Perspektive der RezipientInnen und der Werbewirtschaft fokussiert. Das Markenimage ist in den wenigsten Fällen eine Spiegelung der Markenidentität, meist weicht es davon ab, weil RezipientInnen wie Werbewirtschaft kommunizierte Bedeutungen durchaus eigenwillig interpretieren und auch auf Widersprüche der Marke reagieren. Die Identität einer Medienmarke darf also nicht mit ihrem Image gleichgesetzt, sie muß aber mit diesem rückgekoppelt werden (vgl. Abb. 1).

Abbildung 1: Brand image, brand identity, brand position (Quelle: Aaker 1996: 71, 176)

Brand Image	Brand Identity	Brand Position
How the brand is now perceived	How strategists want the brand to be perceived	The part of the brand identity and value proposition to be actively communicated to the target audience and the one, that demonstrates an advantage over competing brands

2.3 Besonderheiten von Medienmarken-Strategien und -management

Auch für Medienmarken-Management und -Strategien gilt die bereits erwähnte Zweigleisigkeit und Koordination zwischen Publikums- und Werbemarkt. Dabei kann eine Medienmarken-Strategie, ausgehend von der Präferenzstrategie, die ihr inhärent ist, unterschiedliche Strategiealternativen in bestimmter Art und Weise kombinieren. Insgesamt bieten sich folgende Optionen an: Dachmarken-, Einzelmarken- und Markenfamilienstrategien sowie die Internationalisierung und die Erlebnisorientierung (vgl. Siegert 2001a: 132ff.; Baumgarth 2004). Während Dachmarkenstrategien vor allem von Rundfunksendern verfolgt werden,[4] finden sich im Printbereich überwiegend Markenfamilien wie z.B. die GEO-Markenfamilie mit „GEO“, „GEO Special“, „GEO Wissen“, „GEO Saison“, „GEO Epoche“ und „Geolino“.[5] Ein Vergleich der größten Boulevardzeitungen in den drei deutschsprachigen Ländern Österreich, der Schweiz und Deutschland, nämlich KRONE, BLICK und BILD, ergibt nicht nur einen höchst unterschiedlichen Grad an aktivem Markenmanagement, sondern auch deutlich unterschiedliche Strategien, obwohl alle drei Boulevardzeitungen nationale Institutionen sind und entsprechenden Rückhalt bei den LeserInnen genießen (vgl. Oppenheim 2003). In der Internationalisierung zeigt sich, daß mit Lizenzierungen und Joint Ventures vor allem auf bekannte Medienmarken zurückgegriffen wird, um am Werbemarkt mit vertrautem Image werben zu können (vgl. Amstutz 2003).

Das Management bei Medienmarken kombiniert zum einen in klassischer Weise Produkt-, Distributions-, Preis- und Kommunikationspolitik, zum anderen

[4] Zum Beispiel das ZDF als Dachmarke, vgl. Hefter 2004: 260.

[5] Der Verlag spricht selbst von der GEO-Familie und bietet Anzeigenkunden entsprechenden „Familienrabatt“ für Kombi-Schaltungen an, vgl. GEO 2000.

ergeben sich aufgrund der medialen Besonderheiten spezifische Risiken, aber auch spezifische Chancen (vgl. Siegert 2001a: 155ff.). Die Immaterialität des Medienangebotes macht die Markierung zu einer Herausforderung. Sie muß z.B. auch die auditive Ebene berücksichtigen, denkt man an die Kommunikation der Radio-Stationen, deren „Logo" der Jingle ist. Das klassische Markenlogo muß den Anforderungen medialer Umsetzung genügen, muß also z.B. bei TV-Sendern auch als Fliege am Bildschirmrand erkennbar und im Idealfall jahreszeitlich oder zu Sonderanlässen adaptierbar sein. Zeitungslayout darf nicht nur lesefreundlich, sondern muß auch differenzierend sein. So ist z.B. das lachsfarbene Papier der Financial Times Deutschland ein unverwechselbares Produktmerkmal (vgl. Madsen 2004: 141). Die Markierung rekurriert auch häufig auf Medienfiguren, seien sie reale oder virtuelle Figuren.

Der Markentransfer erhält eine immense Bedeutung, weil er ideal mit der den Medienangeboten zugrunde liegenden Mehrfachverwertung korrespondiert (vgl. Siegert 2001a: 171ff.; Hörning 2004). Die Kommunikationsaktivitäten haben im Medienmarken-Management eine herausragende Bedeutung:

> „Die Produktpolitik der Fernsehveranstalter, die im wesentlichen Markenpolitik ist, muß stets durch die Mittel der Kommunikationspolitik gestützt werden; im Falle der Positionierung von Fernsehprogrammen als Marken gilt dies ganz besonders, weil die Fernsehprogramme recht homogen sind, weil die Produkteigenschaften/die Qualität von Fernsehprogrammen nicht leicht erkannt werden, und weil die Kommunikationspolitik, sofern sie wirkt, besonders rentabel ist" (Heinrich 1999: 515).

Die Medienorganisationen nutzen nämlich im Rahmen ihrer Kommunikationspolitik ihre ureigene mediale Kompetenz, also die Herstellung von Kontakten zu Aufmerksamkeitsgemeinschaften, für ihr eigenes Angebot und für eigene Belange. Mithin ist die mediale Kommunikationspolitik nicht nur hochgradig selbstreferentiell, sondern meist auch kostengünstiger zu realisieren als in anderen Branchen

3 Gesellschaftliche und publizistische Relevanz von Medienmarken

Warum sollte aber nach den Ausführungen in Kapitel 2 die Markenführung im Medienbereich eine andere als eine ökonomische Relevanz haben? Um diese Frage zu beantworten, muß auf die Besonderheiten der Medien als ökonomische Güter und auf ihre gesellschaftlichen Funktionen rekurriert werden. Auf dieser Basis ergeben sich drei Aspekte, die jenseits ihrer ökonomischen auch gesellschaftliche und publizistische Relevanz haben, wie dies in Abb. 2 zusammengefaßt ist. Der gemeinsame Kern dieser Relevanzen ist die Einordnung von Medienmarken als Qualitätsversprechen (vgl. Siegert 2001a: 198ff.; 2001b). Sie entsprechen dann der Forderung verschiedener Autoren[6] nach einer Verknüpfung ökonomischer und publizistischer Dimensionen der Medienproduktion und sagen Rager (1994: 206) folgend mehr über das Medienangebot aus als der bloße Markterfolg.

Abbildung 2: Relevanz von Medienmarken für Produktion, Inhalte und Rezeption (Quelle: Siegert 2001a: 198)

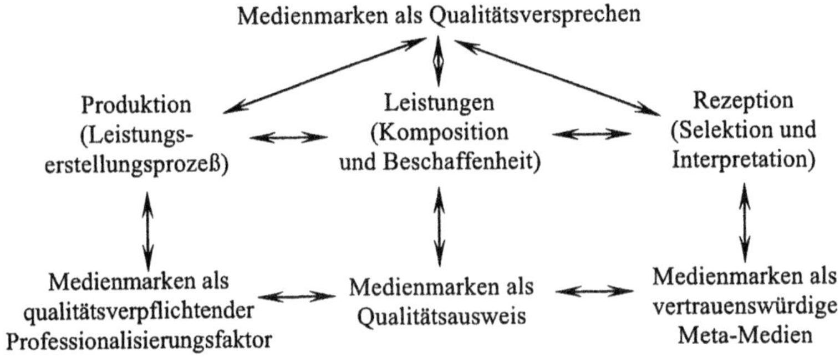

3.1 Medienmarken als qualitätsverpflichtender Professionalisierungsfaktor in der Medienproduktion

Auch wenn die Diskussion um journalistische Qualität bislang kein eindeutiges Ergebnis hervorgebracht hat, zeigen die vielfältigen Vorschläge dazu,[7] daß es Überschneidungen und Ergänzungen zwischen Qualität im Journalismus und Medienmarken gibt. Zwar unterscheiden sich die verwendeten Qualitätsbegriffe etwas, sie stimmen aber darin überein, daß technisch-formale Aspekte des Leistungserstellungsprozesses und die handwerklichen Fähigkeiten der beteiligten Akteure sowie inhaltlich-normative Aspekte im Sinne einer Leitidee zu berücksichtigen sind. Medienmarken müssen darüber hinaus die Qualität ihrer Werbeträgerleistung symbolisieren und belegen. Und auch wenn je unterschiedlich begründet wird, warum ein gesellschaftlicher Wertekanon nicht dauerhaft verletzt werden darf, so stimmen doch beide Ansinnen darin grundsätzlich überein. Medienmarken sehen hier das Gemeinwohl als relevante Anspruchsgruppe, und die Überschreitung gewisser ethisch-moralischer Grenzen muß entsprechende

---

[6] Vgl. Willis/Willis 1993: 15ff.; Fabris 1999: 13.
[7] Vgl. ausführlich Wyss 2002.

Sanktionen befürchten, wie z.B. den Boykott von RezipientInnen oder durch die Werbewirtschaft. Ähnlich wie dies der Markt von den Medienmarken fordert, müssen auch Programmmacher geradezu dem Druck ausgesetzt werden, die Eignungswerte ihrer Angebote beweisen und rechtfertigen zu müssen, will man der Qualität praktisch Geltung verschaffen (vgl. Weiß 1997: 198).

Die Diskussion der Qualitätssicherung im Journalismus stimmt u.a. darin mit dem Medienmarken-Management überein, daß sie die Qualitätssicherung im Leistungserstellungsprozeß problematisiert:

> „Die Voraussetzung für journalistische Qualität ist wiederum professionelle journalistische Produktion: Nur durch Orientierung an professionell entwickelten und konsentierten Standards läßt sich die Qualität des Produkts erreichen." (Rager 1994: 192)

Standards sind entsprechend auch die Vorgaben der Medienmarken-Identität und -Positionierung. Diese Prozesse beziehen die Medienakteure, Medienunternehmen, Mediensystem und die gesellschaftliche Ebene ein. In diesem Zusammenhang konstatiert Fabris (1997: 78), daß nur wenige Medienunternehmen journalistische Qualität als Unternehmensziel deklariert und in Unternehmensleitbildern integriert haben.

Medienmarken setzen hier an, denn eine Medienmarke symbolisiert und vermittelt organisationsintern die „gültige" Werteordnung und fungiert insofern als kollektive Repräsentation von Werten (vgl. Buß 1998: 97). Sie ist eine sinn- und identitätsstiftende Integrationsautorität für individuelle Akteure und den medialen Produktionsprozeß und liefert mit der Medienmarken-Identität Bearbeitungs- und Lösungsvorgaben für dort anstehende Probleme, reduziert damit Unsicherheit in internen Entscheidungssituationen und ist das konstante Element bei Veränderungen. Zugleich sichert sie die Transparenz dieser Bearbeitungs- und Lösungsvorgaben, da die Medienmarken-Identität ja bekannt ist im Sinne von veröffentlicht. Sie ist mithin Grundlage von Entscheidungsprogrammen, die den ökonomischen und den journalistischen Alltag „kleinarbeiten" helfen. In Anlehnung an Ruß-Mohl (1992: 92) sind Medienmarken als vom Markt induzierte Strategien und Führungstechniken ein Schritt zur Qualitätsverbesserung und in dieser Hinsicht eine gesellschaftlich erwünschte Professionalisierung des Medienmanagements. Aber auch für Medienunternehmen kann es durchaus rational sein, mit einer Markenstrategie als Professionalisierungsfaktor nicht nur ein Vertrauenskapital beim Publikum aufzubauen, sondern eine dauerhaft angelegte Qualitätsorientierung und ein internes Integrationspotenzial zu schaffen,[8] obwohl eine solche Strategie Kosten verursacht.

---

[8] Vgl. Heinrich 1994: 103.

3.2 *Medienmarken als vertrauenswürdige Meta-Medien*

Medieninhalte und -leistungen, vor allem Informationsinhalte sind – darauf wurde oben bereits hingewiesen – Erfahrungs- und Vertrauensgüter. Das heißt: Sie können hinsichtlich Qualität, persönlichem Nutzen und Preis von RezipientInnen erst nach der Nutzung oder überhaupt nicht adäquat beurteilt werden, denn eine ex-ante Beurteilung wäre erst dann möglich, wenn der Inhalt bekannt wäre, was aber dessen Rezeption voraussetzt. Es besteht folglich eine Informationsasymmetrie zwischen Medienorganisationen und RezipientInnen, während das idealtypische Marktmodell von einer Informationssymmetrie der beteiligten Marktpartner ausgeht. Diesem Informationsmangel kann dadurch begegnet werden, daß die schlecht informierte Marktseite, also die RezipientInnen, u.a. durch Screening versucht, zusätzliche Informationen zu gewinnen. Hier kommen u.a. klassische Meta-Medien wie Suchmaschinen oder Programmzeitschriften zum Tragen. Gleichwohl kann sich die gut informierte Marktseite, die Medienorganisationen, u.a. über Signaling bemühen, die Qualität des Angebots glaubhaft zu kommunizieren.[9]

Medienmarken haben eine solche Signaling-Kompetenz. Sie können als Qualitätsversprechen aufgefaßt werden, das den RezipientInnen Orientierung bietet. Sie sind insofern spezifische Meta-Medien, als sie eine kommunikative Vermittlungsinstanz für berechtigte Erwartungen an mediale Angebote sind. Spezifisch deshalb, weil eine Marke zwar (wie in Kap. 1.3 erläutert) ähnliche Aufgaben und Funktionen wie ein klassisches Medium hat, aber eben kein solches ist.[10] Und es fehlt ihr die potenzielle Neutralität anderer Meta-Medien, sie ist also die kommerzialisierte Form eines Meta-Mediums. Dennoch stellt sie als Sender-, Zeitungs- oder Zeitschriftenmarke – ähnlich der Marke eines Handelsunternehmens – einen Qualitätsausweis für ein ganzes Sortiment bereit und spart den RezipientInnen damit Such- und Informationskosten – und zwar deshalb, weil die medialen Inhalte nicht mehr auf ihre Rezeptionsrelevanz hin überprüft werden müssen (vgl. Heinrich 1994: 143f.).

Und dies wird angesichts der Vermehrung von Medienangeboten und der damit verbundenen komplexen Auswahlsituation zunehmend wichtiger, denn dann weichen RezipientInnen auf einfache Selektionsheuristiken aus:

---

[9] Der Screening-Möglichkeit, Orientierung durch externe und unabhängige Instanzen zu sichern, kommt eine besondere Bedeutung zu, weil dem Signaling über Medienmarken trotz aller Selbstverpflichtung unternehmensegoistische Beurteilungshorizonte unterstellt werden müssen.

[10] Im Sinne der Definition in Kap. 1.2.

> „Die Vielfalt der Handlungsoptionen, die den Rezipienten offensteht, stößt nämlich dort an ihre Grenzen, wo Selektion in Arbeit ausartet. Korporative Akteure helfen hier in Form von meta-kommunikativen Selektionshilfen aus." (Theis-Berglmair 1997: 31)

Aus Untersuchungen zur Online-Nutzung gehen entsprechende Hinweise hervor.[11] Eine Orientierung an Medienmarken führt auch zur Nutzung ihrer Online-Versionen, weshalb klassische Medien mit ihren Online-Versionen ganz im Sinne eines Markentransfers einen Startvorteil haben, weil bereits eine Vertrauensbasis und ein Kompetenzvorsprung bestehen.

Es ist darüber hinaus zu vermuten, daß Medienmarken als vertrauenswürdige Meta-Medien nicht nur die Selektion beeinflussen, sondern auch die Wahrnehmung und Interpretation medialer Inhalte. Am ehesten lassen sich dazu Ergebnisse bisheriger Studien zur Attribution von Glaubwürdigkeit in Abhängigkeit vom Medium und von dem/der KommunikatorIn heranziehen. Bisherige Untersuchungen zur Rolle der Glaubwürdigkeit in der Internetnutzung diskutieren u.a. das auf Werbung und Berichterstattung basierende Image von Online-Quellen und konnten Transfereffekte für die Zuschreibung von Glaubwürdigkeit nachweisen:

> „Wenn RezipientInnen eine ihnen bekannte Tageszeitung für seriös, gründlich recherchiert und glaubwürdig halten, dann gehen sie ebenfalls davon aus, daß die Beiträge in einem Webangebot eben dieser Zeitung glaubwürdig sind." (Schweiger 1998: 139)

3.3 Medienmarken als Qualitätsausweis für Medienleistungen

Medienmarken gewinnen in diesem Zusammenhang ihre Bedeutung, weil sie zwar auch als eigenständiges Wahrnehmungs- und Beurteilungsobjekt betrachtet werden können, vornehmlich aber als Schlüsselinformation für die ihr zu Grunde liegenden medialen Inhalte und Leistungen dienen. Medien sind Erfahrungs- und Vertrauensgüter, weshalb die Qualität der Leistung nur bedingt beurteilt werden kann. Während die Werbewirtschaft diesem Dilemma durch die Institutionalisierung einer Media- und Publikumsforschung begegnet ist, müssen die RezipientInnen ohne eine solche Hilfestellung auskommen. Bei solcher Qualitätsunsicherheit wird besonders gern auf externe Schlüsselinformationen und Bewertungsmaßstäbe als Qualitätssignale zurückgegriffen. Allerdings besteht bei Medienmarken auch die spezielle Gefahr, daß Qualität von Medienmarken nur kommuniziert und inszeniert, aber nicht produziert wird (vgl. Heinrich 1999: 606ff.). Der einmal erarbeitete gute Ruf würde dann einfach ausgenutzt, ohne eine materielle Basis dafür zu

[11] Vgl. Neuberger et al. 1997: 659f.; Rössler/Ognianova 1999: 113; Wirth 2000.

haben. Zwar müssen Medienmarken und Professionalität kommuniziert werden, denn eine Marke lebt ja auch und vor allem von der Kommunikation. Nichtsdestotrotz müssen Medienmarken sowohl als substanzielle als auch als Inszenierungsleistung begriffen werden. Die beiden Bereiche Produktion und Kommunikation sind notwendig aufeinander bezogen und können sich nicht gegenseitig substituieren. Dennoch bleibt die Qualitätsbewertung ein schwieriges und aufwendiges Unterfangen, das immense Interpretationsspielräume beinhaltet und in dem immer noch ungeklärt ist, welche Akteure (JournalistInnen und RedakteurInnen, RezipientInnen, externe ExpertInnen etc.) nach welchen Kriterien beurteilen können und dürfen und wie stark diese Urteile in eine Gesamtbewertung einfließen sollen. Zugleich dürfen Medienleistungen eigentlich nur dann miteinander verglichen werden, wenn sie wirklich Vergleichbares bieten.

Deutlich zeigt sich jedoch, daß Medienmarken nur bedingt zum Ziel der publizistischen Vielfalt beitragen. Zum einen läßt sich Vielfalt als Qualitätskriterium auf mehrere Ebenen beziehen, als strukturelle Vielfalt, bestehend aus Programmsparten und -formen, sowie als inhaltliche Vielfalt, die sich in Informations- (Akteure und Themen) und Meinungsvielfalt aufteilt, die sich wiederum unterteilen lassen (vgl. Schatz/Schulz 1992: 693ff.). Zum anderen widerspricht interne Vielfalt der Medienmarken-Positionierung, die ja gerade differenzierend und klar profilierend sein soll, womit sie sich meist thematisch zentriert. Dem Konzept der externen Vielfalt können Medienmarken dagegen entsprechen, weil sie in Kombination eine große Variationsbreite ergeben. Dagegen widerspricht der Trend, die Werbeträgerleistung von Medienmarken mittels programmintegrierter Werbung und Werbesonderformen zu optimieren, der Qualitätsorientierung im publizistischen Sinn (vgl. Siegert 2001a: 217ff.). Die Qualität von Medienmarken kann also am ehesten anhand der versprochenen Merkmale (z.B. „We love to entertain you" von Pro7) überprüft werden und stimmt insofern nur bedingt mit dem überein, was gesellschaftspolitisch von den Medien erwartet wird.

4 Fazit

Medienmarken sind in gewisser Weise Meta-Medien, die oft durch die Institutionalisierung in lebensweltlichen Kontexten entstanden sind und erst später durch das Medienmanagement aufgegriffen wurden. Sie sind jedoch insofern besondere Managementstrategien, als ihre Grundlagen neben vielfältigen unternehmerischen Vorteilen auch positive Effekte auf gesellschaftspolitischer Ebene haben. Als eine der wenigen Strategien, die explizit der Qualität verpflichtet sind, können sie eine Antwort auf die Frage geben, ob publizistische Qualität und ökonomischer Profit überhaupt miteinander vereinbar sind. Denn diesbezüglich herrscht in der medienökonomischen Literatur berechtigterweise Skepsis vor, auch weil der eindeutige Nachweis dafür fehlt (vgl. Picard 2004: 63). Allerdings gibt es auch spezifische Bedingungen, damit der Markenmechanismus im Medienmarkt funktionieren kann (vgl. Lobigs 2004). Und diese Bedingungen sind nicht überall anzutreffen. Medienmarken sind also ein wichtiger Schritt in die richtige Richtung, aber sie können nicht garantieren, daß die unternehmerischen und die gesellschaftspolitischen Ziele der Medien gleichermaßen erreicht werden können.

Literatur

Aaker, David A. (1996), Building Strong Brands, New York.

Amstutz, P. (2003), Lizenz- und Joint Venture-Publikumszeitschriften. Begründung und Ausgestaltung von Lizenzen und Joint Ventures zwischen deutschen und ausländischen Verlagen. Unveröffentlichte Lizentiatsarbeit. Institut für Publizistikwissenschaft und Medienforschung der Universität Zürich, Zürich.

Baumgarth, Carsten (Hg.) (2004), Erfolgreiche Führung von Medienmarken. Strategien für Positionierung, Markentransfers und Branding, Wiesbaden.

Berekoven, Ludwig (1992), Von der Markierung zur Marke, in: Erwin Dichtl/Walter Eggers (Hg.), Marke und Markenartikel als Instrumente des Wettbewerbs, München, S. 25-46.

Bismarck, Wolf-Bertram von/Stefan Baumann (1995), Markenmythos. Verkörperung eines attraktiven Wertesystems, Frankfurt/M. et al.

Bonfadelli, Heinz (2001), Was ist (Massen-)Kommunikation? Grundbegriffe und Modelle, in: Otfried Jarren/Heinz Bonfadelli (Hg.), Einführung in die Publizistikwissenschaft, Bern et al., S. 17-45.

Bruhn, Manfred (1994), Begriffsabgrenzungen und Erscheinungsformen von Marken, in: Manfred Bruhn (Hg.), Handbuch Markenartikel. Anforderungen an die Markenpolitik aus Sicht von Wissenschaft und Praxis (3 Bände), Stuttgart, S. 3-41.

Bugdahl, Volker (1998), Marken machen Märkte. Eine Anleitung zur erfolgreichen Markenpraxis, München.

Burkart, Roland (1998), Kommunikationswissenschaft. Grundlagen und Problemfelder. Umrisse einer interdisziplinären Sozialwissenschaft, Wien/Köln/Weimar.

Buß, Eugen (1998), Die Marke als soziales Symbol. Überlegungen zu einem neuen Markenverständnis, in: Public Relations. Forum für Wissenschaft und Praxis, Heft 2, S. 96-100.

Fabris, Hans Heinz (1997), Hoher Standard. Qualität und Qualitätssicherung im Journalismus, in: Rudi Renger/Gabriele Siegert (Hg.), Kommunikationswelten. Wissenschaftliche Perspektiven zur Medien- und Informationsgesellschaft, Innsbruck et al., S. 69-92.

Fabris, Hans Heinz (1999), Qualitätssicherung in Medienunternehmen und im Mediensystem, in: Medien Journal 23, Heft 4, S. 3-15.

Faulstich, Werner (1998), Grundwissen Medien, München.

GEO (Hg.) (2000), Die GEO Familie, Hamburg.

Hefter, Alex (2004), Branding der Medienmarke ZDF, in: Carsten Baumgarth (Hg.), Erfolgreiche Führung von Medienmarken. Strategien für Positionierung, Markentransfers und Branding, Wiesbaden, S. 251-264.

Heinrich, Jürgen (1994), Medienökonomie. Band 1: Mediensystem, Zeitung, Zeitschrift, Anzeigenblatt, Opladen.

Heinrich, Jürgen (1999), Medienökonomie. Band 2: Hörfunk und Fernsehen, Opladen et al.

Henning-Bodewig, Frauke/Annette Kur (1988), Marke und Verbraucher. Funktionen der Marke in der Marktwirtschaft. Band 1: Grundlagen, Weinheim et al.

Hömberg, Walter (1990), Zeit, Zeitung, Zeitbewußtsein. Massenmedien und Temporalstrukturen, in: Publizistik 35, S. 5-18.

Hörning, Henrik (2004), Die Macht der Medienmarke. Erschließung von zusätzlichen Erlöspotentialen durch Markenexpansion, in: Carsten Baumgarth (Hg.), Erfolgreiche Führung von Medienmarken. Strategien für Positionierung, Markentransfers und Branding, Wiesbaden, S. 185-199.

Irmscher, Markus (1997), Markenwertmanagement. Aufbau und Erhalt von Markenwissen und -vertrauen im Wettbewerb. Eine informationsökonomische Analyse, Frankfurt/M. et al.

Kapferer, Jean-Noel (1992), Die Marke. Kapital des Unternehmens, Landsberg/Lech.

Karmasin, Helene (1998), Produkte als Botschaften. Individuelles Produktmarketing, konsumorientiertes Marketing, Bedürfnisdynamik, Produkt- und Werbekonzeptionen, Markenführung in veränderten Umwelten, Wien.

Kelz, Andreas (1989), Die Weltmarke, Idstein.

Latour, Susanne (1996), Namen machen Marken. Handbuch zur Entwicklung von Firmen- und Produktnamen, Frankfurt et al.

Lobe, Tobias (2004), BILD. Von der Vision eines Verlegers zur nationalen Institution, in: Carsten Baumgarth (Hg.), Erfolgreiche Führung von Medienmarken. Strategien für Positionierung, Markentransfers und Branding, Wiesbaden, S. 87-110.

Lobigs, Frank (2004), Funktionsfähiger journalistischer Wettbewerb. Institutionenökonomische Herleitung einer fundamentalen publizistischen Institution, in: Gabriele Siegert/Frank Lobigs (Hg.), Zwischen Marktversagen und Medienvielfalt. Medienmärkte im Fokus neuer medienökonomischer Anwendungen, Baden-Baden, S. 53-68.

Madsen, Tanja (2004), Die Medienmarke FTD, in: Carsten Baumgarth (Hg.), Erfolgreiche Führung von Medienmarken. Strategien für Positionierung, Markentransfers und Branding, Wiesbaden, S. 129-142.

McQuail, Denis (1994), Mass Communication Theory, London et al.

Meffert, Heribert/Manfred Bruhn (1984), Markenstrategien im Wettbewerb. Empirische Untersuchungen zu Akzeptanz von Hersteller-, Handels- und Gattungsmarken (No Names), Wiesbaden.

Mei-Pochtler, Antonella (1998), Markenmanagement für Dienstleistungs-Anbieter, in: Anton Meyer (Hg.), Handbuch Dienstleistungs-Marketing, 2 Bände, Stuttgart, S. 665-678.

Murphy, John M. (1990), Brand Strategy, Cambridge.

Neuberger, Christoph/Jan Tonnemacher/Matthias Biebl/André Duck (1997), Die deutschen Tageszeitungen im World Wide Web. Redaktionen, Nutzer, Angebote, in: Media Perspektiven, Heft 12, S. 652-662.

Oppenheim, David (2003), Markenstrategien in der Boulevardpresse. Fallbeispiele: BLICK, BILD und KRONE. Unveröffentlichte Lizentiatsarbeit. Institut für Publizistikwissenschaft und Medienforschung der Universität Zürich, Zürich.

Picard, Robert G. (2004), Commercialism and Newspaper Quality, in: Newspaper Research Journal 25, Heft 1, S. 54-65.

Rager, Günther (1994), Dimensionen von Qualität, in: Günter Bentele/Kurt Hesse (Hg.), Publizistik in der Gesellschaft, Konstanz, S. 189-209.

Rössler, Patrick/Ekaterina Ognianova (1999), Die journalistische Identität als Qualitätskriterium in World Wide Web. Ein Experiment zur Glaubwürdigkeit des Markenartikels Journalismus, in: Patrick Rössler/Werner Wirth (Hg.), Glaubwürdigkeit im Internet. Fragestellungen, Modelle, empirische Befunde, München, S. 111-122.

Rühl, Manfred (1999), Publizieren und Publizistik – kommunikationswissenschaftlich beobachtet, in: Publizistik 44, S. 58-74.

Ruß-Mohl, Stephan (1992), Am eigenen Schopfe. ... Qualitätssicherung im Journalismus – Grundfragen, Ansätze, Näherungsversuche, in: Publizistik 37, S. 83-96.

Saxer, Ulrich (1980), Grenzen der Publizistikwissenschaft. Wissenschaftliche Reflexionen zur Zeitungs-/Publizistik-/Kommunikationswissenschaft seit 1945, in: Publizistik 25, S. 525-543.

Schatz, Heribert/Winfried Schulz (1992), Qualität von Fernsehprogrammen. Kriterien und Methoden zur Beurteilung von Programmqualität im dualen Fernsehsystem, in: Media Perspektiven, Heft 11, S. 690-712.

Schreiber, Hermann (1994), „...der unermüdliche Versuch, sehr gut zu sein.“ Qualitätssicherung durch dialogische Führung, in: Sibylle Reiter/Stephan Ruß-Mohl (Hg.), Zukunft und Ende des Journalismus? Publizistische Qualitätssicherung, Medienmanagement, redaktionelles Marketing, Gütersloh, S. 29-43.

Schweiger, Wolfgang (1998), Wer glaubt dem World Wide Web? Ein Experiment zur Glaubwürdigkeit von Nachrichten in Tageszeitungen und im World Wide Web, in: Patrick Rössler (Hg.), Online-Kommunikation. Beiträge zu Nutzung und Wirkung, Opladen, S. 123-145.

Siegert, Gabriele (1993), Marktmacht Medienforschung. Die Bedeutung der empirischen Medien- und Publikumsforschung im Medienwettbewerbssystem, München.

Siegert, Gabriele (2001a), Medienmarken-Management. Relevanz, Spezifika und Implikationen einer medienökonomischen Profilierungsstrategie, München.

Siegert, Gabriele (2001b), Medienmarken-Management. Brückenschlag zwischen publizistischer Qualität und ökonomischem Erfolg?, in: Hans-Heinz Fabris/Franz Rest (Hg.), Qualität als Gewinn. Salzburger Beiträge zur Qualitätsforschung im Journalismus, Innsbruck et al., S. 73-100.

Sommer, Rudolf (1998), Psychologie der Marke. Die Marke aus der Sicht des Verbrauchers, Frankfurt/M.

Stempels, Jan-Piet (2004), Die Markenführung des STERN, in: Carsten Baumgarth (Hg.), Erfolgreiche Führung von Medienmarken. Strategien für Positionierung, Markentransfers und Branding, Wiesbaden, S. 111-127.

Theis-Berglmair, Anna M. (1997): Das demokratische Moment der Ungewißheit, in: Heribert Schatz/Otfried Jarren/Bettina Knaup (Hg.), Machtkonzentration in der Multimediagesellschaft? Beiträge zu einer Neubestimmung des Verhältnisses von politischer und medialer Macht, Opladen, S. 25-33

Upshaw, Lynn B. (1995), Building Brand Identity. A Strategy for Success in a Hostile Marketplace, New York.

Weiß, Ralph (1997), Läßt sich über Qualität streiten? Versuche in der Kommunikationswissenschaft zur Verobjektivierung des Qualtätsbegriffs, in: Hartmut Weßler/Christiane Matzen/Otfried Jarren/Uwe Hasebrink (Hg.), Perspektiven der Medienkritik. Die gesellschaftliche Auseinandersetzung mit öffentlicher Kommunikation in der Mediengesellschaft, Opladen, S. 185-199.

Willis, Jim/Willis, Diane B. (1993), New Directions in Media Management, Boston et al.

Wirth, Werner (2000), „Mal sehen, was der Spiegel hat." Die Bedeutung journalistischer Kernressourcen für die Rezeption von Onlineangeboten klassischer Medien, in: Klaus-Dieter Altmeppen/Hans-Jürgen Bucher/Martin Löffelholz (Hg.), Online-Journalismus: Perspektiven für Wissenschaft und Praxis, Wiesbaden, S. 173-195.

Wyss, Vinzenz (2002), Redaktionelles Qualitätsmanagement: Ziele, Normen, Ressourcen, Konstanz.

Der Mensch als Marke

Dieter Herbst

In den vergangenen Jahren ist das Markenführungskonzept breiter und tiefer geworden („Broadening and Deepening"; vgl. Meffert/Burmann 1996: 16). Ein Grund ist, daß sich die Bedingungen auf den Märkten für Dienstleistungen und Investitionsgütern jenen der klassischen Konsumgütermärkte angenähert haben – allem voran der harte Verdrängungswettbewerb (vgl. Köhler u.a. 2001). Vor dem Hintergrund dieser Entwicklungen wird das Markenführungskonzept mittlerweile auch angewendet, um die Leistung von Menschen auf Märkten zu profilieren (vgl. Herbst 2003a). Jedoch wird auch Kritik laut an der Ausweitung des Markenführungskonzeptes auf Menschen (z.B. Leven 2004: 13).

Dieser Beitrag will die Frage erörtern, ob die Übertragung des Markenführungskonzeptes auf Menschen und damit die Ausweitung der Markenzone über Konsumgüter hinaus gerechtfertigt ist und, wenn ja, welche Konzepte hierfür geeignet sind. Der Beitrag stellt dar, wie sich die Beziehung zwischen Marke und Abnehmer erklären und gestalten läßt und wie der Wert des Menschen als Marke entsteht. Abschließend sollen wesentliche Besonderheiten der Markenführung für Menschen diskutiert werden.

1 Übertragbarkeit des Markenkonzeptes auf Menschen

Immer mehr Menschen bewegen sich auf Märkten, auf denen sie ihre Leistung kraftvoll profilieren müssen: seien es Künstler im Unterhaltungsmarkt, Sportler im Sponsoringmarkt oder Politiker auf dem Meinungsmarkt.[1]

Wie viele traditionelle Produktmärkte sind auch diese Märkte weitgehend gesättigt. Daher hat nur jener Erfolg, der seine Konkurrenten verdrängt. Die angebotenen Leistungen scheinen zunehmend austauschbar, wodurch das Interesse der Nachfrager abnimmt. Der Kampf der Leistungsfähigkeit der Produkte wird zum Kampf um Aufmerksamkeit (vgl. Franck 1998). Die Frage wird daher immer wichtiger, wie sich Menschen auf Märkten behaupten und dauerhafte

---

[1] Vgl. Hagendorf/Prümke 2003; Ollsson 2003; Herzberg 2003; Arnold u.a. 1998; Siller/Pitz 2000; Döhring 2003.

Wettbewerbsvorteile verschaffen können. Diese Herausforderung hat zu zahlreichen Konzepten geführt, wie „Personality Marketing" (Ewert 1993), „Personen-PR" (Nessmann 2003), „Die Marke ICH" (Seidl/Beutelmeyer 1998) oder der „Mensch als Marke" (Herbst 2003a).

Das Konzept „Mensch als Marke" will die Erkenntnisse der modernen Markenführung zur Profilierung von Menschen nutzen. Das Konzept beschränkt den Geltungsbereich seiner Aussagen von vornherein auf Menschen, die ihre Leistungen auf Märkten anbieten (vgl. Herbst 2003a: 9). Dies kann eine funktionale Leistung sein, wie zum Beispiel eine Unternehmensberatung, oder eine emotionale Leistung, wie zum Beispiel die Gesangsdarbietung eines Popkünstlers. Die Frage lautet zunächst, ob es gerechtfertigt ist, hierfür das Markenführungskonzept zu beanspruchen.

Geht man davon aus, daß Märkte dadurch gekennzeichnet sind, daß es Anbieter, Nachfrager und eine Konkurrenzsituation gibt, so bieten Menschen wie zum Beispiel Sportler, Showstars und Berater ihre Leistungen unter eben diesen Bedingungen an (vgl. Kotler 1989). Die Leistungen von Menschen auf Märkten können gegenständlich sein, wie das Bild eines Künstlers auf dem Kunstmarkt, oder immateriell, wie zum Beispiel eine Unternehmensberatung von Roland Berger. Die Eigenschaft „immateriell" wird im Marketing als essenziell für Dienstleistungen angesehen (vgl. Meyer 1998). Berücksichtigt man, daß weitgehend Übereinstimmung darin besteht, daß sich das Markenkonzept auch auf Dienstleistungen übertragen läßt,[2] so scheint auch aus dieser Sicht gerechtfertigt, das Markenführungskonzept zur Profilierung der Leistung von Menschen auf Märkten einzusetzen: Ist die Dienstleistung „jede einem anderen angebotene Tätigkeit oder Leistung, die im wesentlichen immaterieller Natur ist und keine direkten Besitz- oder Eigentumsveränderungen mit sich bringt" (Kotler 1989: 708), so ist in diesem Sinn die Darbietung eines Künstlers (Unterhaltung) oder eines Journalisten (Information) zweifelsohne als Dienstleistung zu bezeichnen.

Als weiterer Beleg sei hier angeführt, daß das Markengesetz die Schutzfähigkeit von Markierungen für Dienstleistungen vorsieht.[3] Demnach können gesetzlich

> „insbesondere Wörter einschließlich Personennamen, Abbildungen, Buchstaben, Zahlen, Hörzeichen, dreidimensionale Gestaltungen einschließlich der Form einer Ware oder ihrer Verpackung sowie sonstige Aufmachungen einschließlich Farben und Farbzusammenstellungen geschützt werden, die geeignet sind, Waren oder Dienstleistungen eines Unternehmens von denjenigen anderer Unternehmen zu unterscheiden." (§ 3, Abs. 1 MarkenG)

---

[2] Vgl. Tomczak u.a.1998; Höselbarth u.a. 2001; Leven 2004.

[3] So hat Boris Becker das Markengesetz genutzt und sich seinen Namen schützen lassen.

Was ist im Fall von Leistungen, die von Menschen erbracht werden, dinglicher Natur sind und mit dem Wechsel der Besitzverhältnisse einhergehen können, wie bei der Skulptur eines Bildhauers? Vom „Mensch als Marke" kann gesprochen werden, wenn der Mensch als solcher durch den Aufbau eines Images seiner Leistung ihren eigentlichen Marktwert hinzufügt, was sich am Wert des Originalbildes eines Malers und der Kopie zeigen würde. Zum Beispiel gab Andi Warhol Filmen wie „Flesh" und „Trash" seinen Namen, obgleich sein Assistent Paul Morrisey diese Filme drehte (vgl. Bockris 1989). Leven (2004: 17) schreibt hingegen:

> „Es scheint sinnvoll, den Begriff Marke auf den wirtschaftlichen Bereich einzugrenzen und nicht alles, was benennbar ist, als Marke anzusehen, denn das Vermarkten einer Leistung gegen Entgelt gehorcht zumindest zum Teil anderen Gesetzmäßigkeiten als das Aufbauen einer Person zur Kanzlerpersönlichkeit. Nur im ersten Fall sind alle Instrumente des Marken-Marketings einsetzbar."

Erstens hat das Marketing schon vor vielen Jahren seinen Blick auf Austauschprozesse von wertvollen Dingen erweitert, was die Entwicklung des Social Marketing gefördert hat (vgl. Kotler 1989; Krzeminski/Neck 1994). Zweitens zeigt die Kampa-Studie die Bedeutung des Imageaufbaus von Kanzler Schröder für seine Wiederwahl (vgl. Knieper/Müller 2004). Drittens können Menschen generell die drei Markeninstrumente Design, Kommunikation und Verhalten einsetzen, um ihr Image zu gestalten (vgl. Meffert/Burmann 1996). Dabei relativiert Leven (2004: 18) seine Aussagen sogar leicht:

> „wenn ein Michael Schumacher, ein Phil Collins oder ein Altbundeskanzler sein Image nutzt, um Leistungen wie Merchandising, Rockmusik oder Reden zu vermarkten, dann sind diese Personen konsequenterweise zu Marken im betriebswirtschaftlichen Sinne („intangible Wesenseinheiten") und ihre Angebote zu Markenprodukten geworden."

Insgesamt scheint die Anwendbarkeit des Markenführungskonzeptes auf die Leistung von Menschen gerechtfertigt, weil die angebotene Leistung sowie die Anforderungen an deren Vermarktung denen der klassischen Märkte vergleichbar sind. Auch der Blick auf die Instrumente der Markenführung, die Elemente des Identitätsprozesses und des Managementprozesses zeigen, daß die Anwendbarkeit grundsätzlich gegeben ist. – Die nächste Frage lautet, welches der Konzepte für die Bedingungen des Menschen auf Märkten angemessen ist.

2 Eignung von Konzepten zur Übertragung auf den Menschen

Folgende Konzepte der Markenführung sollen hier unterschieden werden: Das Merkmalsverständnis, das Wirkungsverständnis, das strategische Verständnis und Konzepte der Identitätsorientierten Markenführung (vgl. Meffert/Burmann 1996 und die dortige ausführliche kritische Diskussion dieser Konzepte).

2.1 Merkmalsverständnis

Das Merkmalsverständnis, vorherrschendes Konzept seit Beginn des 20. Jahrhunderts bis in die 60er Jahre, garantiert dem Verbraucher festgelegte Merkmale, denen das angebotene Produkt entspricht. Ein solcher Merkmalskatalog findet sich etwa bei Mellerowicz (1963): Demnach ist die Marke eine markierte Fertigware, die in gleichbleibender Qualität, gleichbleibender Menge, in gleichbleibender Aufmachung, in einem größeren Absatzraum angeboten wird und die bei starker Verbraucherwerbung eine hohe Anerkennung im Markt genießt. Dieses Verständnis wird bis in die 90er Jahren hinein verwendet:

> „Zu den Merkmalen des Markenartikels zählen Markierung, gleich bleibende Aufmachung (Packung), gleich bleibende oder verbesserte Qualität, gleich bleibende Menge, Verbraucherwerbung, hoher Bekanntheitsgrad und weite Verbreitung im Absatzmarkt." (Nieschlag u.a. 1991: 182)

Meffert/Burmann (1996) kritisieren aus Sicht der „klassischen" Markenführung, daß dieses Verständnis angesichts des harten Verdrängungswettbewerbs nicht mehr zeitgemäß ist: Die Erfüllung der Merkmale erlaubt eine Unterscheidung im Wettbewerb nur, wenn alle Marken über diese Merkmale verfügen. Der Kern der Kritik bezieht sich darauf, daß die Produktorientierung dieses Absenderkonzeptes die Wünsche und Erwartungen der Konsumenten weitgehend unbeachtet läßt – der Verbraucher gerät zur Randfigur, dessen Wünsche, Erwartungen und Vorstellungen ebenso wenig berücksichtigt sind, wie die dynamische Beziehung zwischen Marke und Verbraucher. Als Fazit ihrer Kritik fordern Meffert und Burmann ein Konzept, das die differenzierte Profilierung im Wettbewerb und komparative Wettbewerbsvorteile ermöglicht.

Speziell für die Leistung von Menschen auf Märkten ist dieses Konzept deshalb begrenzt, weil es sich bei dieser Leistung nicht um eine markierte Fertigware handelt, wie im Fall eines Opernsängers, der von Abend zu Abend in der gleichen Oper mit jeweils unterschiedlichen Nuancen spielt. Die gleich bleibende Aufmachung ist als essenzielles Merkmal kaum tragfähig, denn sonst wären Madonna und David Bowie keine Marken, die gerade durch ihr wechselndes äußeres Erscheinungsbild gekennzeichnet sind (ein Beispiel aus dem Produktbereich wäre die Swatch-Uhr). Auch die breite Verfügbarkeit zu einem bestimmten Zeitpunkt kann bei einer einzigen Person nicht gewährleistet sein, außer zum Beispiel über duplizierte Tonträger.

2.2 *Wirkungsverständnis*

Durch zunehmenden Wettbewerb und die funktionale Annäherung bzw. Austauschbarkeit der Leistungen rückte Mitte der 70er und Ende der 80er Jahre der Konsument in den Mittelpunkt der Markenführung. Dem lag die Erkenntnis zugrunde, daß ein Produkt zwar qualitativ überlegen und technisch herausragend sein kann, aber wenn die Konsumenten dies nicht genauso sehen, ist dieser Produktvorteil unwichtig. Entsprechend wurde Markenführung definiert als „ein geschlossenes Absatzkonzept ..., das ganz auf Schaffung eines prägnanten Images und Erlangung eines hohen Bekanntheitsgrades ausgelegt ist." (Dichtl/ Eggers 1992: 19)

Doch auch dieses Verständnis sieht sich vielfältiger Kritik ausgesetzt. Zum Beispiel führte die starke Imageorientierung dazu, daß das Verhalten zu wenig beachtet wurde und hierdurch Widersprüche zwischen Worten und Taten entstanden (vgl. Keller 1990). Aus Sicht des Image gibt es kaum Anhaltspunkte zum Aufbau der Marke – ob und wann ein Produkt eine Marke ist, dies kann nur situations-, branchen- und leistungsspezifisch entschieden werden. Die Frage ist, ab wann eine Marke eine Marke ist, immerhin entsteht ein Image sehr schnell (vgl. Pflaum/Pieper 1993). Und ist die Marke auch dann noch eine Marke, wenn sich ihr Image ändert, wie im Fall von Jägermeister – einst Altherrenlikör, jetzt Grundlage für Longdrinks? Es fehlen Bewertungsmaßstäbe, wie unterschiedliche Produkte unter einer Marke geführt werden können. Es gibt Probleme beim Vordringen in andere Segmente: So läßt sich schwer beantworten, in welche Bereiche sich eine Marke ausdehnen und welche neuen Kunden sie ansprechen kann (vgl. Meffert et al. 2002). Könnte ein Sänger auch als Schauspieler oder Buchautor erfolgreich sein?

Im Zentrum der Kritik steht, daß durch die (Image-)Orientierung am Schein der Marke deren Substanz aus dem Blickfeld gerät: Wenn die Marke nur das sein will und kann, was der Konsument ihr zugesteht, dann wird sie zum Nachläufer von Moden und verliert an Substanz. Die Suche nach einem gefälligen Image führe oft dazu, daß die Markenpolitik nur noch die Erwartungen potentieller Käufer befriedigen möchte. Keiner weiß mehr, wofür die Marke steht, und vor allem, wo ihre Grenzen sind. Durch eine zu starke Ausrichtung am Idealimage werde die Marke opportunistisch und demagogisch und verliere an Identität.

Entfernt sich die Marke allzu stark von ihrem Kern, ihrer Identität, wird sie in den Augen potentieller Käufer unglaubwürdig und unter Umständen sogar abgelehnt (vgl. Kapferer 1992: 45). David Bowie war zwar mit seinem Album „China Girl" kommerziell sehr erfolgreich; jedoch hat er sich mit diesem Album eigenen Aussagen zufolge am weitesten von seiner Künstlerpersönlichkeit entfernt, was er bis heute bedauert (vgl. Behrendt/Panetta 2003). Die Kenntnis des Markenkerns und dessen Grenzen sind jedoch essenziell, um das Profil einer Marke aufbauen und langfristig entwickeln zu können.

Insgesamt vernachlässigt die Anbietersicht des Merkmalsverständnisses die Wünsche und Meinungen der internen und externen Bezugsgruppen der Marke, und die Empfängersicht des Imageverständnisses vernachlässigt die Produktpersönlichkeit und die systematische, integrierte Gestaltung aller Maßnahmen.

2.3 Strategieverständnis

Auch der technokratisch-strategische Ansatz, der sich parallel zum imageorientierten Ansatz entwickelte, konnte sich nicht durchsetzen (vgl. Haedrich/Tomczak 1996). Zwar hob dieser Ansatz die Bedeutung der Marke für die strategische Unternehmensführung hervor, in deren Mittelpunkt die Planung, Steuerung und Koordination aller auf den Absatzmarkt gerichteten Maßnahmen der Markengestaltung standen. Jedoch hatten die Autoren eine stark technokratisch-mechanistische Vorstellung von den Zielen und Aufgaben der Markenführung. Zudem war die Sicht nur außen- und nicht auch innengerichtet (vgl. Meffert/Burmann 1996).

2.4 Identitätsorientiertes Verständnis

Aus der Kritik der vorhandenen Konzepte und der sich weiter verschärfenden Wettbewerbsbedingungen entstanden in den 90er Jahren umfassende, integrierte Identitätskonzepte, die als zeitgemäße Markenführungskonzepte bezeichnet werden können, weil sie geeignet sind, Leistungen unter den derzeitigen Anforderungen der Märkte kraftvoll zu profilieren.[4] Das Konzept der „Identitätsorientierten Markenführung" scheint am stärksten ausgearbeitet, und mittlerweile liegen auch Praxiserfahrungen mit diesem Konzept vor (vgl. Meffert u.a. 2002).

Im Zentrum der Markenführung steht die Eigenständigkeit der Markenidentität. Aufgabe der Markenführung ist die Schaffung einer eigenständigen Mar-

---

[4] Kritisch Köhler u.a. 2001; vgl. ferner Keller 1990; Kapferer 1992; Aaker/Joachimsthaler 2001.

kenpersönlichkeit in Form einer widerspruchsfreien, geschlossenen Ganzheit von Merkmalen einer Leistung, die diese von anderen dauerhaft unterscheidet. Beispiele für den „Mensch als Marke“: Steffi Graf steht für sachlichen Siegerwillen, Boris Becker für emotionalen Siegerwillen, Harald Schmitt steht für beißenden Humor. Weitere Merkmale können sein: Qualität der Leistung (Spitzensportler, Schachspieler etc.), Preisniveau (Exklusivität einer Unternehmensberatung von Roland Berger und die Frisur eines Starcoiffeurs: Udo Walz, Gerhard Meir, Vidal Sassoon), visuelles Erscheinungsbild (Madonna, Inspektor Columbo), geographische und kulturelle Verankerung (Lisa Fitz, Milva), Markteintrittszeitpunkt (Pioniere wie Charles Lindberg, Neil Armstrong) und Markengeschichte wie Gitte (vgl. Meffert/Burmann 1996).

Das Identitätsmanagement wird verstanden als außen- und innengerichteter Managementprozeß mit dem Ziel, alle Entscheidungen und Maßnahmen zum Aufbau einer starken Identität funktionsübergreifend zu vernetzen. Dies verringert die Gefahr, daß die Marke widersprüchliche Botschaften sendet, die beim Empfänger zu Irritationen und Vertrauensverlust führen. Für den Menschen als Marke bedeutet dies grundsätzlich, daß sämtliche Äußerungsformen seiner Persönlichkeit widerspruchsfrei kombiniert sein müssen, damit die stimmige Gesamterfahrung und das klare Vorstellungsbild vom Menschen und seiner Leistung entstehen können (vgl. Schmitt/Simonson 1998). Widerspruchsfrei aufeinander abgestimmt sein müssen visuelles Erscheinungsbild (Kleidung, Frisur etc.), seine Kommunikation (Sprache, Begriffe etc.) und Verhalten (aggressiv, kollegial etc.). Es gibt jedoch auch Ausnahmen wie den Komödianten Django Asül, dessen einzigartige Persönlichkeit sich aus dem von seinen türkischen Vorfahren geprägten Äußeren und seinem bayerischen Akzent zusammensetzt.

Das Ziel der Markenführung ist, das starke, widerspruchsfreie und einzigartige Image von der Marke bei wichtigen internen und externen Bezugsgruppen aufzubauen und systematisch und langfristig zu gestalten. Hierdurch können die Bezugsgruppen die Marke erkennen, von anderen unterscheiden und aufgrund der Einzigartigkeit ihrer relevanten Merkmale anderen Marken vorziehen.

Die starke Marke entsteht in engem Austausch mit ihrem Umfeld. Zum einen kann die Marke hierdurch zeigen, wofür sie steht; zum anderen erfährt die Marke, ob sie den Wünschen und Erwartungen ihrer Bezugsgruppen von allen Angeboten am stärksten entspricht. Je intensiver dieser Austausch stattfindet, desto stärker nähern sich Selbstbild und Fremdbild an – im Idealfall stimmen sie überein. Dieser Ansatz führt die Grundgedanken des merkmalsorientierten und des wirkungsorientierten Ansatzes zusammen, indem sowohl das Selbstbild der Marke (Was ist sie? Was will sie sein?) als auch das Fremdbild der Marke in ihren vielfältigen Beziehungen berücksichtigt werden (Wie wird die Marke gesehen? Wie wollen die Bezugsgruppen die Marke sehen?). Erst in dieser wechselseitigen Beziehung entsteht die spezifische Markenpersönlichkeit: Die Markenidentität formt sich aus dem Selbstbild der Markenidentität (dem im Unternehmen definierten Soll-Image der Marke) einerseits und dem Fremdbild der Markenidentität (der Wahrnehmung der Marke bei ihren externen Bezugsgruppen) andererseits (vgl. Meffert 1998: 812).

Achterhold (1992: 42) unterscheidet zwischen dem formulierten Selbstbild (der Philosophie der Marke), dem realisierten Selbstbild (der Kommunikation, dem Erscheinungsbild, dem Verhalten) und dem Fremdbild, also dem Image. Unternehmensintern entsteht ein Selbstbild der Markenidentität aus Sicht der Unternehmenseigentümer, Führungskräfte, Mitarbeiter etc. Dieses Selbstbild kann vom Unternehmensmanagement beeinflußt und gesteuert werden. Das Marken-Fremdbild formt sich aus der Sichtweise externer Anspruchsgruppen wie zum Beispiel Kunden und Nicht-Kunden, Lieferanten, Handel, Verbraucherverbände, Umweltschutzgruppen, Behörden, Investoren etc. (vgl. Meffert/Burmann 1996: 28). Das Markenimage wird um so differenzierter und widerspruchsfreier wahrgenommen, je konsistenter und klarer die Markenidentität in Form der Markenphilosophie von Unternehmensseite konzipiert und für die einzelnen Bezugsgruppen umgesetzt wird (vgl. Linxweiler 1999: 68).

Die Markenstärke wird wesentlich durch das Ausmaß der Übereinstimmung zwischen Selbst- und Fremdbild der Marke bestimmt (vgl. Meffert/Burmann 1996: 31). Die stärkste Bindung des Verbrauchers an die Marke ergibt sich wiederum, wenn die Marke mit dem Selbstimage oder dem gewünschten Image des Konsumenten übereinstimmt. Dann kann er sich mit der Marke identifizieren, weil sie so ist, wie er ist bzw. gerne wäre. Dabei identifizieren sich besonders Personen mit schwacher Persönlichkeit mit einer Marke (vgl. Aaker 1999). Der Austausch zwischen Marke und Verbraucher ist auch essenziell für das Zustandekommen von Vertrauen. Dieser Austausch zwischen der Marke und ihrem Umfeld kann bei der „klassischen" Marke nur über die Markenmanager zustande kommen; beim „Mensch als Marke" kann dieser den Austausch selbst realisieren.

Insgesamt scheint das Konzept der Identitätsorientierten Markenführung für die Anwendung auf die Leistungen von Menschen auf Märkten geeignet:

- Es stellt die Markenpersönlichkeit in den Vordergrund, was Aussagen über den Aufbau und die Führung der Marke ermöglicht. Zudem erlaubt dies, komparative Wettbewerbsvorteile zu erzielen.
- Es berücksichtigt die Wechselbeziehungen mit dem Umfeld, was die Bindung mit den Bezugsgruppen erklären kann.
- Es geht von einem ganzheitlichen Auftreten der Marke aus, das Widersprüche in Aussehen, Kommunikation und Taten verhindern kann.
- Es sieht in der Markenführung einen komplexen, systematischen und langfristigen Managementprozeß, der nach innen und nach außen gerichtet ist.

Allerdings kann sich auch dieses Konzept einer Kritik nicht verschließen. So definiert Meffert (1998: 785) als Marke

> „ein in der Psyche des Konsumenten verankertes unverwechselbares Vorstellungsbild von einem Produkt oder einer Dienstleistung. Diese Leistung wird in einem möglichst großen Absatzraum über einen längeren Zeitraum in gleichartigem Auftritt und in gleich bleibender Qualität oder verbesserter Qualität angeboten."

Dieses Verständnis zeigt, daß sich Meffert nicht aus der wirkungsorientierten Sicht lösen kann und die Marke letztlich doch identisch mit dem Markenimage und damit als Ergebnis im Kopf des Konsumenten versteht (Marke = Fremdbild). Dagegen muß die Marke als Produktpersönlichkeit gesehen werden und deren Wirkung als Markenimage (vgl. Herbst 2002a, 2002b, 2003b, 2004a).

2.5 Gegenseitige Übertragung der Konzepte

Die Identitätsansätze beruhen auf Parallelen zwischen der Marke und der Persönlichkeit von Menschen: Demnach ist die Marke – ähnlich wie die Persönlichkeit eines Menschen – durch bestimmte Merkmale gekennzeichnet, die diese von anderen unterscheiden (vgl. Meffert/Burmann 1996). Nach Aaker (1992: 204) reift „die Persönlichkeit oder das Image einer Marke (...) wie die eines Menschen über viele Jahre heran – und den Wert einer stimmigen Markenstrategie kann man gar nicht hoch genug veranschlagen." Die Gestaltung von komplexen Markensystemen und Beziehungen zwischen Marken und dem Unternehmen werden durch Vergleiche mit einer Familie oder einem Sportteam veranschaulicht (vgl. Herbst 2002a, 2002b). Diese Beschreibungen gehen von der Analogie zwischen Menschen und Marken aus, im Sinne einer „Wir"-Beziehung.

Man kann jedoch auch weitergehen: „Eine Marke ist eine Produktpersönlichkeit. Eine starke Marke ist eine starke Produktpersönlichkeit. Eine schwache Marke ist eine schwache Produktpersönlichkeit." (Herbst 2002b: 24) Peter Wippermann vom Trendbüro Hamburg schreibt: „Was wir sehen, ist unübersichtlich, komplex, chaotisch und gleichzeitig überwältigend eintönig. In unserer Produkt- und Medienlandschaft fehlen die Unterscheidungsmerkmale. Was wir brauchen, sind sichtbare und erlebbare Freunde, denen wir vertrauen." Doch Wippermann meint damit nicht etwa Menschen, sondern Marken. Marken sind nicht etwa wie Freunde, sie sind Freunde.

Ob diese Gleichsetzung gerechtfertigt ist, soll hier nicht weiter diskutiert werden, da das Konzept „Mensch als Marke" ja ohnehin in der Profilierung einer starken menschlichen Persönlichkeit aufgeht (vgl. hierzu Hellmann 2003: 82).

Jedoch soll hier auf die enge, vielfältige Verbindung zwischen Mensch und Marke hingewiesen werden:

- Schon der Volksmund signalisiert im Ausspruch „Du bist ja eine Marke!“, daß die Person einzigartig ist.
- Konsumenten beschreiben Produkte häufig mit Eigenschaften von Menschen: *Coca-Cola* ist „cool“ und „amerikanisch“, *Pepsi* ist „jung“ und „aufregend“, und *Bluna* ist „unkonventionell“ und „lustig“ (vgl. Aaker 1999).
- Verbraucher können beschreiben, welches Geschlecht und welches Alter eine Marke hat, woher sie kommt, wie ihre Freunde und wie ihre Feinde aussehen (vgl. Kepper 1996).
- Die Marke kann mit dem Konsumenten Beziehungen eingehen, die für Menschen typisch sind: Die Marke kann ein Freund sein („Jeder sollte einen Freund wie Apple haben“, „Henkel – A Brand like a friend“), sie kann ein Kumpel sein, um Spaß zu haben (*Virgin*, *Bud Light Beer*), ein Berater (*Morgan Stanley*) oder auch Experte (*Ariel*).
- Marken können menschliche Gestalt annehmen, wie der *Weiße Riese*, *Meister Proper*, M&M's Schokoladen-Bonbons und das *Michelin*-Männchen.
- Marken werden durch einen Menschen in der Werbung lebendig, wie *Telegate* durch Verona Pooth.

Diese Vergleiche und Beispiele zeigen, daß es offensichtlich keine einseitige Übertragung von der Marke auf den Menschen oder umgekehrt gibt. Vielmehr sind die Verbindungen komplex und gegenseitig – der Mensch dient als Vorlage zur Profilierung der Marke, die Marke dient als Vorlage zur Profilierung der Leistung von Menschen.

3 Zur Bedeutung von Vertrauen für die Bindung an die Marke

Sowohl in der klassischen Markenführung als auch beim Konzept „Mensch als Marke“ steht das Konstrukt „Vertrauen“ im Zentrum, um die Beziehung zwischen der Marke und dem Konsumenten sowie anderer interner und externer Bezugsgruppen zu erklären (vgl. Meffert u.a. 2002; Herbst 2003a). Der Begriff Vertrauen wird in der Psychologie definiert als die „Erwartung eines Individuums oder einer Gruppe, daß man sich auf das Wort, die Versprechen, die verbalen oder geschriebenen Aussagen anderer Individuen oder Gruppen verlassen kann.“ (Rotter 1967: 651; Ü. v. HD) Dieses Verständnis, das sich auf die Beziehung zwischen Menschen bezieht, läßt sich auf den Menschen als Marke übertragen: Der Mensch gibt hierzu, wie die klassische Marke, ein überzeugendes Leistungsversprechen ab, das er einhalten muß, damit ihn seine internen und externen Bezugsgruppen als verläßlich wahrnehmen. Dieses Leistungsversprechen sollte schriftlich im Markenleitbild fixiert sein, damit alle Beteiligten an seiner Umsetzung mitwirken. Die Leistung der Marke muß dabei auf den Kernkompetenzen des Anbieters beruhen und für die Bezugsgruppen, vor allem Kunden, bedeutsam und deutlich wahrnehmbar sein. Hierbei kommt es zu interessanten Phänomenen, die wohl nur beim Menschen als Marke auftreten können: Karl Dall verdient eigenen Aussagen zufolge mit allem Geld, was er nicht kann, zum Beispiel seinem Gesang. Sein Leistungsversprechen liegt aber nicht in der Qualität dessen, sondern in der Leistung seiner besonderen Art der (respektlosen) Unterhaltung. Ein gleichartiges Beispiel wäre Verona Pooth, die ebenfalls durch ihre Unzulänglichkeiten unterhält.

Nach Luhmann (1989: 40) entsteht Vertrauen durch Konsistenz, also dadurch, daß sich derjenige, dem man Vertrauen schenken will, „als ordnendes und nicht willkürliches Zentrum eines Systems von Handlungen" erweist. Vertrauenswürdig ist, wer sich konsistent verhält. Es konnte bereits oben gezeigt werden, daß die Identitätskonzepte die Konsistenz als konstituierendes Merkmal einer starken Marke hervorheben. Der Hinweis auf das System von Handlungen läßt sich hervorragend auf den Menschen als Marke übertragen, weil ja dieser durch alle Sinne wahrnehmbar ist.

Vertrauen spielt deshalb eine entscheidende Rolle für die Beziehung zwischen Marke und Abnehmer, weil es das wahrgenommene Risiko verringert, vom Anbieter und dessen angebotenen Leistungen enttäuscht zu werden. So heißt es etwa: „Der Besuch im Konzert wird sich lohnen"; „Die Lesung wird unterhaltend, anregend und informativ sein"; „Der Eintrittspreis von 7 Euro für einen Kinobesuch oder 500 Euro für einen Galaabend sind sicher gut angelegt". Der Konsument kann ohne lange Vergleiche einkaufen und muß nicht das gesamte Angebot prüfen, um die richtige Entscheidung zu treffen. Hierdurch spart er Kosten, die er zum Verringern des Risikos ausgegeben hätte, zum Beispiel für Versicherungen oder die Informationssuche nach geeigneten, zuverlässigen Anbietern (vgl. Meffert/Burmann 1996).

Das Vertrauenskonstrukt kann auch die langfristigen Beziehungen zwischen Verbraucher und Marke erklären: Wie beim Menschen gilt: „nur wem man vertrauen kann, bleibt man treu" (Meffert/Burmann 1996: 13). Die Schaffung von Vertrauen durch ein klares Leistungsprofil ist langfristig zur Existenzberechtigung, Wettbewerbsfähigkeit und dauerhaften Kundenbindung notwendig. Die an ihrer Identität ausgerichtete Marke kann das für den Vermarktungserfolg notwendige Vertrauen stärker aufbauen als beispielsweise eine an ihrem strategischen Kern ausgerichtete (vgl. Kapferer 1992: 39; Linxweiler 1999: 65).

Bei der Marke wie bei der Leistung von Menschen geht das Vertrauenskonstrukt über die Beziehung zwischen Leistung und Abnehmer hinaus. Für die Akzeptanz der Marke spielt auch das herstellende Unternehmen eine entscheidende Bedeutung: Die Studie Dialoge 4 des Stern zeigt, daß fast 70 Prozent der Konsumenten keine Leistungen von einem Unternehmen kaufen, von dem sie eine schlechte Meinung haben. Es scheint sogar einen Vertrauenstransfer zu geben: Vertrauen in die Marke bedeutet zugleich Vertrauen in das dazugehörige Unternehmen und umgekehrt. Ein Konsument kauft das neue Produkt eines Herstellers mitunter schon deshalb, weil er gute Erfahrungen mit dem Hersteller gemacht hat. Anders herum kann ein Konsument ein positives Bild von einem Unternehmen gewinnen, weil er seine Produkte kennt und schätzt. Für den „Mensch als Marke“ bedeutet dies: Lehnen die Kunden den Menschen ab, nehmen sie seine Leistungen auch weniger in Anspruch, und umgekehrt werden die Leistungen eines Menschen stärker in Anspruch genommen, wenn dieser großes Vertrauen bei seinen Kunden genießt. Die Erfahrungen in der Vermarktung der Romanfigur Harry Potter zeigen, daß noch keine Zeile geschrieben sein muß, aber bereits Hunderttausende von Vorbestellungen vorliegen können.

3.1 Vertrauen und Dienstleistungen

Viele Leistungen von Menschen auf Märkten sind Dienstleistungen, wie im Fall von Künstlern, Journalisten oder Ärzten (vgl. Herbst/Feichter 2005). Unstrittig scheint zu sein, daß Vertrauen besonders für Dienstleistungen erforderlich ist:

- Dienstleistungen sind meist sehr erklärungsbedürftig: Dienstleistungen sind Prozesse, wie zum Beispiel eine Unternehmensberatung. Der Dienstleister bringt Wissen und Erfahrung in den Prozeß ein (Input), er gestaltet den Prozeß (Throughput) und erreicht ein festgelegtes Ergebnis (Output). Dies alles muß er erklären, da erst das Zusammenspiel die Güte der Dienstleistung ausmacht.
- Der Nutzen ist den Bezugsgruppen oft schwer darstellbar, wodurch die Bezugsgruppen ein höheres Risiko empfinden, von der Leistung enttäuscht zu werden.
- Die Leistung ist nicht immer gegenständlich, wie zum Beispiel eine Gesangsdarbietung und eine Beratung.
- Der Nutzen der Leistungen kann oft nicht vor dem Kauf geprüft werden: Wird ein Anlagetipp oder eine Zahnarztbehandlung erfolgreich sein?
- Leistungen ändern sich schnell, wie im Fall von Unternehmensberatungen und deren Managementkonzepten.
- Dienstleistungen sind Erfahrungsgüter: Ihre Qualität wird erst durch den Umgang mit dem Menschen gelernt.
- Aufgrund der Immaterialität des Gutes kann dieses nicht gelagert und transportiert werden. Die Leistung kann auch hierdurch nicht optisch präsent sein.

- Schlechte Leistungen verursachen Einbußen beim Kunden, sie können nicht einfach ausgetauscht werden wie eine schlechte Ware.
- Die Dienstleistung entsteht erst durch ihre Nutzung. Der Leistungsnehmer gewinnt daher zentrale Bedeutung.
- Der Kunde muß selbst aktiv werden, die Distanz überwinden und sich zum Standort der Leistung begeben, zum Beispiel in ein Konzert.
- Dienstleistungen sind kaum standardisierbar; so gleicht keine Unternehmensberatung der anderen, da Erbringer, Ort und Zeitpunkt der erbrachten Dienstleistung ständig wechseln.
- Die Qualitätsfrage ist der subjektiven Beurteilung überlassen, da sich der Wert der Leistung objektiv nicht messen läßt.

Unter diesen Bedingungen wird Vertrauen noch wichtiger für die Schaffung von dauerhaften Beziehungen als bei standardisierten Industriegütern. Der Mensch hat den besonderen Vorteil, durch seine eigene Person Vertrauen aufzubauen: Menschen sind durch alle Sinne wahrnehmbare Vertrauensanker für alle internen und externen Bezugsgruppen. Besonders die Visualität spielt eine große Rolle: Menschen können anderen Menschen im Bruchteil einer Sekunde Eigenschaften zuordnen und entscheiden, ob dieser Mensch Vorgesetzter, Kollege oder Freund werden könnte (vgl. Frey 1999). Die neuere Hirnforschung zeigt, daß es im Stammhirn einen eigenen Bereich gibt, der nur für das Erkennen und Zuordnen von Menschen zuständig ist (vgl. Spitzer 2002). Der „Mensch als Marke" hat also bessere Voraussetzungen, schneller und besser wahrgenommen zu werden, als klassische Marken.

4 Grenzen der Übertragbarkeit

Obwohl der Verbraucher Vertrauen in die Marke hat und diese ihr Leistungsversprechen erfüllt, muß der Verbraucher ihr nicht treu sein. Grund dafür ist das „Variety Seeking", also das Bedürfnis des Konsumenten nach Abwechslung, obwohl er mit der Marke zufrieden ist (vgl. Koppelmann u.a. 2002). Um dieses Bedürfnis zu befriedigen, muß sich die Marke immer neu inszenieren, damit sie immer neu erlebt werden kann und nicht langweilt. Dies bestätigen die Ergebnisse der Hirnforschung, denen zufolge der Mensch am besten lernt, wenn er immer neue Beispiele für das zu Lernende erhält (vgl. Spitzer 2002).

Eine Möglichkeit, die Aufmerksamkeit der Bezugsgruppen aufrecht zu erhalten, sind wechselnde Geschichten über die Marke und ihre Leistungen, die die Bezugsgruppen faszinieren und binden. Ein Beispiel für den „Mensch als Marke" ist Boris Becker:

> „Diese Geschichten machen ihn interessant für uns und wir wollen immer mehr davon! Der Stoff, aus dem seine Geschichten gemacht sind, reichen weit über den Sport hinaus: Ehe, Aussehen, neue Geliebte, neue Anläufe, auch nach seiner Sportlerlaufbahn beruflich Fuß zu fassen. Wie alle Stars versteht es Becker, nicht nur eine herausragende Leistung in seinem Beruf zu bringen, sondern ein Publikum zu faszinieren und auf seine Person zu fixieren durch seine körperliche Präsenz, sein Auftreten, seine Gesten, seine Mimik. Seine Geschichten haben alles, was das Leben zu bieten hat: Erfolg und Mißerfolg, Liebe und Hass, Stolz und Demütigung. Und jede Geschichte gibt Anlaß, sich in den Medien zu präsentieren – in der BUNTE, bei Kerner, bei Beckmann, bei Gottschalk." (Herbst 2005)

Diese immer neuen Geschichten haben dazu geführt, daß die Marke „Boris Becker" wesentlich präsenter ist und einen höheren Marktwert hat als sein wesentlich uninteressanterer Konkurrent Michael Stich, der Beckers Aussage zufolge mindestens ebenso gut Tennis spielt wie Becker. Allerdings weiß auch Becker, daß er nur dann interessant ist und seinen Marktwert behält, wenn er nicht nur Höchstleistungen erbringt, sondern immer neue Geschichten liefert. Hierzu äußert er sich im Interview mit der SPORT-BILD im Februar 1999, wenige Monate bevor er seine Karriere in Wimbledon beendet: „Ich muß mich ständig hinterfragen, muß jedes Jahr etwas Neues auf den Markt bringen. Nur dann habe ich eine Garantie, daß ich eine erfolgreiche, lange Karriere habe. Wenn ich im darauf folgenden Jahr nur das Gleiche beherrsche, ist das schon ein Rückschritt."

Menschen bieten demnach die besondere Möglichkeit, schon allein durch ihre Person und ihr Leben für Abwechslung zu sorgen. Hierbei müssen sie herausfinden, welche Abwechslungen erforderlich sind, um die Verbraucher zu unterhalten, und welche Abwechslung zu stark von der eigenen Markenidentität entfernt liegt und zum Vertrauensverlust führt. Die Werbepsychologie kennt hierfür das MAYA-Prinzip. Der Begriff stammt vom Designer Raymond Loewy (1979) und bedeutet „Most advanced yet acceptable". Die MAYA-Schwelle beschreibt den subjektiven Grad der Akzeptanz des Neuen. Wird diese Grenze überschritten, werden die Marke bzw. die Geschichte dieses Menschen abgelehnt. Die Geschichten eines Menschen, der sich als Marke zu profilieren sucht, sollten daher so neuartig wie möglich gestaltet sein, aber nicht über die MAYA-Schwelle hinausgehen. Die MAYA-Schwelle richtet sich nach den Gewohnheiten und Erwartungen der Bezugsgruppen. Das MAYA-Prinzip ermöglicht dem Menschen – zusätzlich zu seiner definierten Markenidentität – jene Grenze herauszufinden, ab der seine Geschichten nicht mehr glaubwürdig sind und seine Bezugsgruppen das Vertrauen in seine Zuverlässigkeit verlieren.

Die Frage lautet jetzt, wie der Mensch als Marke systematisch und langfristig aufgebaut werden kann. Hierzu sollen erst die Elemente des Identitätsprozesses und dann der Managementprozeß der Markenführung beschrieben werden.

5 Die Elemente der Markenführung

Der Identitätsprozeß für Marken (und Unternehmen) umfaßt vier Elemente: die *Kultur*, das *Leitbild*, die *Instrumente* und das *Image* (vgl. Herbst 2003a):

1. Die Markenkultur ist zentral. Steht der Begriff Kultur nach breiter Übereinkunft für Werte, Normen und Grundannahmen, muß der Identitätsprozeß für die Leistung von Menschen auf Märkten herausfinden, was dem Menschen wichtig bzw. wünschenswert ist, was sein Denken und Handeln lenkt: Ist er eher beständig oder flexibel, ist er autoritär oder partnerschaftlich, vergangenheits- oder zukunftsorientiert? Die Markenkultur beschreibt den Ist-Zustand der Identität (vgl. Herbst 2003b).
2. Das Markenleitbild legt das angestrebte Selbstverständnis des Menschen über seine Leistung auf dem Markt fest. Hierzu entwickelt er eine Leitidee, die den Sinn seiner Leistung beschreibt, also wie er aktuelle und künftige Probleme lösen will. Er formuliert Leitsätze als Kernaussagen, die seine grundlegenden Werte, Ziele und Erfolgskriterien bestimmen. Sein Motto faßt alles in einem kurzen, prägnanten Slogan zusammen, wie „Alles wird gut“ von Nina Ruge.
3. Als Instrumente zum Vermitteln seiner Persönlichkeit an seine Kommunikationspartner nutzt der Mensch sein visuelles Erscheinungsbild (Kleidung, Haarschnitt etc.), seine Kommunikation (Sprache, Inhalte) und sein Verhalten (sozial, arrogant, einzelgängerisch). Diese drei Instrumente sollten einen Mix darstellen, das ein einzigartiges und widerspruchsfreies Image schafft (vgl. Keller 1993). Besonders das Verhalten stellt meist die zentrale Herausforderung für das Gestalten von Images dar, weil das Verhalten gelernt und beibehalten werden muß.
4. Das Image umfaßt sämtliche Vorstellungen, die die Kommunikationspartner vom Menschen und seiner Leistung haben. Ziel des Persönlichkeitsmanagements ist es, das Image festzulegen, aufzubauen und langfristig zu entwickeln. Besonders für Dienstleistungen, die der Mensch als Marke meist anbietet, spielt das Image die zentrale Rolle (vgl. Tomczak u.a. 1998).

In eine Abbildung gebracht, stellt sich der Zusammenhang der Elemente wie folgt dar (vgl. Abb. 1):

Abbildung 1: Die Elemente des Identitätsprozesses

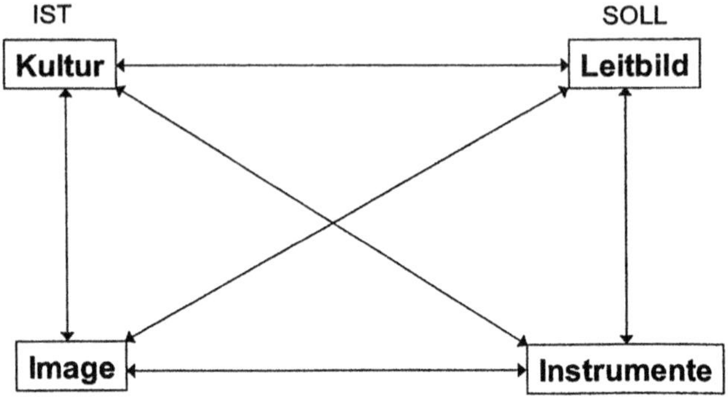

6 Der Managementprozeß

Markenführung gilt als Managementprozeß. Die Markenführung für den „Mensch als Marke" hat die Aufgabe, den Menschen und seine Leistung in den Vorstellungen der Bezugsgruppen bedarfsgerecht zu profilieren. Ergebnis sind die wahrgenommenen Eigenschaften der Person (bzw. deren Leistung) und die Bewertung der Eignung dieser Person zur Befriedigung der rationalen und emotionalen Bedürfnisse (vgl. Meffert/Burmann 1996). Hierbei bestehen folgende Handlungsmöglichkeiten (vgl. Herbst 2002b):

- Neue Gedächtnisstrukturen aufbauen: Dies ist erforderlich im Falle neuer Marken.
- Vorhandene Gedächtnisstrukturen stärken oder vertiefen, indem Inhalte erlebbar werden, die bereits im Gedächtnis verankert sind.
- Alte Gedächtnisstrukturen überschreiben oder löschen, indem Eigenschaften neu erlebt werden.
- Vorhandene Gedächtnisinhalte erweitern, indem die Bezugsgruppen neue Eigenschaften des Meinungsgegenstandes kennen lernen.

7 Markenwert

Es scheint banal, daß ein hoher Markenwert als erstrebenswert gilt. Weitaus schwieriger ist festzustellen, was überhaupt als Markenwert bezeichnet wird. Eine Bewertung von Ansätzen zeigt, daß jene am tragfähigsten scheinen, die den

Markenwert als das Mehr ansehen, das das Markenimage schafft (vgl. Schimansky 2004). Der Wert des Menschen als Marke kann danach bewertet werden, was der Kunde bereit ist, für die Leistung jener Person mehr zu bezahlen als für eine vergleichbare andere ohne den erkennbaren Absender (z.B. Opern-CD).

Deutlich wird der Markenmehrwert im Falle von Lizenzen wie die *Mustang*-Jeans, die unter dem Namen *Joop* höhere Erlöse erzielen. Selbst nach dem Tod eines Menschen als Marke setzt sich die Vermarktung fort: Agenturen wie die ArtMerchandising & Media AG vermarkten die Persönlichkeitsrechte von Prominenten, wie zum Beispiel von Marlene Dietrich.

8 Unterschiede zwischen Menschen und Marken

So ähnlich sich die Persönlichkeiten von Menschen und Marken in vielen Punkten sind, gibt es doch einige gravierende Unterschiede zwischen ihnen:

- Menschen können das Selbstverständnis über ihre Persönlichkeit und deren Darstellung selbst aktiv, systematisch und langfristig gestalten; das Management von Produktpersönlichkeiten übernehmen die Markenmanager.
- Menschen altern im Gegensatz zu Marken, die über Jahrzehnte jung gehalten werden können, wie die Beispiele *Marlboro* und *Milka* zeigen. Besonders bedeutsam ist dies bei der Leistung von Menschen, die an ihr Aussehen gekoppelt ist, wie zum Beispiel Hollywoodschauspieler. So hat Marlene Dietrich ihre Pariser Wohnung in ihren letzten Lebensjahren nicht mehr verlassen, um das Image aus ihrer Glanzzeit nicht zu zerstören. Produkte bekommen keine Falten, Menschen schon.
- Der Aufbau und die systematische Entwicklung des Markenimages. Das Image von Menschen kann mehrere Dimensionen haben: das Image des Privatmenschen, das Image des Menschen in der Öffentlichkeit sowie das Image des Menschen in Bezug auf seine Arbeit (vgl. Faulstich et al. 1997). Diese Images können kongruent sein, aber auch sehr unterschiedlich sein, wie im Fall eines Schauspielers, der in seinen Filmen ein anderes Image verkörpert als in seinen öffentlichen Auftritten (z.B. Bösewichte). Mitunter entspricht das öffentliche Image nicht der realen Person, wie im Fall von Humphrey Bogart und Heinz Rühmann.
- Wird von der klassischen Marke gefordert, sämtliche Instrumente widerspruchsfrei an der Markenidentität auszurichten, kann sich der „Mensch als Marke“ gerade dadurch auszeichnen, daß er Widersprüche und Leerstellen aufweist. Diese nimmt der Abnehmer so lange hin, wie er die Markenidentität klar und deutlich erkennen und sich auf das Leistungsversprechen der Marke verlassen kann. Als Maß hierfür kann die MAYA-Schwelle gelten.

Freilich gibt es auch Menschen, die gerade deshalb zur Marke geworden sind, weil sie sich nicht stimmig zeigen (z.B. Django Asül, Karl Dall).

9 Fazit

Es scheint gerechtfertigt, das Markenführungskonzept auf die Vermarktung der Leistung von Menschen auf Märkten anzuwenden. Zeitgemäß und am besten geeignet scheinen Identitätskonzepte zu sein, allen voran das Konzept der Identitätsorientierten Markenführung (vgl. Meffert/Burmann/Koers 2002). Den Identitätskonzepten liegt das Verständnis von Marken analog zu der Persönlichkeit von Menschen zugrunde. Bei näherer Betrachtung wird deutlich, daß Menschen und Marken in einem engen Erklärungszusammenhang stehen: Das Konstrukt der Marke kann auch auf die Leistungen des Menschen übertragen werden, und vice versa profitiert die Markenführung von der Analogie zum Menschen.

Als Erklärungskonstrukt für die Beziehung zwischen Menschen und Marken gilt das Vertrauenskonstrukt. In der Markenführung wird das entsprechende Begriffsverständnis aus den Sozialwissenschaften entlehnt. Aber auch in der Betriebswirtschaft wird das Vertrauenskonstrukt zunehmend Forschungsgegenstand, zum Beispiel in der Institutionenökonomie. Vertrauen läßt sich in einem systematischen und langfristigen Prozeß der Markenführung aufbauen und entwickeln. Jedoch setzt das langfristige Verhältnis auch voraus, dem Abnehmer Abwechslung zu bieten, die eine individuelle Schwelle nicht übersteigen darf.

Da künftig immer mehr Menschen ihre Leistung auf Märkten anbieten werden und für die Profilierung angemessene Konzepte erforderlich sind, wird das Markenführungskonzept eine zunehmend wichtige Rolle spielen.

Literatur

Aaker, David (1992), Management des Markenwerts, Frankfurt/New York.

Aaker, David/Erich Joachimsthaler (2001), Brand Leadership, München.

Aaker, Jennifer L. (1999), Dimensionen der Markenpersönlichkeit, in: Franz-Rudolf Esch (Hg.), Moderne Markenführung, Wiesbaden, S. 91-102.

Achterholt, Gertrud (1992), Corporate Identity – In 10 Arbeitsschritten die eigene Identität finden und umsetzen, Wiesbaden.

Amor, Daniel (2000), Die E-Business (R)Evolution, Bonn.

Arnold, Sabine R./Christian Fuhrmeister/Dietmar Schiller (Hg.) (1998), Politische Inszenierung im 20. Jahrhundert: Zur Sinnlichkeit der Macht, Wien/Köln/Weimar.

Behrendt, Beate/Roxana Panetta (2003), David Bowie – die Chamäleon-Marke, in: Dieter Herbst (Hg.), Der Mensch als Marke, Göttingen, S. 269-290.

Bockris, Victor (1989), Andy Warhol, München.
Branson, Richard (1999), Business ist wie Rock 'N Roll. Die Autobiographie des Virgin-Gründers, Frankfurt/New York.
Dialoge 4 (2001), Stern-Verlag, Hamburg.
Dichtl, Erwin/Walter Eggers (Hg.) (1992), Marke und Markenartikel, München.
Döhring, Nicola (2003), Websites von Politikerinnen und Politikern, in: Dieter Herbst (Hg.), Der Mensch als Marke, Göttingen, S. 359-382.
Ewert, Christoph (1993), Personality Marketing, Zürich.
Faulstich, Werner/Helmut Korte/Stephen Lowry/Ricarda Strobel (1997), „Kontinuität" – zur Imagefundierung des Film- und Fernsehstars, in: Werner Faulstich/Helmut Korte (Hg.), Der Star – Geschichte, Rezeption, Bedeutung, München, S. 11-29.
Franck, Georg (1998), Ökonomie der Aufmerksamkeit. Ein Entwurf, München/Wien.
Frey, Siegfried (1999), Die Macht des Bildes. Der Einfluß der nonverbalen Kommunikation auf Kultur und Politik, Bern u.a.
Haedrich, Günter/Torsten Tomczak (1996), Strategische Markenführung, Bern et al.
Hagendorf, Jens/Alexandra Prümke (2003), Vermarktung von Prominenten – Interviews mit Experten, in: Dieter Herbst (Hg.), Der Mensch als Marke, Göttingen, S. 191-216.
Häusler, Jürgen (1998), Mit den Augen des Kunden, in: Klaus Merten/Reiner Zimmermann (Hg.), Das Handbuch der Unternehmenskommunikation, Köln, S. 169-178.
Hellmann, Kai-Uwe (2003), Soziologie der Marke, Frankfurt/M.
Herbst, Dieter (2002a), eBranding – starke Marken im Netz, Berlin.
Herbst, Dieter (2002b), Gemeinsam stark: Integriertes Identitätsmanagement für starke Konsumentenbindung, in: Axel Mattenklott/Alexander Schimansky (Hg.), Werbung. Strategien und Konzepte für die Zukunft, München, S. 14-37.
Herbst, Dieter (Hg.) (2003a), Der Mensch als Marke, Göttingen.
Herbst, Dieter (2003b), Corporate Identity, 2. völlig überarbeitete Auflage, Berlin.
Herbst, Dieter (2005), Der Weg zum Star. Unveröffentlichtes Manuskript, Berlin.
Herbst, Dieter/Franziska Feichter (2005), Die Praxis als Persönlichkeit, in: Sabine Nemec/Helmut Börkircher (Hg.), Die Praxis als Marke – Markenführung im Gesundheitsmarkt – erfolgreiche Strategien zur Kunden-Gewinnung und -bindung, nichtveröffentlichtes Manuskript (i.E.).
Herzberg, Miriam (2003), Fußballer als Marke, in: Dieter Herbst (Hg.), Der Mensch als Marke, Göttingen, S. 331-358.
Höselbarth, Frank/Rupert Lay/Jean-Christophe Ammann (Hg.) (2001), Branding für Unternehmensberatungen. So bilden Sie eine Wissensmarke, Frankfurt/M.
Kapferer, Jean-Noel (1992), Die Marke: Kapital des Unternehmens, Landsberg am Lech.
Keller, Ingrid (1990), Das CI-Dilemma, Wiesbaden.
Kepper, Gaby (1996), Qualitative Marktforschung. Methoden, Einsatzmöglichkeiten und Beurteilungskriterien, Wiesbaden.
Knieper, Thomas/Marion G. Müller (Hg.) (2004), Visuelle Wahlkampfkommunikation, Köln.
Köhler, Richard/Wolfgang Majer/Heinz Wiezorek (Hg.) (2001), Erfolgsfaktor Marke, neue Strategien des Markenmanagements, München.
Koppelmann, Udo/Kristina Brodersen/Michael Volkmann (2002), Variety Seeking: Wie Sie von der Neugier Ihrer Kunden profitieren, in: Absatzwirtschaft, Nr. 1, S. 44-47.

Kotler, Philip (1989), Marketing-Management: Analyse, Planung und Kontrolle, 4. völlig neubearbeitete Auflage, Stuttgart.
Krzeminski, Michael/Clemens Neck (Hg.) (1994), Praxis des Social Marketing. Erfolgreiche Kommunikation für öffentliche Einrichtungen, Vereine, Kirchen und Unternehmen, Frankfurt/M.
Leven, Wilfried (2004), Was ist eine Marke?, in: Dirk-Mario Boltz/Wilfried Leven (Hg.), Effizienz in der Markenführung, Hamburg, S. 12-31.
Linxweiler, Richard/MTP e.V. Alumni (Hg.) (1999), Marken-Design – Marken entwikkeln, Markenstrategien erfolgreich umsetzen, Wiesbaden.
Loewy, Raymond (1979), Industrie-Design Raymond Loewy, New York.
Luhmann, Niklas (1989), Vertrauen. Ein Mechanismus zur Reduktion von Komplexität, Stuttgart.
Meffert, Heribert (1998), Marketing. Grundlagen der Absatzpolitik, Wiesbaden.
Meffert, Heribert/Christof Burmann (1996), Identitätsorientierte Markenführung. Grundlagen für das Management von Markenportfolios. Wissenschaftliche Gesellschaft für Marketing und Unternehmensführung e.V., Arbeitspapier Nr. 100, Münster.
Meffert, Heribert/Christoph Burmann/Martin Koers (Hg.) (2002), Markenmanagement, Grundlagen der identitätsorientierten Markenführung, Wiesbaden.
Meffert, Heribert (1989), Marketing: Grundlagen der Absatzpolitik mit Fallbeispielen: Einführung und Relaunch des VW-Golf, Wiesbaden.
Mellerowicz, Konrad (1963), Markenartikel – die ökonomischen Gesetze ihrer Preisbildung und Preisbindung, München/Berlin.
Meyer, Anton (Hg.) (1998), Handbuch Dienstleistungsmarketing, 2 Bände, Stuttgart.
Nessmann, Karl (2003), PR für Personen, in: Dieter Herbst (Hg.), Der Mensch als Marke, Göttingen, S. 161-180
Nieschlag, Robert/Erwin Dichtl/Hans Hörschgen (1991), Marketing. Einführung in die Lehre von der Absatzwirtschaft, 16. durchgesehene Auflage, Berlin.
Olsson, Peter (2003), Die Vermarktung von Prominenten, in: Dieter Herbst (Hg.), Der Mensch als Marke, Göttingen, S. 317-331.
Pflaum, Dieter /Wolfgang Pieper (1993), Lexikon der Public Relations, Landsberg am Lech.
Rotter, Julian B. (1967), A new Scale for the Measurement of Interpersonal Trust, in: Journal of Personality 35, S. 651-665.
Schimansky, Alexander (Hg.) (2004), Der Wert der Marke. Markenbewertungsverfahren für ein erfolgreiches Markenmanagement, München.
Schmitt, Bernd/Alex Simonson (1998), Marketing-Ästhetik, München/Düsseldorf.
Seidl, Conrad/Werner Beutelmeyer (1999), Die Marke ICH. So entwickeln Sie ihre persönliche Erfolgsstrategie, Wien.
Siller, Peter/Gerhard Pitz (Hg.) (2000), Politik als Inszenierung. Zur Ästhetik des Politischen im Medienzeitalter, Baden-Baden.
Spitzer, Manfred (2002), Lernen. Gehirnforschung und die Schule des Lebens, Heidelberg/Berlin.
Tomczak, Torsten/Marcus Schögel/Eva Ludwig (Hg.) (1998), Markenmanagement für Dienstleistungen, St. Gallen.

Sport wie Politik: ge*brand*markt!

Sport ist eine Welt für sich. Als zentral gilt die Leitdifferenz Gewinnen/Verlieren. Für das Publikum, die Sportbegeisterten, die Fans spielt sich Sport dabei vorrangig im Freizeitbereich ab, er dient der Zerstreuung, dem Ausgleich, der Lebensfreude. Für die Sportler und Sportfunktionäre sieht die Sache dagegen ganz anders aus. Hier geht es nicht bloß um Siege, Rekorde und Medaillen, sondern auch um viel Geld, um Senderechte, Transfersummen, Doping, Verbandsinteressen. Sport ist eben auch ein riesiger Markt, auf dem Milliarden umgesetzt werden. Besonders gut läßt sich dies beim Fußball beobachten.

Marc Sasserath stellt in seinem Beitrag eine eigene Studie vor, in der Fußballvereine als Marken untersucht wurden. Auf der Grundlage seines Marken-Wesen-Modells, das der menschlichen Persönlichkeit nachgebildet ist und mit der Unterscheidung Werte & Charakter, Leistungen & Eigenschaften und Manifestation/Erscheinung argumentiert, wurden die Vereine *Bayern München*, *Borussia Dortmund* und *Schalke 04* untersucht und jeweils auf ihre spezifischen Merkmale hin bestimmt. Im Anschluß daran geht es um die Befassung mit Fußball als solchem, insbesondere mit Blick auf die Weltmeisterschaft 2006 in Deutschland, denn auch unter diesem Gesichtspunkt kann die Markenthematik zur Anwendung kommen.

Helmut Schneider unternimmt in seinem Beitrag einen ganz ähnlichen Versuch, jedoch nicht auf Sport, sondern die Politik bezogen. Schneider präsentiert dazu Ergebnisse aus einem größeren Forschungsprojekt, in dem die „Markenhaftigkeit" von Politikern und Parteien anhand der identitätsorientierten Markentheorie von Heribert Meffert und Christoph Burmann untersucht wurde. Namen wie *Gerhard Schröder*, *Joschka Fischer* und *Angela Merkel* tauchen auf, aber auch die großen Parteien werden daraufhin diskutiert, in welchem Maße sie Kriterien wie Bekanntheit, Image, Differenziertheit etc. soweit erfüllen, daß man theoretisch von ihnen als Marken sprechen könnte. Zum Abschluß entwickelt Schneider mit dem GAP-Modell der identitätsorientierten Führung von Politikmarken am Beispiel der CDU eine Art Steuerungsinstrument, durch welches das Entsprechungsverhältnis zwischen Fremd- und Selbstbeschreibung hinsichtlich der Soll- und Ist-Erwartungen, das für jede Form von Marke und Markenführung bedeutsam ist, erfaßt wird. Sein Fazit lautet, daß sich am Beispiel der Politik durchaus zeigen läßt, inwiefern es in den letzten Jahren zu einer gleichzeitigen Erweiterung (*Broadening*) und Vertiefung (*Deepening*) nicht nur der Markenforschung, sondern auch der Befassung mit Marken jenseits des rein ökonomischen Bereichs gekommen ist.

Fußball ist unser Leben und König Fußball regiert die (Marken-)Welt!

Oder vom Sinn und Unsinn der Verbindung von Fußball und Marken

Marc Sasserath

Was bewegt die Menschen wirklich? Eigentlich doch nur wenige Phänomene. Eines davon hat eine große wirtschaftliche, aber auch kulturelle Bedeutung entwickelt: Marken. Ein weiteres besitzt heute eine globale Bedeutung, die allumfassend ist und vor nichts und niemandem halt macht: Fußball. Dementsprechend setzt sich der vorliegende Beitrag mit der Ausweitung der Markenzone in einem speziellen Bezugsrahmen auseinander: dem Fußball.

Der eigentliche Hintergrund ist wirtschaftlicher Natur. Basierend auf einem einzigartigen Markenmodell – dem patentierten Publicis · Sasserath MarkenWesen-Modell – werden nicht nur Marken im klassischen Sinne, also bezogen auf Wirtschaftsmärkte, untersucht, sondern auch Marken aus anderen Feldern unseres Lebens. Der Grundgedanke ist einfach: Partnerschaften zwischen Marken aus unterschiedlichen Bereichen zu bilden, die beiden (oder mehreren) Partnern helfen, ihre jeweiligen (Marken-)Ziele zu erreichen.

Der Beitrag gliedert sich wie folgt: zunächst eine Einführung in das Markenmodell MarkenWesen, sodann die Übertragung des MarkenWesen-Modells auf den Fußball, und schließlich die Präsentation der Erkenntnisse aus der Verbindung von Fußball und Marken auf die Markenentwicklung.

1 Einführung in das Markenmodell MarkenWesen

Das Ziel der Markenführung ist nach de Chernatony/McDonald (1998) simpel: „to develop a distinctive position in the customers' mental map of the market" oder, wie bereits Hans Domizlaff (1992) forderte, eine Monopolstellung in der Psyche der Verbraucher zu sichern. Um dieses hehre Ziel erreichen zu können, ist ein klares Markenmodell unabdingbar. Ein Markenmodell muß dabei unterschiedliche Anforderungen erfüllen:

- Es muß der Komplexität der Marke Rechnung tragen, gleichzeitig aber verständlich und nutzbar sein.

- Es muß stabil über Zeit und Maßnahmen sein, sich aber gleichzeitig dynamisch dem notwendigen Wandel anpassen können.
- Es muß ein strategisches Leitinstrument sein, gleichzeitig aber operationalisierbar in der Markenführung.

Im Ideal basiert die Markenentwicklung auf einer ganzheitlichen Markenstrategie. Dementsprechend ergibt sich ein Markenführungsmodell, bei dem das Markenmodell im Mittelpunkt aller Aktivitäten stehen muß. Nur so ist zu gewährleisten, daß in den Köpfen der Menschen ein klares Bild der Marke bzw. die „Ganzheit der Marke" entsteht, die den langfristigen Erfolg sicherstellt, so wie sie von Maucher propagiert wird.[1]

1.1 Das grundsätzliche Markenverständnis

Publicis · Sasserath versteht Marken wie menschliche Wesen. Schon Markenpionier Domizlaff bemühte diese Analogie zwischen Marke und Mensch, wenn er sagt, daß eine Marke ein Gesicht hat wie ein Mensch, und Werner Pepels (1997) stellte fest, daß klassische Marken Eigenschaften haben, wie man sie sonst nur Menschen zuerkennt.

Um das Wesen, die Persönlichkeit eines Menschen zu verstehen, muß man ihn als Ganzes betrachten. Dies gilt ebenso für Marken: Um ihr MarkenWesen zu verstehen, wird die Marke ganzheitlich betrachtet und analysiert. Dabei gibt es grundsätzlich zwei Betrachtungsebenen. Einerseits *deskriptiv-diagnostisch* die einzelne Marke betreffend: Wie läßt sich eine bestimmte Marke beschreiben? Was macht sie aus? Darüber hinaus gibt es eine für alle Marken gleichermaßen geltende *präskriptive* Ebene: Welches sind die generellen Kernparameter, die eine erfolgreiche Marke, d.h. ein erfolgreiches MarkenWesen, ausmachen und in die die einzelnen MarkenWesen-Merkmale letztlich einzahlen müssen?

1.2 Das MarkenWesen Modell

Wie bei der Beschreibung eines Menschen gibt es einerseits physische bzw. morphologische Merkmale (wie beim Menschen: Augenfarbe, Größe etc.). Diese werden im Weiteren als *Manifestationen* bezeichnet, also typische Signale und Symbole einer Marke. Andererseits gibt es psychologische Persönlichkeits-

[1] Diese Aussage nimmt Bezug auf die Äußerungen Mauchers anläßlich des G·E·M-Kamingesprächs am 8. Mai 2003.

merkmale und -eigenschaften, die sich wiederum in faktische *Leistungen* und *Eigenschaften*, wie Intelligenz beim Menschen, sowie emotionale *Werte* (alltagspsychologisch *Charakter*) untergliedern lassen. Die Dichotomie Psyche vs. Physis dient lediglich der besseren Beschreibung, keineswegs soll hier die Diskussion des Dualismus, der Trennung von Leib und Seele hinsichtlich Marken aufgeworfen werden. Im Gegenteil: Die Betrachtung einer Marke ist immer holistisch zu vollziehen, „Körper" und „Geist" bilden im holistischen MarkenWesen eine unzertrennliche Einheit. Wie die folgende Abbildung veranschaulicht, ergeben sich somit drei Dimensionen zur Beschreibung von MarkenWesen.

Abbildung 1: Das MarkenWesen Modell®

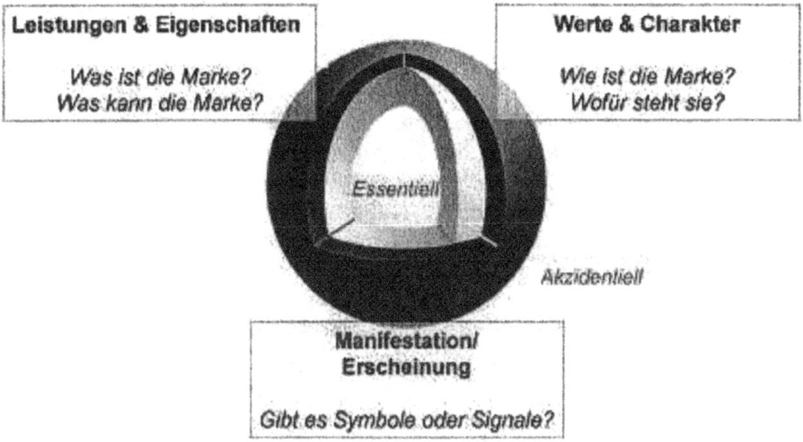

Das MarkenWesen stellt demnach in kompakter Form das Ergebnis der Markendiagnostik im Rahmen der Markenanalyse dar: Wie wird die Marke wahrgenommen? Welches MarkenWesen befindet sich in den Köpfen der Menschen? Dabei können die einzelnen Merkmale unterschiedliche Ausprägung besitzen. Die *essenziellen Merkmale* sind zentrale Bestandteile des MarkenWesens. Das kann so weit gehen, daß eine Marke ohne diese essenziellen Merkmale kaum vorstellbar ist, wie z.B. die Farbe „Magenta" und das Zeichen „T" als Manifestationen der Marke *Telekom*. Solche essenziellen Merkmale sollten in der Regel nicht verändert werden – zudem lassen sie sich auch nur schwer bzw. unter erheblichem Aufwand verändern (man braucht sich nur vorzustellen, wenn aus „Magenta" nun „Blau" werden sollte). *Akzidenzielle Merkmale* hingegen sind Merkmale, die zwar Bestandteil des MarkenWesens sind, allerdings eine weniger große Bedeutung besitzen und daher auch wesentlich leichter veränderbar sind. Zieht man erneut Manifestationen der Marke *Telekom* als Beispiel heran, wäre hier der virtuelle Präsenter Robert T. Online zu nennen; als Manifestation z.Z. zwar durchaus präsent, allerdings mit deutlich weniger Einfluß auf die Wahrnehmung der Marke *Telekom* als Ganzes. Vermutlich vergäße man ihn einfach wieder, ohne daß sich die Wahrnehmung der *Telekom*-Marke dadurch deutlich ändern würde.

Diese drei vorher definierten Beschreibungsdimensionen des MarkenWesens dienen als Bezugsrahmen bei der Markenanalyse. Das Wesen einer Marke wird also über Merkmale dieser drei Kategorien in ihrer Ganzheitlichkeit erfaßt und beschrieben (üblicherweise aus Sicht der Zielgruppe). Darüber hinaus ist es jedoch wichtig, im Rahmen der Markenanalyse auch generelle Parameter der Markenstärke zu erfassen. So gibt es hinsichtlich der *präskriptiven Vorhersagekraft* der Stärke einer Marke bzw. ihres MarkenWesens Parameter, die Markenpräferenz bzw. -loyalität bestimmen. Während unterschiedliche Marken bezüglich ihrer sie konstituierenden Merkmale anhand von Leistungen und Eigenschaften, Werten und Charakter sowie Manifestationen anschaulich und vollständig beschrieben werden können, müssen diese letztlich einem „großen Ganzen" dienen, nämlich Präferenz und Loyalität in der jeweiligen Zielgruppe erzeugen. Denn auch die „schönste" Marke nützt nichts, wenn sie nicht auch ihren eigentlichen Sinn und Zweck erfüllt und möglichst intensive und dauerhafte Beziehungen zu den Menschen ihrer Zielgruppe aufzubauen vermag.

Die Entwicklung dieser Parameter stützt sich auf die Persönlichkeitspsychologie. Die beiden zentralen Aspekte des Persönlichkeitsbegriffs sind die *Einzigartigkeit* der Kombination einzelner Persönlichkeitsmerkmale, d.h. *Individualität* sowie eine gewisse *Konsistenz* (vgl. Phares/Chaplin 1997). Entsprechend gilt dies auch für Marken bzw. MarkenWesen. Individualität und Konsistenz sind unabdingbare Voraussetzungen, damit eine Marke überhaupt als starke Persönlichkeit wahrgenommen wird. Im Unterschied zur menschlichen Persönlichkeit, der diese beiden Parameter inhärent sind, werden Marken von außen kreiert und geschaffen, demnach müssen diese beiden Parameter der Stärke des MarkenWesens bewußt und gezielt entwickelt werden. Allerdings kann – insbesondere bei schon lange bestehenden Marken – das MarkenWesen, das in den Köpfen der Menschen existiert, eine solch starke Eigendynamik besitzen, daß dieses nicht völlig willkürlich entwickelbar wäre.

Da Marken jedoch nicht allein zum Selbstzweck existieren, sondern immer ein kommerzielles Ziel verfolgen, beziehen sich zwei weitere Parameter der Markenstärke auf die Qualität der Beziehung zu den Menschen (und potenziellen Käufern). Hier gelten die gleichen Determinanten für Anziehung wie bei interpersonalen Beziehungen: *Attraktivität* und *Vertrautheit.* Somit ergeben sich, wie auch die folgende Abbildung zeigt, zusätzlich zu den drei inhaltlichen Beschreibungsdimensionen, vier Parameter, die die Stärke einer Marke und somit die Stärke des MarkenWesens ausmachen (vgl. Abb. 2):

Abbildung 2: Drei deskriptive Dimensionen, vier präskriptive Parameter

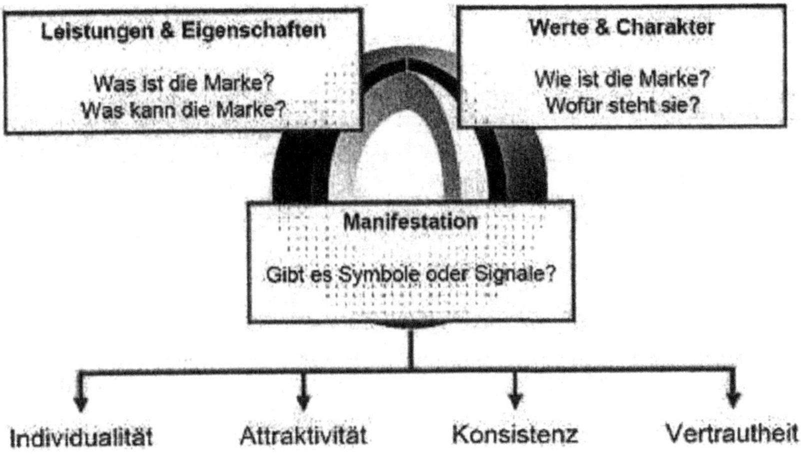

- *Attraktivität*: Die Marke muß für ihre Zielgruppe Relevanz besitzen.
- *Individualität*: Die Marke muß sich von ihren Wettbewerbern differenzieren.
- *Konsistenz:* Die Marke muß sich zu jedem Zeitpunkt und über alle Maßnahmen konsistent verhalten.
- *Vertrautheit:* Die Marke muß in ihrer Zielgruppe Bekanntheit besitzen, darüber hinaus Vertrautheit vermitteln.

Im Folgenden sollen die vier MarkenWesen-Parameter näher beschrieben werden.
(1) *Individualität*: Individualität bedeutet für eine Marke, daß sie sich auf dem Markt und gegenüber ihren Wettbewerbern klar und deutlich differenziert, also hinsichtlich der deskriptiven Merkmale ein ganz individuelles und unverwechselbares MarkenWesen in den Köpfen der Menschen hervorruft. Dies wird heutzutage immer schwieriger, wie schon am Anfang des Artikels dargelegt wurde. Auch die Kommunikation unterliegt dieser Bedingung: Man betrachte bspw. Bierwerbung: Natur, Frische und Geschmack sind die Attribute, die die Kommunikation fast ausnahmslos charakterisieren, was zur Folge hat, daß 65 Prozent

der Deutschen finden, daß Bierwerbung immer ähnlicher wird.[2] Für den Marktführer, der diese Merkmale perfekt besetzt, ist das kein Problem. Doch was ist mit der Abgrenzung und Profilierung der vielen anderen Biermarken?

(2) *Konsistenz*: Konsistenz bedeutet, daß sich die Marke zu jedem Zeitpunkt – auch über einen längeren Zeitraum hinweg – und über alle Maßnahmen konsistent verhält: Sie muß sich selbst treu bleiben. Menschen sind bekanntlich allzeit bestrebt, Konsistenz in ihrer Wahrnehmung zu schaffen, ganz gleich, ob es ihre eigene Person oder andere betrifft. Sie sind also bestrebt, beobachtetes Verhalten, Aussehen, Äußerungen etc. anderer Menschen zu einem stimmigen Gesamtbild zusammenzufügen, um so zukünftiges Verhalten vorhersagen zu können. Dabei werden fehlende Details unter Zuhilfenahme „impliziter Persönlichkeitstheorien" ergänzt (vgl. Asch 1946). Und genau das passiert auch bei der Markenwahrnehmung, d.h. Menschen kombinieren einige erhältliche Merkmale und Informationen, „vervollständigen" diese und versuchen so, zukünftiges Markenverhalten vorherzusagen. Im Falle von Marken entspricht dieses zukünftige Verhalten den rationalen und emotionalen Benefits: Hält die Marke, was sie verspricht? Enttäuscht sie nicht? Aber auch: Kann man sich auf sie verlassen? Erkennt man sie schnell und einfach wieder? Das heißt nicht, daß sie nicht überraschen darf. Im Gegenteil! Denn wie auch in zwischenmenschlichen Beziehungen liegt der Reiz in der perfekten Kombination aus Bekanntem, Vertrautem und dennoch Neuem. Das bedeutet, daß die Marke an unterschiedlichen Kontaktpunkten durchaus in unterschiedlicher Gestalt und mit unterschiedlichen Botschaften auftreten kann und dennoch als eine Marke wahrgenommen wird (solange die Divergenz nicht zu groß ist).

(3) *Attraktivität*: Attraktivität bedeutet, daß eine Marke für ihre Zielgruppe Relevanz besitzt und begehrlich ist. Im Idealfall wird sie bewundert und geliebt. Auch bei zwischenmenschlichen Beziehungen spielt anfängliche Attraktion eine Schlüsselrolle, und eine Vielzahl von Untersuchungen belegt den Einfluß von Attraktivität auf die Wahrnehmung und Urteilsbildung (vgl. Snyder et al. 1977; Buss 1994). Aus anfänglicher Attraktion entstehen Beziehungen, in denen dann auch der Austausch von Belohnungen eine Rolle spielt. Das MarkenWesen sollte demnach Merkmale besitzen, die für seine Zielgruppe hochgradig relevant und attraktiv erscheinen – also vielversprechend sind, was die „Belohnung" für die Aufnahme der Beziehung angeht. Idealerweise trifft dies nicht nur auf einzelne Merkmale, sondern das MarkenWesen als Ganzes zu.

(4) *Vertrautheit*: Weiterhin muß die Marke vertraut sein. Vertrautheit geht über Bekanntheit hinaus. Die Marke muß dem Menschen „nahe stehen". Vertrautheit

---

[2] Die Ergebnisse stammen aus einer bevölkerungsrepräsentativen Umfrage von TNS emnid im Auftrag von Publicis · Sasserath Brand Consultancy im September 2001.

kann durch Gewöhnung entstehen, wenn die Marke eine Person über lange Zeit begleitet oder sehr häufig anwesend ist und so unverzichtbar wird. Eine Marke kann aber auch sofort das Gefühl auslösen, genau für die Person gemacht zu sein – ohne daß dem eine längere Annäherungsphase vorausgeht.

Individualität und Konsistenz sowie Attraktivität und Vertrautheit machen die Stärke des MarkenWesens aus. Ein MarkenWesen, das über bestimmte Leistungen und Eigenschaften, Werte und Charakter sowie Manifestationen inhaltlich definiert ist, muß in seiner Gesamtheit folglich Individualität, Attraktivität, Konsistenz und Vertrautheit vermitteln. Und dies gilt für jedmögliche ihrer menschlichen Bezugsgruppen. Das sind nicht nur die Zielgruppen im klassischen Sinne wie Kunden bzw. Nicht-Kunden, sondern auch Arbeitnehmer und potenzielle Mitarbeiter („High Potentials"), die Financial Community, Vertriebspartner, Medienvertreter und die Öffentlichkeit.

Auch wenn die Beziehungen zum MarkenWesen unterschiedlicher Art sind, so ist das Ziel der Markenführung letztlich für alle Bezugsgruppen gleich: *die Schaffung von Präferenz und Loyalität.* Dies sind die Kriterien der Markenstärke, orientiert an „harten" betriebswirtschaftlichen Daten – also Erstkauf und Wiederkaufsrate. Ermittelt man die MarkenWesen-Stärke für spezifische Zielgruppen, so sind Präferenz und Loyalität unterschiedlich zu operationalisieren. Für den Arbeitsmarkt, insbesondere High Potentials, könnte Präferenz über die Präferenz für einen potenziellen Arbeitgeber und Loyalität über die Verweildauer oder Identifikation mit dem Unternehmen gemessen werden. Publicis · Sasserath geht davon aus, daß eine möglichst hohe Ausprägung aller vier Parameter notwendig ist, damit eine Marke zu ihrer Zielgruppe eine dauerhafte Beziehung aufbaut und hält und so kommerziell erfolgreich ist. Das niedrige Niveau eines Faktors läßt sich danach nicht durch die überdurchschnittliche Performance eines anderen Faktors kompensieren.

2 Die Übertragung des MarkenWesen-Modells auf den Fußball

Bereits seit mehreren Jahren beschäftigt sich Publicis · Sasserath mit der Erforschung des Phänomens Fußball aus markenanalytischer und -strategischer Sicht. Die zunehmende Kommerzialisierung des Sports und das verstärkte, wenngleich oft recht unstrategische Engagement von Unternehmen in der Welt des Fußballs führten zu zwei voneinander unabhängigen Forschungsprojekten, die Marken und Fußball miteinander verknüpften.

Die erste Studie entstand Ende 2002/Frühjahr 2003 durch die Kooperation von MAB, einer Sponsoringagentur, dem Deutschen Sportfernsehen DSF und der Markenberatung Publicis · Sasserath und hatte den Untersuchungsgegenstand „Fußballvereine als Marken“. In acht Gruppendiskussionen wurden an vier unterschiedlichen Standorten die Themenbereiche *Fußball, Fußball-Erleben, Vereine als Marken, Sponsoring und Markenpartnerschaften* exploriert.

Die zweite Studie entstand im Sommer/Herbst 2004 in der Kooperation des qualitativen Forschungsinstituts *rheingold* mit der Markenberatung Publicis · Sasserath und hatte das Untersuchungsziel, die Faszination Fußball für die Menschen in möglichst vielen Facetten zu verstehen. Der methodische Ansatz verband drei unterschiedliche qualitative Forschungsmethoden:

1. *Context Analysis*™ – ein ethnographischer Ansatz der Publicis-Gruppe, der in 32 Ländern weltweit durchgeführt wurde.
2. *BR+D* – eine Workshop- und Beobachtungsmethode von Publicis · Sasserath in Deutschland.
3. *Morphologische Tiefeninterviews* – etwa 140 tiefenpsychologische Einzelexplorationen, die vom *rheingold*–Institut für qualitative Markt- und Medienanalysen in Deutschland durchgeführt und ausgewertet wurden.

2.1 Fußballvereine als Marken

Die Bivalenz der Fußballvereine in wirtschaftlicher Hinsicht spielt in der Betrachtung von Fußballvereinen als Marken eine große Rolle. Was ist mit Bivalenz gemeint? Auf der einen Seite stellen Fußballvereine an sich Wirtschaftsunternehmen dar, die ihre Marken – also die Vereinsmarke(n) selbst – nach wirtschaftlichen Maßstäben führen sollten. Auf der anderen Seite sind sie „Plattformen“ für Sponsoren, um die „klassischen“ Marken bei der Zielerreichung zu unterstützen. Diese gleichgewichtige Betrachtung der Bivalenz führt dazu, daß markenstrategisch Fußballvereine mit „klassischen“ kommerziellen Marken auf eine Ebene gestellt werden. Dementsprechend ist die Perspektive eines Markenengagements immer eine partnerschaftliche Beziehung zwischen Fußballverein und Marke (vgl. Abb. 3).

Abbildung 3: Die strategische Entwicklung der Marke

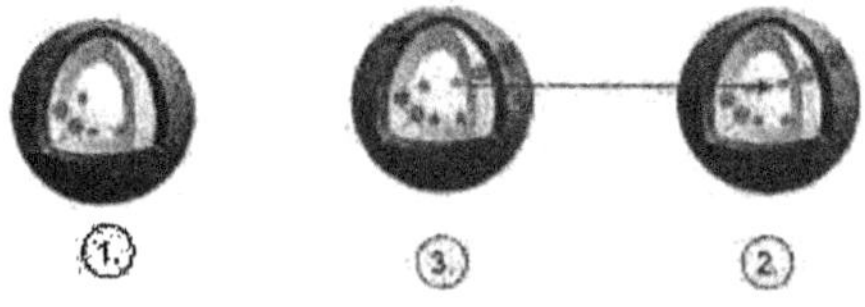

Im Folgenden werden prototypisch drei Vereine anhand des Marken-Wesen-Modells als Marken dargestellt. Zur grundsätzlichen Positionierung der Fußballvereine als Marken zeigt sich in der qualitativen Auseinandersetzung ein zweidimensionaler Erklärungsraum, der sich über die unterschiedlichen Ebenen des Fußballerlebens bis zur Wahrnehmung der Vereine zieht. Vordergründig stellen diese zwei Dimensionen ein Spannungsverhältnis dar – tatsächlich bilden sie die Grundlage der Positionierung der Vereine. Die erste Erklärungsdimension ist die Ursprünglichkeit, die zweite die Professionalisierung (vgl. Abb. 4).

Abbildung 4: Der zweidimensionale Positionierungsraum der Fußballvereine

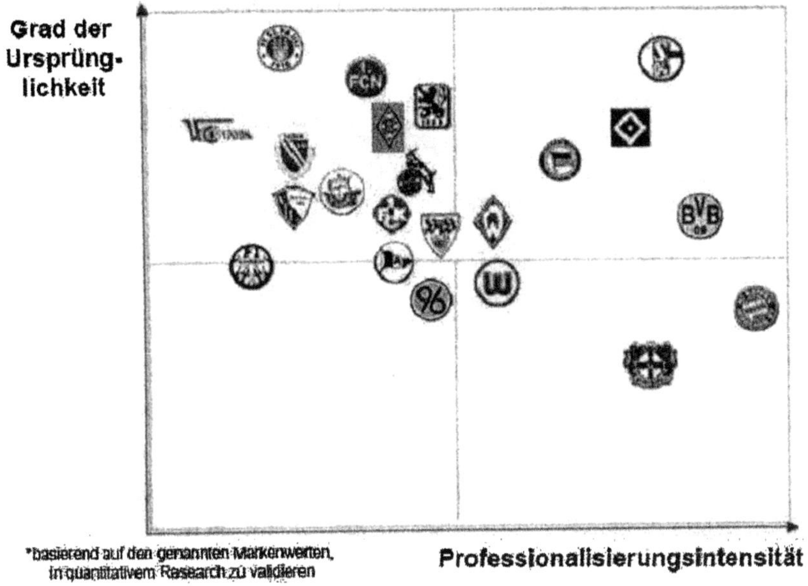

2.1.1 FC Bayern München

Der *FC Bayern München* ist eine hochattraktive und individuelle Marke, die ein hohes Maß an Konsistenz aufweist. Wie man in Abbildung 5 der Darstellung des MarkenWesens des *FC Bayern München* entnehmen kann, sind die Leistungen und Eigenschaften des *FC Bayern* sehr stark von sportlichem und unternehmerischem Erfolg geprägt – kein anderer Verein erreicht diese einzigartige Position. Interessanterweise werden Werte und Charakter jedoch als sehr faktisch und kalt wahrgenommen. Der *FC Bayern* ist keine besonders emotional geprägte Marke, sondern eher eine rational-professionelle und große Marke, die in der Zuordnung der Probanden durch Marken wie die Deutsche Telekom oder die Deutsche Bank beschrieben wird. Reich ist der FC Bayern an Manifestationen: Die Spieler und Managerpersönlichkeiten Hoeneß und Beckenbauer verkörpern die Marke ebenso wie die Farbkombination Rot/Blau und das Land Bayern (vgl. Abb. 5).

Abbildung 5: MarkenWesen FC Bayern München

2.1.2 Borussia Dortmund

Ein ganz anderes Profil weist dagegen *Borussia Dortmund* auf: Faktisch betrachtet ein Verein mit hohem Potential, in bezug auf Werte und Charakter aber wesentlich emotionaler als beispielsweise der *FC Bayern. Borussia Dortmund* wird als zielstrebig/ehrgeizig auf der einen und jung/dynamisch/modern auf der anderen Seite wahrgenommen. In Bezug auf Manifestationen spielen Farben eine große Rolle: Die Kombination Gelb/Schwarz symbolisiert *Borussia Dortmund.* Interessanterweise taucht nur eine Person bei Manifestationen auf: Matthias Sammer (der zu dieser Zeit Trainer war). Eine andere Marke besitzt sogar extreme Präsenz, der Hauptsponsor E-ON (vgl. Abb. 6).

Abbildung 6: MarkenWesen Borussia Dortmund

2.1.3 FC Schalke 04

Der Lokalkonkurrent zu Dortmund, *Schalke* 04, zeigt ebenfalls ein eigenständiges Profil. Hier findet sich eine Marke, die noch eine wesentlich größere Ursprünglichkeit aufweist. *Schalke* 04 ist ein Traditionsclub in Blau/Weiß, der eine große Fangemeinde anzieht, die sich mit „ihrem" Verein identifiziert. Dies zeigt sich insbesondere in bezug auf Werte und Charakter: Die Basis von stolzem, ehrlichem Arbeiterethos und Tradition wird kämpferisch angereichert durch eine starke Zukunftsorientierung. Die Marke entwickelt sich evolutionär aus ihrem Ursprung heraus. Manifestationen wie die Arena auf Schalke und Rudi Assauer verkörpern diese Kombination von echter Ursprünglichkeit mit Zukunftsorientierung: Eine Marke, die eine hohe Attraktivität und Individualität aufweist, die sich entwickelt, ohne inkonsistent zu sein oder an Vertrautheit zu verlieren (vgl. Abb. 7).

Abbildung 7: MarkenWesen FC Schalke 04

Die Darstellung dieser drei Marken verdeutlicht den Reichtum der Analyse. Die Diskussion, ob es sich bei diesen Vereinen um Marken handelt, stellt sich nicht. Jeder der drei dargestellten Vereine verfolgt wirtschaftliche Interessen und bewegt sich in einem Wettbewerb um die Gunst der Zielgruppen. Gleichzeitig machen diese drei Marken deutlich, wie die Sponsoren sich bei guter Passung durchsetzen können (wie das Beispiel E-ON zeigt), in anderen Fällen aber auch die Marke relativ unbelastet lassen. In Fällen mit geringer Passung gibt es keinen Zusammenhang zwischen den Partnern. In diesen Fällen ist die Frage zu stellen, wie sinnhaft tatsächlich das Engagement einer Marke im Fußball war beziehungsweise ist.

2.2 Die Bedeutung des Fußballs für die Gesellschaft

Die vorliegende Untersuchung aus dem Jahr 2004 versucht, ein grundsätzliches Verständnis über die Bedeutung des Fußballs für die Gesellschaft zu entwickeln. Vor dem Hintergrund der Fußball-Weltmeisterschaft 2006 wurden unterschiedliche komplementäre qualitative Forschungsansätze genutzt, die sowohl eine nationale als auch internationale Betrachtung erlauben.

2.2.1 Die Kernergebnisse der morphologischen Analyse

Die durch das Marktforschungsunternehmen *rheingold* in Deutschland durchgeführten morphologischen Explorationen zeichnen ein klares Bild von der Bedeutung des Fußballs für die Deutschen im Allgemeinen und der Fußball-Weltmeisterschaft 2006 im Besonderen. Das Institut faßt die Kernerkenntnis wie folgt zusammen:

> Die Fußball-WM 2006 wird von den Deutschen als große Chance gesehen, einen Neustart zu schaffen. Erinnerungen an 1954, an das „Wunder von Bern" werden wach, als nach dem Gewinn der WM ein Ruck durch das Land ging und Deutschland nach dem Krieg erstmals aus seiner tiefen Depression erwachte. Heute sind die Gründe für die anhaltend schlechte Stimmung im Land bekanntlich andere: die Wirtschaftskrise, der Globalisierungsdruck, die Wiedervereinigungsproblematik und ein nach wie vor gebrochenes Verhältnis zum Nationalen.
> Der Fußball bietet sich als Plattform für die hochgesteckte Erwartungshaltung bestens an. Er bietet aus psychologischer Sicht ein intensives „Erleben von Unmittelbarkeit", stellt Einheit und Nähe her und bietet durch ein starkes Gefühl von Zugehörigkeit und Zusammenhalt regelrecht Nestwärme. Hier kann man sein eigenes Ego vorübergehend aufgeben und in der Masse aufgehen. Hier darf man Leidenschaft, Freude, Wut und Trauer ausleben, hier dürfen auch Männer offiziell weinen. Fußball wird auf persönlicher und gemeinschaftlicher Ebene zum Freibrief, sich einfach mal zu geben, wie man will.
> Gerade der Fußball bietet diese Möglichkeiten: unser Leben ist geprägt von Absicherungen, Stabilität und Berechenbarkeit, aktuell von wirtschaftlicher und gesellschaftlicher Erstarrung, die Menschen verspüren einen Reformstau gleich auf mehreren Ebenen. Der Verlust des Unmittelbaren ist groß, Gemeinschaftserleben und soziale Einheiten brechen weg, intensive Emotionalität ist tabuisiert, es herrscht Anpassungsdruck und Gehemmtheit.
> Fußball aber macht eine Gegenwelt möglich. Immer mehr Menschen spüren den Wunsch, sich auf die Wechselhaftigkeiten des Lebens einzulassen und Wagnisse einzugehen. Sie spüren, daß es ohne diese Wagnisse, ohne ein gewisses Risiko nicht weitergeht, sie wenden sich gegen den allgemeinen Stillstand. Fußball macht all diese Erfahrungen möglich, weil er einerseits unvorhersehbare Wendungen hat, andererseits aber auch einen umgrenzten und überschaubaren Bereich (Spielfeld, Regeln) bietet. Fußball ermöglicht quasi ein „Probeschnuppern an der Wechselhaftigkeit des Lebens", um aus der aktuellen Alltagskultur auszubrechen.[3]

Dementsprechend bildet also die Unmittelbarkeit den Hauptaspekt der Attraktivität des Fußballs. Unmittelbarkeit zieht die Menschen an und begeistert sie für den Fußball. Marken, die sich in diesem Kontext positionieren und etablieren,

[3] Hier handelt es sich um die offizielle Zusammenfassung des *rheingold*-Institutes, Köln, zur Kooperationsstudie „Fußball ist unser Leben!".

müssen sich also der Unmittelbarkeit stellen und eine für sie passende Rolle im Gesamterleben des Fußballs einnehmen.

2.2.2 Die Ergebnisse der internationalen Context Analysis™

Context Analysis™ ist ein qualitativer Forschungsansatz der Publicis-Gruppe, der seinen Ursprung in der Ethnographie hat. Strömungen und Tendenzen in der Gesellschaft werden anhand der Berichterstattung in den Medien dargelegt und analysiert. Im vorliegenden Fall wurden die Printmedien in 32 Ländern über einen Zeitraum von drei Monaten im Spätsommer/Herbst 2004 zum Themenfeld Fußball ausgewertet.

Aus der Analyse ergaben sich zwei übergreifende Erkenntnisse: Erstens besitzt das Thema Fußball in allen analysierten Ländern eine hohe Relevanz – obwohl in manchen Ländern Fußball als praktizierter Sport keine allzu große Bedeutung hatte. Zweitens lassen sich grundsätzlich fünf grundlegende Spannungsfelder identifizieren. Diese fünf Spannungsfelder werden im Folgenden aufgeführt und erläutert: 1. Nationales Erleben und meta-nationale Vereinigung; 2. Männliche Domäne und weibliche Interessen; 3. Soziales „Miteinander“ und klassisches Heldentum: 4. Massenbewegung und Trendiness; 5. Ursprünglichkeit und „Hoch“-Kommerz. Interessanterweise schafft der Fußball die Verbindung dieser scheinbaren Gegensätze.

2.2.2.1 Fußball schafft die Verbindung von nationalem Erleben und meta-nationaler Vereinigung

Fußball ist eine recht archaische Art der Auseinandersetzung. Zwei Mannschaften kämpfen gegeneinander. Die Regeln sind einfach. Die Zeit des Spiels begrenzt. Die Schlacht recht unblutig. Im Fußball können selbst Nationen, die eigentlich ein belastetes Verhältnis zur nationalen Identität haben, ihre Nationalität voll ausleben. Gesänge, Flaggen und Uniformen, wichtige Manifeste der Nation, kommen zum Einsatz und zeigen dem Gegner und dem eigenen Volk, daß man als Zuschauer und Nationalvertreter gleichzeitig da ist und zusammensteht (vgl. Abb. 8).

Abbildung 8: Context Analysis™ „Flagge zeigen“

In der weiteren Analyse zeigt sich deutlich die martialische Darstellung und verbale Beschreibung der Auseinandersetzung auf dem Schlachtfeld (vgl. Abb. 9).

Abbildung 9: Der zweidimensionale Positionierungsraum Fußball

Zusätzlich kann man aber nicht nur seine eigene Nationalität ausleben, sondern auch kurzzeitig in eine Wunschnationalität eintauchen. So ist bspw. der rasante Abverkauf italienischer und brasilianischer Fußballtrikots ein Indiz für die Attraktivität dieser Leihidentität, mit der man sich quasi in eine andere Markenidentität mit dem MarkenWesen der neuen Marke – in oben genannten Beispielen „Brasilien" oder „Italien" – hineinversetzen kann.

Das nationale Element ist jedoch nur die eine Seite der Betrachtung. In der Analyse der Medien kam klar zum Ausdruck, daß der Fußball ein die Nationen verbindendes Element hat: Ausländer, die in fremden Ligen spielen oder sogar fremde Nationalmannschaften trainieren, sowie Spieler, die nicht mehr die Nationalität ihrer eigenen Vorfahren besitzen und so die Nation „multikulturalisieren".

Diese Internationalisierung stellt aber nur eine Facette dar – das gemeinsame Fußballerleben wird zu einem über- oder meta-nationalem Erleben. Dieses meta-nationale Erleben wurde bei der Eröffnung der vergangenen EM 2004 in Portugal deutlich bei Eröffnung und Abschlußveranstaltung dokumentiert.

Der Fußball schafft die unmittelbare Verbindung von nationaler Identität und meta-nationalem Erleben. Marken wie *Coca-Cola*, *McDonald's* oder *adidas* spiegeln dies klar erkennbar und erfolgreich wider, indem sie ihre Herkunft nicht verleugnen, aber trotzdem meta-national verbindend sind. Durch ihre unmittelbare Verbindung zum Fußball sind sie dementsprechend auch international wirtschaftlich – im Kontext von Fußball und darüber hinaus – erfolgreich.

2.2.2.2 Fußball schafft die Verbindung der letzten männlichen Domäne mit weiblichen Interessen

Fußball war traditionell eine männliche Bastion. Ein körperbetontes Mannschaftsspiel mit einer gewissen Härte. Männer bevölkerten die Stadien und konnten dort ihre Gefühle ausleben: tanzen, singen, schreien, weinen und dies alles, ohne vor (ihren) Frauen das Gesicht zu verlieren. Als Experten konnten sie sich mit Gleichgesinnten treffen und ihre Söhne in das „wahre Leben" einführen.

Doch die Welt hat sich verändert. Frauen erobern den Fußball. 2003 und 2004 waren die deutschen Fußballerinnen beispielsweise viel erfolgreicher als ihre männlichen Kollegen. Auch in der Kultur spiegelt sich die Entwicklung wider. Der international erfolgreiche Film „Kick it like Beckham" portraitiert eine junge indisch-stämmige Fußballerin in Großbritannien. Selbst in der Werbung haben die Fußballerinnen Einzug gehalten (*Always*).

Das gemeinsame Erleben schafft dann doch wieder die Verbindung. Der Fußball stellt eine unmittelbare Verbindung zwischen den Geschlechtern und deren Interessen her.

2.2.2.3 Fußball schafft die Verbindung von sozialem „Miteinander" und klassischem Heldentum

Viele Länder zeigen, daß Fußball eine sozialisierende Wirkung hat. Als Mannschaftssport vermittelt er Disziplin und Miteinander. Man lernt, sich aufeinander zu verlassen und gemeinsam für ein Ziel zu kämpfen. An vielen Stellen werden Fußball-Internate eröffnet, die nicht nur sportliche Höchstleistungen fordern, sondern gleichzeitig Erziehungseinrichtungen sind.

Parallel dazu läßt der Fußball Helden entstehen. Herkunft spielt hier nur eine untergeordnete Rolle – was zählt, sind Fähigkeiten und Leistungen. Der Fußball bringt immer wieder Helden hervor wie Maradona, Netzer oder Beckenbauer. Diese Helden scharen ihre Anhänger um sich. Sie häufen Reichtümer um sich und tun teilweise sogar Gutes damit. Sie haben Prinzessinnen und leben in Schlössern. Gleichzeitig werden die Helden aber auch kritisch beäugt. Sie dürfen sich keine Fehlleistungen zu Schulden kommen lassen, denn sonst werden sie von der Masse verstoßen. Einen besonderen Prototyp des Helden stellt im frühen 21. Jahrhundert sicherlich der englische Fußballstar David Beckham dar: ein meta-nationaler Held, der seine eigene Nation eint und manchmal doch auch spaltet, der sich wie ein Märchenprinz verhält und dementsprechend angebetet wird.

Marken, die sich mit diesen Helden verbinden, können von deren Erfolg profitieren. Nichtsdestotrotz besteht durch eine zu starke Verbindung natürlich immer die Gefahr des gegenteiligen Effektes, sobald der Held an Bedeutung verliert.

2.2.2.4 Fußball schafft die Verbindung von Massenbewegung und Trendiness

Fußball ist in vielen Ländern eine der beliebtesten Sportarten, was die Anzahl aktiver Sportler, aber auch Zuschauer betrifft. Der internationale Fußballverband FIFA zählt heute mehr Mitglieder als die UNO, und seine Beliebtheit steigt stetig. Fußball kennt keine Klassen. Über die sozialen Schichten hinweg sind die Menschen von seiner Attraktivität infiziert. In Deutschland gehören wichtige Fußballspiele immer noch zu den Medienereignissen, die die höchsten Einschaltquoten erzielen.

Seit einigen Jahren vollzieht sich jedoch eine andere faszinierende Entwicklung: Fußball wird trendy. Immer mehr Modezeitschriften entdecken Fußballer als Models und Leitbilder. Eigene Mode-Linien werden entworfen, und selbst klassische Modemarken wie *Dolce & Gabbana* entdecken den Fußball für sich, statten Mannschaften aus und verlegen mit Buchtiteln wie Calcio eigene Fußballbildbände. Moderne Fußballmagazine wie „Bolzen" und „11 Freunde" schießen aus dem Boden und machen den althergebrachten Magazinen wie „Kicker" Konkurrenz.

Darüber hinaus entstehen in den Metropolen wie Berlin Fangemeinschaften, die gemeinsam Übertragungen anschauen oder auch selbst aktiv spielen und dem Fußball neue Facetten abgewinnen, wie die Metrostarlets, ein Mädchen-Fußball-Club, oder auch der FC Magnet Mitte oder der Klub der Republik. Fußball ist somit eines der wenigen globalen Phänomene, die bisher nicht zu vereinbarende Merkmale wie Massenbewegung und „Trendiness“ zusammenbringen.

2.2.2.5 Fußball schafft die Verbindung von Ursprünglichkeit und „Hoch“-Kommerz

Fußball ist ein ursprünglicher Sport. In seiner einfachsten Form sind dafür lediglich eine Fläche, ein Ball und einige Spieler notwendig. Seine Spielregeln sind einfach zu verstehen und leicht zu erlernen. Ziel ist, den Gegner zu besiegen. Heute ist der Fußball eine absolute Wirtschaftsmacht: Große, international aktive Vereine sind börsennotiert, die Spielergehälter sind exorbitant, Merchandising ist ein blühendes Geschäftsfeld, Sponsoring ist ein Milliardengeschäft, und die neuen Stadien sind die High Tech-Tempel der Neuzeit. Trotz dieser scheinbaren Spannung schafft der Fußball die Verbindung dieser beiden Extreme: ein ursprünglicher Sport, bei dem es um Millionen geht (vgl. Abb. 10).

Abbildung 10: Die unmittelbare Verbindung von Polaritäten

Wie vorab beschrieben, zeigen sich im Fußball interessante Spannungsfelder. Marken, die diese Spannungsfelder erfolgreich über und mit Fußball auflösen, werden zu unmittelbaren Meta-Nationalhelden. Sie werden relevant und für die Zielgruppe attraktiv und mit Fußball erfolgreich.

3 Die Bedeutung der Erkenntnisse aus der Verbindung von Fußball und Marken für die Markenentwicklung

Die Ausweitung der Markenzone auf das Phänomen Fußball fördert Erkenntnisse auf mehreren Ebenen zu tage. Die Anwendung des MarkenWesen-Modells auf den Fußball zeigt, daß sich Fußballvereine wie Marken analysieren und sogar nach einigen ähnlichen Grundprinzipien führen lassen. Die Analyse des Gesamtphänomens Fußball zeigt, daß sich Marken hier perfekt integrieren lassen. Es ist möglich, ein grundsätzliches „generisches" MarkenWesen für den Fußball zu entwickeln und die Aktivitäten für Marken dementsprechend zu planen.

Ein multidisziplinärer Forschungsansatz liefert die dazu nötigen Erkenntnisse. Das MarkenWesen stützt den Prozeß der Markenentwicklung als Markenanalyse- und Markenführungsinstrument. Der grundsätzliche Ansatz zur Nutzung der erweiterten Markenzone „Fußball" für die erfolgreiche Markenentwicklung ist die Partnerschaft zweier oder mehrerer Parteien zur gemeinsamen Zielerreichung: der Fußball als eigene Marke und gleichzeitig als Instrument zur Führung von Marken, die in diesem Kontext relevant, differenzierend und konsistent zum Erfolg kommen können.

Literatur

Asch, Salomon (1946), Forming impressions of personality, in: Journal of Abnormal and Social Psychology 41, S. 258-290.

Buss, David M. (1994), Die Evolution des Begehrens. Geheimnisse der Partnerwahl, Hamburg.

de Chernatony, Leslie/Malcom McDonald (1998), Creating Powerful Brands, Butterworth-Heinemann.

Domizlaff, Hans (1992), Die Gewinnung des öffentlichen Vertrauens, Hamburg.

Pepels, Werner (1997), Die Leistungen des Markenartikels, in: Planung & Analyse 42, Heft 1, S. 28-42.

Phares, E. Jerry/William F. Chaplin (1997), Introduction to Personality, Englewood Cliffs.

Sasserath, Marc/Christiane Wenhart (2004), Das MarkenWesen-Modell als Erfolgsfaktor für die ganzheitliche und kreative Markenentwicklung, in: Alexander Schimansky (Hg.), Der Wert der Marke. Markenbewertungsverfahren für ein erfolgreiches Markenmanagement, Berlin, S. 518-539.

Snyder, Mark/Elisabeth Tanke/Ellen Berscheid (1977), Social perception and interpersonal behavior: On the self-fullfilling nature of social stereotypes, in: Journal of Personality and Social Psychology 35, S. 656-666.

Watzlawick, Paul/Janet Beavin/Don D. Jackson (2000), Menschliche Kommunikation. Formen, Störungen, Paradoxien, Bern et al.

Political Brand Matters

Ansatzpunkte für das Management von Marken in der Politik

Helmut Schneider

1 Erscheinungsformen von Marken in der Politik

Seit dem Aufkommen des Markenartikelgedankens zu Beginn des vergangenen Jahrhunderts war – insbesondere induziert durch veränderte Rahmenbedingungen – das Verständnis über die konstitutiven Merkmale von Marken in Wissenschaft und Praxis permanenten Wandlungen unterworfen. In Konsequenz eines sich im Zeitablauf verändernden Markenverständnisses entwickelten sich analog zur jeweils vorherrschenden Begriffsauffassung auch unterschiedliche Ansätze der Markenführung. Markenführung kann dabei als Planung, Koordination und Kontrolle aller Marketingmaßnamen interpretiert werden, die den Markenstatus sicherstellen sollen (vgl. Meffert et al. 2002: 8). Eine Modifikation der Auffassung über die Charakteristika von Marken, d.h. jener Tatbestände, die den angestrebten Markenstatus definieren, zieht vor dem Hintergrund dieser Definition konsequenterweise eine Anpassung der zur Erreichung des Markenstatus eingesetzten Marketingmaßnahmen nach sich.[1] Markenverständnis und Markenführung sind somit funktional eng miteinander verknüpft (vgl. Thurm 2000: 25).

In Anlehnung an Meffert/Burmann (2002a: 19) lassen sich vier unterschiedliche Phasen des Markenverständnisses mit jeweils korrespondierenden Markenführungsansätzen ausmachen.[2] Ihren Ursprung haben Marken in der durch die Industrialisierung ausgelösten wachsenden Anonymisierung in der Beziehung zwischen Herstellern und Abnehmern. Die Markierung der Ware sollte dem Kunden eine

---

[1] Bei allen Variationen in der Interpretation des Markenbegriffs ist die Entwicklung durchgängig durch eine positive Bewertung von Marken gekennzeichnet. Aus Unternehmensperspektive war es immer erstrebenswert, Marken zu besitzen; lediglich die auf die Marke ausgerichteten Handlungsempfehlungen haben sich im Zeitablauf verändert.

[2] Meffert/Burmann unterscheiden insgesamt fünf unterschiedliche Phasen der Markenführung. Dieser Einteilung soll hier nur bedingt gefolgt werden, da mit dem Übergang zum Konzept der identitätsorientierten Markenführung kein grundlegend verändertes Markenverständnis, wohl aber ein tiefgreifend modifizierter Markenführungsansatz verbunden war. Insofern soll im Folgenden zwischen vier unterschiedlichen Markeninterpretationen und fünf Markenführungskonzepten differenziert werden.

Zuordnung der Produkte zu ihrem Hersteller im Sinne einer Identifikation ermöglichen. Neben diesem Nachweis über die Herkunft der Ware diente die Markierung dem Hersteller als Eigentumszeichen für seine Produkte. Ein systematisches Markenmanagement existierte zu dieser Zeit nicht; „Markenführung" beschränkte sich auf den Vorgang der *physischen Warenkennzeichnung*. Diese Sichtweise wurde in der durch zunehmende Industrialisierung, Wachstum und technische Innovationen geprägten zweiten Phase des Markenverständnisses deutlich erweitert.

In den Mittelpunkt der Marke traten das Versprechen einer zuverlässigen, hohen Qualität sowie die Überallerhältlichkeit der Ware zu einem einheitlichen Preis. Als Voraussetzung für die Markenbildung galt die hohe Bekanntheit einer Marke. Folglich kam der Bekanntheitssteigerung, insbesondere durch die klassische Werbung, eine Schlüsselrolle in der Markenführung zu. In Korrespondenz zu diesem *merkmalsorientierten Markenverständnis* war die Markenführung durch ein instrumentelles Denken geprägt. Die Anwendung situationsunabhängiger Regeln im Sinne einer Markentechnik sollte den Markenerfolg sicherstellen.

Mitte der 60er Jahre bereitete der Wandel der Märkte von Verkäufer- zu Käufermärkten die Basis für die breite Diffusion des Marketing in Wissenschaft und Praxis. Angesichts der veränderten Marktsituation rückte der nunmehr als dominanter Engpaß identifizierte Absatzbereich in den Mittelpunkt betriebswirtschaftlichen Denkens. Die Marke wurde fortan – auch in Anbetracht der Aufhebung der sog. Preisbindung der zweiten Hand – in einer stärker angebotsbezogenen Perspektive als eine *spezifische Vermarktungsform* und nicht länger als Merkmalsbündel interpretiert. Das Aufgabenspektrum der Markenführung wurde um Elemente der Marktforschung, Produktentwicklung, Preis- und Distributionspolitik erweitert. Im Mittelpunkt der Markenführung stand demnach weniger die Frage, welche Instrumente aus einer anonymen Ware einen Markenartikel machen, sondern wie die Marketingfunktionsbereiche zur Sicherstellung des Markenerfolges auszugestalten sind.

In den 70er Jahren kam es – nicht zuletzt aufgrund einer wachsenden Produkthomogenität im Hinblick auf objektiv-technische Eigenschaften – zu einem Paradigmenwechsel im Markenverständnis. Marken wurden nunmehr nicht über die Ausgestaltung bestimmter betrieblicher Funktionsbereiche oder die Existenz objektiver Wareneigenschaften, sondern über die *Wirkung beim Konsumenten* definiert. Folglich wurden diejenigen Waren und Dienstleistungen als Marken charakterisiert, die vom Konsumenten als solche wahrgenommen wurden. In Konsequenz der Fokussierung auf die Konsumentenwahrnehmung rückte das Markenimage als Ausdruck der über eine Marke in der Psyche des Konsumenten abgespeicherten Wissensstrukturen in den Mittelpunkt der Markenführung (vgl. Keller 1993). Da grundsätzlich alle Instrumente des Marketing als imagerelevant eingestuft wurden, kam es zu einer Ausweitung der Markenführung – Marketing und Markenführung wurden gleichsam synonym verwendet.

Infolge des wirkungsbezogenen Markenverständnisses fokussierte sich die Marketingwissenschaft lange Zeit auf die Wahrnehmung von Marken in den Augen der Konsumenten in unterschiedlichen Eigenschaftsdimensionen, d.h. auf das Markenfremdbild (Markenimage) als zentralem Erfolgsfaktor der Markenführung. In diesem Zusammenhang wurde eine Position im Markt angestrebt, die einerseits den Idealvorstellungen der Konsumenten möglichst nahe kommen, andererseits eine möglichst große Differenzierung zu den Konkurrenzprodukten aufweisen sollte.

Die Reduzierung der Markenführung auf den Imageaspekt erwies sich insbesondere unter zwei Gesichtspunkten als inadäquat. Erstens führte der imagebezogene Ansatz zu einer Überbetonung von methodischen Aspekten der Markenführung und damit zu einer Vernachlässigung des für Marken essentiellen Integrationsaspektes (*Integrationsdefizit*). „Die funktionsübergreifende Abstimmung und Vernetzung einzelner Maßnahmen zur Imagegestaltung blieb als Folge der zumeist partialanalytischen Vorgehensweise aus“ (Meffert/Burmann 1996: 10). Zweitens bewirkte die dominante Außenorientierung im Sinne eines „Wer soll ich sein?“ eine Ausblendung der Innenperspektive im Sinne eines „Wer bin ich?“ bzw. „Wer möchte ich sein?“ (*Identitätsdefizit*). So birgt eine einseitige Ausrichtung der Marke an den mitunter rasch wechselnden Präferenzen potentieller Abnehmer das Risiko von Inkonsistenzen und Diskontinuitäten im Markenbild, die einer Marke die Vertrauensbasis entziehen können.

In Anbetracht der skizzierten Schwächen des imageorientierten Führungsansatzes wurde in der Marketingwissenschaft unter Rückgriff auf sozialpsychologische Erkenntnisse das Konzept der *identitätsorientierten Markenführung* entwickelt (vgl. Meffert/Burmann 1996; Kapferer 1992). Im Mittelpunkt dieses Ansatzes steht das Identitätskonstrukt, das als sozial-psychologisches Phänomen den Referenzpunkt für die Markenführung darstellt.

Angesichts der Wechselseitigkeit des Identitätsbegriffs ist für die Analyse der Markenidentität eine Differenzierung zwischen dem Selbst- und Fremdbild einer Marke unabdingbar. Die Stärke der Markenidentität und damit auch ihr Vertrauenspotential werden maßgeblich durch das Ausmaß der Übereinstimmung zwischen Selbst- und Fremdbild determiniert. Unter Beibehaltung eines wirkungsbezogenen Markenverständnisses umfaßt die identitätsorientierte Markenführung „die Planung, Koordination und Kontrolle aller Maßnahmen zur Erzielung eines definierten Soll-Images bei den relevanten externen *und* internen Bezugsgruppen des Unternehmens“ (Meffert/Burmann 2002a: 30). Wesentliches Unterscheidungsmerkmal zum imageorientierten Ansatz der Markenführung ist somit weniger ein verändertes Markenverständnis im Sinne einer Abkehr von der wirkungsorientierten Markeninterpretation als vielmehr die Erweiterung der absatzmarktbezogenen um die innengerichtete Perspektive.

In Konsequenz der hier vertretenen *wirkungsorientierten Markeninterpretation* soll nachfolgend geprüft werden, inwieweit in der Psyche der Wähler zu Parteien und Politikern komplexe Wissensstrukturen vorhanden sind, demnach fest in der Psyche verankerte, unverwechselbare Vorstellungsbilder existieren.[3] Die Konzeptualisierung der markenkonstituierenden komplexen Wissensstrukturen soll in Anlehnung an Keller (2001: 1063) anhand der Dimensionen *Markenbekanntheit* und *Markenimage* erfolgen. Für die Prüfung des Markenstatus von Parteien und Politikern werden vor diesem Hintergrund folgende Fragen herangezogen:

- Wie bekannt sind Parteien und Politiker?
- Inwieweit sind im Gedächtnis Assoziationen zu Parteien und Politikern abgespeichert?
- Wie differenziert sind diese Assoziationen?
- Wie deutlich bzw. klar sind diese Assoziationen?

Es ist offenkundig, daß die Beantwortung dieser Fragen nur sehr eingeschränkt theoretisch-konzeptionell, sondern letztlich nur empirisch erfolgen kann. Aus diesem Grund soll nachfolgend einerseits auf eine vom Marktforschungsinstitut Polis erhobene repräsentative Studie[4] sowie ergänzend auf die Ergebnisse einer unter Studierenden durchgeführten Befragung rekurriert werden. Die Prüfung des Markenstatus erfolgt dabei zunächst für ausgewählte *Politiker* und anschließend für die im Bundestag vertretenen Parteien.

Mit Blick auf die gestützt ermittelte *Bekanntheit* ist zunächst festzustellen, daß sieben der zehn in die Untersuchung einbezogenen Politiker – was angesichts der Omnipräsenz von Spitzenpolitikern in der Medienberichterstattung zu erwarten war – eine sehr hohe[5] Bekanntheit von deutlich über 90 Prozent aufweisen. Allerdings sind Wolfgang Gerhardt und Friedrich Merz bei zwar immer noch hohen Werten von 76 bzw. 72 Prozent schon deutlich weniger bekannt. Es ist zu vermuten, daß die Bekanntheit von nicht so stark in der Öffentlichkeit

---

[3] Die mit diesen komplexen Wissensstrukturen verbundenen Funktionen von Marken sollen hier nicht als konstitutive Merkmale einer Marke im Sinne eines Prüfkriteriums verstanden werden. Diese Funktionen sind vielmehr gleichermaßen Folge der gespeicherten Wissensstrukturen wie Voraussetzung für den Aufbau eines spezifischen Markenwissens.

[4] Im Rahmen dieser Untersuchung wurden im Jahre 2001 1.003 repräsentativ ausgewählte Probanden intensiv zu Gerhard Schröder, Hans Eichel, Joschka Fischer, Angela Merkel und Edmund Stoiber befragt. Die Rohdaten der Untersuchung wurden dem Verfasser dankenswerterweise durch Polis als SPSS-Datei zur Verfügung gestellt.

[5] Als Vergleichsmaßstab sei auf die Markenbekanntheit in der Automobilindustrie verwiesen, die im Branchendurchschnitt (insgesamt 30 Marken) bei 95 Prozent (gestützte Markenbekanntheit) liegt, vgl. GEO 2002: 28.

stehenden Politikern noch wesentlich geringer ist. Bekanntheit als Grundvoraussetzung für einen Markenstatus schränkt den Kreis von potentiellen Politikermarken somit nachhaltig ein. Im Umkehrschluß kann die hohe Bekanntheit von Spitzenpolitikern als Voraussetzung für das Vorhandensein abgespeicherter Wissensstrukturen interpretiert werden (vgl. Tab. 1).

Tabelle 1: Bekanntheit als Indikator für den Markenstatus von Politikern

Gerhard Schröder	99 %	Angela Merkel	96 %
Joschka Fischer	98 %	Edmund Stoiber	94 %
Helmut Kohl	98 %	Hans Eichel	86 %
Rudolf Scharping	97 %	Wolfgang Gerhardt	76 %
Johannes Rau	96 %	Friedrich Merz	72 %

Inwieweit in der Psyche der Wähler tatsächlich *Assoziationen* zu Politikern präsent sind, soll empirisch anhand der fehlenden Werte (missing values) bei den Fragen nach konkreten Eigenschaften – wie etwa Fleiß, Klugheit oder Ehrlichkeit – der in die Untersuchung einbezogenen Politiker überprüft werden. Insgesamt wurden in die Befragung zehn unterschiedliche Charakteristika aufgenommen, anhand derer die Probanden auf einer 4er-Likert-Skala (trifft voll und ganz zu bis trifft überhaupt nicht zu) die Politiker beurteilen sollten. Zusätzlich hatten die Auskunftspersonen die Möglichkeit, kein Urteil abzugeben (missing value). Je kleiner der Anteil von missing values ist, desto eher sind im Gedächtnis der Wähler Wissensstrukturen über Politiker im Sinne einer Marke gespeichert. Dabei wurden in die Analyse nur die Befragten einbezogen, die den jeweiligen Politiker nach eigenem Bekunden kannten (vgl. Tab. 2).

Tabelle 2: Existenz von Wissensstrukturen als Indikator für den Markenstatus von Politikern

Eigenschaft	Schröder	Fischer	Merkel	Stoiber	Eichel
	Anteil fehlender Werte in % (n = 1.003)				
Vertrauenswürdigkeit	1	2,8	3,6	7,6	7,4
Ehrlichkeit	2	4,1	4,6	8,7	7,8
Sinn für Gerechtigkeit	2,4	3,6	5,2	9,4	8,5
Zukunftskompetenz	2,9	4,4	5,8	8,4	7,7
angenehmes Äußeres	1,6	3	4,5	8	8,6
Klugheit	1,4	4,7	5,3	8,9	9
Fleiß	7,2	5,7	5,6	10,3	9,5
Traditionsbewußtsein	8,4	11,8	11,7	8,8	16,4
Durchsetzungsvermögen	1,1	3,6	3,8	7,9	7,3
Kompromißfähigkeit	2	3,7	6	8,8	8,6
Mittelwert	3	4,7	5,6	8,7	9,1

Das Ergebnis zeigt, daß bei den Wählern vergleichsweise genaue Wissensstrukturen über Politiker vorliegen. Im Durchschnitt über alle zehn Eigenschaftsitems schwankt der Anteil der missing values zwischen 3 Prozent bei Gerhard Schröder und 9,1 Prozent bei Hans Eichel. Der Mittelwert über alle Items und alle Politiker beträgt 6,2 Prozent, d.h. über 90 Prozent der Bevölkerung haben im Hinblick auf die ihnen bekannten Politiker markenkonstituierende Wissensstrukturen entwickelt.

Für die Prüfung des Markenstatus ist neben der Existenz der Wissensstrukturen eine hinreichende *Differenziertheit* dieser Assoziationen erforderlich. Anderenfalls wären die in der Befragung zum Vorschein gekommenen Wissensstrukturen weniger durch die einzelnen Politikermarken als vielmehr durch generelle Vorstellungen über Politiker geprägt.[6] Zur Visualisierung der Unterschiede bei den Vorstellungsbildern über Politiker wurde in der nachfolgenden Abbildung der jeweilige Mittelwert bei einer Eigenschaft als Nullpunkt gewählt und die positiven und negativen Abweichungen von diesem Mittelwert bei den einzelnen Politikern als Säulen abgetragen (vgl. Abb. 1).

Abbildung 1: Differenziertheit von Wissensstrukturen als Indikator für den Markenstatus von Politikern

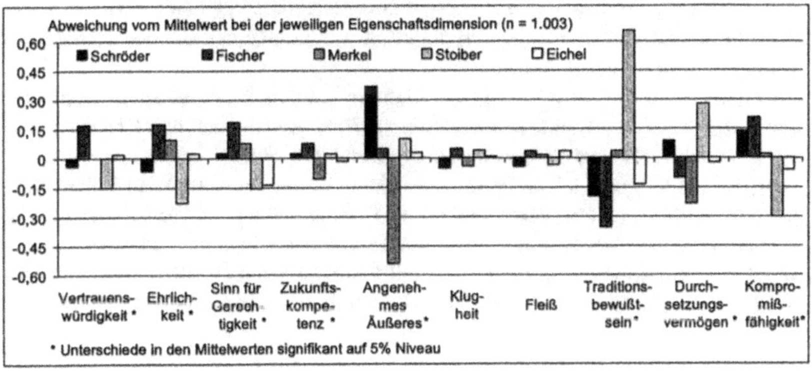

Offenbar sind die abgespeicherten Vorstellungen der Wähler über einzelne Politiker differenzierend. So wird z. B. Edmund Stoiber von den Befragten im Ver-

[6] Analog zur Existenz von Wissensstrukturen existieren in der Literatur keine kritischen Werte, ab denen die Annahme der Differenziertheit abgelehnt oder angenommen werden könnte. Als Indikator einer hinreichenden Differenziertheit wird hier das Ergebnis eines Mittelwertvergleichstests herangezogen. Dabei zeigt sich, daß die Unterschiede in der Bewertung der Politiker bis auf die Items Klugheit und Fleiß auf einem 5-Prozent-Niveau signifikant sind.

gleich zum Durchschnitt aller in die Befragung einbezogenen Politiker als deutlich traditionsbewußter (+0,654), aber auch weniger „kompromißfähig" eingestuft (-0,302). Insgesamt zeigt sich, daß in den Köpfen der Wähler differenzierte Wissensstrukturen über Politiker abgespeichert sind, ein Markenstatus somit auch bei Heranziehung dieses Kriterium zu bejahen ist.

In Bezug auf die *Deutlichkeit der Assoziationen* als letztem Kriterium der Markengeltung kann nur auf Basis von Plausibilitäten argumentiert werden, da hierzu keine expliziten empirischen Erkenntnisse vorliegen. Die bereits skizzierten hohen Antwortquoten (Anteil der missing values) bei der Beurteilung der Politiker sollen hier nicht nur als Indiz für die Existenz von Wissensstrukturen, sondern gleichermaßen als Indikator für eine Klarheit der Vorstellungen herangezogen werden. Je verschwommener die im Gedächtnis verhafteten Informationen sind, desto eher werden Befragte kein Urteil abgeben. Umgekehrt ist anzunehmen, daß die Wahrscheinlichkeit einer Urteilsabgabe über einen Politiker bei einer bestimmten Eigenschaft mit zunehmender Klarheit der Vorstellung steigt.

Zusammenfassend kann stark in der Öffentlichkeit stehenden Politikern ein Markenstatus attestiert werden. Sie sind nicht nur sehr bekannt, sondern darüber hinaus in der Psyche der Wähler mit klaren und differenzierenden Wissensstrukturen verankert. Allerdings zeigt bereits der stark abfallende Bekanntheitsgrad von Wolfgang Gerhardt und Friedrich Merz, daß die Zahl der Politikermarken auf den Kreis besonders exponierter Politiker mit entsprechend breiter Repräsentanz in den Medien beschränkt ist.

Analog zu den Überlegungen im Hinblick auf Politiker soll nachfolgend der *Markenstatus* der im Bundestag vertretenen *Parteien* anhand der Kriterien Existenz und Differenziertheit von Wissensstrukturen sowie Klarheit der abgespeicherten Vorstellungsbilder überprüft werden.[7] Eine hinreichend hohe Bekanntheit der im Bundestag vertretenen Parteien als Voraussetzung für die Existenz abgespeicherter Wissensstrukturen wird dabei angesichts fehlender expliziter empirischer Erkenntnisse vorausgesetzt.[8] Als Indikator für die Existenz abgespeicherter Wissensstrukturen über Parteien soll in Kongruenz zur Argumentation des Mar-

---

[7] Die nachfolgenden Ausführungen stützen sich auf eine unter 88 Studierenden durchgeführte Befragung. Insofern besitzen die Aussagen – etwa im Hinblick auf den Inhalt der Markenassoziationen – nur sehr eingeschränkten empirischen Gehalt. Für die Prüfung markenkonstituierender Merkmale von Parteien liefert aber auch eine kleine Stichprobe zumindest zufrieden stellende Hinweise.

[8] In empirischen Untersuchungen der Wahlforschung findet sich keine Frage zur Bekanntheit von Parteien. Jedoch kann mit Blick auf die im Bundestag vertretenen Parteien angesichts der breiten Berichterstattung in den Medien von einer sehr hohen Bekanntheit ausgegangen werden.

kenstatus von Politikern der Anteil fehlender Werte bei der Frage nach der Markenpersönlichkeit[9] von Parteien herangezogen werden (vgl. Tab. 3).

Tabelle 3: Existenz von Wissensstrukturen als Indikator für den Markenstatus von Parteien

	CDU	SPD	FDP	Bündnis 90/ Die Grünen	CSU	PDS
	Anteil fehlender Werte in % (n = 88)					
bodenständig	14	15	17	16	15	18
ehrlich	14	15	16	17	16	16
gesund	18	19	19	19	19	20
heiter	18	18	19	19	19	20
wagemutig	16	17	17	17	17	19
temperamentvoll	17	18	17	18	18	20
phantasievoll	17	18	18	18	18	20
modern	17	18	18	18	18	20
zuverlässig	18	19	19	19	19	22
intelligent	18	19	18	19	19	22
erfolgreich	18	19	18	19	19	20
vornehm	17	18	18	18	18	20
charmant	20	22	22	22	22	24
zäh	19	20	20	20	20	23
naturverbunden	16	17	18	16	17	19
Mittelwert (Gesamt: 18 %)	17	18	18	18	18	20

Das in Tab. 3 wiedergegebene Ergebnis zeigt, daß 82 Prozent der Befragten Parteien in den Dimensionen menschlicher Persönlichkeit einschätzen können. Eine solche Beurteilung der Persönlichkeit von Parteien erscheint nur dann wahrscheinlich, wenn die Befragten Wissensstrukturen im Sinne von Vorstellungsbildern zu diesem Meinungsgegenstand entwickelt haben, Parteien somit vor dem Hintergrund dieses Kriteriums als Marken betrachtet werden können.

Zur Überprüfung der Differenziertheit der Assoziationen wurden die positiven und negativen Abweichungen vom jeweiligen Mittelwert bei den 15 Dimensionen der Markenpersönlichkeit berechnet. Je größer die Streuung zwischen den

[9] Unter dem insbesondere von Jennifer Aaker (1997) in die Markenforschung eingebrachten Konstrukt der Markenpersönlichkeit werden menschliche Eigenschaften verstanden, die einer Marke von den Konsumenten resp. Wählern zugeschrieben werden. Das Konstrukt der Markenpersönlichkeit beruht im Kern auf der Annahme des „Self-expression-Modells", wonach Markenpräferenz wesentlich auf einer Ähnlichkeit der Persönlichkeit des Konsumenten und der durch den Konsumenten wahrgenommenen Persönlichkeit einer Marke beruht. Der Befragung lagen die von Aaker entwickelten 15 Dimensionen der Markenpersönlichkeit zu Grunde.

Parteien bei den einzelnen Persönlichkeitsdimensionen ist, desto differenziertere Wissensstrukturen können unterstellt werden. Der zur Prüfung der Signifikanz durchgeführte Mittelwertvergleichstest zeigt, daß die Unterschiede in der Beurteilung der Markenpersönlichkeit zwischen den Parteien durchweg nicht zufällig sind, die Befragten den Parteien somit differenzierte Persönlichkeitsprofile zuordnen (vgl. Abb. 2).

Abbildung 2: Differenziertheit von Markenpersönlichkeiten als Indikator für den Markenstatus von Parteien

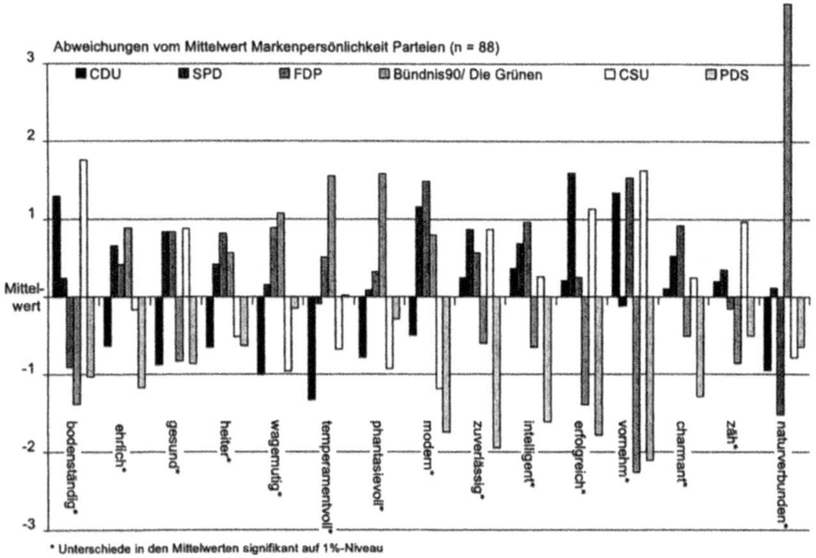

Als letzter Indikator für den Markenstatus von Parteien soll die Klarheit des inneren Vorstellungsbildes der Befragten herangezogen werden (vgl. Abb. 3). Diese auch als Vividness bezeichnete Deutlichkeit des inneren Bildes gilt als Indiz für die gute Gedächtnisleistung einer Marke (vgl. Esch/Geus 2001: 1039). Es wird deutlich, daß erstens die Klarheit der Vorstellungsbilder über die Parteien bei den Befragten sehr unterschiedlich ausfällt und zweitens zumindest von SPD, CSU, FDP und CDU bei Werten von deutlich unter drei – mit Abstrichen aber auch von Bündnis 90/Die Grünen und der PDS – relativ klare Vorstellungen im Gedächtnis der Befragten abgespeichert sind, was als weiteres Indiz des Markenstatus interpretiert werden kann.

Abbildung 3: Klarheit des Vorstellungsbildes als Indikator für den Markensta-

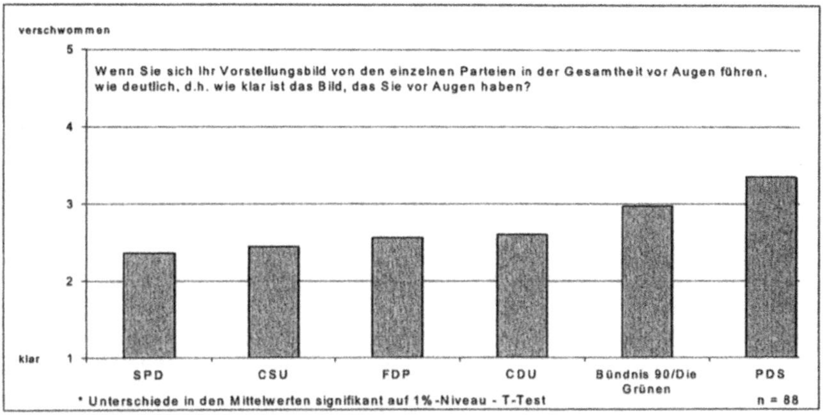

Zusammenfassend ist zu konstatieren, daß aus einer wirkungsorientierten Markeninterpretation klare Indizien für den Markenstatus der im Bundestag vertretenen Parteien und exponierter Politiker auszumachen sind. Beide Meinungsgegenstände sind hinreichend bekannt und in den Köpfen der Wähler mit differenzierten Wissensstrukturen verbunden. Insofern scheint die Einführung des Markenkonstruktes in den Kontext des Politikmarketing gerechtfertigt. Gleichwohl reicht die bloße Existenz von Politikmarken als Begründung für eine vertiefende Auseinandersetzung mit der Thematik nicht aus. Hinzu treten muß nicht nur die Relevanz von Politikmarken aus Sicht der Parteien und Kandidaten als Anbieter im Politikmarketing, sondern insbesondere ein Einfluß von Politikmarken auf die politische Präferenzbildung der Wähler.

2 Relevanz und Funktionen von Marken in der Politik

Ungeachtet der insbesondere im anglo-amerikanischen Sprachraum intensiven Forschungsbemühungen zum Politikmarketing[10] hat sich die Forschung bis zum Anfang dieses Jahrzehnts[11] eher sporadisch und oberflächlich mit dem Phäno-

[10] Vgl. Newman 1999a.
[11] Vgl. Schneider 2002, 2004a.

men von Politikmarken auseinandergesetzt.[12] Gänzlich vernachlässigt wurde dabei insbesondere die Frage, welche Bedeutung Marken im Kontext des Politikmarketing besitzen (vgl. Meffert/Schneider 2003). Lediglich Schweiger und Adami (1999) leiten den Stellenwert von Marken für Wahlentscheidungen deduktiv her, indem sie Parallelen zu Kaufentscheidungen bei High-Involvement-Produkten aufzeigen. Da für letztere die Markenrelevanz als gegeben eingeschätzt wird, nehme demzufolge die Marke auch im politischen Bereich eine zentrale Rolle für die Kauf- respektive Wahlentscheidung ein. Vor dem Hintergrund des unbefriedigenden Forschungsstandes hinsichtlich der Relevanz von Politikmarken soll nachfolgend ihre Bedeutung sowohl aus Anbieter- als auch aus Wählersicht analysiert werden.

Als Indiz für den Stellenwert von Politikmarken aus *Anbietersicht* wird hier eine in der Fachzeitschrift HORIZONT (2001) veröffentlichte Interviewserie zu den Wahlkampfplänen der Parteien für die Bundestagswahl 2002 herangezogen.

- Dort antwortete zum Beispiel der damalige Generalsekretär der CDU, Laurenz Meyer, auf die Frage „Ist das auch der Kern der Marke CDU?“ wie folgt: „Zum Markenkern der CDU gehört unter anderem der Begriff der sozialen Marktwirtschaft mit den Komponenten eines klaren wirtschaftspolitischen Profils und einer ausgewogenen Haltung in der Sozialpolitik“. An anderer Stelle führte Meyer aus: „Er [der Bürger, d. Verf.] muß wissen, was ihn erwartet, wenn er diese Marke [die CDU, d. Verf.] wählt.“
- Der damalige Bundesgeschäftsführer der SPD, Matthias Machnig, erwiderte auf die Frage, inwiefern in der Politik die gleichen Gesetze gelten wie für Markenartikel: „Politik ist schon alleine wegen der Inhalte anders als der Verkauf von Autos. Wir können aber aus der Markenwerbung lernen, wie man bestimmte Instrumente, wie man Begriffe und Bilder zur Veranschaulichung politischer Inhalte einsetzt.“
- Thomas Goppel, damaliger Generalsekretär der CSU, äußerte sich zu der Frage, inwieweit sich angesichts der starken personellen Prägung der Partei die Marke CSU verändere, wenn die Personen wechselten, wie folgt: „Durch die Anpassungen, die die Personen an [sic] ihr Amt schaffen, bleibt die CSU die eigentliche Marke. Die Veränderung findet bei der Marke durch die Personen statt und nicht, indem die Partei sich verändert. Die Marke selbst bleibt sich treu.“
- FDP-Vorsitzender Guido Westerwelle schließlich entgegnete auf die Frage, ob die FDP eine Marke sei: „Die FDP ist eine Marke für wirtschaftliche Ver-

[12] Vgl. Newman 1999; Kotler 1978; Shama 1976; Butler, Collins 1994; White/Chernatony 2001; Hofbauer 1980; Arnold 2002, Karp/Zolleis 2004; Schneider 2004.

nunft, eine intelligentere Bildungspolitik und eine mobilere Verkehrspolitik." An anderer Stelle des Interviews wird deutlich, daß Markenüberlegungen auch hinsichtlich von Politikern eine Rolle spielen, wenn Westerwelle auf die Frage „Glauben Sie, daß die Marke Westerwelle vielleicht stärker strahlt als die Marke FDP?" antwortete: „Die Meinungsumfragen zeigen, daß mein persönliches Ansehen augenscheinlich auch der FDP hilft."

Diese Zitate der für die Wahlkampfstrategien maßgeblich Verantwortlichen aus unterschiedlichen Parteien verdeutlichen, daß Parteien sich selber als Marken interpretieren und bei der Gestaltung ihrer Wahlkämpfe dieser Auffassung, etwa im Hinblick auf die Frage nach dem Markenkern oder den Einsatz von Bildkommunikation, Rechnung tragen. Dies ist ein zumindest hinreichendes *Indiz für die Relevanz des Markenkonstruktes aus Anbietersicht*, d.h. aus der Perspektive von Parteien und ihrer Repräsentanten.

Eine wesentliche Ursache für die skizzierte Markenorientierung der politischen Parteien kann in der offensichtlich unterstellten Bedeutung von Politikmarken für Wahlentscheidungen vermutet werden. Wenn Politikmarken aus Sicht der *Wähler* keine Relevanz zukäme, wären sie vermutlich auch nicht Gegenstand von Marketingüberlegungen der politischen Parteien.

Der Einfluß von Politikmarken auf das Wählerverhalten und damit ihre Relevanz ergeben sich aus der Erfüllung bestimmter Funktionen für den Wähler. Eine solche Argumentation basiert auf einem sozialpsychologischen Markenverständnis. Im Kontext des For-Profit-Marketing bildet diese Sichtweise in der Regel die Grundlage für die Ermittlung eines konsumentenorientierten Markenwertes. Typische *Funktionen von Marken* sind eine erleichterte Identifikation von und mit der angebotenen Leistung, eine Orientierungshilfe in Form eines „information chunk", eine Risikoreduktionsfunktion im Sinne eines Vertrauenssurrogats sowie Image- bzw. Prestigeaspekte (vgl. Meffert 2000: 847). Diese vielfältigen Markenfunktionen lassen sich zu den drei Dimensionen Informationseffizienz, Risikoreduktion und ideeller Nutzen zusammenfassen (vgl. Fischer et al. 2002: 18). Analysiert man die Austauschbeziehung zwischen Parteien und Wählern unter dem Aspekt der Markenfunktionen, wird deutlich, daß alle drei Markenfunktionen auch für Politikmarken relevant sind.

Die Bedeutung der *Informationskosten* für die Erklärung von Wahlbeteilung und -entscheidung ist im Kontext der empirischen Wahlforschung insbesondere von Vertretern der Rational-Choice-Theorie intensiv beleuchtet worden (vgl. Downs 1968: 110). Popkins et al. (1976: 789) haben in diesem Zusammenhang den Begriff des „informational shortcut" geprägt: „Because information is costly, most voters will save time and energy by using informational shortcuts to the vote decision".

Angesichts der aus zunehmender politischer Komplexität resultierenden hohen Informationskosten für den Wähler[13] und dem öffentlichen Gut-Charakter des Wahlausgangs wird angenommen, daß Wähler zur Informationsbeschaffung auf solche kostensenkenden „informational shortcuts“ zurückgreifen (vgl. Fuchs/ Kühnel 1999: 315ff.). Derartige „shortcuts“ sind neben Ideologien in erster Linie die Parteien (vgl. Popkins et al. 1976: 804). Politikmarken als fest verankerte, differenzierte Wissensstrukturen dienen dem Wähler in dieser Sichtweise als Informationsspeicher, aus dem er bei politischen Entscheidungen kostensparend Informationen abruft.

Der Stellenwert von Politikmarken bezüglich der *Risikoreduktion* ergibt sich aus den Spezifika des politischen Austauschprozesses, die in Summe zu einem hohen wahrgenommenen Risiko für den Wähler führen. Parteien und Kandidaten offerieren dem Wähler im Austausch für dessen Wahlstimme ein Versprechen der Werterealisierung sowie der Ideen- und Interessenvertretung (vgl. Hasitschka 1995: 2036). Angesichts der Immaterialität des Leistungsversprechens sowie einer zeitlichen Verzögerung zwischen dem Kauf- bzw. Wahlakt und der eigentlichen Leistungserbringung weist das Politikmarketing mehr Parallelen zum Dienstleistungs- als zum Sachgütermarketing auf.[14] Für Dienstleistungen wird wegen des hohen Anteils von Erfahrungs- bzw. Vertrauenseigenschaften, d.h. von Leistungsbestandteilen, deren Nutzen vom Kunden erst nach Inanspruchnahme einer Leistung bzw. gar nicht beurteilt werden können, generell ein höheres subjektives Kaufrisiko konstatiert als bei Sachgütern (vgl. Kaas/Busch 1996; Meffert/Bruhn 2003: 112). Die aus diesem Umstand abgeleitete besondere Bedeutung von Vertrauenskomponenten im Dienstleistungsmarketing erfährt im Politikmarketing durch *weitere risikosteigernde Rahmenbedingungen* eine herausragende Relevanz (vgl. Abb. 4).[15]

---

[13] Vgl. Dalton/Wattenberg 1993: 194.
[14] Vgl. Harrop 1990: 278; O'Shaughnessy/Holbrook 1989: 99.
[15] Vgl. Stauss 2001: 556; Scammell 1999: 728.

Abbildung 4: Risikosteigernde Elemente im Austauschprozeß zwischen Partei /Kandidat und Wähler

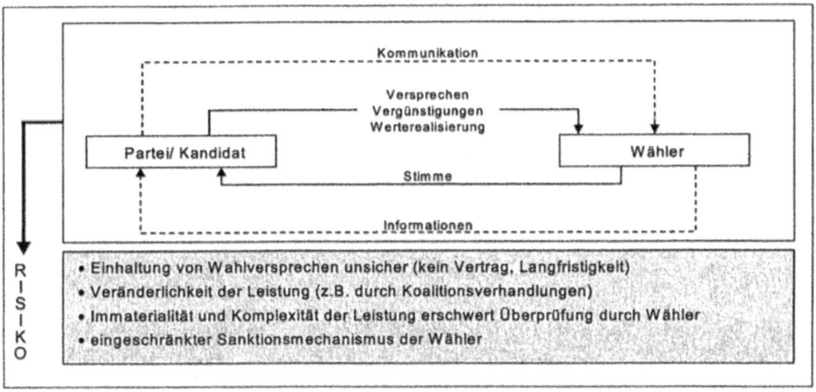

Im Gegensatz zu Markttransaktionen besteht für die Anbieter politischer Leistungen zunächst keine vertragliche Verpflichtung zur Einlösung des gegenüber dem Wähler explizit oder implizit abgegebenen Leistungsversprechens, dessen Einhaltung durch den Wähler angesichts der Komplexität politischer Prozesse zudem mitunter gar nicht überprüft werden kann. Darüber hinaus zeichnet sich die vom Wähler „gekaufte" Dienstleistung durch Veränderlichkeit (mutability) aus. Butler und Collins (1999: 59) kennzeichnen damit den Umstand, daß die Regierungsbildung häufig Koalitionsverhandlungen notwendig macht, die mitunter das vor der Wahl abgegebene Leistungsversprechen vor dem Hintergrund erforderlicher Kompromisse erheblich verändern. Die Tatsache schließlich, daß Wahlen als demokratischer Sanktionsmechanismus nur in größeren zeitlichen Abständen stattfinden, erhöht das wahrgenommene Risiko des Wählers weiter. Insgesamt ist die Wahlentscheidung aus Sicht des Wählers also mit zahlreichen risikosteigernden Komponenten behaftet. Es kann somit angenommen werden, daß die daraus resultierende hohe Bedeutung der *Vertrauenskomponente* im politischen Bereich[16] Politikmarken als Vertrauensanker eine präferenzbildende Wirkung bei Wahlentscheidungen verleiht.

Obgleich die *ideelle Nutzenstiftung* von Marken im kommerziellen Kontext in erster Linie aus expressivem, d.h. nach außen sichtbarem Konsum abgeleitet wird (z.B. Prestigeeffekt eines *Rolls Royce*), können auch Politikmarken einen ideellen Nutzen für den Wähler stiften. Ein solcher, eher intrinsischer Nutzen

[16] Vgl. Schweer 2000; Bauer et a. 1995: 115.

resultiert zum Beispiel aus dem Gefühl der Zugehörigkeit zu einer Gruppe von gleichgesinnten Wählern im Sinne einer Wertegemeinschaft oder dem Gefühl der Identifikation mit der Partei oder dem Kandidaten.

Im Rahmen eines umfangreichen Forschungsprojektes zur Thematik von Marken in der Politik wurde unter anderem auch die Bedeutung der aufgezeigten Markenfunktionen für den Wähler empirisch analysiert (vgl. Schneider 2004). Dazu wurden die *Markenfunktionen* in Form von Statements operationalisiert, die von den Befragten auf einer 5er-Skala entweder als zutreffend oder nicht zutreffend gekennzeichnet werden sollten. Die Erfüllung der Markenfunktionen wurde dabei jeweils nur im Hinblick auf die präferierte Partei bzw. den präferierten Kandidaten abgefragt. Die Ergebnisse dieser repräsentativen Studie sind in Abb. 5 dargestellt. Als Interpretationshilfe für die Frage, inwieweit Politikmarken typische Markenfunktionen erfüllen oder nicht, sind in der Abbildung die Ergebnisse einer am Marketing Centrum der Universität Münster in Kooperation mit der Unternehmensberatung McKinsey durchgeführten repräsentativen Untersuchung (n = 2.552) zu den Markenfunktionen im Konsumgüter- und Dienstleistungsbereich als Vergleichsmaßstab aufgeführt (vgl. Fischer et al. 2002: 29).

Abbildung 5: Funktionen von Politikmarken

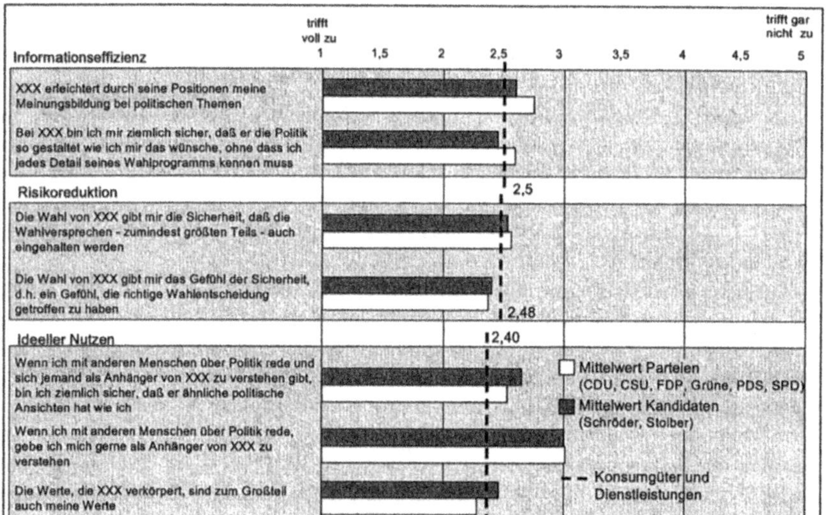

Im Ergebnis zeigt sich, daß alle drei Markenfunktionen in der Politik für den Wähler relevant sind. Im Durchschnitt über alle Parteien und die Kanzlerkandidaten von CDU und SPD zur Bundestagswahl 2002 hinweg sind im Vergleich mit den Konsumgüter- und Dienstleistungsbranchen Informationseffizienz und ideeller Nutzen etwas weniger, die Risikoreduktion hingegen gleich wichtig.

Die aus den Markenfunktionen abgeleitete Bedeutung von Politikmarken für den Wähler soll abschließend an einem Beispiel illustriert werden. Im Rahmen der bereits angeführten empirischen Untersuchung wurde der in der Marketingwissenschaft zur Verdeutlichung der Markenrelevanz oft zitierte Cola-Test,[17] bei dem Testpersonen ihre Präferenz für ein Cola-Getränk einmal ohne und einmal mit Darbietung der Marken abgeben, für Politikmarken *modifiziert.* Dazu wurden die Befragten in drei Gruppen eingeteilt, denen jeweils die gleiche politische Fragestellung (Abschaffung der Wehrpflicht) zur Beurteilung vorgelegt wurde. Einer Gruppe wurde das Statement jedoch ohne Parteimarke, einer Gruppe mit dem Markenstimulus SPD und einer Gruppe mit dem Markenstimulus CDU präsentiert (vgl. Abb. 6).

Abbildung 6: Relevanz von Politikmarken für die politische Präferenzbildung

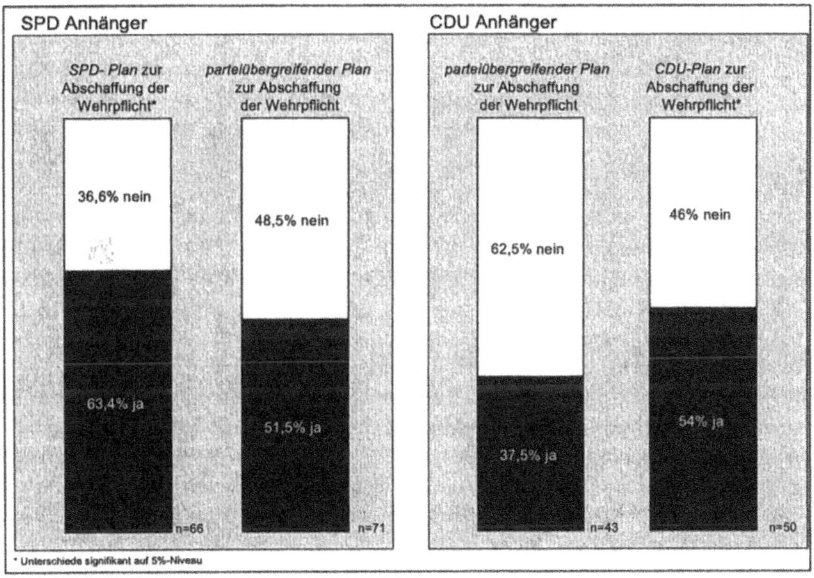

[17] Vgl. Chernatony/McDonald 1992: 9.

Das Ergebnis zeigt deutlich, daß Marken die politische Präferenzbildung verändern. Während die Anhänger der CDU die Abschaffung der Wehrpflicht ohne Darbietung des Markenstimulus noch zu 62,5 Prozent ablehnen, sinkt dieser Wert auf 46 Prozent, wenn es sich um einen Vorschlag der CDU handelt. Bei den SPD-Anhängern sind ohne Markenreiz 51,5 Prozent der Befragten für die Abschaffung der Wehrpflicht; handelt es sich hingegen um einen Vorschlag der SPD, wächst die Zahl der Befürworter auf 63,4 Prozent an.

3 Identitätsorientierte Führung von Politikmarken

Ausgehend von der Existenz und Relevanz politischer Marken in organisatorischer (Parteien) wie auch personeller (Politiker) Hinsicht stellt sich aus einer betriebswirtschaftlich-entscheidungsorientierten Perspektive vor allem die Frage nach einem adäquaten *Markenführungsansatz*. Für die Entwicklung eines zweckmäßigen Markenführungsansatzes für Politikmarken sind zunächst die politikspezifischen Anforderungen an einen solchen Ansatz zu ermitteln.

Aus der reinen Leistungsbündelung von Kandidat und Partei auf der Angebotsseite des Politikmarketing resultiert die Interdependenz von Partei- und Politikermarke als Objekte der Markenführung. Zum einen wird eine Politikermarke nicht zuletzt durch die Parteizugehörigkeit des Politikers geprägt, zum anderen formt sich aber auch das Markenimage der Partei in Abhängigkeit ihrer Spitzenpolitiker. „The politician [is] a product at the same time he [is] the medium of a party brand image" (Laufer/Paradeise 1990: 89). Da also das Vorstellungsbild von einer Partei wesentlich durch ihre Spitzenrepräsentanten geprägt wird und umgekehrt die mit einem Politiker verbundenen Assoziationen von seiner Parteizugehörigkeit beeinflußt werden, sollte ein Markenführungskonzept im Hinblick auf Partei- und Politikermarke *integrativen Charakter* aufweisen (vgl. Schneider 2002; Burmann/Ehlert 2004).

Neben der Integrativität in Bezug auf die Objekte der Markenführung muß ein Markenführungskonzept für Politikmarken vor allem der besonderen Bedeutung der *Parteimitglieder* Rechnung tragen. Für die Konzeption des in der Marke verdichteten politischen Leistungsangebots ist aus zwei Gründen die Perspektive der Mitglieder unabdingbar (vgl. Stöss 1997: 182f.). Erstens impliziert der pluralistische Willensbildungsprozeß in Parteien eine Bottom-up-Orientierung der Markenführung, da das in der Marke kristallisierte politische Leistungsversprechen zumindest von der Mehrheit der Parteimitglieder geteilt werden muß. Andernfalls würde über demokratische Entscheidungsprozesse das Leistungsversprechen entsprechend den mehrheitlichen Vorstellungen geändert. Insofern müssen vor allem die Soll-Vorstellungen der Parteimitglieder über das politische

Angebot ihrer Partei in ein Markenführungskonzept integriert werden. Zweitens beeinflussen Parteimitglieder über ihre persönliche Kommunikation das Markenimage einer Partei im Sinne ihres Fremdbildes ganz wesentlich. Vor allem für die beiden Volksparteien in Deutschland stellen ihre zusammen rund 1,3 Mio. Mitglieder insofern eine wichtige Ressource im Rahmen der Markenführung dar.

Während die Integration von Partei- und Politikermarken sowie der Parteimitglieder stärker die Konzeption eines Markenführungsansatzes beeinflussen, berührt die besondere Rolle der *Medien*[18] die inhaltliche Ausgestaltung der Markenführung. Die in letzter Konsequenz auf eine Veränderung oder Bestätigung der abgespeicherten Assoziationen zu einer Politikmarke abzielenden Maßnahmen der Markenführung müssen die intervenierende Rolle der Medien im politischen Kommunikationsprozeß, insbesondere durch eine mediengerechte Konzeption der Stimuli, berücksichtigen.

Abschließend muß die Markenführung der besonderen Bedeutung der *Vertrauenskomponente* im Politikmarketing Rechnung tragen. Dieser Aspekt berührt sowohl die konzeptionelle als auch die inhaltliche Dimension der Markenführung. Aus der konzeptionellen Perspektive lenkt die Vertrauensanforderung das Augenmerk erneut auf die Mitglieder, da die Glaubwürdigkeit und damit das Vertrauenspotential einer Politikmarke aus Sicht der Wähler nicht zuletzt von der Kommunikation und dem Verhalten der Mitglieder geprägt werden. In Bezug auf die inhaltliche Dimension ist die Vertrauenswürdigkeit zentrale Anforderungsdimension bezüglich des Aufbaus und der Veränderung von Markenassoziationen, was Konsequenzen etwa im Hinblick auf die Einhaltung von Versprechen oder die erklärungsbedürftige und sensibel zu handhabende Veränderung politischer Positionen zu einzelnen Politikfragen betrifft.

Mit dem *identitätsorientierten Ansatz* der Markenführung wurde in der Marketingwissenschaft ein Markenführungskonzept entwickelt, das in seiner Zielsetzung mit dem Vertrauensaspekt *die wesentliche Anforderung an Marken im politischen Kontext aufgreift.* Darüber hinaus stellt der Ansatz über den Einbezug von Selbst- und Fremdbild einer Marke die Innen- und Außenperspektive der Markenführung in den erforderlichen integrativen Rahmen. Dieses im For-Profit-Bereich nicht zuletzt auch ressourcentheoretisch begründete Vorgehen[19] besitzt für mitgliederbasierte Organisationen – wie bspw. Parteien – eine besondere Relevanz. Insofern trägt der identitätsorientierte Ansatz der Markenführung

[18] Vgl. Dombrowski 1997; Holtz-Bacha 1999.
[19] Vgl. Koers 2001: 51ff.

sowohl in der Zieldimension als auch in seiner grundsätzlichen Bi-Perspektivität den Spezifika der Führung von Politikmarken auf besondere Weise Rechnung.[20]

Für die Umsetzung einer identitätsorientierten Markenführung wurde in Anbetracht der Wechselseitigkeit des Identitätsbegriffes, die auch als Paradigma der Identitätsforschung charakterisiert wird,[21] in der Literatur in Anlehnung an das im Kontext des Qualitätsmanagements konzipierte Modell von Parasuraman et al. (1985) ein GAP-Modell der identitätsorientierten Markenführung entwikkelt (vgl. Meffert/Burmann 1996). Ausgehend von der sozialpsychologisch gestützten Grundannahme, daß die Identität und damit das Vertrauenspotential einer Marke durch das Maß der Übereinstimmung zwischen ihrem Fremd- und ihrem Selbstbild bestimmt werden, sind diese in der Situationsanalyse der identitätsorientierten Markenführung zu bestimmen und etwaige *Lücken* (GAPs) zwischen der Innen- und der Außenperspektive zu identifizieren. Um aus der Gegenüberstellung von Markenselbst- und -fremdbild differenzierte Implikationen für die Markenführung ableiten zu können, ist es dabei zweckmäßig, beide Perspektiven in eine Soll- und eine Ist-Komponente zu zerlegen, da etwaige Diskrepanzen zwischen Markenselbst- und -fremdbild sowohl auf Unterschieden hinsichtlich der Idealposition einer Marke als auch ihrer aktuellen Wahrnehmung mit jeweils jedoch unterschiedlichen Implikationen für die Markenführung beruhen können (vgl. Meffert/Burmann 2002b: 90).

Die Bestimmung des *Markenfremdbildes* ist nur mit geringen Operationalisierungsproblemen verbunden. Angesichts der expliziten Erfassung der Soll- und Ist-Komponente kann hierzu auf die bewährte Messung der Einstellung nach Trommsdorff (2002) zurückgegriffen werden. Diese Form der Erfassung des Markenfremdbildes geht konform mit den in der Literatur vorgestellten Modellen von Meffert/Burmann (1996), Koers (2001) und Bierwirth (2003).

Hinsichtlich der Operationalisierung des *Markenselbstbildes* ergibt sich im Vergleich zu den im Kontext des For-Profit-Marketing entwickelten Modellen indes Modifikations- resp. Akzentuierungsbedarf, der aus den Spezifika des Untersuchungsgegenstandes Politikmarken resultiert. Meffert/Burmann (2002c) definieren als Kern der Markenidentität im Hinblick auf das Selbstbild die Markenphilosophie, „welche die Idee, den Inhalt und die zentralen Eigenschaften einer Marke in Form eines plastischen Markenleitbildes festlegt". Die vielfältigen Komponenten der Markenphilosophie können in Anlehnung an Aaker (1996) zu den vier

[20] Die darüber hinaus aus einem Markenführungsansatz für Politikmarken abgeleiteten Anforderungen „Integrativität" und „Mediengerechtigkeit" berühren weniger seine theoretische Konzeption als vielmehr den Einbezug unterschiedlicher Objekte in die Markenführung und die Ausgestaltung konkreter Maßnahmen der Markenführung.

[21] Vgl. Frey/Haußer 1987: 17.

Dimensionen *Art der Produkte und Dienstleistungen*, *symbolische Eigenschaften*, *Persönlichkeitsmerkmale* und *Eigenschaften der Organisation* verdichtet werden.

Schon im kommerziellen Kontext wird dabei insbesondere im Dienstleistungsbereich dem *Verhalten der Mitarbeiter* als Bestandteil der organisationalen Dimension eine zentrale Bedeutung für das Markenselbstbild zugebilligt, da alle anderen Facetten der Markenphilosophie letztlich durch das Verhalten und die Entscheidungen der in den Markenauftritt involvierten Personen determiniert werden (vgl. Meffert/Burmann 2002c: 63). Dies gilt angesichts der demokratischen Willensbildungsprozesse in besonderem Maße für Parteien. Die Markenphilosophie einer Partei beruht ungeachtet des hohen Einflusses der Führungsgremien einer Partei – etwa in Form von Programm- oder Grundsatzkommissionen – in letzter Konsequenz auf dem mehrheitlichen Willen der Parteimitglieder, die Personalfragen und programmatische Entwürfe auf Parteitagen diskutieren, ggf. modifizieren und verabschieden (vgl. Niclauß 2002: 202ff.; Alemann 2000: 127ff.). Demnach kommt den *Parteimitgliedern* in Bezug auf das Selbstbild einer Partei zentrale Bedeutung zu (vgl. Stöss 1997: 182ff.). Damit entsteht die Markenidentität einer Partei im Wesentlichen im Wechselspiel zwischen Ist- und Soll-Bild in den Augen der Wähler (Markenfremdbild) auf der einen und der Parteimitglieder (Markenselbstbild) auf der anderen Seite.

Abbildung 7: GAP-Modell der identitätsorientierten Führung von Politikmarken am Beispiel der CDU

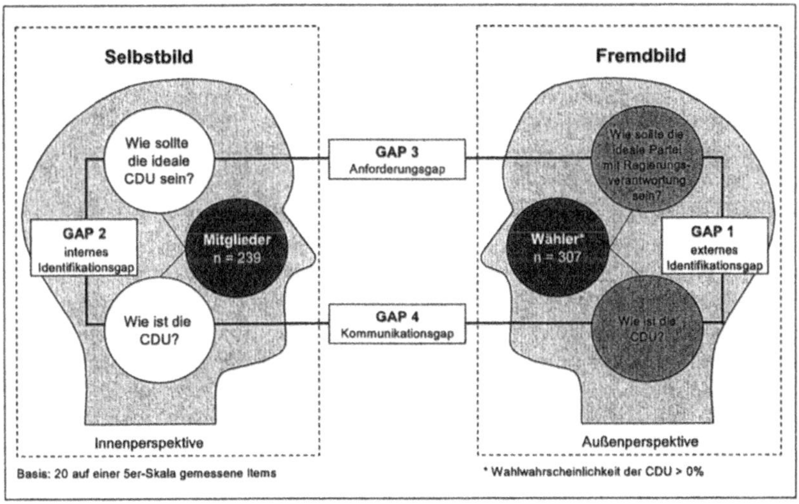

Auf Basis dieser Konzeptualisierung von Markenselbst- und -fremdbild mit jeweiliger Ist- und Soll-Komponente lassen sich nunmehr die vier GAPs[22] im Rahmen der identitätsorientierten Führung von Politikmarken näher charakterisieren (vgl. Abb. 7).

1. GAP 1 ist Ausdruck für die Lücke zwischen den Anforderungen der Wähler an eine Idealpartei und dem tatsächlichen Bild, das sie von einer bestimmten Partei haben (externes Identifikationsgap).
2. GAP 2 beschreibt die Lücke zwischen dem idealen und dem tatsächlichen Bild der *Mitglieder* von ihrer Partei. Aufgrund der abweichenden Operationalisierung des Selbstbildes bei den bisherigen Anwendungen des GAP-Modells im For-Profit-Bereich wird diese Lücke dort als Umsetzungsgap charakterisiert, etwa weil die tatsächlich erbrachte Markenleistung von den geplanten Markenmerk malen abweicht oder das vom Management vorgegebene Markenleitbild nicht in adäquate Markenmerkmale umgesetzt wird (vgl. Koers 2001: 169). Vor dem Hintergrund der aus den Besonderheiten von Parteien abgeleiteten Mitgliederzentrierung bei der Erfassung des Selbstbildes und der symmetrischen Analyse von Wählern und Mitgliedern soll diese Lücke hier als internes Identifikationsgap gekennzeichnet werden.
3. GAP 3 beschreibt die Diskrepanz zwischen den Idealvorstellungen der Wähler auf der einen und denen der Parteimitglieder auf der anderen Seite. Es wird bislang in der Literatur als Wahrnehmungsgap bezeichnet, da es auf einer Fehlwahrnehmung der Kundenerwartungen seitens des Herstellers beruht (vgl. Meffert/Burmann 2002b: 90). Da GAP 3 im Kontext dieser Untersuchung auf Differenzen über eine Idealpartei zwischen Wählern und Mitgliedern basiert, soll es hier als Anforderungsgap gekennzeichnet werden.
4. GAP 4 schließlich kennzeichnet eine Differenz zwischen der Wahrnehmung einer Partei durch die Mitglieder und derjenigen durch die Wähler und wird aufgrund seines ursächlich kommunikativen Charakters in Übereinstimmung mit bisherigen Modellen als Kommunikationsgap charakterisiert.

Ausgangspunkt einer auf die Ableitung von *Markenführungsimplikationen* abzielenden Analyse ist zunächst GAP 1 als Differenz zwischen den Erwartungen der Wähler an eine ideale Regierungspartei (bzw. idealen Bundeskanzler) und dem Realimage von einer Partei (bzw. einem Kandidaten). GAP 1 ist wie bei einer rein fremdbildorientierten Markenführung auch im identitätsorientierten Ansatz zentral für das Markenmanagement, weil die Abweichung zwischen Ideal- und Realimage einer Marke auf seiten des Wählers im Gegensatz zu den anderen Abweichungen des Modells *unmittelbar* wahlverhaltensrelevant ist. Insofern

---

[22] Vgl. Meffert/Burmann 2002b: 90.

bleibt es finales Ziel der Markenführung, die Lücke zwischen Idealanforderungen der Wähler und Realimage zu schließen.

Im Gegensatz zu einer lediglich das Fremdbild einer Marke berücksichtigenden Analyse erlaubt der Einbezug des Markenselbstbildes jedoch nicht nur eine differenzierte Betrachtung möglicher Ursachen für GAP 1, sondern darüber hinaus eine Bestandsaufnahme der Möglichkeiten[23] zur Schließung dieser Lücke. So ist es zunächst denkbar, daß GAP 1 darauf zurückzuführen ist, daß zwischen Wählern und Parteimitgliedern unterschiedliche Vorstellungen über die ideale Partei im Sinne eines Anforderungsgaps existieren. Des Weiteren wäre es auch möglich, daß Wähler und Mitglieder gleicher Auffassung über eine ideale Partei sind, das Idealprofil einer Partei jedoch keine Entsprechung im Ist-Bild der Mitglieder von ihrer Partei findet (internes Identifikationsgap). Da das Ist-Selbstbild aufgrund vielfältiger informeller Kommunikationsprozesse zwischen Mitgliedern und Wählern aber maßgeblich das Ist-Fremdbild beeinflußt, wird es erneut zu einer Abweichung zwischen den Anforderungen der Wähler und ihrem Ist-Bild von einer Partei kommen. Schließlich kann das externe Identifikationsgap auch auf eine Differenz in der Ist-Wahrnehmung zwischen Wählern und Mitgliedern, also auf ein Kommunikationsgap, zurückzuführen sein.

Aus den hier skizzierten möglichen Ursachen eines externen Identifikationsgaps resultieren somit jeweils weitreichende Unterschiede im Hinblick auf die Ansatzpunkte und vor allem auch Möglichkeiten der Markenführung, die bei einer rein fremdbildorientierten Markenführung nicht transparent würden (vgl. Schneider 2005).

4 Fazit

Seit geraumer Zeit ist die Marke eines der Top-Themen in Marketingwissenschaft und -praxis. Analog zur Entwicklung der Marketingwissenschaft ist auch die Auseinandersetzung mit Fragen der Markenführung dabei durch eine gleichzeitige Erweiterung (Broadening) und Vertiefung (Deepening) der Forschung gekennzeichnet (vgl. Meffert/Burmann 2002a). Ungeachtet der Fortschritte hinsichtlich der Fundierung einer Markentheorie – etwa im Hinblick auf die Mar-

---

[23] Das Selbstbild stellt für die Markenführung in diesem Sinne eine limitierende Ressource dar. Im Kontext des Politikmarketing resultieren die Beschränkungen der Markenführung nicht nur aus den Kompetenzen einer Partei, sondern darüber hinaus auch aus den Anforderungen der Mitglieder an ihre Partei. Die Spannungsfelder bestehen somit also nicht nur zwischen den Ansprüchen der Wähler und den Fähigkeiten einer Partei, sondern darüber hinaus auch zwischen Wähler- und Mitgliederanforderungen.

kenrelevanz, die neurologische Wirkungsweise von Marken oder die Markenidentität[24] – sollte der Diskussion um ein tragfähiges Fundament der Markenführung noch größere Aufmerksamkeit zu Teil werden. Eine solche – bestenfalls interdisziplinär ausgerichtete – integrative Theorie der Marke wäre eine Hilfestellung, um die vielfältigen Ansätze zur „Ausweitung der Markenzone" im Hinblick auf den damit verbundenen Erkenntnisfortschritt evaluieren zu können. Ein solch eher konzeptioneller Erkenntnisbeitrag war hier nicht intendiert und geht von der in diesem Beitrag vorgenommenen Auseinandersetzung mit Marken in der Politik demzufolge auch kaum aus. Allerdings besitzt der den Ausführungen zugrunde liegende Dreiklang aus der Überprüfung der Markenexistenz, der Markenrelevanz und der Entwicklung eines adäquaten Markenführungskonzeptes durchaus Transferpotential für die im Sammelband diskutierte „Ausweitung der Markenzone".

Die mit diesem und anderen Beiträgen des Autors vorgenommene Ausweitung der Markenzone in den Kontext des Politikmarketing erscheint vor dem Hintergrund der Markenexistenz und -relevanz gerechtfertigt und vermag neue Einsichten sowohl in das Verhalten der Angebots- wie auch der Nachfrageseite des Politikmarketing zu generieren. Eine weitere Auseinandersetzung mit der Thematik von Marken in der Politik, nicht nur im Rahmen der Marketingwissenschaft, sondern auch von Politik- und Kommunikationswissenschaft, erscheint daher nicht nur wünschenswert, sondern auch wahrscheinlich.

Literatur

Aaker, David A. (1996), Measuring Brand Equity Across Products and Markets, in: California Management Review 38, No. 3, S. 102-120.

Aaker, Jennifer (1997), Dimensions of Brand Personality, in: Journal of Marketing Research 34, S. 347-356.

Arnold, Marc (2002), Qualitative Politik- und Wahlforschung als Markenforschung, in: Planung & Analyse 29, Heft 1, S. 47-51.

Bauer, Hans/Frank Huber/Andreas Herrmann (1995), Politik-Marketing – Inhalt, Instrumente und Institutionen, in: Der Markt 34, Heft 4, S. 115-124.

Berekoven, Ludwig (1978), Zum Verständnis und Selbstverständnis des Markenwesens, in: Markenartikel heute. Marke, Markt und Marketing, Schriftenreihe Markt und Marketing des Gabler-Verlages, Wiesbaden, S. 35-48.

Bierwirth, Andreas (2003), Die Führung der Unternehmensmarke. Ein Beitrag zum zielgruppenorientierten Corporate Branding, Frankfurt/M.

---

[24] Vgl. Fischer et al. 2002; Deppe et al. 2002; Meffert et al. 2005.

Burmann, Christoph/Henning Ehlert (2004), Markenstrategien politischer Parteien – Zur Vorteilhaftigkeit von Einzelmarken versus Dachmarken, Arbeitspapier Nr. 11 des Lehrstuhls für innovatives Markenmanagement an der Universität Bremen, Bremen.

Butler, Phil/Neil Collins (1994), Political Marketing: Structure and Process, in: European Journal of Marketing 28, No. 1, S. 19-34.

Butler, Phil/Neil Collins (1999), A Conceptual Framework for Political Marketing, in: Bruce Newman (Hg.), Handbook of Political Marketing, Thousand Oaks, S. 55-72.

Dalton, Russell J./Martin P. Wattenberg (1993), The Not So Simple Act of Voting, in: Ada Finifter (Hg.), Political Science. The State of the Discipline II, Washington, S. 193-218.

de Chernatony, Leslie/Malcom McDonald (1992), Creating Powerful Brands, Oxford.

Deppe, Michael/Peter Kenning/Hilke Plassmann/Harald Kugel/Wolfram Schwindt (2002), Die Entdeckung der kortikalen Entlastung, Neuroökonomische Forschungsberichte der Westfälischen Wilhelms-Universität Münster – Teilgebiet Neuromarketing, Nr.1, Münster.

Dombrowski, Ines (1997), Politisches Marketing in den Massenmedien, Wiesbaden.

Downs, Anthony (1968), Ökonomische Theorie der Demokratie, amerikanische Erstausgabe 1957, Tübingen.

Esch, Franz-Rudolf/Patrick Geus (2001), Ansätze zur Messung des Markenwertes, in: Franz-Rudolf Esch (Hg.), Moderne Markenführung. Grundlagen. Innovative Ansätze. Praktische Umsetzungen, Wiesbaden, S. 1025-1057.

Fischer, Marc/Fabian Hieronimus/Marcel Kranz (2002), Markenrelevanz in der Unternehmensführung. Messung, Erklärung und empirische Befunde für B2C-Märkte, in: Klaus Backhaus/Heribert Meffert/Jesko Perrey/Jürgen Schröder (Hg.), MCM & McKinsey Arbeitspapiere, Nr. 1, Münster.

Frey, Hans-Peter/Karl Haußer (1987), Entwicklungslinien sozialwissenschaftlicher Identitätsforschung, in: Hans-Peter Frey/Karl Haußer (Hg.), Identität. Entwicklungslinien psychologischer und soziologischer Forschung, Stuttgart, S. 3-26.

Fuchs, Dieter/Steffen Kühnel (1994), Wählen als rationales Handeln: Anmerkungen zum Nutzen des Rational-Choice-Ansatzes in der empirischen Wahlforschung, in: Hans Dieter Klingemann/Max Kaase (Hg.), Wahlen und Wähler. Analysen aus Anlaß der Bundestagswahl 1990, Opladen, S. 305-364.

Geo (Hg.) (2002), Imagery 4. Innere Markenbilder in gehobenen Zielgruppen, Hamburg.

Harrop, Martin (1990), Political Marketing, in: Parliamentary Affairs 43, No. 3, S. 277-292.

Hasitschka, Werner (1995), Politik-Marketing, in: Bruno Tietz (Hg.), Handwörterbuch des Marketing, Stuttgart, S. 2030-2041.

Hofbauer, Erich (1980), Politik als Markenartikel, in: Österreichische Monatshefte, Heft 7/8, S. 27-29.

Holtz-Bacha, Christina (1999), Wahlkampf 1998 – Modernisierung und Professionalisierung, in: Christina Holtz-Bacha (Hg.), Wahlkampf in den Medien, Wahlkampf mit den Medien. Ein Reader zum Wahljahr 1998, Opladen/Wiesbaden, S. 9-24.

Horizont Serie „Parteien vor der Wahl“, in: HORIZONT, Heft 25, 2001, S. 18 (Interview mit Guido Westerwelle); HORIZONT, Heft 30, 2001, S. 20 (Interview mit Matthias Machnig); HORIZONT, Heft 34, 2001, S. 24 (Interview mit Thomas Goppel); HORIZONT, Heft 38, 2001, S. 18 (Interview mit Laurenz Meyer).

Kaas, Klaus Peter/Anina Busch (1996), Inspektions-, Erfahrungs- und Vertrauenseigenschaften von Produkten, in: Marketing ZFP 18, Heft 4, S. 243-252.

Kapferer, Joel N. (1992), Marke. Kapital des Unternehmens, Landsberg/Lech.

Karp, Markus/Udo Zolleis (Hg.) (2004), Politisches Marketing, Münster.

Keller, Kevin Lane (1993), Conceptualizing, Measuring and Managing Customer-Based Brand Equity, in: Journal of Marketing 57, S. 1-22.

Keller, Kevin Lane (2001), Kundenorientierte Messung des Markenwertes, in: Franz-Rudolf Esch (Hg.), Moderne Markenführung. Grundlagen. Innovative Ansätze. Praktische Umsetzungen, 3. Aufl., Wiesbaden, S. 1060-1079.

Koers, Martin (2001), Steuerung von Markenportfolios. Ein Beitrag zum Mehrmarkencontrolling am Beispiel der Automobilwirtschaft, Frankfurt/M.

Kotler, Philip (1978), Marketing für Nonprofit Organisationen, Stuttgart.

Laufer, Romain/Catherine Paradeise (1990), Marketing Democracy. Public Opinion & Media Formation in Democratic Societies, New Brunswick.

Meffert, Heribert (2000), Marketing. Grundlagen marktorientierter Unternehmensführung, 9. Aufl., Wiesbaden.

Meffert, Heribert/Manfred Bruhn (2003), Dienstleistungsmarketing, 4. Aufl., Wiesbaden.

Meffert, Heribert/Chistoph Burmann (1996), Identitätsorientierte Markenführung – Grundlagen für das Management von Markenportfolios, Arbeitspapier Nr. 100 der Wissenschaftlichen Gesellschaft für Marketing und Unternehmensführung e.V., hrsg. von Heribert Meffert, Helmut Wagner und Klaus Backhaus, Münster.

Meffert, Heribert/Christoph Burmann (2002a), Wandel in der Markenführung – vom instrumentellen zum identitätsorientierten Markenverständnis, in: Heribert Meffert/Christoph Burmann/Martin Koers (Hg.), Markenmanagement. Grundfragen der identitätsorientierten Markenführung, Wiesbaden, S. 17-33.

Meffert, Heribert/Christoph Burmann (2002b), Managementkonzept der identitätsorientierten Markenführung, in: Heribert Meffert/Christoph Burmann/Martin Koers (Hg.), Markenmanagement. Grundfragen der identitätsorientierten Markenführung, Wiesbaden, S. 73-97.

Meffert, Heribert/Christoph Burmann (2002c), Theoretisches Grundkonzept der identitätsorientierten Markenführung, in: Heribert Meffert/Christoph Burmann/Martin Koers (Hg.), Markenmanagement. Grundfragen der identitätsorientierten Markenführung, Wiesbaden, S. 35-72.

Meffert, Heribert/Christoph Burmann/Martin Koers (2002), Stellenwert und Gegenstand des Markenmanagement, in: Heribert Meffert/Christoph Burmann/Martin Koers (Hg.), Markenmanagement. Grundfragen der identitätsorientierten Markenführung, Wiesbaden, S. 3-15.

Meffert, Heribert/Christoph Burmann/Martin Koers (Hg.) (2005), Markenmanagement. 2. Aufl., Wiesbaden (i.D.).

Meffert, Heribert/Helmut Schneider (2003), MarkenPolitik? Zur Bedeutung von Politikmarken für das Wählerverhalten, in: forum medienethik 9, Heft 1, S. 51-58.

Newman, Bruce (1999), The Mass Marketing of Politics. Democracy in an Age of manufactured Images, Thousand Oaks.

Newman, Bruce (Hg.) (1999a), Handbook of Political Marketing, Thousand Oaks.

Niclauß, Karlheinz (2002), Das Parteiensystem der Bundesrepublik Deutschland, Paderborn.

Niedermayer, Oskar (2003), Parteimitglieder, Internetversion, Berlin, Stand September.
O'Shaughnessy, Nicholas Jackson/Morris Holbrook (1989), What U.S. Business can learn from Political Marketing, in: Journal of Applied Business Research 4, No. 3, S. 98-109.
Parasuraman, A./Valerie Zeithaml/Leonard L. Berry (1985), A Conceptual Model of Service Quality and its Implications for Future Research, in: Journal of Marketing 49, S. 41-50.
Popkins, Samuel L./John Gorman/Jeffrey Smith/Charles Phillips (1976), Comment: What Have You Done for Me Lately? Toward An Investment Theory of Voting, in: American Political Science Review 70, S. 779-805.
Scammell, Margaret (1999), Political Marketing: Lessons for Political Science, in: Political Studies – Oxford 47, No. 4, S. 718-739.
Schneider, Helmut (2002), Markenführung in der Politik, in: Heribert Meffert/Christoph Burmann/Martin Koers (Hg.), Markenmanagement. Grundlagen der identitätsorientierten Markenführung, Wiesbaden, S. 353-373.
Schneider, Helmut (2004), Marken in der Politik. Erscheinungsformen, Relevanz, identitätsorientierte Führung und demokratietheoretische Reflektion, Wiesbaden.
Schneider, Helmut (2004a), Branding in Politics – Manifestations, Relevance and Identity-Oriented Management, in: Journal of Political Marketing 3, No. 3, October, S. 41-67.
Schneider, Helmut (2005), Ausgestaltung einer identitätsorientierten Markenführung in der Politik, in: Heribert Meffert/Christoph Burmann/Martin Koers (Hg.), Markenmanagement. Grundlagen der identitätsorientierten Markenführung, 2. Aufl., Wiesbaden (im Druck).
Schweer, Martin K. W. (2000), Politisches Vertrauen. Theoretische Ansätze und empirische Befunde, in: Martin K. W. Schweer (Hg.), Politische Vertrauenskrise in Deutschland? Eine Bestandsaufnahme, Münster, S. 9-26.
Schweiger, Günter/Michaela Adami (1999), The Nonverbal Image of Politicians and Political Parties, in: Bruce Newman (Hg.), Handbook of Political Marketing, Thousand Oaks, S. 347-364.
Shama, Avraham (1976), The Marketing of Political Candidates, in: Journal of the Academy of Marketing Science 4, No. 4, S. 764-777.
Stauss, Bernd (2001), Markierungspolitik bei Dienstleistungen, in: Manfred Bruhn/Heribert Meffert (Hg.), Handbuch Dienstleistungsmanagement, Wiesbaden, S. 549-571.
Stöss, Richard (1997), Stabilität im Umbruch, Opladen.
Thurm, Martina (2000), Markenführung. Sondierungen – Methodologische Disposition – Konzeptioneller Grundriß, Frankfurt/M.
Trommsdorff, Volker (2002), Konsumentenverhalten. 4. Aufl., Stuttgart.
von Alemann, Ulrich (2000), Das Parteiensystem der Bundesrepublik Deutschland, Opladen.
White, Jon/Leslie de Chernatony (2001), New Labour: A Study of the Creation, Development and Demise of a Political Brand, Conference Paper, 8th International Public Relations Research Symposium, Bled (Slowenia).

Sind Planwirtschaft und Nationen markentauglich?

Die Entstehung der Marken ist dem Spiel der Märkte geschuldet. Wo es Marktwirtschaft gibt, gibt es auch Marken, dies ist nur eine Frage der Zeit. Umgekehrt könnte man daher auch behaupten: Ohne Marktwirtschaft keine Marken! Dieser Zusammenhang zwischen Marktwirtschaft und Markenentstehung erscheint überdies verallgemeinerbar: Wo immer Markt herrscht, besteht auch die Chance, daß Marken sich ausbilden. Geht man etwa davon aus, daß sich im Rahmen von Politik nicht bloß die Akteure im System, sondern auf der Ebene der Weltpolitik auch die Nationen wechselseitig als solche beobachten und mehr noch als Adressaten und Akteure voreinander bestehen müssen, kann dieses Phänomen durchaus als marktförmig beschrieben werden. Von daher wäre es möglich, daß auch Nationen, läßt man den Aspekt des globalen Tourismus einmal außer Acht, dazu neigen könnten, sich angesichts dieser Situation als Marken zu profilieren.

Claudia Zerjeski bezieht sich in ihrem Beitrag auf die erste Behauptung, ohne Marktwirtschaft gäbe es keine Marken, so könnte man sagen. Denn sie untersucht die ehemalige DDR unter dem Gesichtspunkt, ob der Erfolg der Marken in Ostdeutschland nach der Wende darauf zurückzuführen ist, daß es schon vor der Wende eine gewisse Tradition im Umgang mit Marken gab, oder nicht. Ihre Einschätzung läuft auf das „nicht" hinaus: Da die Voraussetzungen für jede Form von Markenbildung in der ehemaligen DDR nicht ausreichend gegeben waren, konnte keine eigene Markenkultur aufgebaut werden. Ergo war die ehemalige DDR gewissermaßen markenkulturelles Entwicklungsland, das erst durch die Wiedervereinigung die Gelegenheit fand, diesen zivilisatorischen Rückstand aufzuholen, so könnte man sagen.

Elio Pellin und Elisabeth Ryter nehmen hingegen den zweiten Punkt auf. In ihrem Beitrag wird die Frage behandelt, ob die Schweiz eine Marke ist. Ausgangspunkt dafür stellt die erstaunliche Beachtung des Schweizer Kreuzes in der Öffentlichkeit dar. Denn seit einigen Jahren grassiert die Verwendung dieses Kreuzes in allen nur denkbaren Kombinationen, jedermann meint darauf gewissermaßen zurückgreifen und sich dessen bedienen zu dürfen. Freilich ist dieser

Freihandel im Umgang mit einem nationalen Symbol noch nicht ausreichend, um die eingangs gestellte Frage schon positiv zu beantworten, wie überhaupt die beiden Autoren der Auffassung sind, daß die Vermarktung einer Nation in Form von Marken wenig Aussichten auf Erfolg hat, weil Nationen dafür viel zu komplex sind. Insofern überwiegt bei Pellin/Ryter eher die Skepsis, soweit es die These einer Ausweitung der Markenzone bis hin zu Nationen betrifft.

Die Marke als Exportschlager?

Zur Rezeption der Markenidee in der ehemaligen DDR

Claudia Zerjeski

Seit 1990 ist Deutschland wiedervereinigt. Doch bis heute haben Ost und West ein divergentes Konsumverhalten. Der Osten ist stolz, ostdeutsch zu sein und kauft dementsprechend ein. Nach Westeuphorie und Einkaufstourismus liegen nun die neuen alten Produkte selbstbewußt in den Einkaufskörben der Neuen Bundesländer. Ehemals ungeliebt, sind die Produkte zu vertrauensvollen Marken geworden und setzen sie sich gegen die westliche Konkurrenz erfolgreich durch. Im Hinblick auf dieses Geschehen nimmt sich der vorliegende Aufsatz der Fragestellung an: Sind die ostdeutschen Marken selbständig zu Marken erwachsen oder wurde die Markenidee aus dem Westen übernommen? Das Fundament für die Beleuchtung der Frage bildet die Darstellung des Begriffs Marke, so wie er in Rahmen dieses Aufsatzes verstanden werden soll.

1 Marke als hyperorganisches Gestaltsystem

In den Wissenschaften existiert eine Fülle von Definitionen von Marken. So vielfältig sie sind, so divergent sind sie auch – entsprechend der wissenschaftlichen Brille, durch die sie jeweils betrachtet werden. So wird Marke vom juristischen Standpunkt untersucht, aus wirtschaftlicher Perspektive definiert oder eben, wie es an dieser Stelle getan werden soll, durch die Brille der Soziologie betrachtet.

Einer der ersten, der dafür plädierte, die Marke als ein soziales, genauer als ein massenseelisches Phänomen zu begreifen, war Hans Domizlaff, der Vater der Marken R6 und Ernte 23 (ab 1921). Zum Thema der Soziologie wurden Marken erst später durch Professor Alexander Deichsel erhoben, der den Domizlaffschen Markenbegriff unter Einbezug anthropologischer, naturwissenschaftlicher, philosophischer und soziologischer Gedanken erweiterte und gleichzeitig detailliert innerhalb der Marken- und Gestaltsoziologie weiterentwickelte. Marken, so der Deichselsche Ansatz, müssen als hyperorganische Gestaltsysteme begriffen werden, die in der Masse ihren Ursprung finden und rückkoppelnd auf die Masse zurückwirken. Unter Masse darf jedoch nicht die synonyme Bedeutung von Menge oder gar Mehrzahl verstanden werden. Masse ist mehr als die Summe einzelner Individuen. Masse und Individuen, so die Erkenntnis Domizlaffs, werden von zwei unterschiedlichen Denkorganismen beherrscht. Die Massenpsyche, der Denkorganismus kollektivistischer Art, ist gekennzeichnet durch Denkfaulheit, Primitivität, Ungerechtigkeit und die Unfähigkeit zur Selbstkritik. Die Individualpsyche hingegen steht für die Denkselbständigkeit des Individuums, für Verantwortlichkeit, Ehrlichkeit und Fähigkeit zur Selbstkritik, die das Individuum in einer gewissen Weise befähigen, nachzudenken und aus Erfahrungen zu lernen. Der beständige Wechsel der Menschen zwischen beiden Denkorganismen ist ein Wechsel zwischen dem Grad des geistigen Niveaus.

Aber warum treibt es Menschen zur Bildung von Massen? Der notwendige Grund für die Bildung von Masse, so Domizlaff, ist das Anlehnungsbedürfnis. Durch dieses ist der Mensch beständig auf der Suche nach Ideen, Idealen und starken Persönlichkeiten, welche sich durch „Homogenität, harmonische Durchbildung, Ursprünglichkeit, Geschlossenheit und relative Selbständigkeit charakterisieren“[1] lassen. Denn ist die Masse auch noch so großen Stimmungsschwankungen unterworfen, strebt sie insgeheim doch nach einem zuverlässigen Halt, um absolute Sicherheit, Zuverlässigkeit, Würde und Größe zu erlangen. Den verschiedenen Interessen eines Menschen entsprechend, kann jeder Mensch Mitglied verschiedener Arten von Massen sein. So gibt es als Massen-Art z.B. die Masse der Fans von Robbie Williams, die Anhänger der *Nivea-Creme,* eine Religionsgemeinschaft oder die Zeugen eines Unfalls. Beim Zusammenkommen einer mehr oder minder großen Anzahl von Personen darf jedoch nicht automatisch von Masse die Rede sein. „Immer müssen sie [die Massen] durch ein gleichartiges, wenn auch organhaft abgestuftes Interesse eine größere Menschenzahl einer Idee untertan machen können“ (Domizlaff 1982: 209). Der Grad der Intensität des Interesses ist abhängig vom Grad des massenpsychologischen Charakters.

Die Bildung von Massen, resultierend aus dem Bedürfnis nach Anlehnung, kann auch als Wille zum Gestalten, also als Gestaltbildungswille, bezeichnet werden. Er existiert deshalb, „weil Festigkeit in unserer Seele nur in dem Maße einkehrt, in dem wir Teil fester Gestalt sind“ (Deichsel 1997: 224). Eigen ist den Gestalten, daß sie ein Ganzes und dadurch nach außen abgeschlossen sind. Doch auch wenn sie in ihrem Charakter fixiert sind, befinden sie sich keineswegs in Starrheit, sondern bewegen sich in dynamischer Stabilität, d.h. sie sind lebendig und existieren als Gestaltungsprozeß. „Als Filmband erfahren wir es täglich. Die eine Gestalt des Celluloidhelden bildet sich durch den raschen Wechsel Tausender von Einzelbildern. In der sichtbaren Einheit steckt die unsichtbare Veränderung.“ (Deichsel 1997: 227ff.) Die größte Kraft erfährt eine Gestalt, wenn sie als

---

[1] Domizlaff 1916-19, zit. n. Sumerauer-Bodensohn 1996: 55.

ordnende Instanz die Geschäftigkeiten der Menschen regiert und so rückkoppelnd auf den Menschen wirkt. Sie agiert als „entfaltete Unterwerfung" – wie der von einer unsichtbaren Versammlung gefällte Beschluß, dessen Ge- und Verbotsinhalten sich der Einzelne aktiv unterwirft (vgl. Deichsel 1999: 335).

Diese „Richtlinienkompetenz" (Brandmeyer/Deichsel 1991: 35), also die Fähigkeit, sich als überpersönliche Ordnung zu etablieren, läßt die Gestalt hyperorganisch erscheinen. „Wenn die Idee nicht nur einen Menschen beherrscht, sondern eine Mehrzahl von Menschen [...], ist [sie] nicht mehr an ein Individuum gebunden, sondern nun auch in der Welt des Körperlichen als selbständiges aus Menschen zusammengesetztes Lebewesen nachweisbar" (Domizlaff 1946: 228ff.). Das hyperorganische Lebewesen, das begreifbar, obwohl im biologischen Sinne nicht greifbar ist, verlangt individuelle Organisation und schafft sich daher sein System. Hingewiesen werden muß darauf, daß bei solchen Erscheinungen von organischen oder systemischen Systemen, nicht jedoch von Systemen auf der abstrakten Ebene der Systemtheorie gesprochen wird. Oder anders formuliert: Systeme im markentechnischen Sinn werden als lebende Systeme im Sinne *einer* Familie, *einer* Firma und nicht *der* Familie, *der* Firma gedacht (vgl. Otte 1993: 40).

Ausgehend von diesen Überlegungen, kann Marke aus gestaltsoziologischer Perspektive als hyorganisches Gestaltsystem definiert werden. Es bedarf zur Entstehung und Aufrechterhaltung seiner Kundschaft, jener Masse also, die sich um die kristallisierende Kraft des Produkts versammelt. Wird ein neues Produkt auf den Markt gebracht, steht es allen im Markt vertretenen Konsumenten gegenüber, die sich unverbunden miteinander, ungeordnet im Wirtschaftsraum bewegen. Erst dadurch, daß die Käufer sich auf das Produkt ausrichten und so in einen ersten Kontakt mit ihm treten, beginnt sich das Feld der ungeordneten Konsumenten gerichteter zu bewegen (vgl. Deichsel 1999: 336). Die Kristallisationskraft der Ware tritt in der ersten Phase des Prüfkontakts in Erscheinung, für eine Verbundenheit bedarf es jedoch Zeit, in der die Ware probiert und kontrolliert wird.

Durch den wiederholten Gebrauch verändert sich die Mensch-Ding-Beziehung dahingehend, daß das Ding zum Teil der Lebens- und Denkwelt seines Erwerbers wird und der Mensch der Marke gegenüber ein Treueverhältnis aufbaut. Mit der Marke werden schließlich Erinnerungen und Erlebnisse verbunden. Durch häusliche Tradition geprägt, gehört beispielsweise die *Rama* auf dem Tisch oder die *Sanella*-Margarine zum Backen, und auf diese Weise sind unsere Gewohnheiten angefüllt mit Marken.

Neben der realen Verbundenheit mit der Marke sind ideelle Gründe für die Markenpräferenz feststellbar, denn „Güter, Marken zumal, tragen immer auch eine geistige Haltung in sich." (Otte 1993: 13) Träger von *Puma*-Turnschuhen unterscheiden sich von *Buffalo*-Turnschuhträgern. Dem *Smart*-Fahrer ist es nicht egal, auf einen Kleinwagen von *Fiat* oder *Honda* umzusteigen. So sind Marken als schichtspezifische, phantasiegefüllte, soziale, (non)verbale Kommunikationen zu bezeichnen, die durch ihre ideellen Anteile zwischen ihren Erwerbern eine Gemeinschaft im Geiste entstehen lassen (vgl. Otte 1993: 14). In der Kundschaft, der „Masse als gerichtete[m] Willensverbund“ (Deichsel 1995: 182), findet der einzelne Kundschafter seine „positiven Vorurteile“ und somit seine Markenentscheidung bestätigt, und ebenfalls wächst seine Bestätigung in der Gruppe. Dadurch verstärkt sich seine Bindung zur Marke und so die Marke.

Doch trotz des gemeinschaftlichen Verhältnisses zur Marke wird die Verbundenheit zu ihr durch das Produkt mittels der inneren Vernunft kontrolliert. Jedem vertrauensseligen Griff nach der Marke folgt mit Hilfe des menschlichen Vergleichsvermögens eine unerbittliche Prüfung des Produkts von gestern mit dem Produkt von heute (vgl. Deichsel 1991: 429). Besteht das Produkt die Kontrolle nicht, wird das Vertrauen in die Marke und somit auch die Markentreue auf lange Sicht hin reduziert. Brandmeyer/Deichsel (1991: 25) sprechen in diesem Sinne von der „Korrosion der Marke durch den prüfenden Verstand“. Folge ist die schleichende Niederlage zugunsten anderer Marken.

2 Die Funktionen der Marke

Legt man dieses Verständnis von Marke zugrunde, können daraus ihre Funktionen abgelesen werden. Überschaubar läßt sich die Vielzahl der Funktionen durch die Einführung von drei Bündnisqualitäten darstellen: 1. Hersteller-Konsument, 2. Konsument-Produkt, 3. Konsument-Konsument (vgl. Abb.1):

Abbildung 1: Bündnisqualitäten der Marke (in Anlehnung an Ebeling 1994: 38ff.)

Die erste Bündnisqualität bezieht sich auf den aus der Geschichte herangetragenen Anspruch an die Marke, die vertrauensvolle persönliche Bindung zum Hersteller im permanent wachsenden Markt zu ersetzen. Die zweite Bündnisqualität faßt alle Funktionen der Marke zusammen, die zwischen Konsument und Produkt bestehen. Als Orientierungshilfen dienen sie dem Konsumenten auf einem immer komplexer werdenden Markt als Anhaltspunkte, und sie ermöglichen die Transparenz des Marktes. Ferner unterstützen Marken den Konsumenten bei der Kaufentscheidung dahingehend, daß er aus dem Produkterlebnis Vorstellungen und Erfahrungen über Eigenschaften und Verwendung ableitet, die er wiederum mit der Marke des Produkts in Verbindung setzt. Das daraus resultierende Vertrauen in die Marke läßt ihn in der Kaufsituation orientierungs- und erwartungssicherer werden, denn „[s]ein Vertrauen ist gegründet auf Vertrautsein mit dem Vertrauten" (Brandmeyer 1990: 81). Aber das direkte Produkterlebnis ist nicht unabdingbare Voraussetzung für die Herausbildung einer vertrauensvollen Beziehung des Konsumenten zur Marke. „[A]uch derjenige, der noch nicht mit *Persil* gewaschen hat, weiß, daß *Persil* von guter Qualität ist." (Ebeling 1994: 27)

Marken als Orientierungsmomente mit Vertrauenscharakter lenken nicht nur den Entscheidungsprozeß beim Kauf, sie beschleunigen ihn ebenso. Die Vorteile der Wiedererkennung und des reduzierten Kaufrisikos von Markenprodukten lassen von Konsumentenseite eine Habitualisierung des Einkaufs zu. „Die Widerstandskraft von Gewohnheiten, also auch Marken, hängt endlich auch damit zusammen, daß sie als angenehmer erlebt werden als das Ungewohnte" (Brandmeyer/Deichsel 1991: 32), denn, so zitiert Brandmeyer Benjamin Heinrichs: „Der Mensch ersehnt sich furchtsam das Neue, doch wahrhaft liebt er nur das Alte. Das Neue macht uns neugierig, die Wiederholung süchtig" (Heinrichs 1987, zit. n. Brandmeyer 1990: 79).

Marken-Produkte sind jedoch nicht nur Teil von gewohnheitsmäßigen Handlungen, sondern sie können auch über alltägliche, wiederkehrende Handlungen in der Art entscheiden, daß diese Handlungen ohne das Markenprodukt nicht denkbar wären: Ohne *Nutella* ist es kein richtiges Frühstück und ohne *Astra*-Pils kein richtiger Reeperbahnbummel. In dem Maße, wie Marken gegenwärtige Handlungen bestimmen, können sie auch Erinnerungen an Vergangenes oder Personen wachrufen: Die Bonbons *nimm2* gab es immer von der Großmutter. „Die Fähigkeit des Menschen sich zu erinnern, Vergangenheit und Gegenwart aufeinander zu beziehen – und hieraus Positionsbestimmungen ableiten zu können, spielt eine wichtige Rolle beim Bestimmen der eigenen Identität." (Ebeling 1994: 43)

Marken können dabei nicht nur die Identität eines Menschen bestimmen, sondern auch Ausdruck seiner Persönlichkeit sein. Denn die Wahl einer Marke wird aus dem individuellen Kontext heraus, durch das Zusammenspiel u.a. von individuellen Wertemustern, Einstellungen, Gefühlen, Geschmack und Erinnerungen getroffen (vgl. Ebeling 1994: 43). Daher kann das eine Person umgebende Markenensemble als Spiegel der Persönlichkeit des Markenverwenders und seiner Botschaft an die Umwelt gedacht werden. Aus dem Botschaftscharakter der Marke resultierend ist es möglich, anhand der Marke Handlungszusammenhänge zu antizipieren (vgl. Brandmeyer/Deichsel 1991: 50). „Wird man mich als wohlhabend einschätzen, wenn ich die Sonnenbrille von *Gucci* trage?" Auf diese Weise können zukünftige Situationen mittels der Marke bewußt gestaltet werden.

Doch Marke ist nicht nur vorgestellte Verbundenheit der Menschen mit einem Produkt. Sie kann ebenso als Beziehungszusammenhang zwischen den Menschen untereinander gedacht werden. Diese dritte Bündnisqualität der Marke als Gründerin sozialer Bündnisse der Verwender untereinander, der Kundschaft, bezieht sich auf alle Verbundenheiten, egal ob sie ideeller oder leiblicher Art sind. Ihnen ist eigen, daß die Mitglieder einer jeden Gruppe sich bezogen auf die jeweilige Marke ähnlich verhalten. Die Verbundenheit der Verwender einer identischen Marke wirkt auf den Einzelnen insofern zurück, als er hinsichtlich seiner Markenpräferenz Bestätigung und Anerkennung der anderen erfährt. Denn im gleichen Moment, in dem die Marke eine Integration in eine Gruppe zuläßt, dient sie der Abgrenzung von Personen oder Gruppen mit ungleichen Markenpräferenzen: Marken stiften und erhalten Sozialität und damit A-Sozialität gegen andere (vgl. Otte 1991: 4) – oder wie Spinoza (1632-1677) es bereits vor über 300 Jahren formulierte: „Omnis determinatio est negatio" (Alles, was sich aufeinander bezieht, ist negativ, Quelle unbekannt). Die Marke hat durch die mögliche Einordnung anderer Personen und Gruppen nicht nur Ordnungscharakter innerhalb des Bündnisses, sondern auch außerhalb und dient daher der Orientierung im alltäglichen Kontakt mit den Menschen. – Marke ist demnach mehr als eine bloße Markierung eines Produktes. Es handelt sich um ein lebendiges hyperorganisches Gestaltsystem, das durch die Kundschaft erwachsen und ohne sie nicht lebensfähig ist. Aber auch die Kundschaft braucht die Marke als vertrauensvollen, sicheren Anker im Dschungel des Marktes.

3 Von Marken und Menschen im geteilten Deutschland

In Deutschland hat sich seit Beginn der Industrialisierung kontinuierlich ein Markenwesen als Resultat eines sich über Jahrzehnte stetig weiterentwickelnden Prozesses herausgebildet, für das ein hohes Maß an Komplizierung und Spezialisierung bei gleichzeitiger Differenzierung der Bedürfnisse für die Produktion charakteristisch ist: „Man kann davon ausgehen, daß es ca. 2,5 bis 3 Millionen verschiedene Produkte gibt, die in Deutschland erworben werden können und von denen die überwiegende Mehrheit Marken sind." (Postler 1999: 88ff.) Doch lief die Entwicklung gesamtdeutsch nicht einheitlich ab. Denn durch die Teilung Deutschlands entstanden zwei Gesellschafts- und Wirtschaftssysteme, deren Konsumkulturen kaum unterschiedlicher hätten sein können: Auf der westdeutschen Seite gab es den „freien souveränen Konsumenten", auf der Seite der DDR lebte hingegen der „von der Versorgungslage abhängige Konsument" ohne bedeutende Wahlfreiheit. Mangel war geradezu eine prägende und charakteristische Eigenschaft des DDR-Alltags, so daß vielerorts von der wirtschaftlichen Lage der DDR als Mangelwirtschaft die Rede ist.

> „Die Grundprobleme der Versorgung der Bevölkerung, mit denen in den vierzig Jahren seines Bestehens das Ministerium für Handel und Versorgung zu kämpfen hatte, lassen sich grob folgendermaßen zusammenfassen: unzulängliche Befriedigung der Bedürfnisse aufgrund von Mängeln des Angebots hinsichtlich Menge, Sortimentsstruktur, Neuheiten, Qualität und Verpackung" (Merkel 1999: 89).

Bereits die Ausgangslage bei der Gründung der DDR 1949 auf dem Territorium der Sowjetischen Besatzungszone stellte sich wenig positiv dar. Mit dem Blick auf die gesamtdeutsche Verteilung von Rohstoffaufkommen und Schwerindustrie kann von einer „strukturellen Disproportion" (Merkel 1999: 39) zu Ungunsten der DDR gesprochen werden, denn im Osten Deutschlands waren kaum Rohstoffaufkommen und Schwerindustrie vorhanden. Ebenfalls war die Produktion durch Krieg, Demontage und die einseitige Förderung verarbeitender Industriezweige durch die sowjetische Besatzungsmacht stark eingeschränkt. Der Mangel an Konsumgütern war auf diese Weise vorprogrammiert. Gefördert wurde er zusätzlich durch die für nahezu alle kommunistisch regierten Staaten übliche Wirtschaftsform der Planwirtschaft.

Der staatlichen Verantwortung unterlagen die marktregulierenden Aufgaben. Die Bedarfszahlen wurden durch die Partei- und Staatsführung gesetzlich festgelegt, so daß weder in der Produktion noch im Handel auf Änderungen innerhalb der Nachfrage reagiert werden konnte. Dem Handel kamen durch das Außerkraftsetzen ökonomischer Potenzen und Funktionsprinzipien nur noch grundlegende Verteilerfunktionen zu. Denn die Zahl der Güter und Standorte, die Größe der Einzelhandelsverkaufsstellen und die Sortimentszusammensetzung in den einzelnen Geschäften unterlagen weitestgehend der staatlichen Planung. Ebenso war die Preispolitik in staatlicher Hand. Orientierungsgröße bei der Preisbildung war der Bedarf der einkommensschwächsten Bevölkerungsgruppen wie Studenten und Rentner, so daß Mittel des Grundbedarfs künstlich niedrig gehalten und staatlich subventioniert wurden. Waren, die nicht in den Bereich des Grundbedarfs fielen, wurden dagegen zu teilweise extrem hohen Preisen verkauft (vgl. Merkel 1999: 44). Die daraus resultierenden geldlichen Warenwertunterschiede hätten unrealistischer kaum sein können.

Die Unzulänglichkeiten eines planwirtschaftlichen Systems machten sich noch an anderen Stellen bemerkbar. Neben Nichterhältlichkeit und unrealistischem Preis war die Konsumsituation in der DDR durch einen Mangel an Qualität geprägt. Häufig unterschieden sich gleiche Produkte in ihrer qualitativen Beschaffenheit. Von der Bevölkerung wurden zwangsweise auch die minderen Qualitäten akzeptiert, denn es gab in den meisten Produktkategorien keine Ausweichmöglichkeiten (vgl. Merkel 1999: 97). „Die Produkte standen selbstbewußt und unausweichlich als einzige Vertreter ihrer Gattung im Schaufenster der örtlichen HO-(Handelsorganisation) Läden" (Bertsch/Hedler 1994: 12). Der dadurch ausbleibende Wettbewerb der Produkte um die Gunst der Konsumenten als Resultat der planwirtschaftlich geführten Betriebe hatte zur Folge, daß weder in die Verbesserung, in den Forschritt noch in die Aufmachung der angebotenen Produkte investiert wurde. Die Produkte der DDR waren „nicht begehrlich, raffiniert und geschliffen, weil sie weder dies noch jenes, noch letzteres je sein mußten" (Bertsch/Hedler 1994: 12). Die Verpackung, im Sinne des konsumpolitischen Zwecks einerseits und der Sparsamkeit andererseits, diente ausschließlich dem Gebrauchswert. „Sie sollte solide und informativ sein. Sie mußte nicht mit anderen Waren konkurrieren, sondern schlichtweg ermöglichen, daß das Konsumgut überhaupt in den Handel gelangte" (Merkel 1999: 99). Für den Verbraucher mutete sie eher als „Behelfsverpackung" an und wurde teilweise auch als solche ausgezeichnet (vgl. Merkel 1999: 400; Bertsch/Hedler 1994: 129). Folge der ausschließlich zweckmäßigen Aufmachung und der geringen bzw. nicht vorhandenen Auswahl innerhalb einer Produktkategorie war, daß die in der DDR angebotenen Produkte im Gegensatz zu den in Westdeutschland angebotenen Marken ungeeignet waren, eine Lebenseinstellung zu symbolisieren. Hensel (2002: 59) bringt die bloße Rationalität der Produkte im Hinblick auf die Turnschuhe der DDR wie folgt auf den Punkt: „Die Fünf-Mark-Treter hießen Fünf-Mark-Treter, weil sie keinen Namen und keine Herkunft hatten." Bedingt durch die bloß rationalen Eigenschaften der Produkte, die eine sinnliche Wahrnehmung kaum ermöglichten, und aufgrund der bisher beschriebenen Möglichkeiten des Konsums liegt es nahe, daß der DDR-Konsumalltag eher als notwendiges Übel erschien und nicht – wie bei den westdeutschen Nachbarn – mit Genuß in Verbindung gesetzt wurde. Von daher kann auf die Existenz einer Markenwüste in der DDR geschlossen werden. Ursächlich dafür waren nicht der Mangel an sich, sondern die Wirtschaftspolitik und die daraus resultierenden Folgen der sozialistisch geführten DDR. Aufgrund der nichtvorhandenen Auswahl an gleichwertigen Produkten und der Nichterhältlichkeit als Kalkül der Planwirtschaft ist davon auszugehen, daß die Produkte für die Konsumenten nicht als starke Persönlichkeiten wirkten und somit keinerlei Vertrauenscharakter besaßen. Weitmehr noch, bedenkt man die Funktionen der Marke, wird ersichtlich, daß die Ausbildung von Marken im markentechnischen Sinne nur utopisch sein konnte. Der Konsum der markierten DDR-Produkte beruhte letzten Endes nicht auf Anreiz und Vertrauen, sondern fast ausschließlich auf dem notwendigen Bedarf an sich. Daher existierten im Prinzip keine Marken, bestenfalls markierte Waren.

Allerdings: Marken waren den Bürgern der DDR nicht unbekannt, denn die DDR war, trotz der allseits vom Staat ausgehenden wirtschaftlichen Planung, nicht als autarkes System vom Weltmarkt abgeschottet. Die DDR-Konsumenten bewegten sich nicht nur innerhalb einer sozialistisch geprägten Warenwelt, sondern waren zugleich – via Verwandtschaft, TV und *Intershop* – in westliche Konsumzusammenhänge eingebunden (vgl. Merkel 1999: 16). Ergebnisse einer im Februar 1990 von der Nielsen GmbH durchgeführten, repräsentativen Befragung der ost- und westdeutschen Bevölkerung zur Markenbekanntheit bezeugen u.a.: Die DDR-Bürger kannten sich in einigen Warenbereichen der westlichen Marken z.T. besser aus als die Befragten in der Bundesrepublik (o.V. 1990: 226).

Doch zur Kundschaft der westlichen Marken waren die DDR-Bürger dennoch nicht zu zählen. Denn die Herausbildung von Kundschaft bedarf, wie bereits ausgeführt, der persönlichen Erfahrung mit dem Produkt. Der Kenner dagegen steht in rückkoppelndem Zusammenhang mit der Normativität der Marke, ohne jedoch auf monetärer Ebene an der Reproduktion der Markenleistung beteiligt zu sein (vgl. Deichsel 1999: 338). Die Bürger der DDR waren bis auf ein paar wenige lediglich solche Kenner. Sie standen den westlichen Marken positiv gegenüber, ohne sie aktiv in ihre Gewohnheiten einbeziehen zu können. Sie vertrauten den westlichen Marken blind, ohne dem Produkt dahinter wirklich begegnet zu sein und es einer kritischen Prüfung unterzogen zu haben. Es kann davon ausgegangen werden, daß sich gewisse Präferenzen herausbildeten, doch gemein war den Bürgern der DDR, daß nicht nur ein bestimmter Markenartikel mit positiven Vorurteilen belegt, sondern das Produkt an sich durch seine „West"-Herkunft als begehrenswert und vertrauenswürdig betrachtet und somit zur Marke erhoben wurde.

Mit der Orientierung am Westen Deutschlands ging eine systematische Abwertung der eigenen Produkt- und Konsumkultur der DDR einher, „die Lebensansprüche orientierten sich an westlichen Standards, die man allerdings nur sehr einseitig und auf Mittelstandsniveau dem Westfernsehen, den Intershops und den Westpäckchen entnommen hatte" (Merkel 1999: 246). Wenn A. Postler (1999: 88) schreibt: „Marken vermitteln ein Gefühl der Zugehörigkeit zu einem Land", dann ist daraus abzuleiten, daß sich im Kennen und in der Begierde nach westdeutschen Marken auch der Wille zur Zugehörigkeit zu Westdeutschland widerspiegelten. Ebenso schließen sich die Ausführungen Deichsels (1999: 338ff.) dieser These an, wenn er schreibt: „Wie sich nach dem Fall der Mauer zeigte, war es nicht zuletzt der Wille, der Markenwaren teilhaftig zu werden, der die Menschen in Unruhe versetzte und schließlich zum Handeln veranlaßt hatte."

4 Von Marken und Menschen nach dem Mauerfall

Nach dem Mauerfall im November 1989 stand die Bevölkerung der DDR der Produktvielfalt der westdeutschen Konsumwelt uneingeschränkt positiv gegenüber. Die Mehrzahl hatte erstmals die Chance, westdeutsche Waren käuflich zu erwerben und sammelte erste Erfahrungen als Besucher und Käufer im Westen. „Der massenweise und ungehemmte Zugriff auf die ‚Westwaren' gehörte zu den ersten Bildern der Geschichte des deutsch-deutschen Einigungsprozesses und zu den prägendsten Erfahrungen der Ostdeutschen im Wendegeschehen" (Gries 1994: 1043).

Die erwartungsvolle Offenheit der ehemaligen DDR-Bürger für das Neue bestimmte ebenso die ersten Monate der Nachwendezeit wie die zahllosen Versuche, die nun zugänglichen Produkte auszuprobieren. Alles, was aus Westdeutschland kam, schien Marke zu sein, und deshalb wurde alles, was in irgendeiner Form westlich aussah, auch gekauft. Das Vertrauen in die Qualität westdeutscher Markenprodukte und in die Bonität des westlichen Systems, welches sie repräsentierten, schien zunächst – im doppelten Sinn des Wortes – grenzenlos, so daß nach der Währungsunion im Juni 1990 die Produkte der ehemaligen DDR der noch ungebrochenen Leuchtkraft der Westwaren völlig aussichtslos gegenüber standen (vgl. Gries 1994: 1044). Diesbezüglich interessant ist die Rolle, die die Produktwerbung nach Einführung der D-Mark einnahm. Als Orientierungshilfe war sie zum notwendigen Ratgeber geworden, denn „[d]ie wenigsten ehemaligen DDR-Bürger hatten schon einmal in einem der riesigen Kaufhäuser mit dem nicht zu überblikkenden Warenangebot gestanden. Jetzt galt es aber dort einzukaufen, (...) vom eigenen, nicht zu hoch bemessenen Lohn oder Gehalt und zwar Waren für den täglichen Bedarf. Damals (...) ermittelten einschlägige Experten, daß etwa 75 Prozent der Waren, die sich in den Einkaufswagen der Käufer befanden, zuvor im Werbefernsehen angeboten wurden" (Albrecht 1991: 79).

Der Einkaufstourismus minimierte sich mit der Annäherung des Angebots, der Angebotsbedingungen und Preise an westdeutsche Standards, doch der Konsum westdeutscher Produkte blieb zunächst ungebrochen. Der Absatz der ostdeutschen Industrie sank zu dieser Zeit gegen Null, und in den Regalen dominierten fast ausschließlich Produkte westdeutscher Herkunft.

Die Zeit des Konsums westdeutscher Produkte war gleichzeitig jedoch die Zeit der negativen Erfahrungen mit bestimmten Produkten und ihren Protagonisten. Indes ist die Ursache für die Enttäuschung nicht in den westlichen Waren selbst zu suchen. Aufgrund der mangelnden konsumtiven Kompetenz hatten die Bürger der ehemaligen DDR das Leistungsvermögen der westlichen Waren überschätzt. „Der Anmutungskomplex von Glauben und Hoffnungen, mit welchem manches Westprodukt hinter dem antikommunistischen Schutzwall seit Jahrzehnten aufgeladen war, mußte zwangsläufig mit den Produktrealitäten kollidieren und ließ sich im Alltagsgeschehen nicht einlösen." (Gries 1994: 1050) Aus Sicht der erwartungsvollen DDR-Bürger hatten der Westen und seine Produkte mehr versprochen, als sie zu halten vermochten.

So zeichnete sich nach anfänglicher Kaufeuphorie und kritiklosen Käufen bereits ein Jahr nach der Wirtschafts-, Währungs- und Sozialunion ein differenzierteres Kaufverhalten von Seiten der ostdeutschen Konsumenten ab. Den Ergebnissen einer Studie des Instituts für Marktforschung (IM Leipzig) im Dezember 1991 zufolge wurde in der Mehrheit der ostdeutschen Haushalte (89 Prozent) das Geld seit der Währungsunion überlegter ausgegeben, die Preise in verschiedenen Geschäften miteinander verglichen (78 Prozent), darauf geachtet, daß Preise und Qualität übereinstimmen, und preisgünstigere Angebote bevorzugt (67 Prozent).[2] Relativ wenige der Befragten stimmten dabei der Aussage „etwas über die Verhältnisse zu leben" zu, wodurch ein von sachlicher Zweckerfüllung geprägter Konsum bestätigt wurde (17 Prozent).

Der charakteristische Wandel des Kaufverhaltens bezog sich aber nicht nur auf die Art zu kaufen, sondern auch auf die Wahl der Produkte. Die anfangs einseitige Orientierung nach westdeutschen Produkten wurde zunehmend ersetzt durch die Nachfrage nach Ostprodukten. Bereits im Juni 1990 titelte die Frankfurter Allgemeine: „Rotkäppchen darf wieder hoffen – Verbraucher beginnen umzudenken." (Ruoss 1991) Das stetig zunehmende Umdenken der ostdeutschen Bevölkerung spiegelt sich in den Ergebnissen einer Befragung des IM Leipzig, durchgeführt von Dezember 1990 bis Juni 1992. In diesem Zeitraum wurde ein Anstieg der Nachfrage nach ostdeutschen Produkten in den Neuen Bundesländern von 51 auf 74 Prozent verzeichnet. Bemerkenswert ist vor allem der erhebliche Interessenszuwachs an ostdeutschen Produkten zwischen Dezember 1990 und Juli 1991 (vgl. Abb. 2).

---

[2] Alle aufgeführten Daten sind Ergebnisse einer repräsentativen Befragung, die das IM Leipzig in den fünf neuen Bundesländern und Berlin-Ost im Dezember 1991 durchführte (Basis ca. 1000 ostdeutsche Haushalte in den fünf neuen Bundesländern und dem Ostteil Berlins). Im Rahmen der durchgeführten schriftlichen Verbraucherbefragung wurden die Einstellungen ostdeutscher Verbraucher gegenüber bestimmten Verbrauchsgütern abgefragt.

Abbildung 2: Verbraucherpräferenzen gegenüber Ostprodukten (Quelle: IM Leipzig Dez. 1990 bis Juni 1992, in: Nassua 1997: 17)

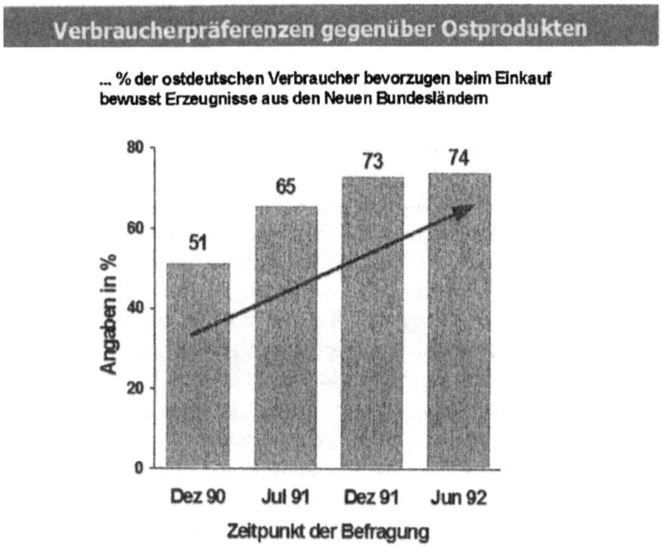

Die von politischer Seite protegierte verstärkte Vermarktung der Ostprodukte mit Slogans wie „Aus der Heimat schmeckt's am besten" wurde von den ostdeutschen Konsumenten begrüßt.

> „Da ruft nicht nur das Goldmännchen potentiellen Teegenießern zu: ‚Hergestellt in Thüringen', 1688, das Steinofenbrot eines westdeutschen Brotkonzerns, versichert: ‚Bei uns gebacken', und auffällige Vierfarb-Sticker mit den Aufdrucken wie ‚Aus unserer Heimat' versehen mit dem Wappen der neuen Länder, machen auf die Territorien in den Regalen aufmerksam, die der Präsentation von bekannten Ostmarken vorbehalten sind." (Gries 1994: 1046)

Und auch das Produktmarketing – das ist heute unschwer in den Regalen der Supermärkte in den fünf neuen Bundesländern zu erkennen – stellte sich auf das mutmaßlich absatzfördernde Markierungsverlangen ein (vgl. Abb. 3).

Abbildung 3: Regalbeschilderung in einem Supermarkt Halle/Saale 2004

Inzwischen sind nicht nur die alten Produkte in den Handel zurückgekehrt. Seit Mitte der neunziger Jahre wurden zahlreiche Handelshäuser und Internetversandshops geöffnet, die sich ausschließlich auf den Verkauf von Produkten ostdeutscher Herkunft spezialisiert haben. Der stetige Erfolg der Marke „Rotkäppchen" bestätigt den ostdeutschen Trend in den Neuen Bundesländern. Der Marktanteil kletterte 2004 von 52 auf fast 57 Prozent (vgl. Gummelt 2004).

5 Transformation der DDR-Produkte zu ostdeutschen Marken

Im Hinblick auf die steigende Tendenz, mit der sich die Ostdeutschen wieder den Produkten ihrer Heimat widmeten, ist festzustellen, daß im markentechnischen Sinne von den Produkten der ehemaligen DDR nicht mehr nur als von bloßen markierten Produkten gesprochen werden kann. Sie sind zu Marken besonderer Art, nämlich zu ostdeutschen Marken avanciert. Anhand der Bündnisqualitäten der Marke wird dargestellt, warum in der ehemaligen Markenwüste der DDR Marken einen solchen Erfolg erringen konnten.

Die Entwicklung der Konsumkultur auf dem Gebiet der ehemaligen DDR ist als ein relevanter Grund für die wachsende Bindung an die alten, vertrauten Produkte seitens der Konsumenten anzuführen, denn eine Vielzahl von Neuerungen ergab sich für die ostdeutsche Bevölkerung in den Supermärkten, die nicht länger Kaufhallen hießen. Zusammenfassen lassen sich die Veränderungen nach 1989 wie folgt (vgl. Abb. 4):

Abbildung 4: Veränderungen des Angebots und der Angebotsbedingungen nach der Wiedervereinigung (erstellt nach Günther/Randow 1992: 41)

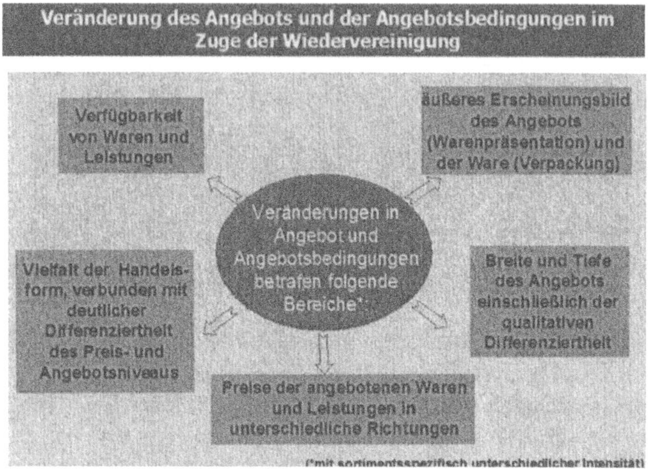

Zur Orientierung waren neue Signale am Regal gefragt. Plötzlich wurden die Bündnisqualitäten der Marke zwischen Produkt und Konsument auch in den Regalen der ostdeutschen Supermärkte relevant. Als vertraute, weil bekannte Größe boten sie Hilfe in der Warenflut des neuen Marktgeschehens.

Aber der Bedarf für Orientierungsmomente machte aus den alten DDR-Produkten noch lange keine Marken. Zunächst, und das war eine entscheidende Voraussetzung für den Siegeszug der aus der DDR bekannten Produkte, wurden sie dem westlichen Qualitätsstandard ebenso angepaßt wie dem westlichen Design (Verpackung). Jedoch sind die Produkte durch eine behutsame Anpassung selbstähnlich geblieben. „Mit dieser Strategie gelang es den alten Produkten, einerseits Tradition und Kontinuität auszudrücken, andererseits das neue Lebensgefühl der Nachwendezeit aufzunehmen" (Lay 1997). *Club Cola* machte mit dem Slogan „Hurra, ich lebe noch – *Club Cola*. Unsere Cola" (Gries 1994: 1057) auf sich aufmerksam, und das Waschmittel *Spee* bestärkte das Wir-Gefühl der Ostdeutschen, in dem es mit dem Slogan „Denn unser *Spee* ist wie wir von hier" umworben wurde.

Zu Marken im markentechnischen Sinne wurden die ostdeutschen Produkte in dem Maße erhoben, in dem sich die ostdeutschen Konsumenten ihnen zuwandten und ihnen ihr Vertrauen entgegenbrachten. Entscheidendes Moment für die Rückorientierung war die Kollision der Erwartungen gegenüber dem Westen und seinen Waren mit der Realität. Mit der Erkenntnis „Der Westen ist gar nicht golden" wandte man sich den alten bekannten Produkten zu, oder wie es der Werbeträger der Zigarettenmarke *Juwel* in einem Slogan formulierte: „Ich rauche *Juwel*, weil ich den Westen schon getestet habe. Eine für uns." (Gries 1994: 1049)

Es verwundert nicht, daß in der Retrospektive zunächst ungeliebte, aus Nutzenkalkül erworbene Produkte anziehend auf die ostdeutschen Konsumenten wirkten, denn die Produkte waren ihnen bekannt, der Umgang ließ Gewöhnung und Erinnerung wiederaufleben. Daß die Ostdeutschen mit den Marken auch Erinnerungen verbinden, glaubt der Geschäftsführer der *Wikana* Keks und Nahrungsmittel GmbH Wittenberg: „Beim Probieren funktioniert das wie eine Zeitreise in die eigene Kindheit" (Schöne 2000). Und die Wiederkehr der Nußnougatcreme-Marke *Nudossi* wird in der Presse mit der Formulierung begrüßt: „Eine weitere Erinnerung kommt in die Regale" (o.V. 2000). Diese Betonung der Erinnerung an die ehemalige DDR wird u.a. in Anlehnung an den Begriff der Nostalgie, der Sehnsucht nach Altem, als „Ostalgie" in Presse und Literatur diskutiert. An dieser Stelle soll diese Diskussion lediglich dargestellt werden, um kurz aufzuzeigen, daß ostdeutsche Marken für die Bevölkerung der Neuen Bundesländer wichtig waren. Weitergehende Fragen, etwa wenn Gries in seinem Aufsatz „Der Geschmack der Heimat" den Heimatverlust als Quelle für nostalgische Gefühle anführt, der die Marke als Heimatspender notwendig werden läßt, oder wenn Ahbe die Rückbesinnung als Folge des Verlustes der gewohnten Sicherheit durch den wirtschaftlichen und gesellschaftlichen Umbruch anführt, werden hier ausgespart. Entscheidend ist vielmehr, daß die Verlusterfahrung in jedem Fall ein Grund ist für die (n)ostalgische Bindung an die Marke.

Teil des Prozesses der Rückbesinnung auf die alten Produkte ist auch die Rückbesinnung auf die eigenen persönlichen Qualitäten und der „Protest" gegen die dequalifizierte Stellung, gegen das weit verbreitete Gefühl, Menschen zweiter Klasse zu sein, welches aus der wirtschaftlichen und materiellen Schieflage letztlich als Resultat hervorgeht.[3] „'Wir Ossis' sind die Neger der Nation. Domestiziert und ausgehalten vom Westen, leben wir quasi als Fremde im eigenen Land. Man begegnet uns ohne Respekt." (Abraham, zit. n. Witzel 2002: 50) Im Sinne der Funktion der Marke als Botschaftsüberbringer heißt es nun: „Das sind unsere alten

---

[3] Laut der Umfrageergebnisse des Emnid-Instituts im Zeitraum Herbst 1990 bis Februar 1994 stimmte der Aussage „Die früheren DDR-Bürger werden im vereinigten Deutschland noch einige Zeit Bürger zweiter Klasse sein" die Mehrheit der Ostdeutschen zu (Februar 1990: 75 Prozent, Mitte 1991: 84 Prozent, Ende 1992: 77 Prozent, Ende Februar 1994: 82 Prozent). Diese beinahe konstant anhaltende Zahl von ca. 80 Prozent der Befragten belegt, daß sich auch noch vier Jahre nach der Wende die Mehrheit der Ostdeutschen den Westdeutschen gegenüber als minderwertig und benachteiligt fühlen, vgl. Ergebnisse der Emnid-Untersuchung, in: Müller 1996: 226ff.

Produkte, die sind gar nicht so schlecht, wie immer behauptet wird, und wir sind auch nicht so schlecht, wie selbsternannte Experten uns oftmals hinstellten." (Ahbe 1999: 90) Von daher kann gesagt werden, daß die Wahl der ostdeutschen Marken dem persönlichen Unterlegenheitsgefühl als eine Trotzreaktion im Sinne der willentlich nach außen getragenen Botschaft „Ostdeutsche sind keine schlechteren Menschen" gedient haben dürfte.

Neben der Markenverwendung als nostalgischem Phänomen im Sinne einer Vergangenheitsbewältigung und Selbstbehauptung existiert eine weitere mögliche Ausprägung der Bündnisqualität der Marke zwischen Konsument und Produkt, wenn nämlich bedacht wird, daß die Markenwahl aus dem persönlichen Kontext heraus, durch das Zusammenspiel von individuellen Wertemustern, Einstellungen, Gefühlen, Geschmack und Erinnerungen getroffen wird und somit Ausdruck der Persönlichkeit darstellt. Die Präferenz für ostdeutsche Produkte kann daher im Sinne der Botschaft „Ich kaufe ostdeutsch, weil ich aus Ostdeutschland komme" gelesen werden. Die Voraussetzung für solch eine Gedankenführung bildet die Identifizierung mit Ostdeutschland und somit die Selbstbetrachtung als Ostdeutsche/r. An dieser Stelle wird die Qualität der Marke, Bündnisse zwischen Konsumenten zu stiften, zur Erklärung der Präferenz ostdeutscher Marken herangezogen. Wie bereits oben betont wurde, können Marken aufgrund ihres Ordnungscharakters, ihrer Gründerfunktion von sozialen Bündnissen, ihrer Anpassungs- und Abgrenzungsfunktion, ihrer Orientierungsfunktion im Alltag und ihrer Funktion als Element der Selbstbestätigung durch Gleichgesinnte Bündnisse zwischen Konsumenten stiften.

Die Relevanz des „Ostdeutschseins" wird deutlich, wenn man die Ergebnisse einer Umfrage betrachtet, die besagen, daß sich 1997 67 Prozent der Bevölkerung der Neuen Bundesländer eher als Ostdeutsche als als Deutsche fühlten.[4] Misselwitz (1996) erklärt dieses Phänomen in Anlehnung an den Titel seines Buches „Nicht länger mit dem Gesicht nach Westen: das neue Selbstbewußtsein der Ostdeutschen" als das Ende einer jahrzehntelangen Fixierung der Ostdeutschen auf den Westen. Weiter stellt er heraus: „Nach der Phase der Glorifizierung des Westens und einer Phase der resignativen Ernüchterung bis 1994 greift eine neue Ost-Identität um sich" (Misselwitz 1996: 27).

Es würde im Rahmen dieses Aufsatzes zu weit führen, sich einer eingehenden Darlegung des Begriffs Ostidentität zu widmen. Mit dem Wissen um viele divergente Stimmen zu diesem Thema wird an dieser Stelle Identität aus der sozialisationstheoretischen Sichtweise definiert. Sie betrachtet die ostdeutsche Identität als eine aus der Sozialisation in der DDR resultierende, die durch eine aktive

[4] Vgl. die Untersuchung des IFD Allensbach, durchgeführt im März 1997, in: Gensicke 1998: 182.

Umorientierung der Ostdeutschen bewahrt blieb (vgl. Müller 1996: 209ff.). Engler (2002: 22) pflichtet dieser Herkunftsbegründung der Ostidentität bei:

> „Anders als manche glauben, wurde die ostdeutsche Identität nicht erst mit und nach der Wende erfunden, schon gar nicht aus freien Stücken. [...] Schon für die DDR-Zeit keine realitätsfremde Konstruktion, formierten sich die Ostdeutschen nach dem Systemwechsel zu einer wohlunterscheidbaren Überlebenseinheit. Aus den Ostdeutschen *an sich* wurden die Ostdeutschen *für sich.* [...] Als Material diente eine kollektive Denk- und Verhaltensart, die, solange die DDR bestand, nicht weiter auffiel".

Betrachtet man die Ostdeutschen als Gruppe ideeller Art, kann die Ostidentität im Hinblick auf die Funktion der Marke als Vermittler zwischen Konsumenten und als Ursache für die Präferenz für ostdeutsche Marken gedacht werden. Die Marke dient dabei nicht nur der Gruppenbildung, sondern auch zur Entscheidung über die Zugehörigkeit zu einer Gruppe und somit über die Nichtzugehörigkeit zu einer anderen. Mit anderen Worten: Die ostdeutschen Marken sind nicht als Begründer der Ostidentität anzuführen, aber sie können zumindest als notwendiges Bindeglied der sozialen Gruppe der Ostdeutschen und der ostdeutschen Identität gedacht werden. „Ostdeutsch sein" bedeutet in diesem Kontext eine geistige Freundschaft, bei der man sich über die ostdeutsche Markenvorliebe verbunden fühlt. Diese Verbundenheit wirkt zurück, in dem der Einzelne hinsichtlich seiner Präferenz Anerkennung erfährt und sich gleichzeitig gegen andere Gruppen oder Personen abgrenzt. Die ostdeutschen Marken helfen also, sich im Sinne eines neuen Selbstverständnisses, das nicht länger nach Westen orientiert ist, weiter von den Westdeutschen abzugrenzen. Und die Abgrenzung dient gleichzeitig der Integration und gibt Orientierung im Alltag. Somit ist aus der Wirkung der Marke abzuleiten, daß das durch die Wende „angeschlagene Selbstbewußtsein" durch Bestätigung via Gleichgesinnte geheilt wird.

Auf diese Weise bilden ostdeutsche Marken einen elementaren Baustein im Prozeß der Selbsterhaltung auf individueller, gemeinschaftlicher und wirtschaftlicher Ebene. Denn sie unterstützen, so die Argumentation der ostdeutschen Kundschaft, die heimische Wirtschaft durch die Erhaltung der ostdeutschen Produktionsstandorte und Arbeitsplätze. An diesem Punkt erlangt die Bündnisqualität der Marke zwischen Konsument und Hersteller Relevanz. Aber ostdeutsche Marken sich im Sinne der Hersteller-Konsumenten-Beziehung auch insofern als vertrauensbildende Maßnahme wichtig, als Ostdeutsche angeben, Ostdeutschen und somit auch ostdeutschen Herstellern mehr Vertrauen entgegenzubringen als anderen Herstellern (vgl. o.V. 1995: 49). Dementsprechend berichtete eine Inhaberin eines Konfektionsgeschäftes in Weißenfels bezüglich des Wareneinkaufs: „Bei westdeutschen Vertretern, die haben wir ja auch, da schalten wir sofort auf Vorsicht, während hier bei den Ostdeutschen, da hab' ich wirkliches Vertrauen." (Engler 2002: 31)

6 Die Marke als Exportschlager? Die Rezeption der Markenidee

Es ist im Hinblick auf die voranstehenden Ausarbeitung erkennbar, daß Marken eigenständig in der ehemaligen DDR nach 1989 erwachsen sind. Durch tiefgreifende gesellschaftliche bzw. wirtschaftliche Veränderungen und durch die Ernüchterung der Wiedervereinigungsfreude banden sie sukzessive Kundschaft. Ihr Kapital war ihre Bekanntheit aus den Regalen der DDR: Gewohntes wird als angenehmer erlebt als das Ungewohnte, auch wenn es ursprünglich aus möglicherweise wenig angenehmen oder indifferenten Ideen hervorging. Durch das an die ostdeutschen Marken herangetragene Kundschaftsvertrauen begannen die neuen alten Produkte sich zu behaupten und Markenkraft zu bilden, denn die

> „Stereotype, die einst vor der Wende wie selbstverständlich den Westprodukten zugeordnet wurden, haben nunmehr die Produktfront gewechselt. Die Echten, die Eigentlichen sind jetzt nicht mehr die Waren aus dem Westen, sondern diejenigen aus ‚unserer Heimat'. Ihr hoher Anmutungsanspruch, moralische Wertkomplexe wie gute Qualität, anständiges Verhältnis von Preis und Leistung, Vertrauen und Zuversicht, Redlichkeit und Ehrlichkeit zu vertreten, wird vollauf akzeptiert." (Gries 1994: 1052)

Somit muß von einer Rezeption der Markenidee im Sinne einer Aufnahme und nicht einer Übernahme aus dem Westen gedacht werden. Die ostdeutschen Marken sind bereits in ihrer Idee ein reines Ostprodukt.

7 Ostdeutsche Marken und die Ausweitung der Markenzone

Aus den voranstehenden Darlegungen über die Präferenz der Ostdeutschen für ostdeutsche Marken ist abzuleiten, daß die Marken des Ostens kaum als eigenständig und ausdifferenziert gelten können, vielmehr dienen sie der Orientierung bezüglich Herkunft und Heimat der Ostdeutschen. Die Kundschaft firmiert sich um eine Gruppe von Marken, die unter dem Dach „ostdeutsch" zusammengefaßt werden können. Als Hauptkristallisationskraft und somit hauptsächlichen Grund für die Markenbildung, so wurde dargestellt, kann die Herkunft der Produkte, also die Region, gesehen werden. Dabei bezeichnet Region nicht ein Bundesland oder eine Stadt und ihre Vororte, sondern Region meint das Gebiet der ehemaligen DDR, die fünf Neuen Bundesländer. Es ist dabei nebensächlich, wo dieses oder jenes Produkt heute produziert wird oder ob westliche Eigentümer die Fabriken übernommen haben. Allemal wichtig für die Kundschaft ist das Wissen, daß die Produkte DDR-Vergangenheit besitzen bzw. aus der Heimat Ostdeutschland stammen. Und so verstecken die Marken ihre Herkunft nicht. Stolz outen sie sich durch Werbung und Verpackung oder durch ihren Namen, der eindeutig auf die Herkunft verweist, z.B. „Halberstädter Würstchen". Aufgrund der großen Anziehungskraft, die die Herkunft der Marken auf die Kundschaft besitzt, ist davon auszugehen, daß sich die Markenzone ausgeweitet hat: Eine Region, Ostdeutschland nämlich, ist zur Marke erwachsen, die vor allem die Masse der Ostdeutschen in ihren Bann zieht und auf sie wirkt. Denn die Ostdeutschen sind stolz auf ihre Marken, sie sind stolz, ostdeutsch zu sein (vgl. die Untersuchung der GfK 1995, in: Müller/Kesselmann 1995: 419). Damit wird eine weitere Ausweitung der Markenzone sichtbar. Nicht nur die Region Ostdeutschland ist als Marke im markentechnischen Sinne denkbar, sondern ebenfalls die Gruppe der Ostdeutschen, die Ossis an sich. Das Massenhafte nennt Bernd Zeller, ehemals Autor für Harald Schmidt, beim Namen: „Die seltsame Besonderheit der Ossis ist die grammatische Zeitform, da sie immer nur in der ‚Wir'-Form in Erscheinung treten" (zit. n. Witzel 2002: 50).

Im Hinblick auf die Ausweitung der Markenzone ist zu schlußfolgern, daß das erwachsene Markenbewußtsein der Region Ostdeutschland und der Gruppe der Ostdeutschen, der „Ossis", ursächlich dafür ist, daß auch zukünftig von einem gesamtdeutschen Volk nicht die Rede sein wird. Denn die Marke schart ihre Kundschaft um sich und erwächst so zu einem langlebigen Hyperorganismus, der unabhängig ist vom Versterben einzelner Anhänger.

Literatur

Ahabe, Thomas (1999), Ostmarken im Aufwind, in: Wirtschaft und Markt, Nr. 10, S. 90.

Bertsch, Georg C./Ernst Hedler (1994), SED – Schönes-Einheits-Design, Köln.

Brandmeyer, Klaus (1990), Die Marke zwischen Erfahrung und Erlebnis, in: Klaus Brandmeyer/Alexander Deichsel (Hg.), Der situative Mensch. Der Mensch und seine Dinge in der Massengesellschaft, Hamburg, S. 75-82

Brandmeyer, Klaus/Alexander Deichsel (Hg.) (1991), Die magische Gestalt – Die Marke im Zeitalter der Massenware, Hamburg.

Deichsel, Alexander (1991), Produktargument und Markengestalt – die zwei Gesichter der Ware, in: Markenartikel, Nr. 10, S. 428-435.

Deichsel, Alexander (1995), Vagabunden sind keine Kunden – Vom Konsumenten zur Kundschaft, in: Markenartikel, Nr. 5, S. 182-183.

Deichsel, Alexander (1997), Marke als Gestaltsystem, in: Jahrbuch Markentechnik 1997/1998, Frankfurt/M., S. 221-246.

Deichsel, Alexander (1999), Die Dichtezonen der Marke – Von den Konsumenten zur Kundschaft, in: Jahrbuch Markentechnik 2000/2001, Hamburg, S. 333-341.

Domizlaff, Hans (1946), Analogik – Denkgesetzliche Grundlagen der naturwissenschaftlichen Forschung, Hamburg.

Domizlaff, Hans (1982), Die Gewinnung des öffentlichen Vertrauens. Ein Lehrbuch der Markentechnik, erste Aufl. 1939, neu zusammengestellte Ausgabe, Hamburg.

Ebeling, Andreas (1994), Das Markenbewußtsein von Kindern und Jugendlichen, Münster/Hamburg.

Engler, Wolfgang (2002), Die Ostdeutschen als Avantgarde, Berlin.

Gensicke, Thomas (1998), Die neuen Bundesbürger. Eine Transformation ohne Integration, Opladen/Wiesbaden.

Gries, Rainer (1994), Der Geschmack der Heimat – Bausteine zu einer Mentalitätsgeschichte der Ostprodukte nach der Wende, in: Deutschland Archiv. Zeitschrift für das vereinigte Deutschland 27, S. 1041-1057.

Gummelt, Rainer (2004), Rotkäppchen läuft im Osten „phantastisch", in: Mitteldeutsche Zeitung, Quelle: http://www.mz.web.de/artikel?id=1103449692367 vom 21.12.04.

Günther, Hans-R./Horst Randow (1992), Der Verbraucher in Ostdeutschland, in: Planung & Analyse, Nr. 3, S. 39-44.

Hensel, Jana (2002), Zonenkinder, Hamburg.

Lay, Conrad (1997), Der Siegeszug der Ostprodukte – Zur Mentalitäts- und Produktgeschichte der deutschen Vereinigung, Quelle: http://www.oeko-net.de/kommune/kommune1-977tlay197.html vom 17.02.2003.

Merkel, Ina (1999), Die Geschichte der Konsumkultur in der DDR, Leipzig.

Misselwitz, Hans-J. (1996), Nicht länger mit dem Gesicht nach Westen: das neue Selbstbewußtsein der Ostdeutschen, Bonn.

Müller, Markus L. (1996), Identitätsprobleme der Menschen in der DDR seit 1989/1990, in: Wolfgang Dümcke/Fritz Vilmar (Hg.), Kolonialisierung der DDR – Kritische Analysen und Alternativen des Einigungsprozesses, Münster, S. 209-241.

Müller, Stefan/Peter Kesselmann (1995), Made in Sachsen: Das Eigenschaftsprofil der „Konsumpatrioten", in: GfK – Jahrbuch der Absatz- und Verbraucherforschung, Nr. 4, S. 407-421.

Nassua, Thomas (1992), Ostdeutsche Erzeugnisse: Einstellungen und Kaufverhalten der Verbraucher in den neuen Ländern, in: IFO Schnelldienst, Nr. 33, S. 17-22.

Otte, Thomas (1991), Die Bewegungsgesetze der Produktmarke (unveröffenlichte) Dissertation, Hamburg.

Otte, Thomas (1993), Marke als System, Hamburg.

o.V. (1995), Das Ost-Gefühl – Heimweh nach alter Ordnung, in: Der Spiegel, Nr. 27, S. 40-64.

o.V. (2000), Phänomen aus Nuß und Schokolade, in: Dresdner Morgenpost vom 05.07.00/*Nudossi* Pressespiegel, Quelle: http://www:vadossi.de/nudossi/index2.html vom 10.02.03.

Postler, Annika (1999), Sobornost: Markenführung in Rußland, in: Jahrbuch Markentechnik 2001/2002, Frankfurt/M., S. 87-117.

Ruoss, Rüdiger (1991), Rotkäppchen darf wieder hoffen, in: Frankfurter Allgemeine Zeitung vom 11.06.91.

Schöne, Thomas (2000), Wikana bringt Gesundheitskeks mit Vitaminen auf den Markt – Klassiker aus dem Osten auch im Westen beliebt, in: Die Welt 29.11.2000, Quelle: http://www.welt.de/daten/2000/11/29/1129un205728.htx?print=1.

Sumerauer-Bodensohn, Peter (1996), Hans Domizlaff und der Ursprung der Markentechnik, in: Markenartikel, Nr. 2, S. 54-57.

Witzel, Holger (2002), So sind wir, wir Ossis, in: Der Stern, Nr. 18, S. 40-52.

Die Schweiz als Marke?

Die Grenzen des Markenkonzepts

Elio Pellin/Elisabeth Ryter

Dreh- und Angelpunkt dieses Beitrages ist das Schweizer Kreuz – das nationale Hoheitszeichen der Schweizerischen Eidgenossenschaft.[1] Seit etwa vier, fünf Jahren – eine genaue Datierung ist bei solchen Phänomenen kaum möglich – hat es in der Schweiz eine über das übliche Ausmaß weit hinausgehende visuelle Präsenz. Was in diesem Zusammenhang besonders auffällt, sind die neuen Verwendungszusammenhänge, in denen das Schweizer Kreuz unerwartet und unübersehbar auftauchte. Es war nicht mehr nur bei Beflaggungen von Parlamentsgebäuden und Schrebergärten präsent, sondern tauchte zunächst auf T-Shirts und Taschen auf, beides getragen von eher jugendlichen Personen (vgl. Abb. 1).

Abbildung 1: Das Schweizer Kreuz in der Mode

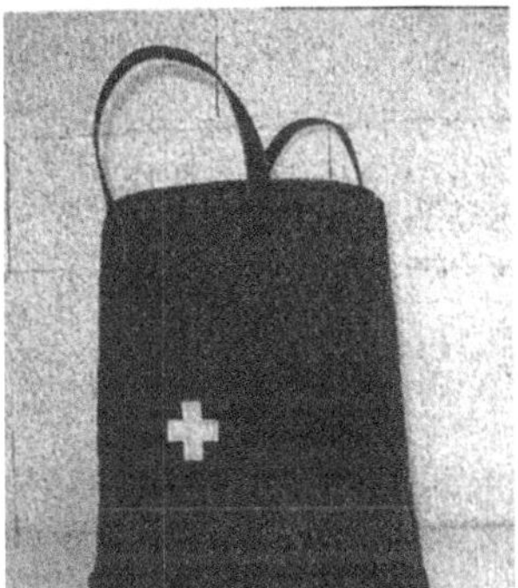

Eine demonstrative Geste war dabei in den wenigsten Fällen zu erkennen. Nicht nur den Medien wurde ein Rätsel aufgegeben.[2] Spezialistinnen und Kommentatoren wurden um Stellungnahmen und Einschätzungen gebeten. Man erfuhr dabei manch Interessantes – die Erklärungsmuster reichten von der „neuen Ironie" bis zum „neuen Patriotismus" –, letztlich blieb man aber doch etwas ratlos.

Mittlerweile hat sich die Verwendung des Schweizer Kreuzes noch weiter ausgedehnt. Man könnte den ganzen Haushalt und das Büro mit Artikeln bestücken, die mit einem Schweizer Kreuz versehen sind, und dabei wäre die Wahl

[1] Der Beitrag steht im Kontext eines mehrjährigen Forschungsprogramms mit dem Titel „Marke Schweiz" der Hochschule der Künste Bern, vgl. Pellin/Ryter 2004.

[2] Vgl. dazu zum Beispiel Persönlich. Die Zeitschrift für Marketing und Unternehmensführung, September 2003; NZZ Folio, Nr. 3/2002; Facts, Nr. 31/2002.

offen zwischen teuren Designobjekten und billigeren Ausführungen, die für den Massenkonsum produziert werden (vgl. Abb. 2).

Abbildung 2: Verbilligte Schweizer-Kreuz-Artikel im Katalogangebot

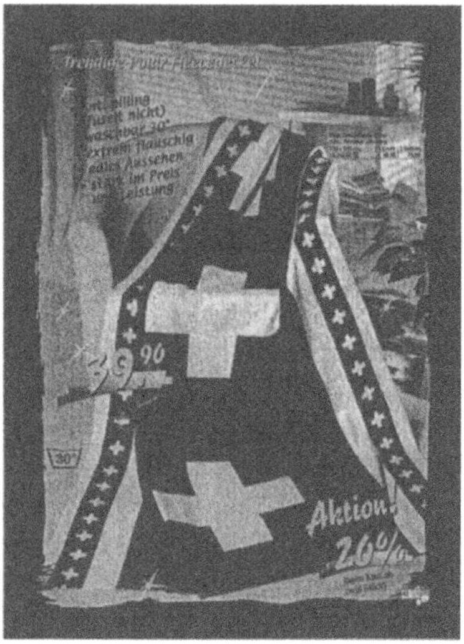

Kann bei solchen Produkten noch von einem freien Entscheid in der Gestaltung gesprochen werden, so scheint bei Lebensmitteln das Schweizer Kreuz mittlerweile geradezu Pflicht zu sein. Vom Joghurtbecher übers Mineralwasser bis zur Biskuitschachtel: Überall findet sich das rot-weiße Zeichen, meist als Zusatz zum Logo der Herstellerfirma (vgl. Abb. 3).

Abbildung 3: Emmi, der größte Schweizer Milchverarbeiter

Ein gegenläufiger Prozeß ist beim Staat zu beobachten, der doch eigentlich der „Besitzer“ des Hoheitszeichens ist. Ein schönes Beispiel findet sich in den 1970er Jahren bei der Post, damals noch ein staatlicher Regiebetrieb. Bei der Erneuerung des Logos für die Uniformen der Angestellten wurde auf die Verwendung des Schweizer Wappenzeichens verzichtet. Die für die Uniformen zuständige Abteilung gab dazu den folgenden Kommentar ab: „Von den Personalverbänden wurde in früheren Jahren mehrfach darauf hingewiesen, daß vom uniformierten Personal das Tragen des Schweizerkreuzes auf der Brust als nicht mehr zeitgemäß empfunden wird.“ (Kling 2004: 161) Diese Bemerkung ist im Kontext der nationalen Geschichtsschreibung insofern von Interesse, als gerade die Postbetriebe nach der Gründung des Bundesstaates 1848 mit ihrer flächendeckenden, visuell wahrnehmbaren Präsenz von Poststellen, Briefkästen, Postkutschen – später Postautos – und nicht zuletzt mit den uniformierten Mitarbeitenden das Schweizer Kreuz im ganzen Land verankert haben und damit einen kaum zu überschätzenden Integrationsbeitrag für den Bundesstaat leisteten (vgl. Trachsel 2004: 147f.). Mit dieser Art visueller Identifikationsangebote wollten die Mitarbeitenden der Post 1974 offensichtlich nichts mehr zu tun haben.

Auch in der Bundesverwaltung läßt sich feststellen, daß es offenbar nicht mehr als zeitgemäß betrachtet wird, das Schweizer Kreuz als Bildmarke zu verwenden. Bei einer Untersuchung zum aktuellen Staatsauftritt kam zu Tage, daß lediglich ein verschwindend kleiner Teil staatlicher Ministerien und Ämter das Schweizer Kreuz in einer heraldisch korrekten Form auf ihren Publikationen und Dokumenten anbringen (vgl. Jaquet 2004). Mehrheitlich wird zwar in den Logos vom nationalen Zeichen Gebrauch gemacht, allerdings in einer Vielfalt an Variationen, die – würde nicht der staatliche Kontext den Betrachtenden auf die Sprünge helfen – das Hoheitszeichen kaum mehr erkennen lassen (vgl. Abb. 4).

Abbildung 4: Das Schweizer Kreuz im amtlichen Gebrauch

Es würde zu weit gehen, hier auf die Hintergründe für diese gegenläufige Entwicklung einzugehen. Der Hinweis auf das New Public Management mag genügen. Damit ist zum einen der Zwang zur Profilierung einzelner staatlicher Stellen angesprochen, zum anderen aber auch die Übernahme der für die Privatwirtschaft entwickelten Corporate Image- bzw. Corporate Design-Konzepte durch die öffentliche Hand. Es sei hier noch angefügt, daß es seit 2004 ein durch den Bundesrat, d.i. die schweizerische Regierung, gestartetes

Projekt gibt, diese Logovielfalt zu unterbinden und zu einem für alle Teile der Verwaltung verbindlichen Corporate Design zurückzukehren, in dem das Schweizer Kreuz in seiner heraldisch korrekten Form wieder im Zentrum steht (vgl. Abb. 5)

Abbildung 5: Das Schweizer Kreuz von 1889

WAPPEN DER SCHWEIZERISCHEN EIDGENOSSENSCHAFT
ARMOIRIES DE LA CONFEDERATION SUISSE
STEMMA DELLA CONFEDERAZIONE SVIZZERA

(Bundesbeschluß vom 12. Dezember 1889)
(Arrêté fédéral du 12 décembre 1889)
(Risoluzione federale del 12 dicembre 1889)

Das Wappen der Eidgenossenschaft ist im roten Felde ein aufrechtes, freistehendes weißes Kreuz, dessen unter sich gleiche Arme je einen Sechstel länger als breit sind.

Les armoiries de la Confédération consistent en une croix blanche, verticale et alaisée, placée sur fond rouge et dont les branches, égales entre elles, sont d'un sixième plus longues que larges.

La stemma della Confederazione è una croce bianca verticale, libera, in campo rosso, i bracci della quale, eguali fra loro, sono di un sesto più lunghi che larghi.

Neben einem Spareffekt verspricht sich die Regierung auch, via Dachmarkenstrategie, den Staat wiederum vermehrt als Ganzes sichtbar machen zu können.

1 Ein Mehrwert für die Wirtschaft?

1931 trat das Bundesgesetz zum Schutz öffentlicher Wappen und anderer öffentlicher Zeichen in Kraft. Artikel 1 zählt auf, was nicht als „Fabrik- oder Handelsmarken oder als Bestandteile solcher" eingetragen werden darf: „Die Wappen der Eidgenossenschaft, der Kantone, Bezirke, Kreise und Gemeinden und solche Wappen darstellende Fahnen; das eidgenössische Kreuz". Artikel 2 des Wappenschutzgesetzes untersagt den Gebrauch des Wappens und anderer Zeichen der Eidgenossenschaft zu geschäftlichen Zwecken, „namentlich als Bestandteile von Fabrik- oder Handelsmarken, auf Erzeugnissen oder auf der Verpackung von Erzeugnissen", die zum Vertrieb als Ware bestimmt sind.

Ein kurzer Blick auf einen kleinen Teil von aktuellen Markenlogos macht deutlich, mit welcher Konsequenz das Wappenschutzgesetz angewendet wird (vgl. Abb. 6).

Abbildung 6: Die Nutzung des Kreuzes in Markenlogos

Ob es in Bezug auf das Wappenschutzgesetz in der Schweiz einen Vollzugsnotstand gibt oder nicht, diese Frage braucht uns hier nicht zu kümmern – sie kümmert übrigens auch in der Schweiz niemanden. Interessant sind in diesem Zusammenhang aber zwei Punkte: (1) Offensichtlich war es Ende der 1920er Jahre nötig geworden, öffentliche Zeichen vor der Verwendung in und als Markenlogos zu schützen. (2) Wappenschutzgesetz hin oder her: Für viele Unternehmen ist es zur Zeit attraktiv, das Schweizer Hoheitszeichen in ihre Marken- und Marketing-Strategien einzubeziehen. Und hier stellt sich die Frage: Welchen Mehrwert versprechen sie sich davon?

Zum ersten Punkt nur eine kurze Anmerkung. Wie der Historiker Mario König (2004: 130) feststellt, war die Wirtschaft in der Schweiz vor dem Ersten Weltkrieg teilweise in einem weit größeren Maß globalisiert als heute. Die Überzeugung, daß an sich schon von besonderer Qualität sei, was im Inland hergestellt worden ist, wurde erst in der Kriegs- und Zwischenkriegszeit mit großer Anstrengung verankert. – In diesem Zusammenhang ist auch die Entstehung des Wappenschutzgesetzes zu sehen. Es sollte unter anderem verhindern, daß Importprodukte mit Schweizer Zeichen versehen werden konnten. Welchen Nutzen aber hat heute eine Unternehmung, die das Schweizer Zeichen auf ihren Produkten anbringen kann?

Damit wären wir beim zweiten Punkt: Auffallend ist, wie rasant sich in den letzten Jahren das Schweizer Kreuz als Teil von Markenlogos, auf Verpackungen und in der Werbung verbreitet hat. Der Nutzen, den Unternehmen aus der Verwendung des Schweizer Kreuzes ziehen können, ist einerseits formal-instrumentell, andererseits substanziell-inhaltlich. Der Nutzen für den formal-instrumentellen Aspekt, also die visuelle Gestaltung eines Logos einer Verpackung, besteht in der prägnanten, graphisch geschlossenen und mit den Farben Rot und Weiss kontraststarken Gestalt des Schweizer Hoheitswappens, das einen überdurchschnittlich hohen Wiedererkennungswert aufweist (vgl. Pellin 2004). Substanziell-inhaltlich kann ein prägnantes Länderimage, das mit dem entsprechenden Zeichen verbunden wird, nutzbringend sein – kann, muß aber nicht. So wären in diesem Zusammenhang etwa die Länderimages zu erwähnen, die in den 1980er Jahren mit Produkten aus Südafrika oder Chile verbunden wurden. Die internationalen Diskussionen um Naziraubgold, nachrichtenlose Vermögen und die engherzige Flüchtlingspolitik der Schweiz während des Zweiten Weltkrieges haben in den späten 1990er Jahren auch das Landesimage der Schweiz ramponiert. An diesem Beispiel läßt sich zeigen, daß Marken- und Marketing-Strategien, die sich auf den Transfer eines Länderimages stützen, zwar attraktiv sein können, aber nicht ganz ungefährlich sind. Das Image von Produkten läßt sich über die Anbindung an ein Länderimage zwar einfacher und meist kostengünstiger verankern, ist aber abhängig von vielen Faktoren, die schlecht kalkulierbar sind.

Unverhofft und von niemandem vorauszusehen war auch die Verbesserung des Landesimages dank der Vereinnahmung des Schweizer Hoheitszeichens durch eine trend- und modebewußte urbane Bevölkerungsschicht. Das Schweizer Kreuz wurde plötzlich nicht mehr als Zeichen für muffige Heimattümelei verstanden, sondern als „hippes" Signal für Offenheit und Lebenslust gelesen. Der Code, mit dem das Zeichen Schweizer Kreuz entschlüsselt wurde, verschob sich und wurde erweitert. Für Marketingstrategen wurde es dadurch äußerst attraktiv – sowohl für den Binnenmarkt wie den Export. Der Zentralschweizer Milchverarbeiter Emmi etwa setzt im visuellen Auftritt seiner Produkte im Inland wie im

Ausland stark auf den Faktor „Swissness“. Walter Huber, CEO bei *Emmi*, sieht den Nutzen der starken Betonung des Schweiz-Faktors in der Kombination von Tradition und Innovation, die mit der neuen „Swissness“ verbunden seien. So sollen die Produkte von *Emmi* für naturnahe Herstellung stehen (Berge, Seen und Kühe auf Alpweiden) und für Offenheit gegenüber Neuem. Huber geht gar davon aus, daß *Emmi* mit innovativen Produkten im Premium- und Lifestyle-Segment die Offenheit betonen und damit das Bild der abgeschotteten und unbeweglichen Schweiz verändern kann (vgl. Pellin/Sunier 2004).

Tatsächlich ist der Einfluß von Landesimage und Produkte-Image wechselseitig. Denn es sind nicht zuletzt Produkte herausragender Branchen, die das Image eines Landes im Ausland prägen. In der Schweiz sind das nach einer Erhebung des Instituts für Marketing und Unternehmensförderung der Universität Bern zuerst die Uhren- und Schmuckindustrie, dann die Banken und Finanzgesellschaften, die Pharmaindustrie, Versicherungen, die Reise- und Tourismusbranche, die Nahrungsmittelindustrie, die Maschinen- und die chemische Industrie. Diese Aufzählung macht deutlich, wie vielfältig ein Landesimage durch Produkte geprägt werden kann (vgl. Kühn et al. 2004). Die Reise- und Tourismusbranche prägt und nutzt einen anderen Aspekt des Schweiz-Images als die chemische Industrie, die Nahrungsmittelindustrie wiederum prägt und nutzt einen anderen Aspekt als die Pharmariesen oder die Banken.

2 Und plötzlich brauchen es alle

Nicht nur die Wirtschaft macht Anleihen beim staatlichen Hoheitszeichen, sondern auch die Politik. Hier ist in den letzten Jahren eine Entwicklung festzustellen, die so kaum zu prognostizieren war. Über Jahre und Jahrzehnte diente das Schweizer Kreuz in der politischen Werbung vor allem dem rechten Lager als Erkennungsmarke. Keiner politischen Partei oder Bewegung des mittleren oder linken Segmentes wäre es eingefallen, sich damit zu schmücken. Zu stark noch war das Zelebrieren des nationalen Hoheitszeichens mit der in den 1930er Jahren einsetzenden sogenannten Geistigen Landesverteidigung verbunden, von der man sich mit allen Mitteln zu distanzieren versuchte (vgl. Mooser 1997; Amrein 2004). Dieses Konzept hatte dazu beigetragen, vor und während des Zweiten Weltkrieges alle politisch relevanten Kräfte unter dem Siegel eines freiheitlichen Kleinstaates einzubinden, der sich gegen die feindlichen, ihn umgebenden totalitären Staaten zur Wehr setzen muß. Daß dabei xenophobe Elemente eine wichtige Rolle spielten, gemeint ist hier die Unterteilung der Welt in Eigenes und Fremdes, haben aus der „Friedensinsel Schweiz“ einen Igel gemacht, der die Stacheln – im territorialen Sinn verstanden – nach außen richtete, der aber gleichzeitig auch im Innern Grenzen zog zwischen „richtigen“ und „falschen“ Eidgenossen und Eidgenossinnen. In den 1980er und 90er Jahren stand das Schweizer Kreuz – in der Tradition der Geistigen Landesverteidigung – u.a. für den Alleingang der Schweiz, für das Abschotten gegenüber Europa und für ein auf Exklusivität bedachtes schweizerisches Bürgerrecht.

Seit der Jahrtausendwende hat sich dies geändert. Die sichtbare Trendwende brachte die Diskussion im Vorfeld der UNO-Abstimmung im Jahr 2002. Eine sozialdemokratische Nationalrätin nahm diese Debatte zum Anlaß, sich für ihren Auftritt im Parlament mit einem Schweizer-Kreuz-T-Shirt zu kleiden und damit Anspruch auf das bis dahin für die Mitte-Links-Formationen tabuisierte nationale Emblem zu reklamieren. Nach einigen Widerständen zu Beginn wurde das nationale Zeichen auch auf der linken Seite des politischen Lagers ohne Berührungsängste verwendet. Das Schweizer Kreuz konnte so nicht länger als Zeichen der Ausgrenzung oder als Trennlinie für gute und weniger gute Schweizerinnen und Schweizer gebraucht werden (vgl. Abb. 7, 8, 9).[3]

Abbildung 7: Die rechtskonservative Schweizerische Volkspartei SVP

[3] Vgl. Marti 2004.

Abbildung 8: Die Schweizerische Flüchtlingshilfe

Abbildung 9: Die sozialdemokratische Partei

3 Der Staat – eine Marke?

Läßt nun dieses Phänomen eines unerwartet lang anhaltenden Modetrends und die Markierung fast sämtlicher Lebensbereiche mit dem Schweizer Kreuz auf die Schweiz als Marke schließen? Heribert Meffert, Christoph Burmann und Martin Koers (2002: 6) definieren Marke folgendermaßen:

> „In Abgrenzung zum gewerblichen Schutzrecht sowie zum markierten Produkt kann die Marke als ein in der Psyche des Konsumenten und sonstiger Bezugsgruppen der Marke fest verankertes, unverwechselbares Vorstellungsbild von einem Produkt oder einer Dienstleistung definiert werden. Die zu Grunde liegende Leistung wird dabei in einem möglichst großen Absatzraum über einen längeren Zeitraum in gleichartigem Auftritt und in gleich bleibender oder verbesserter Qualität angeboten."

Markenbildung bezeichnen sie zutreffend als ein sozialpsychologisches Phänomen. Das schließt jedoch den Umkehrschluß nicht mit ein, daß sozialpsychologische Phänomene, in denen fest verankerte und unverwechselbare Vorstellungsbilder entstehen, zwingend Markenbildungen seien. Zentral ist hier der zweite Teil der Definition von Meffert et al. (2002), nämlich der Verweis auf ein Produkt oder eine Dienstleistung, mit denen fest verankerte und unverwechselbare Vorstellungsbilder verbunden sind. Wir plädieren dafür, den Begriff Marke ausschließlich in ökonomischen Zusammenhängen zu verwenden, nicht zuletzt, um den Markenbegriff möglichst fokussiert und scharf zu behalten. Denn wo alles Marke ist, ist nichts mehr Marke. Die Schweiz würden wir somit in jenen Bereichen als Marke bezeichnen, in denen sie ökonomisch verwertet wird – also im Standortmarketing, in der Imagepflege im Ausland oder in der Tourismusförderung (vgl. Abb. 10).

Abbildung 10: Schweiz Tourismus

Was die Ländermarken betrifft, so ist die Diskussion in den ausgehenden 1990er Jahren unter dem Stichwort „Nation Branding" in Schwung gekommen. Das *Journal of Brand Management* Nr. 4-5 im Jahre 2002 widmete dem Thema „Nation Branding" beispielsweise eine Spezialnummer. Ein Haupt-Exponent in dieser Debatte ist der britische

Werber Wally Olins. In einem Interview mit einer schweizerischen Marketingzeitschrift führte Olins aus, was für ihn Ländermarketing bedeutet. Demzufolge gibt es drei große Notwendigkeiten: „Erstens will man ausländische Investitionen, zweitens will man Touristen anlocken, drittens will man exportieren."[4] Die Ziele, die er mit dem „Nation Branding" verbindet, gehen in die gleiche Richtung, wie jene eines Stadtmarketings: Es geht um Wirtschaftsförderung und Tourismus. Für die Förderung dieser Bereiche soll das Image eines Landes eingesetzt werden. Eine Nation oder ein Land hat für Olins nicht nur ein Image, sondern sie bzw. es ist zugleich auch Marke. In dieser Funktion unterliegt eine Nation für Olins bezüglich der Corporate Identity grundsätzlich den gleichen Kriterien wie ein privatwirtschaftliches Unternehmen. Allerdings schränkt er ein:

> „Eine Nation zur Marke zu machen, ist unendlich viel komplexer, als dies bei einem Produkt der Fall ist. Da muß man viel subtiler vorgehen. ... Man kann die PR für ein Land nicht wie ein Unternehmen managen. Man kann die PR nicht von oben herab organisieren. Man kann nur anleiten und beeinflussen. ... Man muß eine Gruppe von einflußreichen Leuten des Landes – Geschäftsleute, Künstler, Filmemacher, Sportler, Opinion Leader aller Art, dazu bringen, über die Stärken und Schwächen ihres Landes zu sprechen. Sie sollten eine Kernbotschaft entwickeln, welche die Nation repräsentiert. Diese muß dann visualisiert werden durch Farben, Symbole, Typografie – auch durch eine nationale Ikone." (Olins 2002: 9f.)

Als das beste Beispiel bezeichnet er in diesem Kontext die stilisierte Sonne von Spanien, die von Juan Miró stammt.

Schon wenn man sich auf die Ziele der Wirtschaft konzentriert, dürfte die Vermarktung eines Landes um einiges schwieriger zu realisieren sein, als Olins dies darstellt. Denn welches sind die gemeinsamen Interessen bezüglich der visuellen Botschaften, wenn es darum geht, im Ausland für Tourismus, Banken und High-Tech-Industrie zu werben? Die Tourismusbranche setzt auf unberührte, ruhige Bergwelt, die High-Tech-Branche auf urbane, global vernetzte Strukturen und der Bankenplatz auf Diskretion.

Noch schwieriger wird es, wenn versucht wird, auch den Staat als Marke zu verstehen. Die Bildung einer inneren kollektiven Identität ist so komplex, daß sie mit dem Begriff Marke nur ungenügend beschrieben werden kann. Begriffe wie Staat und Nation gehen in ihrem Erklärungsgehalt weit über die Möglichkeiten der Marke hinaus. Das zeigt sich etwa an der Problematik der Markenführung:

---

[4] Persönlich. Die Zeitschrift für Marketing und Unternehmensführung, August 2002, S. 9. Die Agentur Wolff Olins, zu deren Gründern Wally Olins gehört, hat auf Anregung des ZDF – so zumindest die Aussage der Agentur – 1998/99 einen Vorschlag für ein nationales Branding Deutschlands erarbeitet, Quelle: http://www.wolff-olins.com/germany.htm vom 4.10.2004.

Wer wäre denn legitimiert, die Identität der Marke Schweiz zu definieren und zu verwalten? Wo Politbüros oder Autokraten wie Verwaltungsratsgremien oder CEOs Identitäten festlegen, stellt sich diese Frage nicht. Aber in einem Staatsgebilde, in dem die Souveränität beim Volk – hier als Summe der Bürgerinnen und Bürger – liegt? Aus unserer Sicht kommt hier die Ausweitung der Markenzone an ihre Grenzen.

Quellennachweise

Abb. 1: Aus alten Militärwolldecken mit Schweizer Kreuz werden Bezüge für Designermöbel oder Taschen hergestellt, Quelle: Sattlerei Karlen, Tröbel 2004.

Abb. 2: Der Trendzyklus scheint sich dem Ende zuzuneigen. Das Versandhaus Angela Bruderer bot bereits im Katalog 2002/2003 verbilligte Schweizer-Kreuz-Artikel an, Quelle: Angela Bruderer AG.

Abb. 3: Emmi, der größte Schweizer Milchverarbeiter, setzt sowohl im Inlandsgeschäft wie auch für die Expansion in die Auslandmärkte auf das Schweizer Kreuz, Quelle: Emmi Schweiz AG.

Abb. 4: Seit den 1980er Jahren machten sich Ämter und Bundesstellen visuell nach und nach unabhängig. Im November 2003 wurden 66 verschiedene Logos geführt, von denen viele kaum mehr auf den Staat als Absender hinwiesen, Quelle: Logos der Bundesverwaltung, Stand November 2003.

Abb. 5: Das Schweizer Kreuz wurde 1889 in seinen heute noch gültigen Dimensionen mit dem Verhältnis 7:6 der Kreuzarme festgelegt, Quelle: Bundesbeschluß vom 12. Dezember 1889, aktualisierte Version.

Abb. 6: Wappenschutzgesetz hin oder her, das Schweizer Kreuz ist Bestandteil unzähliger Logos der Hersteller von Biskuits, Pfannen, Schuhen, Schokolade, Uhren, Taschenmessern, für Airlines oder Versicherungen, Quelle: *Kambly, Kuhn/Rikon, Raichle, Munz, Swiss, Tissot, SwissLife, Camille Bloch, Victorinox, Swatch.*

Abb. 7: Die rechtskonservative Schweizerische Volkspartei SVP sieht das Schweizer Kreuz (und die Schweiz) durch Asylsuchende gefährdet, Quelle: GOAL AG für Werbung & Public Relations für die Schweizerische Volkspartei SVP, 2003.

Abb. 8: Die Schweizerische Flüchtlingshilfe sieht die humanitäre Tradition der Schweiz durch die Asylpolitik der SVP in Gefahr, Quelle: Publicis Zürich für die Schweizerische Flüchtlingshilfe, 2002.

Abb. 9: Die sozialdemokratische Partei stemmte sich gegen das Quasimonopol der Rechten auf das Schweizer Kreuz. Im Wahlkampf 2003 verknüpfte sie nationales Selbstbewußtsein mit Weltoffenheit, Quelle: Andy Bühler SGD Communications für die Sozialdemokratische Partei der Schweiz SP, 2003.

Abb. 10: Schweiz Tourismus setzt wieder auf nationales Marketing. Die Marke Schweiz soll von den Tourismusanbietern in ihrem Markenmix wieder vermehrt genutzt werden, Quelle: Schweiz Tourismus, 2004.

Literatur

Amrein, Ursula (2004), „Los von Berlin!" Die Literatur- und Theaterpolitik der Schweiz und das „Dritte Reich", Zürich.

Jaquet, Christian (2004), Das Staatsdesign der Schweiz – Zustand und Reform. Analyse des Erscheinungsbildes der Bundesverwaltung und Empfehlungen für seine Vereinheitlichung. Schlußbericht über das Teilprojekt 2 des Forschungsprogramms „Marke Schweiz" der Hochschule der Künste Bern HKB, Bern.

Kling, Gudrun (2004), Post- und Telekommunikation zeigen Flagge. Teil 2: Vom Wappen-Logo zum Corporate Design, in: Elio Pellin/Elisabeth Ryter (Hg.), Weiss auf Rot. Das Schweizer Kreuz zwischen nationaler Identität und Corporate Identity, Zürich, S. 161-169.

König, Mario (2004), Von der wahren Nation der Waren. Schweizerische Wirtschaftspropaganda im 20. Jahrhundert, in: Elio Pellin/Elisabeth Ryter (Hg.), Weiss auf Rot. Das Schweizer Kreuz zwischen nationaler Identität und Corporate Identity, Zürich, S. 129-140.

Kühn, Richard/Mirja Weiss Richard (2004), Wofür steht die Schweiz? Das Schweizer Kreuz als Imageträger, in: Elio Pellin/Elisabeth Ryter (Hg.), Weiss auf Rot. Das Schweizer Kreuz zwischen nationaler Identität und Corporate Identity, Zürich, S. 215-224.

Marti, Urs (2004), Wenn das Symbol zum Argument wird. Überlegungen zur Funktion des Schweizer Kreuzes im politischen Streit, in: Elio Pellin/Elisabeth Ryter (Hg.), Weiss auf Rot. Das Schweizer Kreuz zwischen nationaler Identität und Corporate Identity, Zürich, S. 93-106.

Meffert, Heribert/Christoph Burmann/Martin Koers (Hg.) (2002), Markenmanagement. Grundfragen der identitätsorientierten Markenführung, Wiesbaden.

Mooser, Josef (1997), Die „Geistige Landesverteidigung" in den 1930er Jahren, in: Schweizerische Geschichte 47, Nr. 4, S. 685-708.

Pellin, Mario (2004), Das Kreuz mit der Erkennbarkeit. Aspekte der visuellen Wahrnehmung, in: Elio Pellin/Elisabeth Ryter (Hg.), Weiss auf Rot. Das Schweizer Kreuz zwischen nationaler Identität und Corporate Identity, Zürich, S. 41-50.

Pellin, Elio/Elisabeth Ryter (Hg.) (2004), Weiss auf Rot. Das Schweizer Kreuz zwischen nationaler Identität und Corporate Identity, Zürich.

Pellin, Elio/Sandra Sunier (2004), „Die Schweiz ist im Aufbruch". Milchprodukte als Träger von Tradition und Innovation. Interview mit Walter Huber, CEO Emmi, in: Elio Pellin/Elisabeth Ryter (Hg.), Weiss auf Rot. Das Schweizer Kreuz zwischen nationaler Identität und Corporate Identity, Zürich, S. 227-229.

Trachsel, Ronny (2004), Post- und Telekommunikation zeigen Flagge. Teil 1: Vom Wappenschild zum Wappen-Logo, in: Elio Pellin/Elisabeth Ryter (Hg.), Weiss auf Rot. Das Schweizer Kreuz zwischen nationaler Identität und Corporate Identity, Zürich, S. 147-160.

Gremiendemokratie und Netzwerkstruktur als Markenbremsen

Marken sind Vertrauensanker: Sie strahlen Vertrauenswürdigkeit aus und helfen bei der Komplexitätsreduktion im Alltag. In dieser Hinsicht besitzen Marken beinahe universale Zuständigkeit, und der Vertrauensbedarf ist heutzutage immens, das Interesse an Marken dementsprechend groß. Marken haben Potential. Viele Bereiche, auch wenn sie keine unmittelbare wirtschaftliche Bedeutung haben, liebäugeln deshalb mit der Möglichkeit, zur Marke zu werden, Marke zu sein, sich als Marke neu zu erfinden.

Klaus Klemp geht in seinem Beitrag der Frage nach, ob und inwiefern Städte geeignet sind, wie Marken betrachtet oder gar als Marken gehandhabt zu werden. Dabei prüft Klemp die Sinnfälligkeit dieser Möglichkeit vom Inneren einer Stadt aus, für die er seit vielen Jahren tätig ist, nämlich Frankfurt am Main, und kommt zu dem Schluß, daß die Stadt als öffentlicher Raum zuviel Komplexität in räumlicher, aber auch sachlicher und sozialer Hinsicht in sich birgt, als daß es gelingen könnte, dieser Komplexität durch die Bildung einer Marke Herr zu werden. Dazu weist eine Stadt zu viele Gesichter ihrer selbst auf, ist sie in ihrer Gesamtheit nicht durch ein einziges übergreifendes Konzept, das sich für die einheitliche Selbstdarstellung einer Stadt verbürgen könnte, wie es Marken tendenziell tun, erfaßbar. Aus diesem Grund schlägt Klemp vor, sich der Besonderheit einer Stadt als öffentlicher Raum mittels des Imago, also eines Bildes zu nähern, das man von ihr hat, weil es eine geringere Verbindlichkeit besitzt, was das Verhältnis von Gegenstand und Abbildung betrifft.

Kai-Uwe Hellmann widmet sich im letzten Beitrag dieses Buches einem Bereich, der von seinem Selbstverständnis her eine denkbar große Distanz zur Wirtschaft aufweist, der *Soziokultur*. Damit ist eine kulturpolitische Bewegung aus den siebziger Jahren des letzten Jahrhunderts gemeint, die sich in Gestalt von Kulturzentren überall in Deutschland ausgebreitet hat und seit ihren Ursprüngen eine dezidierte Gegenposition zum Establishment einnahm. Ausdruck fand diese antibürgerliche Haltung in vielen Konzepten und Projekten, die sich mit alternativer Kultur, alternativer Presse, alternativer Politik und sogar alternativer Ökonomie befaßt haben. Inzwischen hat der Alltag aber auch die soziokulturellen Zentren eingeholt, weshalb es nicht verwundern darf, wenn sich mancherorts die Frage erhebt, ob man zur Erhaltung und Festigung des Status quo nicht stärker auf Marketing und sogar Markenbildung zurückgreifen sollte. Denn längst hat man erkannt und mehrheitlich auch akzeptiert, daß man mit Soziokultur genauso auf einem Markt tätig ist, den es entsprechend zu bearbeiten gilt, wie andere Märkte auch, nur daß auf diesem Markt eben mit Kultur gehandelt wird. Die Analyse dieses Vorhabens ist mangels Daten nicht ganz einfach. Was sich jedoch abzeichnet, ist ein Dilemma, das insbesondre darin besteht, daß Soziokultur hochgradig dezentral funktioniert, während Marken auf eine zentrale Koordination angewiesen sind, soll die Markenführung erfolgreich verlaufen. Eine einfache Auflösung dieses Dilemmas ist für den Augenblick nicht ersichtlich.

Nachrichten aus dem Inneren einer Stadt im 21. Jahrhundert

Probleme kommunaler Markenbildung durch öffentliche Räume

Klaus Klemp

Pjöngjang ist die Hauptstadt Nordkoreas. Soviel weiß man noch, aber bis auf ein paar Propagandabildchen aus dem Internet weiß man nicht viel mehr.[1] Was die Stadt von allen anderen Großstädten auf dieser Welt unterscheidet, ist das Fehlen jeglicher Bebauung aus der Zeit vor 1953 und der fehlende Hinweis auf jede Form von Konsum. Keine H&M Mädchen auf Großplakaten, keine Leuchtreklamen, kein Hinweis auf *Coca Cola*, Bier oder Zigaretten, und noch nicht einmal die sonst weltweit ubiquitären *McDonald's*- und *Starbucks*-Filialen lassen sich in dieser 3 Millionen-Stadt ausmachen. Dafür endlose Rasterbauten, große Straßenachsen und Boulevards mit gegen Null tendierendem Auto- oder auch nur Mopedverkehr, einige, ausschließlich männliche Fahrradfahrer und Heerscharen von Fußgängern, die sich im Gänsemarsch korrekt auf der äußersten rechten Straßenseite fortbewegen. Damit sind fast jegliche Formen von Straßenschildern und Verkehrsampeln in der Tat entbehrlich. Zwar gibt es Straßenlampen aus den 50er Jahren, die aber wegen des Mangels an Energie so gut wie nie eingeschaltet werden. Pjöngjang hat am Abend den schönsten Sternenhimmel von allen asiatischen Großstädten, so sagt man dort. Auch Lärm gibt es mangels Verkehr und Nachtleben so gut wie keinen. Ein Dorado für Anhänger einer fundamentalistischen Ökologiebewegung und Konsumkritik.

Dagegen schallen gegen fünf Uhr in der Frühe eine Art Muezzin-Ruf und Marschmusik aus zahllosen Lautsprechern durch die Stadt, um die Untertanen auf die Arbeit einzustimmen. Und auch bilderlos ist die Stadt nicht. Es gibt keine Stelle, von wo aus einem nicht ein strahlender, wohlbeleibter Mittfünfziger in Schlips und Kragen anstrahlt, der über die vertrauenserweckende Anmutung eines deutschen Opel-Händlers aus den späten 50er Jahren verfügt. Kim Il Sung, Staatsgründer, „Großer Führer“ und nach seinem Tod zum ewigen Staatspräsidenten erklärt, ist omnipräsent und erhält nur durch seinen Sohn, Kim Jong Il,

---

[1] Der Autor hatte im Juni 2004 anläßlich der Eröffnung des Lesesaals des Goethe Instituts Gelegenheit zu einem viertägigen Delegationsbesuch in Pjöngjang.

den „Geliebten Führer“, maßvolle Konkurrenz. Fraglos haben wir es hier mit einem absolut geschlossenen Corporate Design und wohl auch mit einer unverwechselbaren Marke zu tun, die sich mangels Konkurrenz oder auch nur medialer Vergleichsmöglichkeit jedoch noch nie in ihrer Unverwechselbarkeit behaupten mußte. Die Grenzen sind zu, die Ausländerquote noch geringer als die Autoquote, und die 1½ staatlichen Fernsehprogramme belassen die Welt außen vor.

Pjöngjang ist keine neue Stadt, sondern eine der ältesten Koreas. Schon 427 n.Chr. war sie Hauptstadt des nordkoreanischen Königreichs Koguryo. Aber der Koreakrieg von 1950 bis 1953 ist in drei Wellen über sie hinweggegangen und hat keinen Stein auf dem anderen gelassen. Der Wiederaufbau als Hauptstadt der kommunistischen Volksrepublik erfolgte nach Maßstäben des europäischen Städtebaus der 20er und 30er Jahre, so wie er sich in der Charta von Athen der CIAM als Trennung von Wohnen, Arbeiten und Freizeit, einer luftigen, offenen Riegelbebauung und entsprechenden Verkehrsverbindungen manifestierte. Und die Form der Architektur lehnte man an den Internationalen Stil eines Le Corbusier, Gropius oder Mies van der Rohe an, ohne jedoch deren gestalterische Qualitäten auch nur annähernd zu erreichen. Hinzu stellte man noch ein bißchen sowjetischen Monumentalbau in Form von Palästen des Volkes und der Jugend oder von Stadionbauten und Triumphbögen. Pjöngjang zeigt die einstige Sehnsucht nach einer sauberen und aufgeräumten Moderne, die heute aber, mangels Geld und fehlender Unterstützung einer nicht mehr vorhandenen sozialistischen Internationale, an allen Ecken bröselt. Da hilft auch kein (fast) preußischer Sauberkeitsdrang. Was bleibt, ist eine nur noch spießbürgerlich süßliche Selbstdisziplin und ein frommer Augenaufschlag zu den Standbildern Kim Il Sungs. Hier soll das Gute, Wahre und Schöne herrschen. Ganz gleich, wie die Wirklichkeit aussieht. Hier wird Konsens nicht nach Habermas erdiskutiert, sondern hier werden Weisungen empfangen. Wem die Empfangsantennen dazu allerdings fehlen, der findet sich samt Familie alsbald im Arbeitslager wieder. Ganz im Sinne einer Ideologiekritik Lyotards heißt die Rückseite der Beglückung auch hier Zwang und Terror.

Pjöngjang könnte als Studienobjekt dienen, was die Identität und mögliche Markenfähigkeit von Großstädten ausmacht. Denn alle Elemente jenseits von Stadtplanung, Architektur und Infrastruktur sind hier nicht vorhanden – wenn man einmal von den Standbildern des „Großen“ und des „Geliebten Führers“ absieht. Für den hypothetischen Fall einer friedlichen und plötzlichen Ablösung des jetzigen Herrschers und einer wirtschaftlichen und kulturellen Liberalisierung bestünde eine weitgehende urbanistische „Tabula Rasa Situation“. Durch die Aufstellung einiger hochauflösender Webcams ließe sich dokumentieren, welche visuellen und dreidimensionalen Objekte wann, wo und in welcher zeitlichen Abfolge entstehen würden, welche Eingriffe in die bestehende Architektur und Infrastruktur erfolgen und wie die Bewohner und Passanten darauf reagieren würden.

Diese und meines Erachtens *nur* diese Situation wäre heute weltweit die einzige Möglichkeit, zu einer gezielten Markenbildung einer Kommune zu kommen. Alle anderen Großstädte, und das sei die vorangestellte These dieses Beitrags, sind aufgrund ihrer enormen Komplexität gar nicht dazu in der Lage, ein Markenprofil zu entwickeln, zu steuern oder zu verändern. Städte verfügen im besten Fall über ein jeweils eigenes Imago, das sich aus vielen, z.T. kontradiktorischen Kräften zusammensetzt.

1 Notwendigkeiten von Markenbildung

Kommunen im föderativen System Deutschlands stehen untereinander in Konkurrenz. Das ist weltweit im Prinzip nicht anders, denn je mehr Einwohner eine Stadt hat, desto größer ist der Gestaltungsspielraum einer Stadtregierung. In Deutschland kommt aber noch etwas anderes hinzu. Mehr als ein Drittel der kommunalen Haushalte werden durchschnittlich durch direkte und selbst erhobene Steuereinnahmen finanziert, wobei die Gewerbesteuer den mit Abstand wichtigsten Stellenwert einnimmt. Die Höhe dieser Steuer bestimmt sich durch den jeweils von der Kommune gestaltbaren Hebesatz und durch die Gewinnsituation der jeweiligen Unternehmen. Je nach Anzahl und Größe der auf dem Stadtgebiet befindlichen profitablen Unternehmen steigt auch der Finanzrahmen einer Kommune. Und je attraktiver eine Kommune für Unternehmen ist, desto höher kann sie den Hebesatz festlegen. Sie wird also ständig in ihre logistische, soziale und kulturelle Infrastruktur investieren müssen, um diese Attraktivität zu erhalten oder möglichst auszubauen, sonst droht ihr die Abwanderung von Gewerbesteuerzahlern, Einnahmeausfall und schließlich Handlungsunfähigkeit. Das kommunale Selbstverwaltungsrecht und die damit verbundene finanzpolitische Autonomie sind in Artikel 28 Grundgesetz verankert, werden in der Praxis aber von kommunalen Ausgleichszahlungen, staatlich verordneten Pflichtaufgaben und Auftragsangelegenheiten eingeschränkt. Aus staatlicher Sicht ist dies nachvollziehbar, will man einigermaßen vergleichbare Lebensverhältnisse im ganzen Land gewährleisten. Dennoch haben die deutschen Kommunen eine im europäischen Vergleich hohe Eigenständigkeit und Unterschiedlichkeit. Frankreich und Großbritannien sind da völlig anders aufgestellt: Die zentralstaatliche Tradition kennt jeweils nur eine Stadt, nämlich die Hauptstädte Paris und London, jede andere Stadt spielt dort seit Jahrhunderten in einer ganz anderen Liga. Die deutsche Geschichte als faktische Föderation kennt dagegen viele ehemalige Fürstenresidenzen und Wirtschaftszentren, und allein Wien kann auf eine entsprechende historische Ausnahmestellung zurückblicken, während Berlin erst im späten 19. Jahrhundert überhaupt zur Großstadt wurde. Auch heute ist die einst preußische und nun wieder neue gesamtdeutsche Hauptstadt ein Subventionskonstrukt ohne eigene wirtschaftliche oder kulturelle Fundierung. Mehr noch als das am ehesten vergleichbare Italien ist Deutschland also ein Feld denkbarer Markenüberlegungen für Kommunen. Dazu sollen folgende Parameter des öffentlichen Raums in Betracht gezogen werden.

2 Kulturinstitutionen

Öffentliche Räume, die eine Markenbildung zumindest beeinflussen können, sind die Institutionen der Kultur. Kultur ist in ihrer Entstehungsvoraussetzung immer regional, d.h. von einem bestimmten Ort aus konstituiert. Daher gibt es auch keine Weltkunst und meistens noch nicht einmal eine Nationalkunst, sondern immer nur Künstler, die von ihrem spezifischen Ort und seinen Entstehungsbedingungen geprägt werden. Die handvoll Dirigenten, die ständig um die Welt reisen, können in diesem Zusammenhang vernachlässigt werden, und selbst sie haben irgendwo ihre „homebase". Selbst neumediale Kunst zeigt noch das Kolorit des Eingabeortes ins Netz. Für die Markenbildung ist die Größe und Qualität dieser Kunstinstitutionen entscheidend. Christoph Stölzl, ehemaliger Kultursenator von Berlin, schreibt in einem aktuellen Gutachten für den Ballungsraum Rhein-Main:

> „Man verkennt das Schicksal von Metropolen, wenn man ihre Leistung zuerst daran mißt, wie weit sie die kulturellen Grundbedürfnisse ihrer Bewohner befriedigen. Als eine der ‚großen' Städte Europas und der Welt hat Frankfurt die Notwendigkeit, mitzuspielen in der Konkurrenz der ‚Global Cities' um Rang und Einfluß, Sichtbarkeit und unverwechselbare Botschaft. Ob einem diese Spielregeln gefallen oder nicht: Es verliert, wer als ‚große Stadt' den Ehrgeiz nach einem Stadtmythos aufgibt. Oder aber gar nicht begreift, daß große Städte ohne eine verbindliche Vorstellung von ihrer Einzigartigkeit verloren sind – mag ihre Infrastrukturpolitik noch so gediegen sein, mag eine wohlbetreute ‚Soziokultur' noch so viele Menschen mobilisieren. Seit es die ‚großen Städte' gibt, haben sie sich immer als Konkurrentinnen empfunden. Immer waren die Prestigekämpfe der Metropolen vom l'art pour l'art-Ehrbegriff der städtischen Eliten getrieben, seien sie nun höfisch oder bürgerlich-patrizischen Charakters gewesen. Einer Stadt anzugehören, die sich berühmt, ja weltberühmt nennen durfte, war und ist ein Teil Lebensqualität, die nicht in Geldsummen zu messen ist. Dazu kommt heute in dramatisch radikalisierter Weise der Kampf um Standortvorteile. Walter Rathenaus Wort vom Anfang des letzten Jahrhunderts: ‚Die Wirtschaft ist unser Schicksal' erweist sich in unserer Zeit als sybillinisch doppeldeutig. Denn das wirtschaftliche Schicksal hängt inzwischen in außerordentlichem Masse von kulturellen Faktoren wie dem Wissen und der kreativen Innovation ab." (Stölzl 2005: 9)

Kultur als Markenfaktor ist fraglos ein eigenes Thema von erheblicher Evidenz, allerdings ist das noch lange nicht im Bewußtsein von Politik und Wirtschaft wirklich angekommen. Kultur ist in Deutschland zum ganz überwiegenden Teil immer noch „Sonntagskultur", die man sich hin und wieder einmal „gönnt". Kultur ist dabei eine Langzeitinvestition, nicht von heute auf morgen zu installieren und in ihrer Relevanz empirisch nur schwer nachweisbar. Viele Festivalisierungen haben zu einem kurzen Feuerwerk der Aufmerksamkeit geführt und anschließend zu einer ebenso großen Katerstimmung im städtischen Haushalt. Auch lassen sich neue Institutionen nicht ohne ein vorgebildetes Publikum und eine bejahende Stadtgesellschaft, zur Not auch einer entsprechenden Stadtelite, verankern. Das Opernhaus in Dortmund ist daran gescheitert, die neue Pinakothek der Moderne in München hat hingegen genau diesen stadtgesellschaftlichen Rückhalt von Anfang an gehabt.

Zum Zwecke der Attraktivitätssteigerung des öffentlichen Raums sind neue und architektonisch gut gestaltete, ja vielleicht sogar spektakuläre Kulturinstitutionen ein steuerbares Instrument der Imagopflege. Das Guggenheim-Museum in Bilbao von Frank Gehry ist da gewiß ein besonders prominentes Beispiel. Die niederländischen Museumsbauten der 80er und 90er Jahre in Groningen, Rotterdam und Maastricht sind ein anderes. Auch Frankfurt am Main ist in den 80er Jahren durch sein Museumsufer eine solche Setzung gelungen, die das Profil der Stadt deutlich verbessert hat. Jedoch setzen solche Projekte erhebliche Investitions- und Folgekosten voraus. Welche deutsche Kommune aus eigenem Steueraufkommen heraus dazu gegenwärtig in der Lage ist, das wiederum ist mehr als fraglich.

3 Historizität

Europäische Städte verfügen zumeist über eine lange Geschichte, was nicht zuletzt durch den Zivilisationsschub des expansionsorientierten Römischen Reichs bedingt war. Römer als Verwerter vorderasiatischen und griechischen Wissens und entsprechender urbanistischer Erfahrungen haben die überwiegend keltischen Volksstämme in eine radikal neue Modernität transportiert, was indirekt auch auf Slawen und Germanen abfärbte. Das sich damit ausbreitende, nicht minder moderne Christentum tat ein übriges. Griechisch-römische Philosophie, Römisches Recht, christliche Ethik und lateinische Sprache haben in einem klimatisch und geographisch idealen Lebensraum zwischen Mittelmeer und Ostsee einen hochentwickelten Kultur- und Wirtschaftsraum entstehen lassen. Bis auf die wenigen städtischen Neugründungen der Industrialisierungszeit verfügen fast alle europäischen Großstädte über ein deutliches historisches Kolorit, das sich in Sprache, Traditionen und unterschiedlichen Architekturen ausdrückt. Soweit noch vorhanden, spielen dabei vor allem feudale und klerikale Manifestationen eine herausragende Rolle für das Stadtimago. Köln wäre auch heute ohne den Kölner Dom kaum denkbar, Berlin nicht ohne das Brandenburger Tor und München nicht ohne die Bauten der Wittelsbacher. Oft haben sich Bauten der Industrialisierung hinzugesellt. Der Eiffelturm in Paris, aber auch der Bahnhof von Paul Bonatz oder der Fernsehturm von Fritz Leonhardt in Stuttgart oder die bauindustrielle Skyline der Hochhäuser von Frankfurt am Main. Die wirklichen europäischen Großstädte London, Paris, Rom, Lissabon, Madrid, Barcelona, Wien, Prag, Budapest, Moskau und auch Berlin wären ohne ihre historischen „Wahrzeichen" nicht denkbar. Und nicht umsonst hat es das so arg von West wie Ost bedrängte Polen zu einer unübertroffenen Rekonstruktionstätigkeit gebracht. Das von den deutschen Besatzern gesprengte Warschauer Schloß wurde sogar im polnischen Sozialismus wieder aufgebaut, während die Glaubensgenossen im westlich gelegenen Ostberlin in dieser Angelegenheit beim eigenen Stadtschloß nun selbst zum Dynamit griffen.

Städte ohne ein entsprechendes architekturales Erbe haben es da bedeutend schwerer mit der Markenbildung. Das mag mit ein Grund für den jüngst zu beobachtenden Rekonstruktivismus sein, ob bei der Wiedererrichtung der alten Stadtbibliothek in Frankfurt, der Frauenkirche in Dresden oder bei der Diskussion über eben jenes Stadtschloß in Berlin.

Auch die Neue Welt baut auf ihre verkürzte Geschichtlichkeit. Für New York haben dabei noch immer die Freiheitsstatue und das Empire State Building, für Boston die „Altstadt" und für San Francisco die Golden Gate Bridge Gültigkeit. Selbst in China, Korea und Japan, die über einen völlig anderen Begriff des Originals verfügen, gibt es erste Ansätze zu einer Denkmalpflege. Nach der Modernismusphase der Sechziger Jahre in Europa und Amerika und der jüngsten Virtualitätseuphorie mit ihren jeweiligen Ernüchterungen gilt gebaute Geschichte heute wieder etwas. Inwieweit die neuen alten Bauten dabei dem Imago zuträglich sind, muß sich erst noch beweisen. Nicht zuletzt wird die künftige Nutzung eine entscheidende Rolle spielen. Die schon in den 80er Jahren in Frankfurt wieder aufgebaute Ostzeile hat außer ihrer optischen Komplettierung des Römerbergs durch die ausschließliche Vermietung an Touristenkneipen und Souvenirshops keinerlei städtische Relevanz erreicht und ist für die Frankfurter Bürger ein No-Place geblieben. Das mag für die, zukünftig durch das schon lange etablierte Literaturhaus genutzte ehemalige Stadtbibliothek anders ausgehen.

Über den Kölner Dom muß sich wohl auch in Zukunft niemand Gedanken machen. Solange die Kölner überwiegend katholisch bleiben, ist er zunächst einmal funktionales und funktionierendes Gotteshaus und erst in zweiter Linie Touristenattraktion. Anders verhält es sich mit vielen Bauten der Geschichte, die über keine ursprüngliche Nutzung mehr verfügen, sei es, daß kein Bedarf mehr besteht oder dieser woanders besser oder auch einfach nur billiger erfüllt werden kann. Im Zweifelsfall wird so etwas dann Museum. Das trifft heute etwa auf die meisten ehemaligen Feudalbauten zu, die dem demokratischen Staat zugefallen sind. Während Schlösser und Burgen einen neugierig machenden Hochkulturwert beanspruchen können, ist das bei den Zeugnissen des 19. und 20. Jahrhunderts schon sehr viel schwieriger. Als Industriestaat verfügen wir aber über zahlreiche Zeugnisse dieser, für unsere eigene Identität so wichtigen Epoche. Nun kann man nicht aus jedem überkommenen Industriebau ein Museum oder Kulturzentrum machen. Aber warum nutzen wir sie nicht adäquat für die Industrien der Gegenwart? Der Osten Deutschlands hat da im vergangenen Jahrzehnt viel verpaßt. Während in Westdeutschland in den 60er und 70er Jahren die Abrißbirnen herrschten, hat sich in Ostdeutschland vieles aus der Zeit der Industrialisierung erhalten. Wer aber heute in der Peripherie etwa Leipzigs unterwegs ist, findet wunderschöne Industriebauten der vorletzten Jahrhundertwende, die allesamt leer stehen und wenige Kilometer weiter außerhalb die scheußlichsten Gewerbeparks einer nicht zu unterbietenden Banalarchitektur. Es wäre für die Leipziger Stadtregierung ein Leichtes gewesen, hier die Ströme umzuleiten und steuerliche Anreize zu geben, die 100 Jahre alten Bauten neu zu beleben. Das hätte der „Marke Leipzig" eine Profilierung gegeben, die es im Westen eben nicht gibt. Solange sich aber die schäbigsten Neubauten steuerlich besser rechnen, als eine intelligente Nutzung des Alten, solange Banken ihr „Rating" an Vorstellungen ausrichten, die noch der Protomoderne angehören, weil modern eben nicht mehr heißt, eindimensional betriebswirtschaftlich die Rendite des möglichst kürzesten Zeitraums zu rechnen, solange wird es nichts werden mit einer Markenbildung. Deutschland befindet sich da momentan wohl eher in den Händen von notorisch Kurzsichtigen, denen jede Brille zu teuer ist.

4 Stadtgestalt

Die historische Gestaltung von Städten beruhte auf geo-klimatischen, politischen, religiösen, rechtlichen, ökonomischen und kulturellen Parametern. Die Römerstadt hatte eine klare Disposition verschiedener Funktionsbereiche und -bauten, die Mittelalterstädte bestanden aus Rechtsverbänden wie der Hanse, aus Rechtsübernahmen wie dem Magdeburger Stadtrecht, das bis nach Polen reichte, oder aus Filiationen wie bei den Zähringern. Bei aller Verwandtschaft entwickelten sich die Städte individuell unterschiedlich. Keine gotische Kathedrale ist mit einer anderen identisch, und selbst das europaweit vereinheitlichende Barock hatte noch mehr Differenz als Übereinstimmung.

Das änderte sich im industrialisierten 19. Jahrhundert, das auch ein industrialisiertes und standardisiertes Bauen mit sich brachte. Hinter der historistischen, mehr oder weniger beliebigen Fassade entstanden die sogenannten Gründerzeitbauten sowohl im Wohn- und Bürobereich als auch bei öffentlichen Bauten und im Industriebau. Noch mehr angeglichen hat dies die Architektur der Moderne, die sich selbst nicht zufällig als „International Style" definierte. Und noch viel mehr hat der Nachkriegsfunktionalismus zu einer bisher nicht gekannten Egalität der Stadtgestalt geführt. Die schon unter Albert Speer während des Nationalsozialismus entwickelte Typisierung und Normung für den geplanten Wiederaufbau nach dem Krieg wurde bruchlos nach 1945 umgesetzt. Der Architekt Ernst Neufert, ursprünglich Mitarbeiter von Walter Gropius am Bauhaus und später Hochschullehrer in Weimar und Darmstadt, wurde 1938 von Speer als „Beauftragter für Normungsfragen" ins Amt gesetzt. Seine 1936 verfaßte „Bauentwurfslehre" wurde (bis zur Gegenwart) zum Standardwerk und der Architekt selbst nach 1945 zum deutschen „Normenpapst" (vgl. Voegeli 2005).

Diese Mesalliance aus einer ursprünglich reformerischen Moderne und deutscher Normung und Rationalisierung führte zu jenem von Heinrich Klotz zu Recht so bezeichneten „Bauwirtschaftsfunktionalismus", der die bombenzerstörten Städte zu einer nie gekannten Gleichheit verschmolz. Die seit den 60er Jahren omnipräsenten Fußgängerzonen taten ein Übriges. Die Präsenz der immer gleichen Kaufhauskonzerne mit ihrer jeweiligen „Markenarchitektur" aus strukturierten Blendfassaden führt sowohl zu Maßstabsverschiebungen im architektonischen Stadtraum als auch zu einem nicht mehr unterscheidbaren Einheitsraum. Das Kaufhaus Horten hat in Deutschland diese Strukturfassaden, die sich an einen Entwurf von Egon Eiermann anlehnten, in den 60er und 70er Jahren bundesweit plaziert, und alle anderen sind ihm gefolgt.

Noch einen Schritt weiter gehen die seit den 60er Jahren auch in Europa entstehenden Malls und Einkaufszentren auf der Grünen Wiese, denen kaum noch eine eigene gestalterische Identität zugrunde liegt. Die Diskussion über die sogenannte Postmoderne hat seit den 80er Jahren versucht, solche Identitäten im Bestand wieder herzustellen. Mit bescheidenem Erfolg und nur wenigen gelungenen Beispielen ist dieser durchaus aufrichtige Versuch zu einer Wiedergewinnung der ganzen Moderne überwiegend in einen Dekorationsillusionismus abgeglitten. Das „CentrO" in Oberhausen spricht mehr die Sprache von Disneyland als diejenige der europäischen Stadttradition: „Hier wird die nahe Gegenwart der Postmoderne schon von ihrer eigenen Karikatur überholt".[2]

---

[2] Yorck Förster im Katalog Schneider/Nerdinger/Wang 2000: 218.

Einkaufszentren sind bei den international tätigen Immobiliengesellschaften längst zu den Favoriten geworden. Wie die Schweizer UBS-Bank im Frühjahr 2005 ermittelte, haben die entsprechenden Immobilienaktien in den zwei Vorjahren durchschnittlich 30 Prozent Jahresrendite erzielt und befinden sich in einer weltweiten Fusions- und Übernahmewelle.[3] Der amerikanische Immobilienkonzern Simon Property verfügt durch Aufkäufe weltweit über mehr als 300 Einkaufszentren und macht über eine Milliarde US $ Mietumsatz. Die Kommunen stehen diesen Mega-Investoren hilflos gegenüber. Bei einem dichten Autobahnnetz, wie es in Deutschland besteht, können Standorte ohne Probleme auch auf dem Gebiet der Nachbarkommune angelegt werden. Und welche Stadt kann sich einen derartigen Gewerbesteuerzahler entgehen lassen? Gestaltungseinfluß haben die städtischen Planungsämter auf diese halböffentlichen Räume kaum noch.

5 Public Design als Instrument des Stadtimagos

In den Innenstädten ist eine echte Gestaltungsmöglichkeit kaum noch gegeben. Unsere Städte sind durch- und meist sogar übermöbliert. Wer also durch Stadtmöbel gestalten will, der muß zunächst einmal Bestehendes wegnehmen und dieses vor allen Dingen auch legitimieren. Die Möblierung richtet sich dabei nach dem momentan bekannten Bedarf: *Sitzen, Warten, Beleuchtung, Wetterschutz, Automaten, Wegweisung, Zeitangabe, Abfallentsorgung*. Das ist zusammengenommen nicht wenig und könnte einen ähnlichen Stellenwert besitzen wie die Architektur, wenn man es denn konsequent als Imago einsetzen würde. Weniger ein spektakuläres Marketingdenken sollte dabei jedoch im Vordergrund stehen, als vielmehr ein gelassenes Handeln im Einfachen und Klaren. Hier könnte er noch gelten, der alte Satz der Moderne von Mies van der Rohe: „less is more."

Nehmen wir den Bereich der Abfallentsorgung als Beispiel, um die Imagotauglichkeit des Public Design zu überprüfen. Abfallkörbe bilden einen gewissen zivilisatorischen Fortschritt, nachdem die akuten Abfälle Jahrhunderte lang auf die Straße geworfen wurden. Neben der optischen und Geruchs-Problematik entstand dadurch auch eine erhebliche hygienische. Das ausgehende 19. Jahrhundert hat hier neue Standards gesetzt.

Für den großen Müll gibt es die Kanalisation und die Müllabfuhr und für den kleinen Alltagsmüll der Passanten gibt es den Papierkorb. Seit dem spektakulären Bericht des Club of Rome 1969 und der Ökologiebewegung seit den 70er Jahre hat das Thema dabei eine neue Bewertung gefunden. Der schonende

[3] Vgl. den Artikel „Eine Fusionswelle läuft rund um den Globus", in: Frankfurter Allgemeine Zeitung vom 6.05.2005.

Umgang mit unserer Umwelt hat mittlerweile weltweit bei allen großen politischen Parteien einen hohen Stellenwert. Doch über das Design und die kommunale „Markenpotenz" des städtischen Papierkorbs hat sich noch keiner wirklich Gedanken gemacht. Formen gibt es reichlich, doch 99 Prozent dieser real existierenden Stadtmöbel sind mehr als unzureichend (vgl. zur Phänomenologie Martini 2000). Dazu ein Blick auf folgende Beispiele:

Der europäische Einheits-Plastikkorb
Für € 123 bei Großabnahme auch für die Hälfte, gibt es den Abfallbehälter aus Polyäthylen: billig, bedruckbar und leicht. Jedes Feuerchen im Inneren macht ihn allerdings zu einer Skulptur von Cesar. Sein Identitätsfaktor ist gering, weil überall gleich. Dennoch kommt er wegen seiner niedrigen Kosten immer wieder zum Einsatz. Er symbolisiert die Einfallslosigkeit eines jeden Public Design.

Der Londoner City-Korb
Dieser Papierkorb spiegelt eine jahrhundertealte Tradition auch bei der Abfallsammlung vor, was den Engländern sofort jeder glaubt. Historistische Guß- und Blechplatten geben den Passanten das Gefühl, daß ein Londoner Papierkorb eine Institution sein könnte oder sogar schon immer eine war. Allein die billigen Pop-Nieten auf der Oberfläche stören ein wenig die Wertigkeit. Ansonsten ist dieses Papierkorb-Ungetüm ein erstklassiges Instrument zur kommunalen Imagobildung, das darüber hinaus auch noch funktionalen Ansprüchen genügt. Hier gibt es keine waagerechten Flächen auf denen Bananenschalen oder Zigarettenkippen abgelegt werden könnten. London ist auch im weiteren Public Design die zur Zeit führende Großstadt, die einen überzeugenden Mix aus Tradition und Modernität bereithält.

Der Pariser Park-Korb

Vielleicht der genialste Papierkorb überhaupt. Die trompetenförmige Öffnung erhöht die Treffergenauigkeit, und der eingestellte Eimer ist das nicht zu überbietende Sammelgefäß. Die Architektur aus verschweißten Stäben und Bändern sorgt für größtmögliche Transparenz und Leichtigkeit, und man kann weder Zigarettenkippen noch Bananenschalen falsch ablegen. Dieser Korb hat eine hohe skulpturale Qualität und bietet zusammen mit der feingliedrigen französischen Lattenbank ein unübertroffenes Ensemble. In Schweden findet sich eine etwas plumpe Kopie dieses klassischen Papierkorbs. Weil diese Parkkörbe so schön sind, scheint die Pariser Stadtverwaltung für den Rest der Stadt keinerlei Gestaltungsehrgeiz mehr zu besitzen. An den Straßen der Arrondissements findet sich immer öfter ein schlichter Halter für Plastiksäcke.

Der Zürichsee-Korb

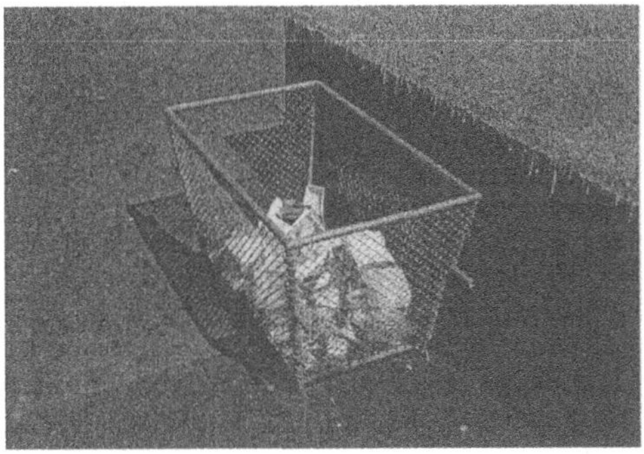

Die Schweiz ist nun einmal calvinistisch. Und genau so sind die Papierkörbe, die rund um den Zürichsee aufgestellt sind: eine rhombische Rohrkonstruktion, mit Hasendraht umspannt und zwei Griffen auf jeder Seite. So funktionalistisch ehrlich stellt man sich die Schweiz vor. Hier gibt es nichts zu verstecken, hier ist selbst der Abfall gesellschaftlich transparent. Und die Tragegriffe symbolisieren, daß am Abend jemand kommen wird, der den Müll abräumt. Gäbe es eine Goldmedaille für den authentischsten Abfallkorb, die Schweiz hätte sie verdient.

Die Beispiele zeigen, daß mit Public Design durchaus zur Imagobildung von Städten beigetragen werden kann. Eine wirklich überzeugende Parkbank, eine originelle Leuchte oder auch ein stimmiger Papierkorb könnten auf jedem Touristenfoto signalisieren, wo man gewesen ist. Doch spielen derartige Überlegungen in der Wirklichkeit kaum eine Rolle. Entscheidungen werden alleine nach Kostenüberlegungen und nach dem Geschmack von zumeist mäßig informierten Beamten und von noch weniger informierten politischen Ausschußmitgliedern getroffen. Das Damokles-Schwert ist dabei der Kompromiß, der kleinste gemeinsame Nenner, der dann auch so aussieht. Weil aber schon alles vorhanden ist, wird eine Neugestaltung zumeist gleich ganz abgelehnt. Die zuständigen Ämter kaufen im Ersatz- oder Erweiterungsfall nach dem Katalog der wenigen Hersteller und interessieren sich mehr für Vandalismussicherheit und Lagerhaltungskosten als für Ästhetik und Unverwechselbarkeit. Nicht weniger zielführend sind, ob nun öffentlich oder privat, ambitionierte Stadtverschönerer, die möglichst gestylte Produkte, vornehmlich aus Edelstahl, in den Stadtraum bringen. Ob futuristischer Fahrradständer oder avantgardistische Alu-Bank, all diese gutgemeinten Versuche verhindern mehr, als daß sie nutzen. Alle basteln ein bißchen am Public Design herum und keiner fühlt sich richtig verantwortlich. Und wo keine Nachfrage ist, da gibt es auch kein Angebot von Seiten der Designer und Hersteller. Das funktioniert so einfach, wie die Marktwirtschaft eben funktioniert.

Als Frage bleibt, ob der öffentliche Raum heute noch die Bedürfnisse von Öffentlichkeit erfüllt. Unsere Plätze und Straßen sind überfunktionalisiert, ohne in sich noch eine selbstverständliche Gelassenheit und Schönheit zu besitzen. Friedrich Nietzsche forderte dies schon im 19. Jahrhundert unter dem Stichwort einer „Architektur der Erkennenden“ ein:

> „Es bedarf einmal und wahrscheinlich bald einmal der Einsicht, was vor allem unseren großen Städten fehlt: stille und weite, weitgedehnte Orte zum Nachdenken, Orte mit hochräumigen langen Hallengängen für schlechtes oder allzu sonniges Wetter, wohin kein Geräusch der Wagen und der Ausrufer dringt. (...) Bauwerke und Anlagen, welche als Ganzes die Erhabenheit des Sich-Besinnens und Bei-Seitegehens ausdrücken. (...) Wir wollen uns in Stein und Pflanze übersetzt haben, wir wollen in uns spazieren gehen, wenn wir in diesen Hallen und Gärten wandeln.“ (Nietzsche 2000: 184f.)

Heutiges Public Design aber will meist irgendwie originell sein, ohne sich aus dem genius loci zu definieren. Eigentlich dürfte es gar keine Sitzbänke- und Leuchtenhersteller mehr geben, denn jede Stadt müßte unter Markengesichtspunkten ihre eigene Lösung finden und nur für sich selbst herstellen lassen. Aufgrund der Menge solcher Produkte, die in einer großen Stadt notwendig sind, würde sich eine eigene Serienfertigung aber durchaus lohnen. Um diesen Prozeß umzusetzen, bedürfte es entsprechender Public Design Management-Unternehmen, die den Bedarf ermitteln, Designer einbinden, die geeigneten Hersteller finden und vor allem die komplizierten Abstimmungsprozesse begleiten. Gefragt ist in der Tat eine Kultur der Einfachheit und Selbstverständlichkeit.

6 Tarzan im Vorschriftendschungel

Es ist tatsächlich schon vorgekommen, daß in einem deutschen Stadtplanungsausschuß von einer politischen Fraktion der Einbau von Bodenflutern auf einer Parkplatzfläche mit dem Argument abgelehnt wurde, daß sich die Ameisen dort die Füße verbrennen könnten. Was Außenstehenden als Absurdität erscheinen mag, ist das tägliche Geschäft der Städteplaner und bezeichnet exakt die Höhe der politischen Debattenkultur in Sachen öffentlicher Raum. Im Verlaufe unserer parlamentarischen Demokratie hat sich ein Beschlußlagenberg aufgetürmt, der eigentlich jegliches Handeln ausschließt, wenn man denn jeden Beschluß berücksichtigen würde. Das Streben nach Gleichheit und Gerechtigkeit führt zu einem Zustand des „Nichts geht mehr", den wir schon lange erreicht haben. Wer aber gestaltet dann noch öffentlichen Raum hin zu neuen Ideen und neuen Formen? Am einfachsten die Illegalen. Graffitis und Vandalismus fragen nicht nach der Beschlußlage, sondern machen sich ans meist nächtliche Werk. Ihr Einfluß auf die Stadtgestaltung ist dabei nicht unerheblich und kaum oder nur mit erheblicher Verspätung reversibel. Zerstörungen oder illegale Veränderungen bilden also ein nicht zu unterschätzendes Element des stadträumlichen Imagos. Allein der Grad der Zerstörungen läßt auf den Zustand einer Stadtgesellschaft schließen.

Den Gegenpol bildet die Gesetzeslage vom Grundgesetz über Ordnungs- und Baurecht bis hin zur Straßenverkehrsordnung. Das sind in langer Abstimmung demokratisch entstandene Rahmenvorgaben, die eine Kommune nicht ändern kann. Daher sind sie für eine Veränderung des öffentlichen Raums oft ein Hindernis. Nehmen wir die Straßenverkehrsordnung als Beispiel. Die Regelung über Halteverbote erfolgte zu einer Zeit, als der Autoverkehr noch nicht sonderlich dicht war, an den meisten Stellen geparkt werden konnte und nur einige nicht geeignete Stellen mit einem Schild gekennzeichnet werden mußten. Heute ist die Situation genau umgekehrt, und folglich sind unsere Straßenränder mit Halteverbotsschildern übersät. Was wäre einfacher, als die Regel ebenfalls umzudrehen und nur noch die Parkflächen zu kennzeichnen? Hinzu kommt, daß in Deutschland gerne doppelt und dreifach beschildert wird, was zu eben jenem Schilderwald führt, der keinerlei ortsspezifische Markenfähigkeit hat, da die Form der Schilder nun einmal international festgelegt und gleich ist. Jeder Schilderplaner wird dabei auch von der Sorge geleitet, daß ein fehlendes Vorsichtsschild gleich zur Klage möglicher Unfallopfer gegen die Kommune führen kann. Die Rechtsschutzversicherungen und ein Überangebot an Rechtsanwälten tragen hier zur Enthemmung bei.

Unterhalb der Gesetzeslage gibt es die schon angesprochenen Beschlußlagen der Kommunen. Es wäre für jede Stadtregierung eine Herkulesleistung, hier für ein gewisses Aufräumen zu sorgen. Dazu hat man aber in der Wahlperiode kaum Zeit, kann damit nicht nach außen punkten, handelt sich vielmehr jede Menge Ärger mit den ehemaligen Veranlassern ein und wird sich daher dazu entschließen, lieber noch ein paar eigene neue Beschlüsse hinzuzufügen.

Unsere Gremiendemokratie führt dazu, daß es eine große Anzahl an Ausschüssen gibt, die mit zahlreichen gewählten Volksvertretern besetzt sind. Im Rahmen einer gut gemeinten Bürgerbeteiligung wurden in den 70er Jahren zudem Stadtteilparlamente eingerichtet und mit einer umfangreichen Zustimmungspflicht für den öffentlichen Raum versehen. Das macht den ‚kleinsten gemeinsamen Nenner' noch kleiner, und es führt zu einer weiteren Privatnutzung des öffentlichen Raums. Gerade in Deutschland sucht man das kommunale Wohlergehen im Stadtteil dabei in einer möglichst großen Anzahl von Nachbarschafts- und Straßenfesten, in populären Brunnen und in öffentlichen Kinderspielplätzen, in einer ständigen Forderung nach Komplettbeschilderung auch noch so kleiner Sehenswürdigkeiten und historischer Orte, in Gedenktafeln und möglichst vielen Wegweisern. Richard Sennett (1986) hat auf die Kehrseite dieser „Tyrannei der Intimität" als Verlust einer zivilisatorischen Handlungsfähigkeit und öffentlichen Kultur hingewiesen.

Avantgardistische Setzungen im öffentlichen Raum sind damit weitgehend unmöglich geworden. Eine Gestaltungsfähigkeit wie in der Ära des Frankfurter Stadtbaumeisters Ernst May im Frankfurt der 20er Jahre ist heute jenseits alles Vorstellbaren. Von 1925 bis 1933 hatte man keinen geringeren Vorsatz, als die noch mittelalterlich strukturierte Stadt an die Vorstellungen der Moderne anzupassen. Dieses Totaldesign aus Stadtplanung, Architektur, Wohnungsausstattung, öffentlicher Werbegestaltung, Beschilderung und Public Design war dabei von hoher Detailqualität, aber auch von doktrinärer Ausschließlichkeit. Auch hier wird man von einer Lyotard'schen Metaerzählung sprechen müssen, deren Kehrseite Zwang und Unterdrückung hieß. Wenn auch unter anderer Zielrichtung und in anderen Gestaltungsformen, konnte der nationalsozialistische Städtebau nahtlos daran anschließen. Die Entwicklung zu einer antiautoritären und basisdemokratischen Stadtgestaltung ist also gerade in Deutschland durchaus nachvollziehbar. Nichtsdestotrotz wird eine geplante städtische Markenbildung dadurch unmöglich gemacht.

7 Public Player

Die Gestaltung des öffentlichen Raums wird bei weitem nicht nur von den städtischen Planern bestimmt. Das ist auch gut so, andererseits lebten wir in autoritären Verhältnissen, wie sie der Faschismus oder der Stalinismus vorgemacht haben oder wie es heute noch in Pjöngjang praktiziert wird. Gemeinhin gilt die

Vorstellung, daß die öffentliche Hand die Rahmenvorgaben in Form von Bebauungsvorschriften, Satzungen und Genehmigungspflichtigkeiten vorgibt. Brisant wird es aber immer erst im konkreten Fall einer Hinzufügung oder Wegnahme. Jeder Planer hat dabei die Erfahrung gemacht, daß Neues von einer desperaten Öffentlichkeit grundsätzlich erst einmal abgelehnt wird. Es gibt einen umfassenden Konservativismus allen Veränderungen des Öffentlichen gegenüber. Darüber hinaus herrscht das St. Florians Prinzip, Neuerungen, selbst wenn sie sich fraglos als Positivum darstellen, grundsätzlich auf den benachbarten Stadtteil verschieben zu wollen. Ein derartiges Beharren am Status quo läßt sich argumentativ immer nur schwer verändern.

Eine bedeutende Rolle spielen dabei die Medien: die Lokalredaktionen der Tageszeitungen, Stadtmagazine, regionalen Fernsehprogramme und Internetforen. Neben der eigenen Haltung der Redakteure wirken die Publikationen dabei auch als Verstärker einzelner Meinungen und Gruppen. Gerade Zeitungen, deren Auflagenhöhe (und damit die Anzeigenpreise als wirtschaftliche Grundlage) sich nach dem Zuspruch der Käufer richtet, haben einen Hang zum Populären, und zwar völlig unabhängig von ihrer allgemeinen politischen Ausrichtung. Jede Zeitung versteht sich dabei als Anwältin des Bürgers. Und gerade Planungen für den öffentlichen Raum stehen fast immer im Fokus der Berichterstattungen. Daß diese Berichtslage eine erhebliche Rückwirkung auf die kommunalen Parlamentarier hat, liegt auf der Hand. Viele Stadtpolitiker widmen daher ihren eigenen Presseabteilungen mehr Aufmerksamkeit als ihren Fachämtern: Überzeugung nicht mehr durch Leistung, sondern durch eine möglichst geschickte Medienpräsenz.

Wie global selbst die lokale Medienberichterstattung inzwischen geworden ist, zeigt folgendes Beispiel. Die Frankfurter Buchmesse lädt jährlich ein sogenanntes Schwerpunktland zur Präsentation auf der Messe und in der Stadt ein. Diese Veranstaltung hat sich als effiziente Marketingmaßnahme nicht nur für die jeweilige Landesliteratur, sondern ganz allgemein für das Landesimage erwiesen. Die oft Hunderte von Lesungen, Vorträgen, Diskussionen, Ausstellungen, Konzerten und Theatervorführungen zielen dabei nicht nur auf das Frankfurter Publikum, sondern auch auf die etwa 10.000 Journalisten aus aller Welt, die bei der Buchmesse akkreditiert sind und entsprechend global berichten. Eine Großveranstaltung, die sich die jeweiligen Kulturministerien mindestens 2 bis 3 Millionen Euro kosten lassen. Das Schwerpunktland 2005, Südkorea, hat sich dabei als besondere Geste die Schenkung eines Koreanischen Gartens an die Stadt Frankfurt einfallen lassen, nicht zuletzt befindet sich im Rhein-Main-Gebiet die größte koreanische Gemeinde Deutschlands. Was von der Stadtpolitik und den beteiligten Ämtern als Bereicherung angesehen wurde, fand in der Bürgeranhörung des Stadtteilparlaments wie stets auch seine Gegner. Die Berichterstattung in der Frankfurter Regionalpresse wurde von den Kollegen in Seoul sofort zum Skandal gegen das nationale Vorbereitungskomitee hochgespielt. Man empfand die Ablehnung durch einzelne Frankfurter Bürger als Affront und Gesichtsverlust Koreas. Der Frankfurter Lokalteil wäre vor wenigen Jahren wohl kaum bis Seoul gelangt. In Zeiten des Internet ist das anders. Jede Zeitung gibt es als Onlineausgabe, die noch am selben Tag mit jeder Meldung weltweit verfügbar ist. Was aber von den heimischen Lesern und Politikern noch bewertbar ist, kann auf der anderen Seite der Welt wegen der fehlenden Kontextualisierung ganz anders gesehen werden. Wir verfügen über eine Unzahl an Primärinformationen, aber wir verfügen nicht immer über die Möglichkeit, diese Informationen auch stets angemessen zu gewichten. Aufgrund der raschen Beschlußfassung durch die Institutionen der Stadt und der damit hergestellten Faktizität gegenüber den Schenkenden wird der koreanische Garten in Frankfurt wohl entstehen, eine nur kurzzeitige Verzögerung hätte das ganze Projekt aber auch problemlos scheitern lassen können.

Bürgerinitiativen und Nachbarschaftsklagen bilden ein zusätzliches Feld gestalterischer Handlungsverhinderung. Was Gremien und Verordnungen nicht besorgt haben, das wird nicht selten zum Opfer gut gemeinter Bürgerinitiativen, die über die Medien und die Judikative agieren. Wer aber wollte etwas gegen Bürgerinitiativen in der gerade wieder eingeforderten „Bürgergesellschaft"[4] sagen?

Ein weiterer Player im öffentlichen Raum sind die privaten Eigentümer der Liegenschaften und die privaten Unternehmen. Letztere haben immer ein starkes Bedürfnis nach Verortung und Präsenz. Jeder, der die Konsumenten erreichen will, muß auf sich aufmerksam machen. Das war schon immer so. Früher durch kleine Schilder oder auch durch die Schenkung von Brunnen und Denkmälern, dann durch Neonreklame und heute durch metergroße Banner, die ganze Hausfassaden bedecken. Was sich einst nur ganz große Unternehmen erlauben konnten, kann aufgrund neuester Druckertechniken heute jeder Bäcker über sein Geschäft hängen, zumal es den Einzelbäcker kaum noch gibt und die Backwarenindustrie über die entsprechenden Möglichkeiten mehr als verfügt. Die kommunalen Ordnungsämter versuchen diese Flut der Megaplakate einzudämmen, was sich aber oft nach dem Märchen von Hase und Igel gestaltet. Andererseits halten sich die Kommunen bei der werblichen Betonung der öffentlichen Bauten wie Museen und Theater ängstlich zurück, um den Privaten keine Präzedenzfälle zu liefern. Der Hang zur gerichtlichen Klage auf Gleichbehandlung ist auch hier mittlerweile unübersehbar und oft erfolgreich.

Allein in der Schweiz scheint man noch auf eine ordnende Kraft zu bauen. Der Architekt Hans Ulrich Imesch, zu Beginn der 90er Jahre Mitarbeiter der Züricher Bauverwaltung, hat „ein Regelwerk entwickelt, das das Plakat als Teil des Städte-

---

[4] Die sogenannte Bürgergesellschaft ist ein beliebtes Schlagwort der Politik, wenn es darum geht, öffentliche (Finanz-) Verantwortung auf private Stifter und Sponsoren zu verlagern.

baus verstanden wissen will."[5] Mittlerweile als eigenes „Institut für Ganzheitliche Gestaltung IGGZ", hat Imesch für 120 Schweizer Gemeinden die Verträge mit Plakatgesellschaften neu gestaltet und die Plakatierungsorte festgelegt. Ein externes Management im Auftrag der Kommune hat sich hier bewährt.

Wer als Unternehmen über ein wenig mehr Geld verfügt, organisiert seine Werbung als Kunst, was nicht grundsätzlich schlecht sein muß, aber auch nicht immer zur Markenbildung der Kommune beiträgt. Im Bereich der Kunst im öffentlichen Raum haben sich international ein paar Dutzend Künstler durchgesetzt, auf die immer wieder gerne zurückgegriffen wird.[6] Auch hier bleibt es einer Kommune nicht erspart, eigene Kompetenz aufzubauen oder entsprechend einzukaufen, wenn sie Kunst als typisch veranlassen oder genehmigen will. Ein nicht ganz leichter Prozeß, denn welcher Politiker möchte (und kann) schon einen Investor (und künftigen Gewerbesteuerzahler) verschrecken, der sein Kunstengagement doch so gut gemeint hat.

Die Masse der Marken im öffentlichen Raum wird so zum Tod der Marke Stadt. Der gegenwärtige Hang zur Fusionierung und Globalisierung verstärkt die Mega-Marken auf Kosten regionaler Marken und regionaler Eigenheiten. Wer heute nicht nur über die Einkaufsstraßen, sondern ganz allgemein durch unsere Großstädte geht, wird immer und überall die gleichen Markenlogos von Unternehmen antreffen.

8 Wege aus der Agonie

Kommunale Markenbildung wird heute zumeist durch die Fremdenverkehrsämter oder städtischen Congress GmbHs versucht. Ein Gang über die Internationale Tourismus Börse in Berlin zeigt eine Flut von Selbstbespiegelungen, die noch aus dem mickrigsten Stadttörchen Identität zu saugen suchen. Allein durch Werbung und Marketing wird sich die Markenqualität allerdings nicht weiter ausbauen lassen.

Städtische Marken können sich nur über ein erfüllbares Leistungsversprechen etablieren. Wirkliche Großstädte sind da außen vor, denn sie bilden zumeist ein Konglomerat jahrhundertealter Traditionen und Qualitäten, die bis heute wirken, und sie verfügen über die alten und die neuen Großinstitutionen der Kultur. Interessant ist dabei, wie solche Megastädte aufgrund von politischen

---

[5] Köbi Gantenbei im Vorwort der Beilage „Das Plakat als ein Stück Stadt" zur Zeitschrift Hochparterre, Nr. 5, Zürich 2004. Das gesamte Heft widmet sich der Tätigkeit von Hans Ulrich Imesch in der Schweiz.

[6] Vgl. dazu das Kapitel Gartenzwerge für Milliardäre, in: Klemp 2004.

und wirtschaftlichen Veränderungen zu einem Imagewandel in der Lage sind. Peking, Moskau, Kalkutta oder auch Berlin sind da Beispiele.

Die mögliche Markenqualität einer Stadt definiert sich selbstverständlich nicht nur aus dem öffentlichen Raum. Die Attraktivität einer Stadt bestimmt sich stichwortartig aus ihrer geoklimatischen Disposition, ihrer Verkehrslage und Grundrißqualität, der bestehenden Architektur, der Umweltqualität, der Infrastruktur, den Sozialstrukturen, der Arbeitsintensität, der Kommunikationskultur und der Verwaltungseffizienz; sie bestimmt sich ferner nach dem Kultur-, Bildungs- und Freizeitangebot, nach der Akzeptanzfähigkeit von Innovationen, nach der Mentalität ihrer Bewohner, nach der Kriminalitätsrate und nach ihrer Fähigkeit zur Clusterbildung. Diese unvollständige Aufzählung deutet an, daß bei Kommunen ein Komplexitätsgrad der Parameter vorliegt, der eine systematische, gesteuerte Markenbildung nicht zuläßt und gar nicht zulassen kann. Hinzu kommt, wie gezeigt, daß eine Stadt nicht nach Managementstrukturen eines Unternehmens, sondern nach den Regeln demokratischer Entscheidungsprozesse gesteuert wird. Einer „Integrierten Kommunikation" oder einer qualitativen Homogenität des Unternehmens, wie sie Markenspezialisten einfordern, steht der Diskurs des Öffentlichen, der sich nicht nur als Konsens, sondern auch als Dissens äußert, entgegen. Es wäre daher angemessener, nicht von einer Stadtmarke, sondern von einem Stadtimago, also von einem Stadtbild zu sprechen. Dieses Imago seitens der Stadtregierungen positiv zu beeinflussen (nicht zu bestimmen), sollten folgende Bereiche in Betracht gezogen werden:

- Primat einer fachlichen Kompetenzbildung innerhalb der städtischen Administration,
- die Delegation von Entscheidungskompetenzen an sehr viel selbständigere städtische Institutionen mittels contract-management und einer deutlichen Reduzierung von Gremien,
- eine Bereinigung und Klärung städtischer Beschlußlagen,
- Aufbau einer Mediationskultur zwischen Experten einerseits und Politikern/Öffentlichkeit andererseits,
- Professionalisierung von Findungs- und Umsetzungsprozessen auch durch die Einbindung von externen Managementunternehmen.

Vielleicht eröffnet sich hier auch ein neues, inter- und intradisziplinäres Forschungs- und Handlungsfeld zur Umsetzung von kommunalen Imagostrategien. Viele Fakultäten arbeiten über die Stadt: die Stadtsoziologie, die Politik- und Finanzwissenschaften, die Stadtplanung, die Architekten und die Kunst- und Kulturwissenschaften, nicht zu vergessen die Kunstakademien, die Literaturwissenschaftler (Literatur der Großstadt) und auch die Genderforschung. Zwischen diesen akademischen Interessen und der Praxis der Stadtverwaltungen klafft aber eine große Lücke. Für den Bereich des öffentlichen Raums, dem beim Stadtimago eine zentrale Rolle zufällt, wäre die Konstituierung eines institutionellen Projektmanagements als Schnittstelle zwischen Stadtöffentlichkeit, Stadtpolitik und städtischen Ämtern einerseits und Forschungseinrichtungen und Auftragnehmern andererseits mehr als überlegenswert.

Bildlegenden

Korb 1 (Lago di Garda): Der europäische Billigpapierkorb findet sich an den No-Places ehemaliger Industrieregionen bis zum noblen Lago di Garda. Sein Identitätspotential ist mehr als gering. Foto: Autor.

Korb 2 (London): Das Londoner Public Design setzt auf Tradition und Moderne gleichzeitig. Vor allem die Tradition, auch wenn sie einmal im Nachhinein konstruiert sein sollte, trägt zum Markenwert Londons bei. Foto: Autor.

Korb 3 (Paris): Ein Abfallkorb mit skulpturaler Qualität ist der Korb in den Pariser Stadtparks. Auch hier zeigt sich ein stimmiges Markenprofil. Foto: Autor.

Korb 4 (Zürich): Einen Korb als ins Bild gesetzten Calvinismus besitzt die Stadt Zürich und hat darin ein perfektes Element ihrer Stadtmarke. Foto: Autor.

Literatur

Klemp, Klaus (2004), Papierkorb trifft Hochhaus, Frankfurt/M.

Martini, Alexandra (2000), Litter only, Köln.

Nietzsche, Friedrich (2000), Die fröhliche Wissenschaft, Viertes Buch, 280, Erstausgabe 1882, Stuttgart.

Schneider, Romana/Winfried Nerdinger/,Wilfried Wang (Hg.) (2000), Architektur im 20. Jahrhundert. Deutschland, Katalog zur gleichnamigen Ausstellung im Deutschen Architekturmuseum Frankfurt am Main, München.

Sennett, Richard (1986), Verfall und Ende des öffentlichen Lebens. Die Tyrannei der Intimität, Frankfurt/M.

Stölzl, Christoph (2005), Landschaft mit Leuchttürmen. Gutachten zur inhaltlichen Neupositionierung des Kulturraums Rhein-Main, erstellt im Auftrag der Hessischen Landesregierung, Mai 2005, Quelle: http://www.hessen.de.

Voegeli, Peter (2005), Die Chefdekorateure der Macht, in: Frankfurter Allgemeine Zeitung vom 30.04.2005.

Soziokultur als Marke?

Chancen und Risiken des Non-Profit-Branding

Kai-Uwe Hellmann

Seit längerem schon sehen sich Organisationen im Non-Profit-Sektor, kurz NPOs, genötigt, ihre Anstrengungen in Sachen *Social Marketing* zu verstärken.[1] Inzwischen ist sogar eine Entwicklung eingetreten, die zunehmend mehr NPOs dazu führt, sich nicht nur mit den Techniken und Instrumenten des Non-Profit-Marketing anzufreunden, sondern die Teleologie jeder Marketingmaßnahme, nämlich Markenbildung, für sich in Erwägung zu ziehen. Offenbar macht diese Entwicklung vor keiner NPO Halt. Denn Non-Profit-Branding verspricht Vorteile.

> „Branding can yield similar benefits to nonprofit organisations. A strong brand communicates a clear sense of what the organization does and what it represents. It increases audience awareness (audience may include consumes of the non-profit, suppliers, potential employees, donors/financiers), creates higher perceived and real value, augments loyalty, increases the likelihood for successful new product and service offerings, and creates a sense of shared values and vision for employees. Thus, not only will a string brand help distinguish a nonprofit, but it can also help attract grants, individual donors, corporate partners, and sponsors." (o.V. 2001)

Von daher liegt es nahe, auch Organisationen aus dem Kulturbereich daraufhin zu untersuchen. Hierzu gehören Theater, Opern, Konzertsäle, Museen, aber auch Volkshochschulen, Festivals, Musikclubs, Galerien sowie soziokulturelle Zentren, die es überall in Deutschland gibt und die eine große Nachfrage seitens der Bevölkerung erfahren. Genau diesen soziokulturellen Zentren wird sich der folgende Beitrag widmen, und zwar unter der Fragestellung, ob „Soziokultur" als Selbstbezeichnung und Einheitsformel bezüglich jener Zentren, die der „Bundesvereinigung soziokultureller Zentren" mit Sitz in Berlin angehören, für diese eine Marke ist, eine werden sollte oder überhaupt werden kann. Dazu wird in einem ersten Schritt die Bedeutung von Marken für NPOs kurz dargelegt, um

---

[1] Vgl. Holscher 1978; Kotler/Roberto 1991; Hannagan 1992; Caritasverband der Erzdiözese München und Freising 1997; Müllerleihe 1998; Andreasen 2003.

anschließend die Markt- und Markentauglichkeit soziokultureller Zentren als „Dachmarke“ zu diskutieren.

1 Non-Profit-Branding im Kulturbereich

Die Verbreitung des Non-Profit-Branding gleicht dem Verhalten von Kulturfolgern: Wo immer Marketing zur Anwendung kommt, tauchen früher oder später auch Marken auf. Vergegenwärtigt man sich die Verbreitung des Marketing in den letzten Jahrzehnten, können mehrere Phasen unterschieden werden, in denen das Marketing Bereiche, die dem rein ökonomischen Profitdenken immer ferner lagen, peu à peu für sich erobern konnte und dort Fuß gefaßt hat, und ein Gleiches widerfuhr den Marken mit einem gewissen „time lag“. Konzeptionell läßt sich diese Entwicklung in ein Ablaufschema bringen, das idealtypisch drei Stufen der Differenzierung aufweist: zuerst *Sachleistungen*, dann *Dienstleistungen* und schließlich *Kulturleistungen* (vgl. Abb. 1).

Abbildung 1: Phasen der Markenmigration

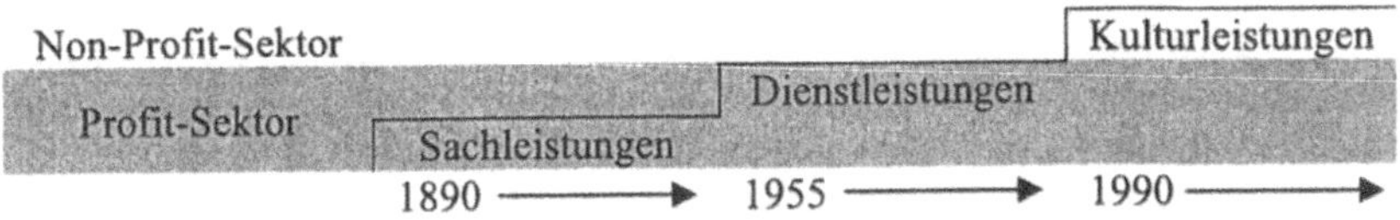

Die Datierungen sind nur zur ersten Orientierung gedacht, und die Bezeichnung „Kulturleistungen“ soll lediglich andeuten, daß entsprechende Organisationen, die in der Regel keine größeren Profite erzielen wollen oder dürfen, die Produktion und Distribution von „Kultur“ im weitesten Sinne als ihren hauptsächlichen Daseinszweck begreifen.

Im Zuge dieser Entwicklung hat nun auch die verstärkte Befassung mit Marken im Kulturbereich eingesetzt, wenngleich nur zögerlich. Dieses Zögern drückt sich nicht zuletzt in der Forschungsliteratur aus, die noch kaum vorhanden ist. Viele Beiträge zum Non-Profit-Branding entstammen der Praxis, dementsprechend unzureichend stellt sich die theoretische wie methodische Reflexion dieser Debatte noch dar.[2] Vom Standpunkt der Wirtschaftssoziologie aus betrachtet, handelt es sich bei Kulturleistungen übrigens um eine Sonderform von Dienstleistungen.[3]

---

[2] Vgl. Fine 1990; Feder 1998; Tan 2001, 2003; Rusch 2002; Webster 2002a; Interbrand 2003; Jennings Steele 2003; Penning 2003; Holland 2003; Sternberg 2003; Madrid 2003; Quelch et al. 2002.
[3] Vgl. Grönroos 1991; Meffert/Bruhn 1997; Meyer 1998.

Denn das, was Kulturinstitutionen insgesamt anbieten, entspricht exakt dem, was Dienstleistungen auszeichnet, nämlich (1) die *Immaterialität* des Leistungsangebots, (2) das *Personal* als internen Faktor und (3) die *Kundschaft* als externen Faktor der Leistungserbringung, die jeweils mit entsprechenden Qualitätsrisiken verbunden sind.

1. Zu allererst ist das Merkmal der Immaterialität zu nennen. Denn die Art und Weise der Leistungserbringung ist bei Dienstleistungen im Kern eine Frage des Könnens, der Kompetenz, für deren Ausübung und Umsetzung zwar oft irgendwelche Materialien hinzugezogen werden, die die Dienstleistung als solche aber nicht ausmachen. So bedient sich der Frisör zwar der Schere, die Dienstleistung selbst erfolgt aber allein im Prozeß des Haareschneidens – und genau darin liegt das Risiko, daß das Produkt erst noch hergestellt wird, obgleich es schon vorher erworben werden muß.[4]
2. Das zweite Merkmal ist das jeweilige Personal, das die Dienstleistung ausführt. Zwar sind nicht alle, aber doch viele Dienstleistungen hochgradig personalabhängig, was eigene Probleme birgt. Denn eine durch Personen erbrachte Leistung läßt sich in keiner Weise so standardisieren wie die Herstellung einer Sachleistung, auch durch noch so viel Training und Kontrolle nicht. Von daher entscheiden individuelle Kompetenz und Tagesform, geht es doch um Menschen, nicht Maschinen, über die Qualität der erbrachten Dienstleistung, und dies impliziert das unvermeidliche Risiko von Qualitätsschwankungen, im Guten wie im Schlechten. Wenn mein Friseur Streit mit seiner Frau hat, dann Gnade meinen Ohren!
3. Bei vielen Dienstleistungen kommt schließlich hinzu, daß sie nicht nur durch Personen ausgeführt werden, sondern noch weitere Personen, nämlich die Kundschaft, notwendig mit einbeziehen. Somit entscheiden nicht nur die je individuelle Kompetenz und Tagesform der Leistungserbringer über die Qualität einer Dienstleistung, sondern gleichfalls die Mitarbeit und das individuelle Geschick der Leistungsempfänger im Umgang mit der Dienstleistung sowie deren Tagesform, weshalb sich das Risikopotential verdoppelt. Denn wenn ich noch Streit mit meiner Frau habe, dann Gnade meinem Friseur!

Überträgt man diese Merkmale auf NPOs im Kulturbereich, erkennt man sogleich, weshalb Kulturleistungen Dienstleistungen sind. So zielt das, was Kulturleistungen meistens zu vermitteln versprechen, auf die Auslösung bestimmter Erlebnisse, darin besteht ihr zentrales (Dienst-)Leistungsversprechen, mit dem sie am Kultur-

---

[4] Dies gilt insbesondere beim Erwerb von Kulturleistungen in Form der Ticketbezahlung. Zwar erfolgt die Bezahlung im Falle des Haareschneidens meistens erst nach dem Herstellprozeß, doch mit der Indienstnahme dieser Dienstleistung zu Beginn des Haareschneidens ist eine quasi-vertragliche Bindung eingegangen worden.

oder „Erlebnismarkt" (Schulze 1992) in Erscheinung treten (vgl. auch Panzer 2003). Insbesondere B. Joseph Pine und James H. Gilmore (2000: 13ff.) haben sich mit diesem Trend beschäftigt. Ihnen zufolge hat die Evolution der Märkte inzwischen einen Punkt erreicht, an dem Sach- und vor allem Dienstleistungen um die Vermittlung besonders intensiver Erlebnisse konkurrieren, hier liegt die Zukunft der Wirtschaft. Diese Entwicklung schlägt mittlerweile bis in die Alltagswahrnehmung durch. „Hatte sich die Marketingbranche bislang vor allem auf Produktwerbung und einfache Dienstleistungen konzentriert, ist heute das Geschäft mit der Vermarktung von Erlebnissen zentral geworden." (Meschnig 2002) Nichts anderes, ob Hoch- oder Populärkultur, stellen nun auch sämtliche NPOs im Kultursektor in Aussicht: *die Vermittlung besonders intensiver Erlebnisse.*

Was den internen Faktor betrifft, so hängt alles vom Personal der jeweiligen Institutionen und ihrer spezifischen Qualifikation ab, um die eigene Kundschaft nicht mit Lügen zu strafen. Und die Kundschaft selbst, dies kann man bei Pierre Bourdieu (1987) gut studieren, ist ganz und gar abhängig davon, daß sie über genügend kulturelles Kapital verfügt, um die jeweils erworbenen Kulturleistungen auch erwartungsgemäß genießen zu können (als ein Können!).

Begreift man Kulturleistungen dergestalt als eine Sonderform von Dienstleistungen, zeigt sich darüber hinaus eine weitere Parallele. Vergleicht man NPOs im Kultursektor anhand ihres Leistungsangebots, so wird deutlich, daß ihr Kerngeschäft größtenteils nicht in der Produktion, sondern in der Distribution von Kulturleistungen besteht, seien es Theater, Opern, Konzertsäle oder Museen, seien es Volkshochschulen, Festivals, Musikclubs, Galerien oder soziokulturelle Zentren: In den meisten Fällen fungieren diese Kulturinstitutionen als Vermittler; sie stellen Verteiler von Kulturleistungen dar, für die sie ihre Häuser zur Verfügung stellen, und in diesem Sinne gleichen solche NPOs den Handelsunternehmen, deren Kernkompetenz ebenfalls darin besteht, in ihren „outlets" Sach- und Dienstleistungen zu vertreiben. Mit anderen Worten geht es bei vielen NPOs im Kultursektor um *Dienstleistungen zur Vermittlung von Dienstleistungen* – flankiert von gewissen Sachleistungen im Rahmen von Gastronomie etwa. Diese Parallele erweist sich insbesondere bei den Durchsetzungsproblemen einer Dachmarkenpolitik als aufschlußreich.[5]

Wendet man sich vor diesem Hintergrund dem Non-Profit-Branding im Kulturbereich zu, folgt aus der Zurechnung von Kultur- zu den Dienstleistungen, daß neben der eher überschaubaren Literaturlage zum Non-Profit-Branding auch auf die Forschungslage im Falle von Dienstleistungsmarken zurückgegriffen

---

[5] Der Vergleichsfall ist Edeka, die mit einem ähnlichen Dilemma zwischen historisch gewachsener Dezentralisierungskultur und marktorientierter Zentralisierungsstrategie zu kämpfen haben, vgl. Holler 2003.

werden kann.[6] Dies vorweggenommen: Wie hat man sich Non-Profit-Branding im Kultursektor nun vorzustellen?

Grundsätzlich ist zwischen Produkt und Marke zu unterscheiden. Während das Produkt eine Leistung betrifft, die zur Lösung eines alltäglichen Problems beizutragen verspricht, sei es privater oder professioneller Natur, bietet die Marke eine Leistung, die mit dem Erwerb genau dieses Produktes zu tun hat. Die Leistung eines Produkts bezieht sich nämlich auf ein Problem, das mit der Situation des Produkterwerbs nichts zu tun hat; zumeist geht es darum, irgendein Problem des Alltags für die Verbraucher zu lösen, also um die Befriedigung bestimmter Bedürfnisse. Demgegenüber bezieht sich die Leistung der Marke auf ein Problem, das gerade auf diese Situation des Produkterwerbs bezogen ist; zumeist geht es darum, ein zentrales Problem in der Beziehung zwischen Herstellern, Händlern und Verbrauchern zu lösen, nämlich Risikobewältigung durch Vertrauensaufbau. Das Bezugsproblem beim Produkt befindet sich also außerhalb der Situation des Produkterwerbs, während das Bezugsproblem der Marke gerade innerhalb der Situation des Produktserwerbs zu finden ist (vgl. den Beitrag von *Hellmann/Senge* in diesem Band). Die Funktion der Marke ist es demnach, den Erwerb eines Produkts trotz Qualitätsrisikos sicherzustellen, oder anders gesagt: *Das Bezugsproblem der Marke ist das Qualitätsrisiko des Produkts.*

Im Falle von Kulturleistungen ist man nun, wie aufgezeigt, mit einem besonders hohen Qualitätsrisiko konfrontiert, weil es sich um Dienstleistungen handelt, die erst noch hergestellt werden müssen, obgleich man schon dafür bezahlt hat. Hinzu kommt, daß es bei NPOs im Kultursektor um Dienstleistungen zur Vermittlung von Dienstleistungen geht. Konkret bedeutet das: Man sucht ein Kino auf, erwirbt eine Karte, setzt sich in den Vorführraum und schaut den Film an – und hat es währenddessen mit zwei Formen von Dienstleistungen zu tun: mit dem Kino als Veranstalter und dem Film als Unterhaltung, ergo doppeltes Risiko.[7] Wendet man sich darauf dem Personal als internem Faktor zu, zeigt sich dessen Risikopotential insbesondere bei Aufführungen im Theater oder im Konzert: Das Stück entsteht erst auf der Bühne, und ob alle Mitspieler anwesend und ganz bei der Sache sind, merkt man erst während der Aufführung. Schließlich hängt alles von der Kompetenz der Kundschaft ab. Wenn das Publikum Bescheid weiß, was es zu erwarten hat, wenn es gut vorbereitet und ausreichend konzentriert bei der Sache[8] ist, kann

---

[6] Vgl. Messing 1983; Graumann 1983; Stauss 1994; Andresen 2000; Bruhn 2001.

[7] In diesem Sinne könnte man zwischen Dienstleistungen erster und zweiter Ordnung unterscheiden. Während Dienstleistungen erster Ordnung die Leistung selbst vollbringen, hier der Film, besteht die Leistung von Dienstleistungen zweiter Ordnung darin, Sach- oder Dienstleistungen erster Ordnung einen Rahmen für deren Leistungserbringung zu stellen, hier das Kino.

[8] Wobei es sich hier nicht um dieselbe Sache handelt: Das erste Mal ist es das Aufführen, das zweite Mal die Aufführung.

das besondere Erlebnis sich einstellen, dessentwegen es diese Kulturleistung erworben hat – sonst eher nicht.

In all diesen Hinsichten zeigt sich: Der Erwerb einer Kulturleistung ist mit besonders hohen Risiken behaftet. Dementsprechend hoch ist auch der Vertrauensbedarf, um den Erwerb einer bestimmten Kulturleistung trotz solcher Risiken vorzunehmen. Im Ergebnis folgt daraus: Gerade Kulturleistungen sind auf eine exzellente Markenführung angewiesen. Um so mehr mag es daher überraschen, wenn man feststellt, wie sehr diese Debatte um Non-Profit-Branding im Kultursektor noch in den Kinderschuhen steckt. Dabei ist der kausale Zusammenhang zwischen Kulturprodukt und Kulturmarke evident:

(1) In sachlicher Hinsicht muß sichergestellt werden, daß nur soviel versprochen wird, wie man auch zu halten vermag. In erster Linie geht es nämlich nicht bloß um den Anspruch auf Top-Qualität, sondern daß sich Qualitätsversprechen und Qualitätserfahrung möglichst die Waage halten. Besser ist es deshalb, etwas weniger zu versprechen, als zu viele Versprechen nicht halten zu können. Ein bestimmtes Qualitätsniveau anzustreben, das man langfristig auch halten kann, dürfte deswegen erfolgversprechender sein, als ständige Ups-and-Downs. Voraussetzung dafür ist jedoch, daß man ungefähr weiß, welche Qualitätserwartung welches Publikum hat.

(2) In sozialer Hinsicht geht es um ausreichende Kundenkenntnis, Kundenpflege und Kundenbindung. Jede Art von Marktforschung bietet sich dafür an, um herauszufinden, welche Erwartungshaltung welches Publikum – als externer Faktor der Leistungserbringung – an die eigene Institution hat. Dies kann sehr disparat sein, von Publikum zu Publikum verschieden, und schlimmstenfalls auch unvereinbar, weil Ressourcen in der Regel immer knapp sind. Mehr Lesungen oder mehr Töpferkurse, mehr Konzerte oder mehr kulinarische Vielfalt? Hier muß entschieden werden, wo man Schwerpunkte setzt, und im Zuge dessen werden einige verprellt, um andere zu begeistern. Hinzu kommt bei Kulturleistungen, dies ist ganz entscheidend, das *Interne Branding*, also die Überzeugung sämtlicher Mitarbeiter, sich einem bestimmten Qualitätsanspruch zu unterwerfen, weil nur so sichergestellt werden kann, daß der Kunde an jedem Kontaktpunkt des Kulturbetriebs das bekommt, wofür er schon bezahlt hat.[9]

(3) In zeitlicher Hinsicht geht es um Kontinuität der gesamten Erscheinungsweise, um „Brandwork“ aus einem Guß, das seine Einheit in der Zeit bewahrt. Jede Organisation reichert Geschichte an, bildet ein Gedächtnis aus, akkumuliert Kultur, und die zentrale Herausforderung erfolgreicher Markenführung im Kultursektor wie überhaupt ist es, jede Aktion in diese Tradition einzubinden, ohne

[9] Vgl. zum Thema Internes Branding Arruda 2001; Webster 2002b; Mitchell 2002.

darüber den Zukunftsbezug völlig aus den Augen zu verlieren. Gelingt dies, ist Förderung aussichtsreich. „If consistently managed, the brand is a useful symbol of historical credibility and future strategic direction, to coherent ends that are specific and compelling enough to inspire the confidence of funders." (Tan 2003) Kontinuität ist gewissermaßen ein Schlüssel für Vertrauensgeber, um vertrauenswürdig zu erscheinen und Vertrauensnehmer von sich zu überzeugen und an sich zu binden. Im Jargon des Marketing wird dieser Effekt schon seit längerem als „Integrierte Kommunikation" bezeichnet:

> „‚Integrierte Kommunikation' heißt heute das Schlüsselwort. Der Aufbau von Verbraucherbindung verlangt Stimmigkeit zwischen allen Kommunikationsinstrumenten, wechselseitige Verstärkerwirkung und nicht zuletzt – bei aller gestalterischen Abwechselung im einzelnen – Kontinuität des grundlegenden Nutzenversprechens im Zeitablauf." (Köhler 1993: 346)

Von dieser Auflage sind auch Kulturinstitutionen nicht befreit, wenn sie die Absicht hegen, sich als Marken aufzustellen und zu vermarkten. Nur daß Kulturinstitutionen oftmals besondere organisationsspezifische Schwierigkeiten damit haben, integriert zu kommunizieren, wie sich im Falle der soziokulturellen Zentren zeigen wird.

2 Soziokultur zwischen Markt und Mission

Die Entstehung der ersten soziokulturellen Zentren geht auf die späten sechziger Jahre zurück und spielte sich im Umfeld der damaligen Studentenbewegung ab.[10] Der Durchbruch als eigenständige Form von Kulturinstitution erfolgte im Laufe der siebziger Jahre, 1979 wurde dann in Wilhelmshaven die „Bundesvereinigung soziokultureller Zentren" gegründet, die 2004 in Nürnberg ihr 25-jähriges Bestehen feierte. Inzwischen gehören der Bundesvereinigung soziokultureller Zentren 450 Häuser an (Stand Juli 2005). Die länderbezogene Verteilung entspricht etwa der Flächengröße der Länder. Dabei können die fünf neuen Bundesländer im Durchschnitt gut mithalten (vgl. Wagner 2001; Knoblich 2003).

Die Selbstbezeichnung „Soziokulturelle Zentren" wurde durch eine Publikation aus dem Jahre 1974 angeregt, die den Titel „Die Wiedergewinnung des

[10] Die Befragung von 440 Zentren im Jahre 2002 hat bei einem Rücklauf von 199 Zentren ergeben, daß vier Zentren vor 1970, acht zwischen 1970-75, 27 zwischen 1976-80, 29 zwischen 1981-85, 35 zwischen 1986-90, 57 zwischen 1991-95 und 22 nach 1996 gegründet wurden. 17 von den 99 Zentren machten hierzu keine Angaben; vgl. Bundesvereinigung 2001; Spiekermann 2002; Kulturpolitische Gesellschaft e.V. (2003).

Ästhetischen. Perspektiven und Modelle einer neuen Soziokultur" trug.[11] Der Begriff „Soziokultur" ist ideengeschichtlich eng verknüpft mit den Neuen Sozialen Bewegungen, speziell mit der Alternativbewegung, deren Anhänger in den Groß- und Universitätsstädten teilweise ganze Stadtviertel für sich zu annektieren suchten, Häuser besetzten und lauter Projekte alternativen Lebens hochzogen, die sich sehr abstrakt an der Utopie einer Gegengesellschaft ausrichteten.[12] Heutzutage, nachdem diese Entwicklung gut 30 Jahre zurückliegt, wäre man vielleicht geneigt, an den auch schon wieder in die Jahre gekommenen Begriff der Subpolitik von Ulrich Beck (1993) zu denken. In jedem Fall hat diese Tradition der Soziokultur ihre Wurzeln in den sechziger Jahren, es verbindet sich damit ein kulturkritischer, ja (kultur-)politischer Ansatz, der bis heute in der Selbstbezeichnung als soziokulturelle Zentren fortwirkt, jedoch ohne Verbindlichkeit für die einzelnen Zentren, und es ist diese Tradition, die als Klammer fungiert, um für durchschnittlich 450 Zentren einen kleinsten gemeinsamen Nenner darzustellen, so kontrovers auch sein mag, was darunter konkret zu verstehen ist.

2004, auf dem Nürnberger Kongreß anläßlich des 25-jährigen Bestehens der Bundesvereinigung soziokultureller Zentren, wurde nun die Frage aufgeworfen, ob sich Soziokultur als Dachmarke eigne. Die Frage konnte keinesfalls abschließend beantwortet werden. An den Schwierigkeiten, die dem entgegenstehen, läßt sich jedoch recht gut ablesen, weshalb sich Non-Profit-Branding für NPOs im Kultursektor als eine besondere Herausforderung erweist. Zu diesem Zweck werden die Markt- und Markentauglichkeit soziokultureller Zentren etwas eingehender betrachtet. Dabei wird auch die Markttauglichkeit soziokultureller Zentren hinterfragt, weil diese eine wichtige Voraussetzung für das Non-Profit-Branding darstellt. Eine Versuchsanordnung beschließt diesen Abschnitt.

2.1 Zur Markttauglichkeit soziokultureller Zentren

Was bedeutet Markttauglichkeit für soziokulturelle Zentren? Zunächst heißt Markttauglichkeit Marktorientierung. Dies schließt nicht bloß die Beobachtung des eigenen Marktes ein, sondern mehr noch, daß sich die Zentren selbst mit den Augen des Marktes beobachten, in dem sie sich befinden – und dies wiederum bedeutet nicht bloß, sich selbst daraufhin zu beobachten, wie sie von anderen beobachtet werden, sondern mehr noch, wie sie von anderen im Vergleich mit anderen Anbietern dieser Art von Dienstleistung beobachtet werden. Es geht also nicht bloß um die Beobachtung von Beobachtungen durch andere, sondern zugleich um die Beobachtung des

---

[11] Vgl. Wagner 2001; Knoblich 2001. Die damaligen Autoren waren Hermann Glaser und Karl Heinz Stahl.

[12] Vgl. Menne 1974; Hollstein 1980; Hollstein/Penth 1980; Huber 1980; Kück 1985.

Vergleichs, der bei der Beobachtung aller NPOs im Kultursektor, die in diesem speziellen Markt tätig sind, von diesem Markt vorgenommen wird. Marktorientierung bedeutet demnach eine spezielle Form der Beobachtung zweiter Ordnung, bei der es vornehmlich auf die Beobachtung von Beobachtungen ankommt, die einen Vergleich vornehmen, von dem die Zentren selbst betroffen sind.[13]

Marktorientierung bedeutet darüber hinaus Kundenorientierung in dem Sinne, daß sich die Zentren in allem, was sie tun und unterlassen, primär an ihren Kunden und deren Bedürfnissen ausrichten, eine entsprechende Marktsegmentierung und Zielgruppenanalyse vorausgesetzt. Da der Bestand und Erfolg jeder Organisation, die sich der Marktlogik aussetzt, davon abhängt, daß sie ihre Kunden zufriedenzustellen vermag, damit sie (wieder)kommen, mithin Kundenbindung entsteht, heißt die oberste Direktive: *Der Kunde ist König*. Dabei kann das Ziel langfristiger Kundenbindung nur erreicht werden, wenn das Prinzip der Kundenorientierung für sämtliche Zentren und jedes Mitglied dieses Netzwerks die oberste Direktive darstellt. Denn nur, wenn gewährleistet ist, daß der Kunde auf allen Ebenen des Kontakts mit einem soziokulturellen Zentrum zufrieden gestellt wird, besteht eine reelle Chance auf nachhaltige Kundenzufriedenheit, mithin Kundenbindung. Dies gilt ohne Abstriche auch für NPOs (vgl. Balabanis/Stables/Phillips 1997).

Was bedeutet Marktorientierung für die soziokulturellen Zentren in der praktischen Umsetzung? Was müssen die Zentren konkret tun, um das tagtägliche Geschehen in erster Linie an ihrem Markt auszurichten? Um besser einschätzen zu können, ob und inwieweit die Zentren eine derartige Marktorientierung schon praktizieren, empfiehlt es sich, auf die klassische Unterscheidung *Product*, *Price*, *Place* und *Promotion* Bezug zu nehmen und die Produkt-, Preis-, Distributions- und Kommunikationspolitik der Zentren in Augenschein zu nehmen.[14] Denn jedes dieser vier Marketinginstrumente trägt auf seine Art und Weise zur Marktorientierung bei.[15]

(1) Um welches Produkt handelt es sich bei soziokulturellen Zentren? Mit Blick auf die Umfrageergebnisse von 2002 bieten die Zentren nicht bloß ein Produkt, sondern eine ganze Produktpalette an. Hierzu gehören im wesentlichen vier Sortimente: erstens Veranstaltungsangebote (Musik, Theater, Film, Diskussionen, Tagungen, Vorträge, Diskothek etc.), zweitens kontinuierliche Angebote (Kurse, Workshops, Gruppentreffen, Beratungsangebote für unterschiedliche Zielgruppen), drittens zielgruppenorientierte Arbeit sowie offene Angebote an Kinder, Jugendliche, Frauen und Senioren und viertens gastronomische Angebote. Die

---

[13] In diesem Sinne geht es um einen Kulturvergleich, vgl. Baecker 2000.

[14] Vgl. exemplarisch Niedner (1994), der diese Instrumentenmix für Städte und Regionen diskutiert, sowie Haas (1998) für Freizeit und Tourismusmarketing.

[15] Siehe für die folgenden Daten Spiekermann 2002.

besucherstärksten Veranstaltungen sind Disco- und Tanzveranstaltungen (25,3%), Konzerte (19,4%), Feste (16,7%) und Theater/Kabarett (8,4%). Im Zeitvergleich zeigt sich jedoch, daß die Nachfrage von Veranstaltungen zwischen 1996 und 2002 leicht (-6,18%) zurückgegangen ist, während offene Angebote (+28,42%), Kurse, Gruppen, Beratung etc. (+57,8%) und vor allem Gastronomie (+60,66%) stark zugenommen haben. Außerdem ist die Beziehung zur Tradition der Soziokultur hochkontingent: Weder Herkunft noch Geschichte, Ort oder Größe sind verläßliche Indikatoren dafür, in welchem Maße das zentrenspezifische Produktangebot primär soziokulturelle Züge trägt. – Zur Statistik ist noch nachzutragen: 2002 wurden in den 199 untersuchten Zentren insgesamt 43.000 Veranstaltungen, Kurse, Beratung etc. einschließlich Gastronomie angeboten, die von 12,13 Mio. Personen besucht wurden, oder, hochgerechnet auf alle Zentren, besuchten im Jahre 2002 insgesamt 26.820.150 Personen 85.000 Kulturveranstaltungen und über 100.000 Kurs- und Beratungsangebote in 440 soziokulturellen Zentren.[16] Dabei streut die zentrenbezogene Zahl an Angeboten zwischen 2 und 3.381 Veranstaltungen; bei den Besucherzahlen variiert dieses Verhältnis noch mehr, nämlich zwischen 100 und 233.600 Personen für die beiden Extreme; und auch bei der Nutzfläche sieht es nicht viel anders aus (diese bewegten sich zwischen 14 qm und 12.000 qm).

Zur Bewertung: Marktorientierung im Produktbereich liegt vor, wenn Produkt und Produktqualität ganz auf die Bedürfnisse der Kunden zugeschnitten sind, wenn die Lösung des jeweiligen Problems also primär von der Kundenseite her konzipiert ist. Inwiefern die Zentren diese Vorgabe erfüllen, läßt sich nicht ohne weiteres sagen. Offenbar werden deren Angebote nachgefragt, hierfür sprechen die hohen Besucherzahlen, wobei sich deutliche Nachfrageverschiebungen in Richtung Freizeit, Unterhaltung, Festivitäten abzeichnen. Inwiefern diese erwünscht sind und von den Zentren positiv aufgenommen werden oder nicht, kann von außen nicht eingeschätzt werden. Die Angebotsunterschiede sind von Zentrum zu Zentrum erheblich, so daß entweder die Kundenstruktur eine jeweils andere ist oder aber die Zentren sich in unterschiedlichem Maße am Markt orientieren.

(2) Wie schaut es mit den Preisen der Produkte aus? Hierzu ist nichts Allgemeingültiges bekannt. Allenfalls indirekt läßt sich darauf schließen. So setzte sich die Einnahmeseite 2002, hochgerechnet auf alle 440 Zentren, aus gut 100 Mio. Euro öffentlicher Fördermittel, 81,5 Mio. Euro Eigenerwirtschaftung und 2,4 Mio. Euro Sponsoring zusammen. Speziell die Eigenerwirtschaftung umfaßte die Unterpunkte Ticketeinnahmen (34,7%), Kursgebühren (35,8%), Vermietung (10,3%), Gastronomieerlöse (6,8%), Spenden (3,9%) und Sonstiges (8,5%). Was

[16] Davon fallen 9.775.739 Personen allein in den Bereich Gastronomie.

sich jedoch abzeichnet, ist ein stetiger Preisanstieg, weil die Förderungsbereitschaft der öffentlichen Haushalte zurückgeht, so daß bisherige Niedrigpreisangebote aufgrund rückläufiger Subventionierung immer mehr ausgedünnt werden.

> „Der Zwang zum ‚Marktgängigen' schränkt die inhaltlichen Spielräume der soziokulturellen Zentren allerdings ein und gefährdet einen zentralen Anspruch, möglichst vielen Bevölkerungsschichten den Zugang zu kulturellen und künstlerischen Angeboten zu ebnen. Zudem: Kulturelles Profil verödet und wird beliebig, wenn nur die wechselnde Nachfrage des Publikums bedient wird. Der zahlungskräftige Bildungsbürger wird leicht zum idealtypischen Adressaten, wenn weniger finanzstarke Bevölkerungsschichten durch hohe Eintrittsgelder und Kursgebühren ausgeschlossen werden." (Spiekermann 2002)

Zur Bewertung: Marktorientierung liegt im Preisbereich vor, wenn die Preisgestaltung direkt auf die Einkommenssituation der Kunden bezogen ist. Hier zeichnen sich eine gravierende Veränderung ab, der die Zentren nur bedingt widerstehen können. Offenbar zieht das Preisniveau insgesamt an, wodurch ein Teil der traditionellen Klientel exkludiert wird. Dies zeugt durchaus von Marktorientierung, weil man anbietet, was nachgefragt wird, soweit es finanzierbar ist. Im Falle des Versiegens öffentlicher Fördermittel folgt daraus zwangsläufig, sich auf zunehmend kaufkräftigere Zielgruppen einzulassen.

(3) Welche Distributionsformen bieten soziokulturelle Zentren an? Auch hierüber ist kaum Material öffentlich zugänglich. Zu vermuten ist, daß die Infrastruktur der einzelnen Zentren höchst unterschiedlich ausfällt, vergegenwärtigt man sich allein die enormen Größenunterschiede. Doch welche Größe die Kinosäle oder Restaurants im einzelnen haben, welches Geschirr benutzt wird oder wie die Töpferwerkstätten eingerichtet sind, darüber läßt sich keine Aussage machen. Auch die Zusammensetzung der Mitarbeiter ergibt kein klares Bild. So sind 13 Prozent des Personals unbefristet und acht Prozent befristet angestellt, 27 Prozent sind Aushilfen, ein Prozent Zivildienstleistende und 51 Prozent ehrenamtliche Mitarbeiter. Im Durchschnitt arbeiten damit neun Hauptamtliche, zwölf Aushilfskräfte/Zivis und 21 Ehrenamtliche in jedem Zentrum. Über das Ausmaß an Fluktuation kann jedoch nichts ausgesagt werden, und auch über die Qualifikation und Motivation der Mitarbeiter ist nichts öffentlich bekannt, ebensowenig über den Zustand und Standort der Häuser. Dies wäre alles noch zu ermitteln.

Zur Bewertung: Marktorientierung liegt im Distributionsbereich vor, wenn die Distributionswege danach ausgewählt oder gemieden werden, ob der Kunde sie aufsucht oder links liegen läßt. Auch hier wird dem Kunden ein indirektes Mitspracherecht eingeräumt, sofern die Marktorientierung im Zentrumshandeln vorherrschend ist. Aufgrund der mangelnden Datenlage läßt sich hierzu aber nicht viel aussagen. Die hohen Besucherzahlen vermitteln kein klares Bild über

das Verhältnis von Erwartung, Erfüllung und Enttäuschung der Kundenbedürfnisse, ja es ist nicht einmal klar, um welche Kundenbedürfnisse es genau geht.
(4) Wie steht es um die Kommunikationspolitik der Zentren? Durch die allgemeine Verbreitung des Internet verfügen fast alle soziokulturellen Zentren über eigene Homepages. Die Struktur und Qualität variiert erwartungsgemäß, von sehr professionell gestalteten Layouts bis hin zu eher einfach aufgebauten Selbstanzeigen. Es kann nichts über den Werbeetat oder die Werbemedien ausgesagt werden, im Einzelfall ließe sich das sicher erfahren, aber für die Gesamtzahl der 440 Zentren hätte dies keine Bedeutung.

Zur Bewertung: Marktorientierung liegt im Kommunikationsbereich vor, wenn sich die Produktkommunikation im öffentlichen Wettbewerb um Aufmerksamkeit durch eine geeignete Markierung des Produktes (wie Name, Logo, Farbe, Verpackung, Herkunft etc.) durchsetzt, und wenn sich diese direkt auf die jeweilige Zielgruppe bezieht, wenn also in der Ansprache und Gestaltung der Werbung, der Wahl der Medien und sonstigen verkaufsfördernden Aktionen strikt darauf geachtet wird, daß der Kunde erreicht wird und versteht, weshalb er das Produkt benötigt und deswegen erwerben sollte. Leider kann auch hier keine allgemeinverbindliche Einschätzung vorgenommen werden, weil der Forschungsstand ungenügend ist.

Als Zwischenfazit ist festzuhalten: Die Datenlage reicht momentan nicht aus, um entscheiden zu können, in welchem Maße wie viele Zentren als markttauglich zu bewerten sind. Weder bei der Produkt- noch der Preisgestaltung ist dies möglich, ein Gleiches gilt für die Wahl der Distributionswege und Kommunikationsmaßnahmen. Zu vermuten ist, daß sich einige Zentren wahrscheinlich sehr stark am Markt orientieren, ohne deshalb gleich zum Sklaven desselben zu werden, während andere darauf eher keine Rücksicht nehmen. Dabei bedeutet konsequente Marktorientierung, sämtliche Entscheidungen, die im und durch ein Zentrum gefällt werden, an den jeweiligen Marktgegebenheiten auszurichten. Es gibt keine Berechtigung und Rechtfertigung mehr, Entscheidungen zu treffen, die sich nicht letztendlich daraus begründen, daß der Markt diese Entscheidungen in irgendeiner Weise erforderlich macht und honorieren wird. Außerdem zeichnet sich eine durchgängige Marktorientierung dadurch aus, daß das gesamte kommunikative Verhalten einer Organisation gegenüber dem Markt – und das schließt sämtliche Mitarbeiter ein – sich einheitlich gebärdet, daß sie eine einheitliche Selbstdarstellung und Mitteilungsweise durchhält. Idealerweise müßte sogar eine hundertprozentige 360-Grad-Kontrolle angestrebt werden, darin ist zumindest der Idealtypus einer erfolgreichen Markenführung festzumachen (vgl. Hellmann 2005). Freilich ist das ein äußerst schwieriges Unterfangen, und schon die meisten Unternehmen scheitern damit – um so schwieriger stellt sich die Situation für soziokulturelle Zentren dar, wie sich jetzt zeigen wird.

2.2 *Zur Markentauglichkeit soziokultureller Zentren*

Der Versuch einer Bestandsaufnahme dessen, was Hinweise auf die Markttauglichkeit soziokultureller Zentren geben könnte, war nicht geeignet, um sich einen zuverlässigen Eindruck über den entsprechenden Status quo der Zentren zu bilden. Wendet man sich vor diesem Hintergrund der Frage nach der Markentauglichkeit soziokultureller Zentren zu, sind gleichwohl Indizien verfügbar, die eine erste Einschätzung erlauben.

Ausgangspunkt ist die Annahme, daß das Bezugsproblem einer Marke im Qualitätsrisiko des Produkts zu sehen ist. Die Lösung dieses Problems besteht darin, Vertrauen zu generieren, und zwar durch die Art und Weise der Kommunikation. Integrierte Kommunikation ist hier das Schlüsselwort. Praktisch sieht dies so aus, daß bei der Kommunikation über das jeweilige Produkt in sachlicher, sozialer und zeitlicher Hinsicht darauf geachtet wird, keinerlei Unstimmigkeiten, Widersprüche, Unvereinbarkeiten zu kommunizieren, sofern diese nicht gut begründet sind, d.h. als absichtlich gewollt und deshalb erklärlich kundgetan werden. In sachlicher Hinsicht bedeutet das: Produkt und Produktqualität dürfen einen gewissen selbstgesetzten Mindeststandard nicht unterlaufen, egal wer damit in Kontakt kommt. Am besten wäre natürlich durchgehende Standardisierung, doch diese ist bei Dienstleistungen eben kaum erreichbar. In sozialer Hinsicht ist darauf zu achten, daß eine langfristige Beziehung zur relevanten Zielgruppe aufgebaut wird, die als Dialog geführt und behutsam gepflegt wird. In zeitlicher Hinsicht gilt es schließlich, Herkunft und Zukunft in Balance zu bringen, das gegenwärtige Handeln der Organisation im Einklang mit der Tradition zu halten, also nicht jeden Trend gleich mitzumachen, und trotzdem offen zu bleiben für bedeutsame Veränderungen im relevanten Umfeld. Mit anderen Worten zwingt integrierte Kommunikation zur strikten Selbstbindung, frei nach dem Motto: „Verspricht nur soviel, wie Du auch halten kannst."

Wendet man sich vor diesem Hintergrund der Frage zu, wie es um die Markentauglichkeit der soziokulturellen Zentren bestellt ist, bieten sich vor allen Dingen zwei Markenkonzepte an, nämlich *Produktmarke* und *Dachmarke*, die mit je unterschiedlichen Vorteilen aufwarten (vgl. Becker 1999).

1. Produktmarke bedeutet, daß der Markenstatus direkt und nur auf ein spezifisches Produkt bezogen ist, während der Hersteller selbst im Hintergrund bleibt. Als Beispiel käme hierfür Procter & Gamble in Frage, ein Unternehmen, das so bekannte Marken wie *Ariel*, *Oil of Olaz*, *Pampers*, *Pringles* oder *Tempo* in völlig verschiedenen Warengruppen anbietet, ohne daß der Hersteller P&G bei der Produktkommunikation eigenständig zur Sprache kommt. Der strategische Vorteil ist bei Produktmarken vor allem darin zu

sehen, daß sie sich wechselseitig nicht beschädigen können, wenn eine von ihnen in die Krise gerät.

2. Dach- bzw. Unternehmensmarke bedeutet demgegenüber, daß sämtliche Produkte eines Herstellers ausschließlich unter dessen Namen vermarktet werden. Der Nahrungsmittelhersteller Dr. Oetker[17] eignet sich hierfür als Beispiel, weil alle Produkte wie Backpulver, Desserts, Puddings, Tiefkühlkost unter dem einen Namen *Dr. Oetker* geführt werden. Der strategische Vorteil ist, daß gerade Neueinführungen unter Rückgriff auf das schon bestehende Vertrauenskapital der Dachmarke erheblichen Kredit beziehen können und von deren Goodwill profitieren.

Ausgehend von dieser Unterscheidung, liegt es auf der Hand, mit Blick auf die soziokulturellen Zentren davon auszugehen, daß schon jetzt recht viele Zentren als gut eingeführte Produktmarken gelten können. Sie bestehen teilweise über Jahrzehnte an einem bestimmten Ort, hochgradig stadtteilverbunden, mit einem mehr oder weniger klar definierten Produktangebot, sie verfügen über hinreichend viel Geschichte, haben ein relativ stabiles, zentrentreues Publikum, das sein lokales Zentrum als verläßlichen Partner betrachtet, ausgestattet mit einen festen Veranstaltungsort und -programm, die ein vertrautes Zentrumsprofil ausstrahlen und durch eine Vielzahl individueller Gesichter repräsentiert werden, soweit es die Mitarbeiter betrifft. Großstadtzentren wie die *Zeche Carl* in Essen, die *Motte* in Hamburg oder das *Kulturhaus Osterfeld* in Pforzheim, die auch überregionale Bedeutung gewonnen haben, erfüllen mit hoher Wahrscheinlichkeit das Anforderungsprofil einer Marke, aber auch kleinere Zentren wie das *Buchcafe* in Bad Hersfeld, die *Sumpfblume* in Hameln oder das *Waschhaus* in Potsdam kommen hierfür in die engere Auswahl, um nur einige zu nennen. In dieser Hinsicht kann die Frage nach dem Markenstatus einzelner Zentren wohl bejaht werden, selbst wenn es hierfür noch entsprechender Befragungen beim Publikum bedürfte, um dies exakt bestätigen zu können (vgl. Rasch 2003).

Ausgehend von dieser Einschätzung ergeben sich jedoch ernste Probleme für das ursprüngliche Vorhaben, Soziokultur als Dachmarke auszubauen, die bundesweite Verbindlichkeit besitzt. Wenn die einzelnen Zentren nämlich eine derartige Produktmarkenpolitik verfolgen, geht dies zwangsläufig auf Kosten des Netzwerks als Dachmarke, weil sich beide Konzepte wechselseitig ausschließen. Man muß sich diese Unvereinbarkeit klar vor Augen führen. Eine Dachmarke bietet, wie schon angesprochen, eine Reihe von Vorteilen. Ein wesentlicher Vor-

[17] Bewußt wird hier von Dr. Oetker als Nahrungsmittelhersteller gesprochen, weil Oetker neben Bier und Spirituosen, wo die Marke *Dr. Oetker* wiederum nicht zur Anwendung kommt, noch in ganz andere Branchen wie Schiffahrt oder Banken tätig ist, wo es sich nicht mehr um die Nahrungsmittelmarke *Dr. Oetker*, sondern eher die Unternehmerfamilie Oetker handelt.

teil wird darin gesehen, daß man neue Produkte unter der schon bestehenden Dachmarke einführen kann, unter gleichem Namen, mit verwandtem Aussehen, die von der Reputation, dem guten Ruf, dem Vertrauenskapital profitieren, das die Dachmarke als solche schon besitzt. Man spricht dann von Markentransfer oder Line Extension und erzielt damit gewisse Synergieeffekte. Diese Vermarktungsstrategie ist beträchtlich kostengünstiger, weil man das Marken-Rad nicht ständig neu erfinden muß, sondern man kann sich auf eine schon definierte und erfolgreiche Produktkommunikationspolitik verlassen. Hierin liegen nachweisbare Vorteile des Dachmarkenkonzepts. Die Konsequenz ist jedoch, daß keinerlei Ausnahmen zugelassen werden können, kleinere Variationen im Detail sicherlich, aber die große Linie muß eingehalten werden. Von daher geht nicht beides, Dach- und Produktmarke zugleich. Wenn man *Dr. Oetker*, *Nestlé* oder Beiersdorf mit *Nivea* betrachtet, die allesamt höchst erfolgreiche Dachmarken führen, sieht man: Dahinter steht ein Gesamtkonzept, das bis in ganz basale Bereiche, bis in Kleinigkeiten der Produktausstattung und des Produktauftritts hineinwirkt und globale Gestaltungsmaßstäbe verbindlich vorgibt. Vielleicht kann man abgemilderte, moderatere Konzepte fahren. Aber der Idealtyp einer Dachmarkenpolitik baut auf einer solchen, alles umfassenden, holistischen Logik auf.

Betrachtet man daraufhin „Soziokultur" als kleinsten gemeinsamen Nenner, der die Mitglieder der Bundesvereinigung soziokultureller Zentren verbindet, kann ein solches Konzept als Dachmarke eigentlich nur funktionieren, wenn es bundesweit einheitlich zur Anwendung kommt. Wenn jedes Zentrum, wo immer es sei, eine weitgehend eigene Auslegung davon hat, was Soziokultur bedeutet, zerstört dies aber jede Art von Einheitlichkeit, mithin von Erfolgschance. Außer man sieht in der Vielheit die Einheit, fast wie beim Formprinzip der funktionalen Differenzierung (vgl. Luhmann 1984). Doch auch diese Paradoxie der *unitas multiplex* weist alle Systeme übergreifende Strukturgemeinsamkeiten auf, wie Code, Programm, Funktion, Universalität, Inklusion/Exklusion, so daß zu fragen bleibt, ob sich derart hinlänglich viele Gemeinsamkeiten zwischen den einzelnen Zentren finden lassen, um wenigstens eine rudimentäre Dachmarkenpolitik in Angriff zu nehmen. Zu diesem Zweck wurde eine kleine, sehr kurzfristig durchgeführte Umfrage bei einigen wenigen Zentren durchgeführt, um ein ungefähres Stimmungsbild hinsichtlich der Stellung der Soziokultur für die praktische Arbeit und das Selbstverständnis soziokultureller Zentren einzufangen. Das Ergebnis, so weit es von jeder Repräsentativität auch entfernt liegen mag, zeugt von einer beträchtlichen Heterogenität. So sahen sich 25 Personen in der Tradition der Soziokultur, zwei nicht und drei waren sich in dieser Hinsicht nicht sicher. Bei der Frage, ob Soziokultur als Begriff und Bedeutung für die tägliche Arbeit wichtig ist, antworteten zwölf Personen mit „sehr wichtig", zehn mit „wichtig", aber auch fünf mit „weniger wichtig" und vier sogar mit „unwichtig". Bei dem Versuch, das gesamte Angebotsspektrum soziokultureller

Zentren danach zu bewerten, inwieweit politische, klassisch soziokulturelle Aspekte vorherrschen oder eher unpolitische, an reiner Freizeit orientierte Angebote, kann überhaupt keine angebotsübergreifende Eindeutigkeit verzeichnet werden. In den Bereichen „Theater", „Gastronomie" und vor allem „Musik" und „Diskothek" dominierte die Freizeitorientierung, während die Bereiche „Stadtteilbezogene Arbeit", „Zielgruppenbezogene Arbeit", „Gruppentreffs" und besonders „Vorträge" und „Diskussionen/Tagungen" deutlich mehr in die politische Richtung ausschlugen. Untermauert wurde diese Heterogenität der Selbstverortung mit Blick auf die Bedeutung von Soziokultur durch die qualitativen Aussagen. Einerseits wurde mitgeteilt, daß „Soziokultur untrennbar mit der eigenen Arbeit verbunden" sei, daß es weiterhin um Werte wie „Basisdemokratie", um „kulturelle Arbeit von unten", um „generationenübergreifende demokratische Teilhabe am gesellschaftlichen Leben" ginge, daß man gemeinsam mit den Besuchern auf „Spurensuche nach gesellschaftlichen Utopien" sei und für ein „anderes" Kulturbewußtsein eintrete, mit einer „klaren Absage an Events", weil man die Besucher „nicht als Konsumenten, sondern als Akteure" begreife, mit denen man „Kultur von Menschen für Menschen" zu gestalten suche. Hier drückt sich die Tradition der Soziokultur fast noch in Reinkultur aus. Andererseits hieß es auch, daß diese Tradition der Soziokultur „keinerlei Bedeutung für die tägliche Arbeit" hätte, daß sämtliche Bemühungen in dieser Richtung am „Desinteresse der Besucher" gescheitert wären, daß die Zeiten sich geändert hätten und Soziokultur „nicht mehr salonfähig" sei, kaum noch ein Zentrum ernsthaft an dieser Tradition orientiert sei und damit operiere, auch weil die damalige Kulturrevolution in den bürgernahen Institutionen mit all ihren hausgemachten Strukturproblemen steckengeblieben sei.

Angesichts dieser Mannigfaltigkeit, ja Gegensetzlichkeit von Ansichten über die Stellung der Soziokultur für die Gegenwart der soziokulturellen Zentren erscheint es problematisch, dem Projekt „Soziokultur als Dachmarke" eine sehr gute Prognose zu attestieren. Zumindest wären noch eine ganze Reihe von Fragen zu klären, etwa das Alter der Zentren oder ihre Beheimatung in West- oder Ostdeutschland[18] betreffend, bevor man dieses Vorhaben weiterverfolgt. Dazu braucht es jedoch ein gehöriges Maß Extra-Forschung

2.3 Ein Dreistufenplan

Zum Abschluß dieses Abschnitts soll noch ein Dreistufenmodell vorgeschlagen werden, das die Kreation einer Dachmarke von unten her konzipiert, wenngleich

[18] Vgl. die Dokumentation der Tagung der Bundesvereinigung sozio-kultureller Zentren vom 12. bis 14. Oktober 1990 in Berlin zur Vereinigung west- und ostdeutscher Zentren.

es sich planungstechnisch um die Konstitution einer Dachmarke von oben her handelt (vgl. Luhmann 1984). Der ganze Prozeß ist als Experiment zu verstehen.
(1) Die erste Stufe besteht darin herauszufinden, inwiefern die Bundesvereinigung soziokultureller Zentren sich nicht schon längst aus einer Mehrzahl von Monomarken zusammensetzt, die vielleicht sogar in die Hunderte geht. Für diesen Fall, daß es sehr viele sind, sollte man das Experiment der Dachmarkenbegründung gar nicht erst beginnen, denn der Erfolg von Monomarken hat Konsequenzen: Man kann sie nicht mehr so einfach aus der Welt schaffen. Die Kundschaft eines Zentrums, das als Monomarke gesehen werden kann, wird seine Beziehung zu diesem Ort und Ereignis, die oftmals hochgradig erfahrungsgesättigt ist, nicht einfach aufkündigen, hier zeigt sich die sog. Markentreue, und entsprechende Reaktionen sind erwartbar, von Boykott über Sabotage bis zum Protest.
(2) Falls es nicht sehr viele sind, könnte auf einer zweiten Stufe versucht werden, zunächst auf Landesebene eine Dachmarke aufzubauen, da die LAGs ohnedies sehr stark auf Vernetzung hinarbeiten. Dies könnte zu einem späteren Zeitpunkt geschehen, nach einer ersten Erhebung, Entwicklung und Pflege des Grundprofils einer Dachmarke „Soziokultur“, dann aber für alle Bundesländer. Dabei ist von besonderer Bedeutung, daß die Bundesvereinigung ein Netzwerk ist und keine Organisation. Dies hat gravierende Nachteile bei der Durchsetzung solcher Synergie- und Fusionseffekte, weil keine verbindliche Durchsetzbarkeit von Entscheidungen im ganzen Netzwerk als institutionalisiertes Regelwerk besteht.
(3) Die dritte Stufe besteht darin, das Ganze auf der Bundesebene auszuprobieren, sofern der Transformationsprozeß bis dahin erfolgreich verlief – und es ist ein Prozeß, der über Jahre läuft. Dabei könnte man diesen Prozeß jederzeit abbrechen, so wie zuviel Unruhe im Netzwerk erzeugt wird und das Vorhaben ins Kontraproduktive umschlägt.

Als Zwischenfazit ist festzuhalten: Wenn zu viele Zentren schon wie Marken wirken, dann existiert schon viel Vertrauenskapital. Dieses Kapital ist außerordentlich wertvoll, es sollte unbedingt geschützt und keinesfalls leichtfertig beschädigt werden. Eine Dachmarkenpolitik empfiehlt sich dann nicht, weil diese Politik hierarchisch von oben nach unten durchgesetzt werden muß, ohne Ausnahme. Nur wenn von oben verbindlich durchgesetzt werden kann, daß eine bestimmte Art des öffentlichen Auftretens, getragen von der internen motivationalen Ausrichtung (Missionierung) der Mitarbeiter, wird eine solche Politik erfolgreich sein können. Falls dies nicht erreichbar ist, sollte man besser die Finger davon lassen.

3 Rückblick

Aufgrund der Zeitumstände, Stichwort Legitimationskrise, ist recht gut nachvollziehbar, warum sich immer mehr NPOs im Kultursektor mit Non-Profit-Branding beschäftigen. Was darüber aber nicht vergessen werden solle, wenn es um dieses Thema geht, ist die Tatsache, daß es sich um eine Technologie aus dem Bereich der Ökonomie handelt. Es ist etwas, was dort aufgetaucht ist und angewandt wird und auch von dorther seine ganze Rationalität und Effizienz bezieht. Wohl deshalb gibt es kaum erfolgreiche NPOs, die nur annährend das erreicht haben, was den großen Markenartiklern gelingt. Dies hat sicher Gründe, u.a. die Isomorphie zwischen Markt- und Organisationsstrukturen aufgrund ihrer fortlaufenden Wechselwirkung (vgl. hiezu auch Leiter 2005).

Marken stellen also ein originär ökonomisches Phänomen dar, und die Frage ist, ob NPOs wie die soziokulturellen Zentren imstande sind und überhaupt bereit sein sollten, sich dieser Art von Marktlogik rückhaltlos zu unterwerfen, weil dies eine entscheidende Voraussetzung für erfolgreiche Markenführung ist, vor allem bei Dachmarken. Immerhin könnte man auch die Überlegung anstellen, daß die Adaption dieses Konzepts im kulturellen Bereich gar nicht funktionieren kann, weil der Kultursektor einer völlig anderen Logik oder Rationalität gehorcht (vgl. Panzer 2003). Ferner könnte man sagen, daß Vertrauenswürdigkeit – der zentrale Mechanismus bei Marken – im Kulturbereich anders generiert wird als in der Ökonomie, und daß die den Zentren eigene Vertrauenswürdigkeit gerade beschädigt wird, wenn versucht werden sollte, zu stark auf Markenpolitik zu setzen. Denn Markenpolitik ist „(k)ein Fiaker, den man angekommen, wo man hingewollt, nach Hause schickt", wie Arthur Schopenhauer dies einmal im Zusammenhang mit der Nichtkontingenz des Kausalitätsgesetzes zum Ausdruck gebracht hat. Vielmehr bedeutet Markenpolitik die komplette, hochverbindliche Durchorganisation der eigenen Selbstdarstellung. Von daher wäre zu überlegen, ob eine solche Markenpolitik die soziokulturellen Zentren nicht viel zu sehr auf Distanz bringt zu ihrer eigenen Geschichte und bisherigen Klientel. Nicht ausgeschlossen ist nämlich, daß sie mehr verlieren als gewinnen, wenn sie diesen Weg konsequent einschlagen würden, sofern die Erbringung von Kulturleistungen am Ende doch nicht so funktioniert wie herkömmliche Dienstleistungen im Bereich der Wirtschaft. Ohnehin ist die Wirtschaft kein universales Vorbild für die Gesellschaft und die Marke nicht das ultimative Hilfsmittel, um sich gegenüber jeder Art von Problem zu behaupten. Für diesen Fall jedoch würde die Ausweitung der Markenzone im Kulturbereich auf unzugängliches Terrain treffen, das der zügellosen Expansion dieses Phänomens Grenzen weist. Freilich muß gerade dieser Fall noch wesentlich besser untersucht werden, als es im Rahmen dieses Beitrags möglich war.

Literatur

Andreasen, Alan R. (2003), The life trajectory of social marketing. Some implications, in: Marketing Theory 3, No. 3, S. 293-303.

Andresen, Thomas (2000), Die zunehmende Bedeutung von Dienstleistungsmarken, in: GEM Gesellschaft zur Erforschung des Markenwesens e.V. (Hg.), Marktdurchdringung durch Markenpolitik, Wiesbaden, S. 39-53.

Arruda, William 2001: More Than Employees: Brand Evangelists, Quelle: http://www.brandchannel.com/papers_review.

Baecker, Dirk (2000) Wozu Kultur?, Berlin.

Balabanis, George/Ruth Stables/Hugh C. Phillips (1997), Market orientation in the top 200 British charity organizations and its impact on their performance, in: European Journal of Marketing 31, No. 8, S. 583-603.

Beck, Ulrich (1993), Die Erfindung des Politischen. Zu einer Theorie reflexiver Modernisierung, Frankfurt/M.

Becker, Jochen (1999), Einzel-, Familien- und Dachmarken als grundlegende Handlungsoptionen, in: Franz-Rudolf Esch (Hg.), Moderne Markenführung. Grundlagen, Innovative Ansätze, Praktische Umsetzungen, Wiesbaden, S. 269-288.

Bourdieu, Pierre (1987), Die feinen Unterschiede. Kritik der gesellschaftlichen Urteilskraft, Frankfurt/M.

Bundesvereinigung Soziokultureller Zentren e.V. (1990), Soziokultur – Alternativkultur – Alltagskultur auf dem Gebiet der DDR. Dokumentation der Tagung der Bundesvereinigung sozio-kultureller Zentren vom 12. bis 14. Oktober 1990, Essen.

Bundesvereinigung Soziokultureller Zentren e.V. (2001), SOZIOKULTUR KOMPAKT. Eine Erfolgsstory, Potsdam.

Bruhn, Manfred (2001), Die zunehmende Bedeutung von Dienstleistungsmarken, in: Richard Köhler/Wolfgang Majer/Heinz Wiezorek (Hg.), Erfolgsfaktor Marke. Neue Strategien des Markenmanagements, München, S. 213-225.

Caritasverband der Erzdiözese München und Freising (Hg.) (1997), Kommunikation von Non-profit-Organisationen, München.

Feder, Laura Koss (1998), Branding Culture, in: Marketing News 32, No. 1.

Fine, Seymour H. (Hg.) (1990), Social Marketing. Promoting the Causes of Public and Nonprofit Agencies, Boston et al.

Graumann, Jens (1983), Die Dienstleistungsmarke. Charakterisierung und Bewertung eines neuen Markentypus aus absatzwirtschaftlicher Sicht, München.

Grönroos, Christian (1991), Strategic Management and Marketing in the Service Sector, Lund.

Haas, Hans-Dieter (1998), Freizeit- und Tourismusmarketing, in: Anton Meyer (Hg.), Handbuch Dienstleistungs-Marketing. 2 Bände, Stuttgart, S. 1575-1592.

Hannagan, Tim (1992), Marketing for the Non-Profit Sector, Houndsmill/London.

Hellmann, Kai-Uwe (2005), Zur Differenz von Produkt- und Markenqualität, in: Alexander Deichsel/Henning Meyer (Hg.), Jahrbuch Markentechnik 2006/2007, Frankfurt/M. (i.E.).

Holland, DK (2005), What's That Branding Buzz I Hear? Philantropy News Digest. The Foundation Center, Quelle: http://fdncenter.org/pnd/npodesign/npodesign_print.jhtml.jsession.

Holler, Dietrich (2003), Edeka feilt am Auftritt. Der Aufbau einer Dachmarke Edeka hat für die Genossen höchste Priorität. Die Edeka-Gruppe will ihre Marktmacht in Markenmacht umsetzen. Kein einfaches Vorhaben, doch die Mühe könnte sich lohnen, in: Lebensmittelzeitung vom 22.8.03, S. 38-40.

Hollstein, Walter (1980), Die Gegengesellschaft. Alternative Lebensformen, Bonn.

Hollstein, Walter/Boris Penth (1980), Alternativprojekte. Beispiele gegen die Resignation, Reinbek.

Holscher, Claus (1978), Marketing für soziale Organisationen, in: Jürgen Koinecke (Hg.), Handbuch Marketing, Gernsbach/Baden, S. 1551-1558.

Huber, Joseph (1980), Wer soll das alles ändern. Die Alternativen der Alternativbewegung, Berlin.

Interbrand (2003), The Future for NGO Brands. Workshop, Quelle: http://www.brandchannel.com.

Jennings Steele, Bonnie (2003), Brand names for Volunteerism?, in: CharityChannel eNewsletters, Quelle: http://www.charitychannel.com/article_4512.html.

Knoblich, Tobias J. (2001), Das Prinzip Soziokultur – Geschichte und Perspektiven, in: Aus Politik und Zeitgeschichte, B 11/01, S. 7-14.

Knoblich, Tobias J. (2003), Soziokultur –im Osten ein erfolgreiches Konzept?, in: Kulturation, Heft 1, Quelle: http://www.kulturation.de.

Köhler, Richard (1993), Marke und Verbraucher – Zu den Grundlagen lebenslanger Bindungen, in: Markenartikel, Nr. 7, S. 340-347.

Kotler, Philip/Eduard Roberto (1991), Social Marketing, München/Düsseldorf.

Kück, Marlene (1985), Alternative Ökonomie in der Bundesrepublik, in: Aus Politik und Zeitgeschichte, B 32/85, S. 26-38.

Kulturpolitische Gesellschaft e.V./Landesarbeitsgemeinschaft Soziokultureller Zentren NRW e.V. (Hg.) (2003), Forschungsprojekt „Soziokulturelle Zentren in Nordrhein-Westfalen. Genese – Profile – Perspektiven". Ergebnisse und Empfehlungen. Vorlage zur Kulturkonferenz am 10. März 2003 in der Landeshauptstadt Düsseldorf, Düsseldorf.

Leiter, Jeffrey (2005), Structural Isomorphism in Australian Nonprofit Organizations, in: Voluntas: International Journal of Voluntary and Nonprofit Organizations 16, No. 1, S. 1-31.

Luhmann, Niklas (1984), Soziale Systeme. Grundriß einer allgemeinen Theorie, Frankfurt/M.

Madrid, Joey (2003), Tech Ingredients for Successful NPO Branding, Quelle: http://www.onphilanthropy.com/bestpract/bp2003-02-14a.html.

Meffert, Heribert/Manfred Bruhn (1997), Dienstleistungsmarketing. Grundlagen – Konzepte – Methoden. Mit Fallbeispielen, Wiesbaden.

Menne, Ferdinand (Hg.) (1974), Neue Sensibilität. Alternative Lebensmöglichkeiten, Neuwied.

Meschnig, Alexander (2002), Zukunft Celebration. Vom Produkt zum Erlebnis. Kultur ist die wichtigste Wachstumsbranche oder bald gibt es die unvergeßliche Erfahrung säuberlich abgepackt im Laden nebenan, in: Freitag. Die Ost-West-Wochenzeitung vom 2.8.02, Quelle: http://www.freitag.de/2002/32/02321101.php.

Messing, Hans W. (1983), „Dienstleistungsmarke" – eine neue Variante im Markenangebot, in: Markenartikel, Nr. 10, S. 496-500.

Meyer, Anton (Hg.) (1998), Handbuch Dienstleistungs-Marketing, Stuttgart.

Mitchell, Colin (2002), Selling the Brand Inside, in: Harvard Business Review, January, S. 99-105.

Müllerleihe, Christoph (1998), Marketing für Nonprofit-Organisationen, in: Anton Meyer (Hg.), Handbuch Dienstleistungs-Marketing. 2 Bände, Stuttgart, S. 1883-1897.

Niedner, Manfred (1994), Markenpolitik für Städte und Regionen, in: Manfred Bruhn (Hg.), Handbuch Markenartikel. Anforderungen an die Markenpolitik aus Sicht von Wissenschaft und Praxis, Stuttgart, S. 1645-1658.

o.V. (2001), Nonprofit Branding White Paper *distinguishing your nonprofit from others*, Community Wealth Ventures, Inc., S. 1-11, Quelle: http://www.communitywealth.org/index.htm.

Panzer, Gerhard (2003), Kulturkonsum: Zur Ökonomik kultureller Bedeutungen, in: Kai-Uwe Hellmann/Dominik Schrage (Hg.), Konsum der Werbung. Zur Produktion und Rezeption von Sinn in der kommerziellen Kultur, Wiesbaden, S. 27-146.

Penning, Tim (2003), Nonprofits Need to Consider Branding, in: Nonprofit Leader. The Nation's # 1 Nonprofit Sector Newsletter 1, No. 8, Quelle: http://www.nonprofitleader.org/03_10/article6.html.

Pine, B. Joseph/James H. Gilmore (2000), Erlebniskauf. Konsum als Ereignis, Business als Bühne, Arbeit als Theater, München.

Quelch, John A./James E. Austin/Nathalie Laidler-Kylander (2004), Mining Gold in Not-for-Profit Brands. Habitat or Humanity's brand is worth $1,8 billion – a discovery the global charity is leveraging for all it's worth, in: Harvard Business Review, April, S. 24.

Rasch, Hans-Christian (2003), Kultur für Alle? Besucherbefragung in der Zeche Carl in Essen, Quelle: http://www.diplomarbeiten24.de.

Rusch, Robin D. (2002), Nonprofit Brands, Quelle: http://www.brandchannel.com/start1.asp.

Schulze, Gerhard (1992), Die Erlebnisgesellschaft. Kultursoziologie der Gegenwart, Frankfurt/M.

Spiekermann, Gerd (2002), Soziokulturelle Zentren in Zahlen im Jahr 2002. Ergebnisse der Umfrage der Bundesvereinigung, Quelle: http://soziokultur.de/_seiten/zahlen2002/.

Stauss, Bernd (1994), Dienstleistungsmarken, in: Manfred Bruhn (Hg.), Handbuch Markenartikel. Anforderungen an die Markenpolitik aus Sicht von Wissenschaft und Praxis. Band 1, Stuttgart, S. 79-103

Sternberg, Candice (2003), Branding in the Not-For-Profit-Sector? A Practical Guide for Not-For-Profit Executives and Managers For Achieving a Competitive Advantage Through the Branding Process, Quelle: http://www.brandchannel.com/images/papers/DONOR_BRANDING.pdf.

Tan, Patricia 2003: Non-Profit-Organisations as Brands, Quelle: http:// www.brandchannel.com/start1.asp?id=140.

Tan, Patricia 2003: Down to the Core: Branding Not-for-Profite, Quelle: http://www.brandchannel.com.

Wagner, Bernd (2001), Soziokultur West – Soziokultur Ost, in: Aus Politik und Zeitgeschichte, B 11/01, S. 3-6.

Webster, Kristine Kirby (2002a), Branding the Non-Profit, Quelle: http://www.brandchannel.com.

Webster, Kristine Kirby (2002b), Branding Your Employees, Quelle: http://www.brandchannel.com/papers_review.asp?id=134.

Autorenangaben

Stefan Dahlem, Dr., Leiter Key-Account, ZMG Zeitungs Marketing Gesellschaft, Frankfurt/M., Lehrbeauftragter für Medienmanagement an der Johannes Gutenberg-Universität Mainz. Ausgewählte Publikation: Wahlentscheidung in der Mediengesellschaft. Theoretische und empirische Grundlagen der interdisziplinären Wahlforschung, Freiburg/München 2001.

Kai-Uwe Hellmann, PD Dr., Politologe und Soziologe, Vertretung der Professur für Kultursoziologie am Institut für Kulturwissenschaften der Universität Leipzig. Mitglied von brandsboard. Ausgewählte Publikation: Soziologie der Marke, Frankfurt/M. 2003.

Dieter Herbst, Prof. Dr., Wirtschafts- und Kommunikationswissenschaftler, Honorarprofessor für strategisches Kommunikationsmanagement an der Universität der Künste Berlin. Ausgewählte Publikation: Corporate Imagery. Wie Ihr Unternehmen ein Gesicht bekommt. Orientierung und Vertrauen durch starke Bilder, Berlin 2004 (zus. m. Ch. Scheier).

Klaus Klemp, Dr., Kunst- und Architekturhistoriker, Leiter der Kulturabteilung des Amtes für Wissenschaft und Kunst der Stadt Frankfurt am Main. Ausgewählte Publikation: Papierkorb trifft Hochhaus. Essays zum öffentlichen Raum, Frankfurt/M. 2004.

Jens Lönneker, Dipl. Psych., Bankkaufmann, Geschäftsführer bei *rheingold* – Institut für qualitative Markt- und Medienanalysen, Köln. Ausgewählte Publikation: Das Ende der Zielgruppen? in: Brunhilde Seidel-Kwem/Ute-Andrea Ludwig/Jürgen Finsterbusch (Hg.), Medizin, Menschen, Marken, Marketing für die Gesundheitswirtschaft, Buchreihe Vision Gesundheit, Band 4, Wegscheid 2004.

Elio Pellin, lic. phil., Journalist und Literaturwissenschaftler, wissenschaftlicher Mitarbeiter im Forschungsprogramm „Marke Schweiz“, Hochschule der Künste Bern HKB (2003/2004); Institut für Germanistik Universität Bern (2004/2006). Ausgewählte Publikation: Weiss auf Rot. Das Schweizer Kreuz zwischen nationaler Identität und Corporate Identity, Zürich 2004 (hrsg. zus. m. E. Ryter).

Rüdiger Pichler, Dipl.-Des., Professor für Kommunikationsdesign im Fachbereich Gestaltung an der Fachhochschule Wiesbaden. Ausgewählte Publikation: BISSFEST 2005, GWA Junior Agency, Darmstadt 2005 (zus. m. Jörg P. Matthes u. Jörg F. Troester).

Elisabeth Ryter, lic. phil., Leiterin des mehrjährigen Forschungsprogramms „Marke Schweiz", daneben freischaffende Sozialwissenschafterin, Hochschule der Künste Bern HKB, Konzeptentwicklung und Evaluationen v.a. im Bildungs- und Gleichstellungsbereich. Ausgewählte Publikation: Weiss auf Rot. Das Schweizer Kreuz zwischen nationaler Identität und Corporate Identity, Zürich 2004 (hrsg. zus. m. E. Pellin).

Marc Sasserath, Geschäftsführender Gesellschafter, Publicis Sasserath Brand Consultancy (Franfurt/Berlin). Ausgewählte Publikation: Das MarkenWesen-Modell als Erfolgsfaktor für die ganzheitliche und kreative Markenentwicklung, in: Alexander Schimansky (Hg.), Der Wert der Marke. Markenbewertungsverfahren für ein erfolgreiches Markenmanagement, Berlin 2004, S. 518-539 (zus. m. C. Wenhart).

Helmut Schneider, PD Dr. phil. Dr. rer. pol., Politologe und Ökonom, Akademischer Oberrat am Marketing Centrum Münster, Westfälische Wilhelms-Universität Münster. Ausgewählte Publikation: Marken in der Politik, Wiesbaden 2004.

Konstanze Senge, MA MA, Kommunikationswissenschaftlerin und Soziologin, wissenschaftliche Mitarbeiter am Institut für Soziologie der TU Darmstadt. Ausgewählte Publikation: Der Fall Wal-Mart: Institutionelle Grenzen ökonomischer Globalisierung, in: Hartmut Hirsch-Kreinsen/Johannes Weyer (Hg.), Soziologische Arbeitspapiere. Universität Dortmund Nr. 4 (Juli), Dortmund 2004.

Gabriele Siegert, Prof. Dr., Medienwissenschaftlerin, Universitätsprofessorin am Institut für Publizistikwissenschaft und Medienforschung (IPMZ) der Universität Zürich. Ausgewählte Publikation: Medienmarken-Management. Relevanz, Spezifika und Implikationen einer medienökonomischen Profilierungsstrategie, München 2003 (2. Aufl.).

Claudia Zerjeski, MA, Soziologin, Fachgebiet Markensoziologie. Mitarbeiterin im Qualitative Team of Research International, Hamburg. Ausgewählte Publikation (in spe): Markenpräferenzen in Ost und West – Divergenz und Wandel in der Einstellung zu Marken im Osten und Westen Deutschlands (Magisterarbeit), Hamburg 2003.

GPSR Compliance

The European Union's (EU) General Product Safety Regulation (GPSR) is a set of rules that requires consumer products to be safe and our obligations to ensure this.

If you have any concerns about our products, you can contact us on ProductSafety@springernature.com

In case Publisher is established outside the EU, the EU authorized representative is:

Springer Nature Customer Service Center GmbH
Europaplatz 3
69115 Heidelberg, Germany

Batch number: 10809466

Printed by Printforce, the Netherlands